PARIS. — IMPRIMERIE DE PILLET FILS AINÉ, RUE DES GRANDS-AUGUSTINS, 5.

CHANTS
ET
CHANSONS POPULAIRES
DE LA FRANCE

NOUVELLE ÉDITION ILLUSTRÉE

D'APRÈS LES DESSINS

DE MM. E. DE BEAUMONT, DAUBIGNY, DUBOULOZ, E. GIRAUD, MEISSONIER, PASCAL,
STAAL, STEINHEIL ET TRIMOLET

GRAVÉS PAR LES MEILLEURS ARTISTES

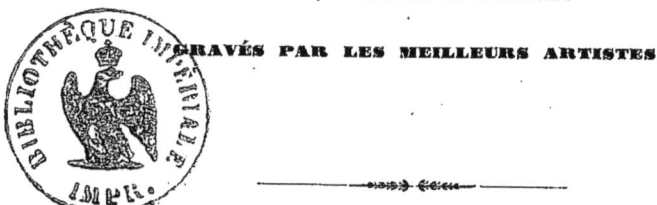

CHANSONS CHOISIES
ROMANCES, RONDES, COMPLAINTES ET CHANSONNETTES

PARIS

GARNIER FRÈRES LIBRAIRES-ÉDITEURS

6, RUE DES SAINTS-PÈRES ET 215 BIS, PALAIS-ROYAL.

1854

INTRODUCTION

Lors de la publication de notre Recueil des *Chants et Chansons populaires*, la jeunesse ne fut pas oubliée, et, comprise parmi nos souscripteurs, on lui offrit, avec les gracieuses romances qui avaient été chantées sur son berceau, ces gentilles chansonnettes et ces rondes favorites de l'enfance qui avaient aidé à ses premiers jeux. Mais, jetées dans cette collection au milieu d'autres chansons, celles qui convenaient à nos jeunes souscripteurs ne pouvaient être prises que par livraisons. Nous avons voulu, dans cette nouvelle édition, réunir en un volume tous les morceaux qui pouvaient leur être agréables, et nous avons préparé ce volume de chansons choisies que nous dédions à la jeunesse.

Elle y trouvera une amusante et innocente récréation. Le nom des auteurs que nous avons admis prouve la sévérité apportée dans notre choix. Aux jolies romances de Châteaubriand, Fabre d'Eglantine, Florian, La Harpe, Ségur, marquise de Travanet, princesse de Salm, Favart, nous avons ajouté ces airs si connus : la Mère Bontemps, la Tour, prends garde, Giroflé Girofla, la Marguerite, le Chevalier du guet, etc.

Malbrough ne pouvait manquer dans ce volume, Malbrough, cette immortelle, cette burlesque iliade, destinée peut-être à triompher par sa durée des plus nobles œuvres du génie, depuis que la nourrice du royal enfant de Marie-Antoinette avait apporté à la cour de France cette endormante mélodie; nous lui avons donné un émule non moins célèbre dans ce bon Monsieur de La Palisse, ce grand diseur de vérités, qui bien des siècles après sa mort sera encore en vie; l'Enfant prodigue, Geneviève de Brabant, le Juif-Errant, raconteront ensuite ces infortunes qui faisaient couler les larmes à nos pères; enfin, qui ne rira des grotesques folies de Dagobert et des amusantes bêtises de Cadet Roussel?

Mais citons aussi quelques-unes des romances dont nous avons nommé plus haut les auteurs : L'Orage (Il pleut, bergère), le Rosier, Combien j'ai douce souvenance, Pauvre Jacques, le Point du jour, la Fin du jour, Dormez, chères amours, O ma tendre musette, Que ne suis-je la fougère, la Comtesse de Saulx, C'est mon ami, rendez-le-moi, sont autant de chefs-d'œuvre que nous avons popularisés de nouveau en les rappelant au souvenir de nos lecteurs, qui trouveront dans cette collection telles chansons qui n'étaient arrivées jusqu'à nous que mutilées ou changées par la tradition, et que nous avons complétées en retrouvant des couplets presque introuvables. C'est ainsi que nous avons donné en dix-sept couplets Cadet Roussel, qui n'en avait que six dans les meilleures éditions, et que nous avons eu soin de joindre à la version classique du bon roi Dagobert les traits malins ajoutés par ses modernes continuateurs.

Nous avons dérobé à l'oubli des chansons que tout le monde sait à moitié et que personne ne connaît entièrement. C'est la première fois que l'on imprime la Vieille, la Mère Michel, Au clair de la lune, et la fameuse chanson des Bossus, qu'un heureux hasard nous a fait découvrir dans une tradition de famille. Voilà donc des chansons que la tradition orale avait transmises jusqu'à nous, et qui auraient été perdues sans leur insertion dans notre Recueil. C'eût été dommage; il ne faut rien perdre de ce qui est gracieux et amusant. Notre siècle a beau faire le sérieux et s'affubler de politique et de spéculation, il faut bien qu'il donne quelques moments à de riantes distractions, et qu'il retrouve, fût-ce malgré lui, l'instinct de la gaieté française.

Les chansons, regardées sous un certain rapport, sont des bagatelles; mais ces bagatelles ont des points de contact avec la littérature, avec les mœurs, avec l'histoire.

Les chansons, plus que la comédie même, sont l'expression de l'esprit du jour, et le tableau des ridicules, des caprices, des fantaisies, des modes fugitives de la société. Les détails échappent à l'historien qui peint à grands traits, au moraliste qui trace des pages sévères, au philosophe, au politique; ces détails sont cependant précieux pour l'observateur. Telle chanson lui apprend ce qu'il chercherait en vain dans de gros livres, et tel vaudeville conserve la seule trace d'un événement, d'une découverte, de la pensée du peuple sur les actes du pouvoir, de son opinion sur de grands personnages. Beaumarchais a dit : *Ce qui ne vaut pas la peine d'être dit, on le chante.* On dirait plus justement : *Ce que l'on n'oserait pas dire, on le chante.*

Aujourd'hui le vaudeville et la chanson semblent avoir abdiqué leur empire. On n'entend plus sur nos théâtres de ces couplets dont la malignité faisait sourire ceux-mêmes qu'elle attaquait, ou excitait leur colère quand les traits étaient trop blessants.

Le *Journal du petit Gauthier*, l'*Ami du Roi*, les *Actes des Apôtres*, contiennent des chansons qui sont devenues de l'histoire.

On ne voit plus aujourd'hui circuler de ces *Noëls de cour* qui traduisaient au tribunal de l'opinion les vices ou les ridicules des personnages puissants. Les carrefours ne retentissent plus des refrains piquants des muses populaires.

Il faut espérer que ce n'est qu'un interrègne, et qu'au lieu de dire comme ce brave : *La garde meurt, mais ne se rend pas !* on dira : *La chanson se rend, mais elle ne meurt pas !*

On ne se donne plus la peine de rimer l'épigramme, on la met en feuilletons et en caricature.

On met aussi la chanson en *entr'actes*, et on en fait un bavardage qui, sous le nom de chansonnettes, se trouve n'être ni un vaudeville, ni une chanson.

Un grand nombre de sociétés chantantes existe pourtant encore ; mais l'abondance n'est pas la richesse. La chanson doit être libre, naître de l'à-propos, et la meilleure se perd dans la foule de celles qui l'entourent ; c'est une perle qu'il faut chercher au milieu d'un monceau d'huîtres.

Néanmoins, la chanson vivra toujours, toujours elle sera populaire en France ; partout on chante, et nous répéterons avec l'immortel fabuliste :

<blockquote>
Le monde est vieux, et cependant
Il le faut amuser encor comme un enfant.
</blockquote>

DIOGÈNE

Air : Tout le long de la rivière.

Diogène, lanterne en main,
Prêchait ainsi le genre humain :
Qu'avez-vous donc qui vous tourmente ?
De tous côtés on se lamente ;
Contre le sort pas de courroux,
Le bonheur est auprès de nous.
  Amis, vivons au gré de notre envie,
Et de nul souci ne chargeons notre vie ;
  C'est le grand secret de la vie.

Laissez le souverain des dieux
Gouverner la terre et les cieux ;
Sans prévoir de trop loin l'orage,
Prenez les beaux jours au passage :
S'inquiéter de l'avenir,
Du présent corrompt le plaisir.
  Amis, etc.

De régenter peuples et rois,
Mes confrères, plus d'une fois,
Conçurent la noble entreprise ;
Que chacun en use à sa guise ;
Par la ciguë et par l'exil,
On récompensa leur babil.
  Amis, etc.

Entouré de ses généraux,
Un conquérant me dit ces mots :
Que puis-je faire qui te plaise ?
Ne crains rien et parle à ton aise...
Je répondis : Roi sans pareil,
Ote-toi donc de mon soleil.
  Amis, etc.

Honteux comme des criminels,
Vos amours cachent leurs autels ;
A l'Académie, au Portique,
Dans le populeux Céramique,
Tout endroit me sert de boudoir ;
Qui s'en amuse peut m'y voir.
  Amis, etc.

Je cherche encor le citoyen,
Orateur franc, homme de bien,
Qui pour l'amour seul de la chose,
Du peuple entreprenne la cause,
A la vertu fidèle en tout :
Ma lanterne, hélas ! est à bout.
  Amis, etc.

Aux lieux par Minerve chéris,
Les oliviers naissent fleuris.
De Bacchus observons la fête ;
Savourons le miel de l'Hymète ;
Roulant ma coquille de bois,
Je vous le dis à pleine voix :
  Amis, vivons au gré de notre envie,
Et de nul souci ne chargeons notre vie :
  C'est le grand secret de la vie.

Pinet.

VOILA POURQUOI J'AIME ENCORE A CHANTER

Air : Contentons-nous d'une simple bouteille.

Douce chanson, je cède à ton empire,
Et viens me rendre à ton joyeux appel ;
Le malheureux qui contre toi conspire
Est à coup sûr abandonné du ciel ;
Mieux que le vin ta bienfaisante ivresse
Chasse le mal ou le fait supporter ;
Mieux qu'un bâton tu soutiens la vieillesse :
Voilà pourquoi j'aime encore à chanter.

Ce rossignol qui crie à perdre haleine,
Et que chez nous on appelle un ténor,
A l'Opéra, sans se donner de peine,
Bon an mal an, gagne son pesant d'or ;
Grâce aux écus que sans cesse il lui donne,
Son directeur s'expose à culbuter ;
Ma voix du moins ne peut nuire à personne :
Voilà pourquoi j'aime encore à chanter.

Contre ce fou qui n'a jamais su rire
Et qu'il nous faut châtier désormais,
Utilisons l'arme de la satire,
Frappons, amis, mais n'assommons jamais ;
En pareil cas, quelques coups de férule
Ont un effet qu'on ne peut contester ;
Avec un vers on tue un ridicule :
Voilà pourquoi j'aime encore à chanter.

Acteur perdu sur cette vaste scène,
Je sais jouir d'un bonheur sans pareil ;
Je ris de tout, et comme Diogène,
Je suis heureux d'un rayon de soleil ;
J'ai des enfants à la face vermeille,
Qu'avec le temps je verrai profiter ;
Petits et grands se portent à merveille :
Voilà pourquoi j'aime encore à chanter.

Si mes cheveux sont tombés avant l'âge,
C'est à mes yeux un bien petit malheur ;
La feuille tombe au souffle de l'orage,
Quand l'arbre encor conserve sa verdeur :
Mais le temps marche et de sa main puissante
Dans mon essor il viendra m'arrêter ;
Puis il faudra qu'un beau jour je déchante :
Voilà pourquoi j'aime encore à chanter.

Hyppolyte Marie.

TRISTAN DE LÉONAIS

Air du temps.

Du beau Tristan de Léonais
Vous connaissez tous les hauts faits ;
Il ne vantait pas ses prouesses,
Mais, l'un dans l'autre, tous les ans,
Il sauvait bien quinze princesses
Et pourfendait trente géants.
Brave en amour ainsi qu'en guerre,
Toujours tendre et toujours constant,
C'était un héros vraiment bien extraordinaire,
Que le beau, que le beau, que le beau Tristan.

Un jour ce gentil chevalier,
Monté sur son noble coursier,
En croupe conduisait sa dame ;
Un beau lévrier les suivait.
Bien que la belle fût sa femme,
Tristan souvent se retournait.
Près d'elle il ne s'ennuyait guère
Et ne baillait que rarement.
C'était un mari vraiment bien extraordinaire,
Que le beau, etc.

Mais voici qu'au détour d'un bois
Vient un chevalier discourtois
Qui lui dit : Cède-moi ta belle,
Ou tu vas tomber sous mes coups.
— Je dois vivre et mourir pour elle,
Dit Tristan ; je suis son époux,
Et ne serai pas, pour te plaire,
Un mari comme on en voit tant.
C'était un mari vraiment bien extraordinaire,
Que le beau, etc.

Ils descendent, et dans leurs mains
Brillent les glaives inhumains.
— Quoi ! faut-il qu'un de nous périsse,
Dit l'autre ; dans ce différend
Que ta belle entre nous choisisse :
Et Tristan accepte gaîment ;
A la vertu, vaine chimère,
Tristan croyait pieusement.
C'était un mari vraiment bien extraordinaire,
Que le beau, etc.

L'inconnu montre alors ses traits ;
Pour plaire Amour les avait faits.
Sexe léger, faut-il le dire ?
On choisit le bel inconnu.
J'avais pris le parti d'en rire,
Mais Tristan resta confondu.
Perdre sa femme, ô sort prospère !
Pourtant il s'en allait pleurant...
C'était un mari vraiment trop extraordinaire,
Que le beau, etc.

Tristan, avec son lévrier,
S'en allait ; quand le chevalier
Revient, et lui dit : J'ai ta femme,
Mais il me faut encor ton chien.
— Soit, dit Tristan, la mort dans l'âme ;
Employons le même moyen ;
Que mon chien choisisse et préfère.
Tous d'eux l'appellent à l'instant.
Vite, sans hésiter, tout comme à l'ordinaire,
Le chien, le chien, le chien suit Tristan.

ANONYME.

LE DÉPART POUR LA SYRIE

Musique de la reine Hortense.

Partant pour la Syrie,
Le jeune et beau Dunois
Venait prier Marie
De bénir ses exploits :
« Faites, Reine immortelle,
Lui dit-il en partant,
« Que j'aime la plus belle
« Et sois le plus vaillant. »

Il trace sur la pierre
Le serment de l'honneur,
Et va suivre à la guerre
Le comte, son seigneur.
Au noble vœu fidèle,
Il dit en combattant :
« Amour à la plus belle,
« Honneur au plus vaillant ! »

« On lui doit la victoire :
« Vraiment, dit le seigneur,
« Puisque tu fais ma gloire,
« Je ferai ton bonheur.
« De ma fille Isabelle
« Sois l'époux à l'instant,
« Car elle est la plus belle
« Et toi le plus vaillant. »

A l'autel de Marie
Ils contractent tous deux
Cette union chérie
Qui seule rend heureux.
Chacun dans la chapelle
Disait en les voyant :
« Amour à la plus belle,
« Honneur au plus vaillant ! »

DE LABORDE.

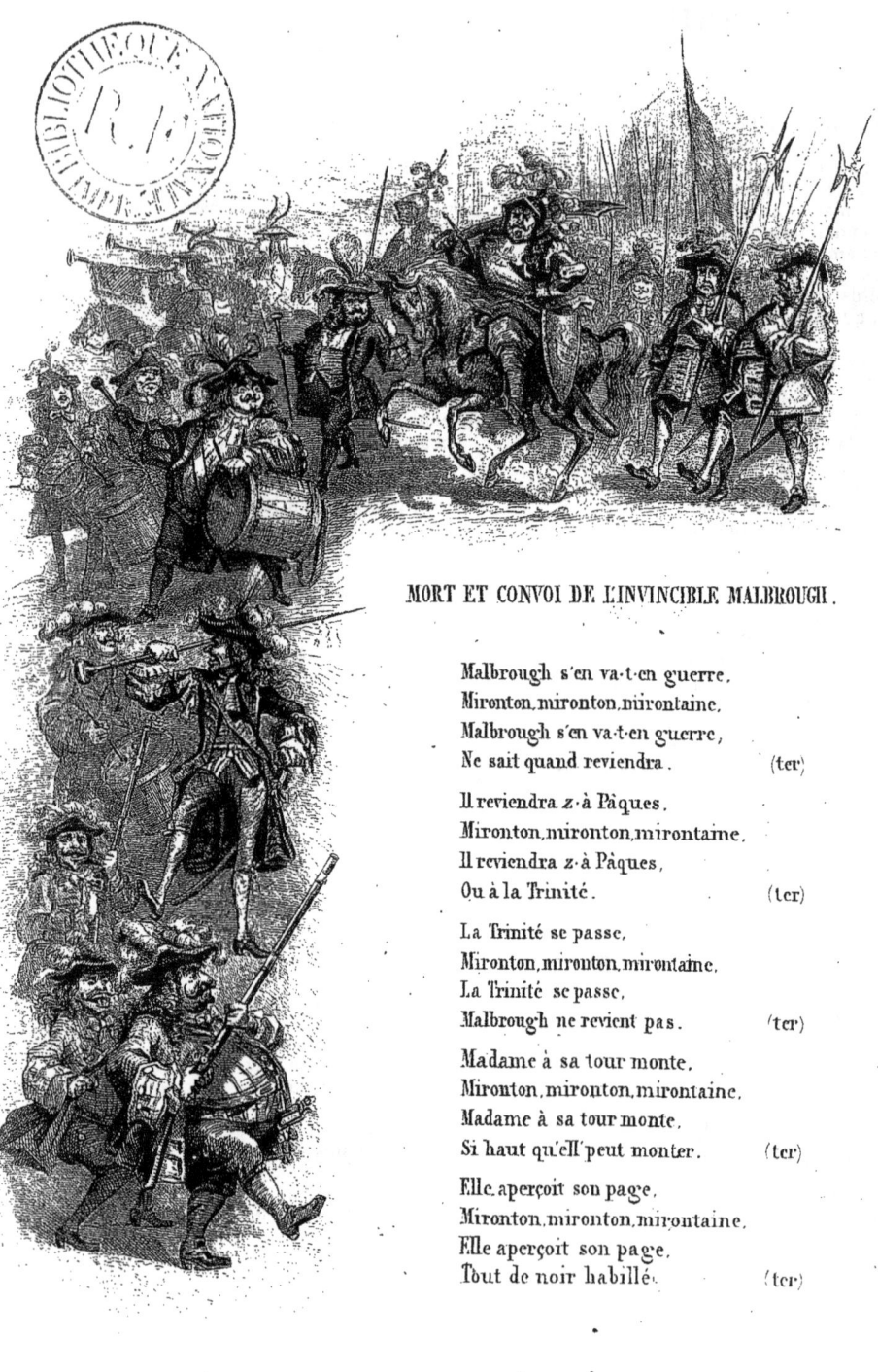

MORT ET CONVOI DE L'INVINCIBLE MALBROUGH.

Malbrough s'en va-t-en guerre,
Mironton, mironton, mirontaine,
Malbrough s'en va-t-en guerre,
Ne sait quand reviendra.   (ter)

Il reviendra z-à Pâques,
Mironton, mironton, mirontaine,
Il reviendra z-à Pâques,
Ou à la Trinité.   (ter)

La Trinité se passe,
Mironton, mironton, mirontaine,
La Trinité se passe,
Malbrough ne revient pas.   (ter)

Madame à sa tour monte,
Mironton, mironton, mirontaine,
Madame à sa tour monte,
Si haut qu'ell' peut monter.   (ter)

Elle aperçoit son page,
Mironton, mironton, mirontaine,
Elle aperçoit son page,
Tout de noir habillé.   (ter)

Beau page, ah! mon beau page,
Mironton, mironton, mirontaine,
Beau page, ah! mon beau page,
Quell' nouvelle apportez. (ter)

Aux nouvell's que j'apporte,
Mironton, mironton, mirontaine,
Aux nouvell's que j'apporte
Vos beaux yeux vont pleurer. (ter)

Quittez vos habits roses,
Mironton, mironton, mirontaine,
Quittez vos habits roses,
Et vos satins brochés. (ter)

Monsieur d'Malbrough est mort,
Mironton, mironton, mirontaine,
Monsieur d'Malbrough est mort,
Est mort et enterré. (ter)

J'l'ai vu porter en terre,
Mironton, mironton, mirontaine,
J'l'ai vu porter en terre,
Par quatre z-officiers. (ter)

L'un portait sa cuirasse,
Mironton, mironton, mirontaine,
L'un portait sa cuirasse,
L'autre son bouclier. (ter)

L'un portait son grand sabre,
Mironton, mironton, mirontaine,
L'un portait son grand sabre,
L'autre ne portait rien. (ter)

A l'entour de sa tombe,
Mironton, mironton, mirontaine,
A l'entour de sa tombe,
Romarins l'on planta. (ter)

Sur la plus haute branche,
Mironton, mironton, mirontaine,
Sur la plus haute branche,
Le rossignol chanta. (ter)

On vit voler son âme,
Mironton, mironton, mirontaine,
On vit voler son âme,
Au travers des lauriers. (ter)

Chacun mit ventre à terre,
Mironton, mironton, mirontaine,
Chacun mit ventre à terre,
Et puis se releva. (ter)

Pour chanter les victoires,
Mironton, mironton, mirontaine,
Pour chanter les victoires,
Que Malbrough remporta. (ter)

La cérémonie faite,
Mironton, mironton, mirontaine,
La cérémonie faite,
Chaqun s'en fut coucher.   (ter)

Les uns avec leurs femmes,
Mironton, mironton, mirontaine,
Les uns avec leurs femmes,
Et les autres tout seuls !   (ter)

Ce n'est pas qu'il en manque,
Mironton, mironton, mirontaine,
Ce n'est pas qu'il en manque,
Car j'en connais beaucoup.   (ter)

Des blondes et des brunes,
Mironton, mironton, mirontaine,
Des blondes et des brunes,
Et des chataign's aussi.   (ter)

J'n'en dis pas davantage,
Mironton, mironton, mirontaine,
J'n'en dis pas davantage,
Car en voilà z-assez.

LE SALUT DE LA FRANCE

HYMNE A LA LIBERTÉ (1791).

Air : Vous qui d'amoureuse aventure. (Dalayrac.)

Veillons au salut de l'empire,
Veillons au maintien de nos droits ;
Si le despotisme conspire,
Conspirons la perte des rois !
Liberté ! (*bis*) que tout mortel te rende hommage !
Tremblez, tyrans ! vous allez expier vos forfaits !
Plutôt la mort que l'esclavage !
C'est la devise des Français.

Du salut de notre patrie
Dépend celui de l'univers ;
Si jamais elle est asservie,
Tous les peuples sont dans les fers.
Liberté ! (*bis*) que tout mortel te rende hommage !
Tremblez, tyrans ! vous allez expier vos forfaits !
Plutôt la mort que l'esclavage !
C'est la devise des Français.

Ennemis de la tyrannie,
Paraissez tous, armez vos bras.
Du fond de l'Europe avilié,
Marchez avec nous aux combats.
Liberté ! (*bis*) que ce nom sacré nous rallie.
Poursuivons les tyrans, punissons leurs forfaits !
Nous servons la même patrie :
Les hommes libres sont Français.

Jurons union éternelle
Avec tous les peuples divers ;
Jurons une guerre mortelle
A tous les rois de l'univers.
Liberté ! (*bis*) que ce nom sacré nous rallie !
Poursuivons les tyrans, punissons leurs forfaits !
On ne voit plus qu'une patrie
Quand on a l'âme d'un Français.

Ad. S. Boy.

VOYAGE DE LA FOLIE

Air : A voyager passant sa vie.

Pour chasser la mélancolie
Suivant l'exemple de l'Amour,
Un beau jour, dit-on, la Folie
Voulut voyager à son tour.
Empruntant de Momus son frère
Et la marotte et les grelots,
La voilà qui parcourt la terre
Sans prendre le moindre repos.

De l'Inde ignorant la coutume,
Elle y fait descendre son char
Au moment où le feu consume
Une veuve du Malabar.
« Ah ! dit-elle, toute saisie,
« Fuyons ces climats, car je vo
« Que bien des femmes de l'Asie
« Sont encor plus folles que moi.

Du Bosphore gagnant les rives,
Elle vole vers l'Ottoman,
« Y voit mille beautés captives
« Trembler à l'aspect d'un sultan.
« O femmes ! quelle fantaisie :
« Vous qui partout faites la loi,
« Vous la recevez en Turquie !
« Vous êtes plus folles que moi. »

Se remettant vite en campagne
Et fendant l'air comme le vent,
La Folie aborde en Espagne
Et pénètre dans un couvent :
Elle y découvre cent novices
Qui promettaient au ciel leur foi :
« Pauvres petites ! quels caprices !
« Vous êtes plus folles que moi. »

Elle part... la France l'attire,
Mais, hélas ! surcroît de revers.
Elle trouve dans cet empire
Toutes les têtes à l'envers.
La mode ! frivole et jolie,
Y tenait le premier emploi.
« Ces Françaises, dit la Folie,
« Sont cent fois plus folles que moi. »

Elle visite dans sa course
Rome, Vienne, Londres, Paris,
N'y trouvant aucune ressource
Elle retourne à son pays :
« J'ai cru, dit-elle, dans ma ronde,
« Donner des leçons, mais, ma foi,
« J'ai rencontré par tout le monde
« Des folles plus folles que moi. »

Sewrin.

MONSIEUR DUMOLLET

Air connu.

Bon voyage,
Cher Dumollet,
A Saint-Malo débarquez sans naufrage,
Bon voyage,
Cher Dumollet,
Et revenez si le pays vous plaît.

Peut-être un jour une femme charmante
Vous rendra père aussi vite qu'époux ;
Tâchez, c'te fois qu'person' ne vous démente,
Quand vous direz que l'enfant est à vous.
Bon voyage,
Cher Dumollet,
A Saint-Malo débarquez sans naufrage,
Bon voyage,
Cher Dumollet,
Et revenez si le pays vous plaît.

Si vous venez revoir la capitale
Méfiez-vous des voleurs, des amis,
Des billets doux, des coups, de la cabale,
Des pistolets et des torticolis.
Bon voyage,
Cher Dumollet,
A Saint-Malo débarquez sans naufrage,
Bon voyage,
Cher Dumollet,
Et revenez si le pays vous plaît.

Dumollet.

Allez au diable et vous et votre ville,
Où j'ai souffert mille et mille tourments.

Au Public.

Il vous serait cependant bien facile
De m'y fixer, Messieurs, encor longtemps.
Pour vous plaire, je suis tout prêt,
A rétablir ici mon domicile.
Faites connaître à Dumollet,
S'il doit rester ou faire son paquet.

Désaugiers.

LE RETOUR DU SOLDAT

Air du Dîner de Madelon.

Chère Zulmé, dont l'aimable folie
Dès mon printemps sut captiver mon cœur,
Je te revois plus belle... aussi jolie !
Mars à tes pieds me ramène vainqueur.
Remplis, Zulmé, ta coupe enchanteresse,
Verse à longs traits le bonheur au guerrier...
Enlace encore, ô ma belle maîtresse,
Le pampre au myrte et le myrte au laurier !

Pour me guider sur la machine ronde
Mars à mes yeux s'offrait, et je le crus,
J'ai fait l'amour aux quatre coins du monde,
Et j'ai goûté du vin de tous les crus :
Zulmé ! pardonne une éphémère ivresse,
Trêve innocente aux travaux du guerrier...
Enlace encore, ô ma belle maîtresse,
Le pampre au myrte et le myrte au laurier !

Sultans blasés, rois libertins qu'on prône,
Plutus vous vend ce qu'Amour m'a donné ;
Mais bientôt las de bâiller sur un trône,
Cupidon triche un amant couronné :
Moi, de ses dons riche dans ma détresse,
Je l'ai toujours vu sourire au guerrier...
Enlace encore, ô ma belle maîtresse,
Le pampre au myrte et le myrte au laurier !

Roi, trop souvent on dévore une injure,
Soldat, du sort on craint bien moins l'affront.
D'un diadème, ô fortune parjure,
Ta haine en vain voudrait charger mon front,
Ah ! le bandeau que ma Zulmé me tresse
Coûte moins cher et sied mieux au guerrier.
Enlace encore, ô ma belle maîtresse,
Le pampre au myrte et le myrte au laurier !

Dieu nous entend : pour briguer son suffrage,
Qu'est-il besoin d'un organe imposteur ?
C'est aux genoux de son plus bel ouvrage
Que j'aime à rendre hommage au Créateur.
Sois, ma Zulmé, mon unique prêtresse,
Et sur l'autel où l'adore un guerrier,
Enlace encore, ô ma belle maîtresse,
Le pampre au myrte et le myrte au laurier !

Qu'ai-je entendu ? le cri : Français aux armes !
Sur l'autre rive a réveillé l'effroi :
Adieu, Zulmé, point d'inutiles larmes ;
Contre l'Anglais Agnès arma son roi.
Pour talisman j'emporte une caresse ;
Nous les battrons ! crois-en ce feu guerrier...
Enlace encore, ô ma belle maîtresse,
Le pampre au myrte et le myrte au laurier !

Jacinthe Leclère.

Impr. de Pillet fils aîné, rue des Grands-Augustins, 5.

LE GRIMACIER

Air : Dans la vigne à Claudine.

Singer est mon étude :
Aussi dans mon quartier
On m'a, par habitude,
Nommé le grimacier.
Sur tout ce qui se passe,
Mes amis, ici-bas,
Si je fais la grimace,
Ne la feriez-vous pas ? (*ter*)

Quand je vois la science
Couverte de haillons,
Quand je vois l'ignorance
Briller dans nos salons,
Ou quand je vois en place
Intrigants aux pieds plats,
Si je fais la grimace,
Ne la feriez-vous pas ? (*ter*)

Quand un fripon se pousse,
Aidé par le hasard,
Quand un fat m'éclabousse
Du sommet de son char,
Ou quand Laïs m'agace
Et tend vers moi ses bras,
Si je fais la grimace,
Ne la feriez-vous pas ? (*ter*)

Lorsque nos tragédies
Provoquent les rieurs,
Lorsque nos comédies
Arrachent tant de pleurs,
Quand un drame à la glace
Charme par son fracas,
Si je fais la grimace,
Ne la feriez-vous pas ? (*ter*)

Quand secouant la boue
Dont il sortit jadis,
Zoïle en vain baffoue
Le roi des beaux esprits,
Ou quand sa plume trace
L'éloge des Midas,
Si je fais la grimace,
Ne la feriez-vous pas ? (*ter*)

Au déclin de la vie,
Quand on voit pour toujours
Déserter la Folie,
Comus et les Amours,
Narguant la mort en face,
Mais reculant d'un pas,
Si je fais la grimace,
Ne la feriez-vous pas ? (*ter*)

B. ROUGEMONT.

LES BOSSES

Air du vaudeville du Dîner de Madelon.

A l'aspect des éminences,
J'eus toujours le cœur joyeux ;
J'aime vos protubérances,
Polichinelle, Mayeux ;
De la vieille Carabosse
J'adore le dos ossu ;
Bref, quand je vois une bosse,
Moi, je ris comme un bossu.

Hortense, qui sut me plaire,
Dans le monde a du succès ;
Le fait est qu'elle est légère,
Même coquette à l'excès.
De là, des cancans atroces :
Par un billet je l'ai su.
On dit qu'au front j'ai deux bosses...
Moi, j'en ris comme un bossu.

Où séjourne l'abondance,
Les minois sont réjouis ;
J'ai du goût pour la bombance
Et les vins de tous pays ;
Dans les festins et les noces,
J'aime un service cossu,
Et quand je me fais des bosses,
Moi j'en ris comme un bossu.

Lise, jeunette et gentille,
Annonce beaucoup d'appas ;
Mais, hélas ! la pauvre fille,
J'en suis certain, n'en a pas.
Lui montrant des yeux féroces,
Un autre eût été déçu ;
Mais en dévoilant ses bosses,
Moi, j'ai ri comme un bossu.

Lise, chose singulière,
Se fit, un soir, s'esquivant,
En tombant sur le derrière,
Une bosse par devant.
Chez la fillette précoce,
Ce soir-là j'étais reçu.
Quand j'aperçois cette bosse,
Moi, je ris comme un bossu.

Je ris du folliculaire
Faisant métier d'apostat !
Je ris de maint prolétaire
Qui tranche du potentat ;
Je ris de certains colosses,
D'un mérite inaperçu ;
Et si vous sifflez mes bosses,
J'en rirai comme un bossu.

LESUEUR.

RABELAIS

Air du vaudeville des Cris de Paris.

Chantons Rabelais
En nos joyeux couplets.
Dans sa cure,
Sans souci ni cure,
Il caressait les
Tétins bien rondelets,
S'attablait, vidait les
Gobelets.

Quand maître François dans Meudon
Allait promener son bédon
Soutenu par un saint cordon,
Sa figure, rieuse et pleine,
Faisait dire tout d'une haleine :
C'est papa Silène !...
Chantons Rabelais, etc.

Dans son moqueur Pantagruel,
Il lança plus d'un trait mortel
Sur les rois, les grands et l'autel :
Ce mordant et joyeux satyre
Esquiva cent fois le martyre
Avec sa satire.
Chantons Rabelais, etc.

La Sorbonne s'évertua
A censurer Gargantua,
Mais tout bon vivant statua
Qu'il ne fallait pas y souscrire,
Car c'eût été chez nous proscrire
A jamais le rire.
Chantons Rabelais, etc.

Quand il quitta les cordeliers
Et leurs couvents hospitaliers,
Il vécut à deux rateliers ;
Il donnait dans son presbytère
Les secours de son ministère,
Et puis un clystère.
Chantons Rabelais, etc.

Il prisait fort peu le latin
De ce docte saint Augustin
Et du collége ultramontain ;
Il eût donné toute une brasse
De scolastique paperasse
Pour un vers d'Horace.
Chantons Rabelais, etc.

Quand au baptême on présentait
Poupon qui criait, qui tétait,
A la mère qui le portait
Il disait : « Ce fruit de ton ventre
« Sait chanter, sait boire, qu'il entre
« Ici comme chantre ! »
Chantons Rabelais, etc.

Il aimait surtout à bénir
Deux amants qui venaient s'unir ;
Sous le froc il sentait hennir
Son coursier pour un beau corsage ;
Qu'il rendait grâce au bol usage
Du droit de cuissage.
Chantons Rabelais, etc.

Quand un moribond l'appelait,
De Satan il ne lui parlait,
Par ces mots il le consolait :
« La vie est une gaudriole,
« Pour le ciel qui tant l'affriole,
« Fais la cabriole. »

Chantons Rabelais
En nos joyeux couplets,
Dans sa cure,
Sans souci ni cure,
Il caressait les
Tétins bien rondelets,
S'attablait, vidait les
Gobelets.

JUSTIN CABASSOL.

LA VRAIE PHILOSOPHIE

Air connu.

J'ai vu partout dans mes voyages
Ces philosophes comme vous,
Qui, pour avoir trop fait les sages,
Étaient enfin devenus fous.
Jamais leur docte inquiétude
Ne leur permit un doux loisir :
Moi, je crois qu'un siècle d'étude
Vaut moins qu'un instant de plaisir.

C'est la divinité de Gnide
Qui seule fait les vrais savants :
J'aime Sapho, Catulle, Ovide,
L'Amour inspira leurs accents.

Je hais Aristote, Lucrèce ;
Je m'endors en ouvrant Platon.
Des philosophes de la Grèce
Le plus sage est Anacréon.

Pourquoi donner la préférence
A l'esprit aux dépens du cœur :
Vous cherchez toujours la science,
Vous fuyez toujours le bonheur.
Je veux bien que l'homme s'éclaire ;
La femme doit avoir du goût.
Le grand art est celui de plaire :
Dès l'instant qu'on plaît on sait tout.

DELRIEU.

LES BOSSUS
Paroles de Santeul.

Depuis longtems je me suis aperçu
De l'agrément qu'on a d'être bossu.
Polichinelle en tous lieux si connu,
Toujours chéri, partout si bien venu
Qu'en eut-on dit s'il n'eut été bossu ?

Voir à la Notice pour les six autres couplets

Au clair de la Lune,
L'aimable Lubin,
Frappe chez la brune;
Ell' répond soudain:
Qui frapp' de la sorte?
Il dit à son tour:
Ouvrez votre porte,
Pour le dieu d'amour.

Au clair de la Lune,
On n'y voit qu'un peu.
On chercha la plume,
On chercha du feu.
En cherchant d'la sorte,
Je n'sais c'qu'on trouva:
Mais j'sais que la porte,
Sur eux se ferma.

LA MÈRE MICHEL.

C'est la mère Michel qui a perdu son chat,
Qui crî' par la fenêtre, qu'est c' qui lui rendra.
Et l' comp'er Lustucru qui lui a répondu,
Allez, la mèr' Michel, vot' chat n'est pas perdu.

C'est la mère Michel qui lui a demandé :
Mon chat n'est pas perdu ! vous l'avez donc trouvé ?
Et l' comp'er Lustucru qui lui a répondu :
Donnez un' récompense, il vous sera rendu.

Et la mère Michel lui dit : c'est décidé ;
Si vous rendez mon chat, vous aurez un baiser.
Le comp'er Lustucru qui n'en a pas voulu,
Lui dit : pour un lapin votre chat est vendu.

L'ÉCLIPSE DE LUNE

AIR : Chantez, dansez, amusez-vous.

Il est minuit,
La lune luit,
Et de la maison de sa mère
Hélène fuit
A petit bruit,
Pour joindre Alain dans la bruyère ;
Elle attend de lui son bonheur ;
En viendra-t-il à son honneur ?

Alain tenté,
De son côté,
De ne plus faire sentinelle,
D'un pied léger,
Près du verger
Se précipite au-devant d'elle ;
Et, pour lui faire son bonheur,
En veut venir à son honneur.

Quel embarras !
Avec fracas
On entend ouvrir la fenêtre ;
Alain se plaint,
Hélène craint ;
Car, si sa mère allait paraître,
Alain pour faire son bonheur
N'en viendrait pas à son honneur.

« Amour malin, »
S'écrie Alain,
« Préserve-nous d'un tel obstacle !
« Hélène et moi
« Suivons ta loi ;
« Ne saurais-tu faire un miracle,
« Pour qu'en assurant son bonheur,
« Alain en vienne à son honneur ? »

Alain dévot
Joint un sanglot
A cette prière importune :
L'Amour étend
En un instant,
Ses deux ailes devant la lune :
Alain, si proche du bonheur,
En viendra-t-il à son honneur ?

C'est vainement
Que la maman
Regarde alors ce qui se passe ;
Moitié frayeur,
Moitié pudeur,
Hélène défend qu'on l'embrasse ;
Mais, pour lui faire son bonheur,
Alain en vient à son honneur.

PIIS.

A LA LUNE

AIR : Ce mouchoir, belle Raymonde.

Tout cœur sensible préfère
La lune à l'astre du jour ;
Sa faible et tendre lumière,
Sombre et claire tour à tour,
Offre son ombre au mystère
Et ses clartés à l'Amour.

Des longues nuits de l'absence
Seule elle adoucit l'horreur,
Offre à mon cœur l'espérance,
Porte à mes sens la fraîcheur,
Et semble, par son silence,
Attentive à ma douleur.

Quand la timide Innocence
Balance entre son vainqueur
Et la sévère Décence,
Alors, pour calmer son cœur,
Elle offre à la Jouissance
Le voile de la Pudeur.

Sa lueur douce et discrète
D'Amour dirige les pas ;
De la jeune bergerette
Fait deviner les appas,
Et quelquefois elle en prête
A celles qui n'en ont pas.

SÉGUR aîné.

LES CALICOTS

AIR de la Sentinelle.

Ah ! croyez-moi, déposez sans regrets
Ces fers bruyants, ces appareils de guerre,
Et des Amours, sous vos pas indiscrets,
N'effrayez plus les cohortes légères.
Si des beautés dont vous causez les pleurs,
Nulle à vos yeux ne se dérobe,
Contentez-vous, heureux vainqueurs,
De déchirer leurs tendres cœurs,
Mais ne déchirez pas leur robe.

SCRIBE.

LE CHAT QUI DORT

Air du Ballet des Pierrots.

« Comme on fait son lit on se couche ;
« Trop parler nuit, trop gratter cuit ;
« On ne parle que par la bouche ;
« Il n'est pas jour quand il fait nuit. »
De tous ces dictons populaires,
Refrain peut sortir sans effort :
Ils sont trop vieux, mes chers confrères,
N'éveillons pas le chat qui dort.

Quoi ! pas un mot, criait Ariste,
Pas un seul mot sur mes écrits !
Ainsi donc pour tout journaliste
Je suis un objet de mépris :
— Tant mieux pour vous, je vous conseille
De vous en applaudir bien fort ;
Lorsque la critique sommeille,
N'éveillez pas le chat qui dort.

Gourmands qu'une faim assassine
Conduit chez un sot gargotier,
Vous cherchez en vain la cuisine
De Beauvilliers et de Gauthier.
Croquez pâtés et matelottes,
Croquez vingt rôtis pour renfort ;
Mais gardez-vous de gibelottes,
N'éveillez pas le chat qui dort.

Réveillez donc cet auditoire,
Disait un jour l'abbé Blifil,
Dans un moment où sa mémoire
D'un long sermon cherchait le fil.
— Cent fois plus exigeant qu'un autre,
L'abbé, vous vous plaignez à tort ;
Pour son repos et pour le vôtre,
N'éveillez pas le chat qui dort.

C'est vainement, femmes tigresses,
Qu'écoutant vos transports jaloux,
Vous jurez de fuir les caresses
De vos amants, de vos époux.
Malgré vos serments... bien sincères,
S'ils sont trop confus de leur tort,
Le soir, vous êtes les premières
A réveiller le chat qui dort.

Quand le calme renaît en France,
Quand nos bons amis vont partir,
Quand on nous rend à l'espérance,
Du bien présent sachons jouir.
Tout en croyant servir sa cause,
Quel parti n'eut pas quelque tort ?
Puisque la Discorde repose,
N'éveillons pas le chat qui dort.

LÉGER.

LE CLERC DE NOTAIRE

AU

CLAIR DE LUNE

ROMANCE

Air de la Sentinelle

L'astre des nuits, de son disque argenté,
Lançait des feux sur la Seine et la Marne,
Un jeune clerc, rêvant à la beauté,
Chantait ainsi la tête à sa lucarne :
   Pigeon vole, vole à ma voix,
   Auprès de Vénus endormie,
   Dis que je veille sous les toits,
   Pour l'amour et pour mon amie.

Dans les plaisirs les uns passent les nuits,
D'autres en paix se livrent à Morphée ;
Mais cet amant, pour charmer ses ennuis,
Chantait ainsi, comme un second Orphée :
   Pigeon vole, vole à ma voix,
   Auprès de Vénus endormie,
   Dis que je veille sous les toits,
   Pour l'amour et pour mon amie.

L'astre du jour ramène les travaux,
Demain il faut, suivant notre coutume,
Me signaler par des actes nouveaux...
Mais si je meurs, à côté de ma plume :
   Pigeon vole comme un zéphyr,
   Va dans le sein de ma patrie,
   Dire que mon dernier soupir
   Fut pour l'étude et mon amie.

CASIMIR MENESTRIER.

Impr. de Pillet fils aîné, rue des Grands-Augustins, 5.

CADET, QUEL EST CE P'TIT HOMME

Air du vaudeville du Dîner de Madelon.

Cadet, est ce p'tit homme
 Qui vous est nu comme un ver ?
Je voudrais ben le voir comme
Sans cal'çon y passe l'hiver !
— Pas d'cancans comme à la halle,
Car c'ti-là, femm', c'est l'Amour !
Il est mauvais comme cun' galle :
Y pourrait nous jouer-z-un tour.

— Mon homm' pourquoi qu'il attache
Un mouchoir su ses deux yeux ?
Est-c'que pour le jeu d'cach' cache
Il a-z-un faible, l'morveux ?
— Françoise, c'est cun' emblème :
C'bandeau-là prouve qu'en amour
On voit dans l'cœur de c'qu'on aime
Tout aussi ben qu'dans un four.

— Quel est c'bourgeois qu'étincelle
Dans la patte du vaurien ?
Est-c'qui lui faut d'la chandelle
Pour chercher c'que tu sais ben ?
— Tu dis des bêtis's, Françoise :
Ce flambeau qu'tu vois fumer
Est pour dire à chaqu' sournoise :
En deux jours j'vas t'enflammer.

— Si ma vu' n'est pas fêlée,
J'ly vois deux ail's au collet ;
S'il allait à la *Vallée*,
On l'pendrait pour un poulet.
— Ces ail's, qui n'sont pas postiches
Servent au p'tit god'lureau :
Quand y vous a fait qu'euqu' niches,
Y s'envol' comme un moineau.

— J'vois aussi d'autres histoires
Qui lui pend'nt près des genoux :
Ça vous r'semble à des lardoires
Qu'ont des plumes aux p'tits bouts
— Ce sont des flêch's que ça s'nomme
Avec cun' d'elles, l'sournois
Vous fend le cœur d'un pauvre homme
Comme l'merlin fend du bois !

— Mais, Cadet qu'est-ce c'qui m'trifouille
Ton amour est un guérdin....
Dans mes estomacs, ça grouille,
J'étouff' sous mon casaquin !
— Moi, Françoise, ça m'picote,
Ça me cuit !... l'mauvais garnement,
Aura percé ma culotte,
Car j'sis tout chos' maintenant !

ANONYME.

LA BASCULE

Air : Philis demande son portrait.

Au noir souci l'Amour défend
　L'accès de son empire ;
Il aime tous les jeux d'enfant,
　Son bonheur est de rire.
Un jour dans ces jolis bosquets,
　Pendant la canicule,
Il établit pour ses sujets
　Le jeu de la bascule.

Sur un pivot fixe au milieu,
　Gardant même distance,
Chaque bras d'un mobile essieu
　Obéit et balance.
Là, d'après un bill de l'Amour,
　Docile à la cédule,
Chaque couple vient à son tour
　Jouer à la bascule.

Chacun se donnant comme il faut
　Une secousse prompte,
Tantôt en bas, tantôt en haut,
　On descend, on remonte ;
Et dans l'empire des Amours,
　Le propos qui circule,
C'est : Ah ! que ne peut-on toujours
　Jouer à la bascule !

Vint une prude à l'air décent,
　Ayant fort grande envie
D'essayer ce jeu séduisant
　Avec sa modestie ;
Mais on y rit de son maintien ;
　Il était ridicule :
Prude au grand jour ne sait pas bien
　Jouer à la bascule.

Un lourd Crésus veut enlever
　La beauté jeune et fraîche ;
Mais quand il faut se relever,
　Sa masse l'en empêche.
Laïs fait payer à Mondor
　Sa sottise crédule ;
Il ne peut qu'en la couvrant d'or
　Jouer à la bascule.

Certain baron s'y vient asseoir
　Avec jeune friponne :
En voulant le faire mouvoir
　Elle le désarçonne ;
Il tombe, et l'écuyer perclus
　Sans bruit se dissimule :
Quand on est vieux on ne doit plus
　Jouer à la bascule !

LA CHABEAUSSIÈRE.

LE DIABLE

Air : L'autre jour, le gros René.

Tout atteste et reconnaît
   Le pouvoir du diable ;
Dans tout ce qu'on dit et fait
   Est mêlé le diable :
Certain auteur l'a prouvé
   En vers à la diable, ô gué !
   En vers à la diable.

L'homme d'esprit a, dit-on,
   Tout l'esprit d'un diable ;
Nous disons d'un bon garçon
   Qu'il est un bon diable ;
Et de l'honnête homme à pié,
   C'est un pauvre diable, ô gué !
   C'est un pauvre diable.

Qui désire être cité,
   Mène un train de diable ;
N'a pas qui veut pour beauté,
   La beauté du diable ;
Plus d'un ouvrage vanté
   Ne vaut pas le diable, ô gué !
   Ne vaut pas le diable.

Je connais certain censeur,
   Malin comme un diable,
Après qui plus d'un auteur
   Fait des cris de diable ;
Mais qu'en homme plus censé,
   Moi j'envoie au diable, ô gué !
   Moi j'envoie au diable.

Quel est l'homme qui jamais
   Ne se donne au diable ?
Les trois quarts de nos projets
   Où vont-ils ? au diable.
Par la queue, ah ! que j'en sai
   Qui tirent le diable, ô gué !
   Qui tirent le diable !

A.-V. Arnault.

L'AMOUR ET LE DIABLE

Air : Le beau Colinet de Nicette.

On sait que l'Amour et le Diable
Sont les deux démons d'ici-bas.
Si le second est effroyable,
L'autre a de dangereux appas.
Toujours sur plus d'un cœur profane
Leur art perfide a réussi.
Enfin, si le Diable nous damne,
L'Amour nous fait damner aussi.

Or, le Diable garde en réserve
Contre l'Amour secret courroux.
Bien que souvent l'Amour le serve,
De l'Amour le Diable est jaloux.
Un jour cet esprit détestable,
Lançant des regards ennemis,
Veut mettre en enfer l'autre Diable,
Qui d'abord met en paradis.

Il l'aborde, il semble maudire...
Le diable d'Amour sans retard
Sait l'étonner par un sourire,
Et l'a vaincu par un regard.

Cédant au pouvoir qui l'accable,
L'esprit fatal est dans les fers,
Et l'Amour emporte le Diable :
Il emporterait l'univers.

Mais quand sa victoire est fixée,
L'Amour se néglige soudain ;
C'est une mauvaise pensée
Que lui souffle l'esprit malin.
Souvent le conquérant sommeille ;
Il dort même, et si bien qu'un jour
Il est conquis quand il s'éveille ;
Et le Diable emporte l'Amour.

L'Amour, appelant à son aide,
Vainement crie au ravisseur ;
Il était perdu sans remède,
S'il n'eût pas rencontré sa sœur ;
L'Amitié, noble et secourable,
L'enlève au démon effrayé :
Et l'Amour qu'emportait le Diable
Se sauve auprès de l'Amitié.

Creuzé de Lesser.

CADET ROUSSELLE.

Cadet Rousselle a trois maisons *(bis)*
Qui n'ont ni poutres ni chevrons *(bis)*;
C'est pour loger les hirondelles;
Que direz vous d'Cadet Rousselle:
 Ah! ah! ah! mais vraiment,
 Cadet Rousselle est bon enfant.

Cadet Rousselle a trois habits;
Deux jaunes, l'autre en papier gris;
Il met celui là quand il gèle,
Ou quand il pleut et quand il grêle:
 Ah! ah! etc.

Cadet Rousselle a trois chapeaux;
Les deux ronds ne sont pas très beaux,
Et le troisième est à deux cornes,
De sa tête il a pris la forme.
 Ah! ah! etc.

Cadet Rousselle a trois beaux yeux,
L'un r'garde à Caen, l'autre à Bayeux;
Comme il n'a pas la vue bien nette,
Le troisième, c'est sa lorgnette:
 Ah! ah! etc.

Cadet Rousselle a une épée,
Très longue mais toute rouillée
On dit qu'elle est encor' pucelle
C'est pour fair' peur aux hirondelles.
　　Ah ! ah ! etc.

Cadet Rousselle a trois souliers
Il en met deux dans ses deux pieds;
Le troisième n'a pas de semelle,
Il s'en sert pour chausser sa belle.
　　Ah ! ah ! etc.

Cadet Rousselle a trois cheveux;
Deux pour les faces, un pour la queue;
Et quand il va voir sa maitresse
Il les met tous les trois en tresse.
　　Ah ! ah ! etc.

Cadet Rousselle a trois garçons
L'un est voleur, l'autre est fripon,
Le troisième est un peu ficelle
Il ressemble à Cadet Rousselle;
　　Ah ! ah ! etc.

Cadet Rousselle a trois gros chiens,
L'un court au lièvre, l'autre au lapin,
L'troisièm' s'enfuit quand on l'appelle,
Comm' le chien de Jean de Nivelle.
   Ah ! ah ! etc.

Cadet Rousselle a trois beaux chats,
Qui n'attrappent jamais les rats,
Le troisièm' n'a pas de prunelle,
Il monte au grenier sans chandelle.
   Ah ! ah ! etc.

Cadet Rousselle a marié
Ses trois filles dans trois quartiers.
Les deux prémièr' ne sont pas belles,
La troisième n'a pas de cervelle :
   Ah ! ah ! etc.

Cadet Rousselle a trois deniers,
C'est pour payer ses créanciers;
Quand il a montré ses ressources,
Il les remet dedans sa bourse.
　　Ah! ah! etc.

Cadet Rousselle s'est fait acteur,
Comme Chénier s'est fait auteur;
Au café quand il joue son rôle,
Les aveugles le trouvent drôle.
　　Ah! ah! etc.

Cadet Rousselle ne mourra pas,
Car, avant de sauter le pas;
On dit qu'il apprend l'orthographe
Pour fair' lui mêm' son épitaphe.
　　Ah! ah! ah! mais vraiment
　　Cadet Rousselle est bon enfant.

JEAN DE NIVELLE

Air connu.

Jean de Nivelle est un héros (bis)
Qui n'a ni maîtres ni rivaux ; (bis)
Dans les combats, dans les ruelles.
Connaissez-vous Jean de Nivelle ?
  Ah ! oui, vraiment !
Jean de Nivelle est bon enfant.

Jean de Nivelle a trois châteaux,
Trois palefrois et trois manteaux,
Et puis trois lames de flamberge
Qu'il laisse parfois à l'auberge.
  Ah ! oui, vraiment !
Jean de Nivelle est bon enfant.

Jean de Nivelle a trois cochons,
L'un fait des sauts, l'autre des bonds ;
Le troisième monte à l'échelle,
C'est flatteur pour Jean de Nivelle.
  Ah ! oui, vraiment !
Jean de Nivelle est bon enfant.

Jean de Nivelle a trois enfants,
L'un est sans nez, l'autre sans dents,
Et le troisième sans cervelle,
C'est bien dur pour Jean de Nivelle.
  Ah ! oui, vraiment !
Jean de Nivelle est bon enfant.

Jean de Nivelle n'a qu'un chien,
Il en vaut trois, on le sait bien,
Mais il s'enfuit quand on l'appelle.
Connaissez-vous Jean de Nivelle ?
  Ah ! oui, vraiment !
Jean de Nivelle est bon enfant.

ANONYME.

JEAN DE VERT

Air brabançon.

Petits enfants, qui pleurera ?
Voilà Jean de Vert qui s'avance !
Aucun marmot ne bougera,
Ou Jean de Vert le mangera,

Jean de Vert était un soudard *
De riche et de fière chevance ;
Jean de Vert était un trichard
Moitié prince et moitié bâtard.

Petits enfants, qui pleurera ?
Voici Jean de Vert qui s'avance !
Aucun marmot ne bougera,
Ou Jean de Vert le mangera.

Jean de Vert était un brutal
Qui fit pleurer le roi de France.
Jean de Vert, étant général,
A fait trembler le cardinal.

Petits enfants, qui pleurera ?
Voilà Jean de Vert qui s'avance !
Aucun marmot ne bougera,
Ou Jean de Vert le mangera.

ANONYME.

* JEAN DE VERT ou DE WERTH, était un capitaine redoutable de partisans allemands ; Turenne le fit prisonnier. Les vaudevillistes du temps le prirent, à leur tour, pour sujet de leurs chansons.

BOUTADES BACHIQUES

Air connu.

Quand la mer Rouge apparut
  A la troupe noire,
Le peuple égyptien crut
  Qu'il n'avait qu'à boire.
Mais Moïse vit soudain
Que ce n'était pas du vin,
  Il la pas, pas, pas
  Il la sa, sa, sa,
  Il la pas, il la sa,
  Il la passa toute,
  Sans en boire goutte

Alexandre dont le nom
  A rempli la terre,
N'aimait pas tant le *canon*,
  Qu'il faisait le verre :
Si Mars, parmi les guerriers,
S'est acquis tant de lauriers,
  Que pouvons, vons, vons,
  Que devons, vons, vons,
  Que pouvons, que devons,
  Que devons-nous croire,
  Sinon qu'il sut boire ?

ANONYME.

LE REFRAIN DE JEAN DE VERT

XVIIᵉ SIÈCLE.

Air de Jean de Vert.

Mon médecin, quand il me voit,
   M'ordonne d'être sage.
Selon moi, qui plus mange et boit,
   Doit l'être davantage.
D'ailleurs cette fleur des savants
   A déjà tué plus de gens
     Que Jean de Vert.

Quand je suis avec mes amis,
   Je ne suis plus malade;
C'est là que je me crois permis
   Le vin et la grillade.
N'en déplaise à monsieur Thévart,
Je n'en irai qu'un peu plus tard
     Voir Jean de Vert.

Fi de ces esprits délicats
   Qui, prenant tout à gauche,
Voudraient bannir de nos repas
   Certain air de débauche.
Je ne l'ai qu'avec les buveurs,
Et je suis aussi froide ailleurs
     Que Jean de Vert.

Je trouve la rime d'abord
   Lorsque Bacchus m'inspire;
Un verre rempli jusqu'au bord
   Me tient lieu d'une lyre.
Ne pouvoir plus boire du vin,
Est par où je plains le destin
     De Jean de Vert.

Célébrons de ce doux poison
   La puissance suprême;
Il nous fait perdre la raison;
   C'est par là que je l'aime :
Elle nous tourmente toujours
Et n'est pas d'un plus grand secours
     Que Jean de Vert.

               Mˡˡᵉ DESHOULIÈRES.

L'AMOUR ET LE VIN

— RONDE. —

Air connu.

L'âge a su borner mes désirs
   Au vin vieux qui pétille;
Mais il est de plus doux plaisirs
   Pour une jeune fille;
Et son cœur dit pour refrain :
L'amour vaut mieux que le vin.

   Ah! le cœur à la danse!
     Un rigaudon,
       Zig, zag, dondon,
   Le plaisir en cadence
   Vaut mieux que la raison.

A se passer de deux beaux yeux
   Un buveur met sa gloire;
Mais je défie un amoureux
   De se passer de boire.
Cela prouve qu'à son tour
Le vin vaut mieux que l'amour,

   Ah! le cœur à la danse!
     Un rigodon,
       Zig, zag, dondon,
   Le plaisir en cadence
   Vaut mieux que la raison.

L'amant, jaloux de son tendron,
   L'enferme ou le surveille;
Le buveur, toujours sans façon,
   Vous prête sa bouteille.
J'en reviens à mon refrain,
L'amour vaut mieux que le vin.

   Ah! le cœur à la danse!
     Un rigodon,
       Zig, zag, dondon,
   Le plaisir en cadence
   Vaut mieux que la raison.

Aimer et boire sont vraiment
   Deux choses nécessaires;
Mais il faut suivre prudemment
   L'exemple de nos pères.
Il faut prendre tour à tour
Peu de vin et peu d'amour.

   Ah! le cœur à la danse!
     Un rigodon,
       Zig, zag, dondon,
   Le plaisir en cadence
   Vaut mieux que la raison.

               FORGEOT.

Impr. de Pillet fils aîné, rue des Grands-Augustins, 5.

DAGOBERT

Air : Contentons-nous d'une simple bouteille.

De par la Mode on peut tout se permettre,
Cette déesse est maîtresse chez nous.
Grâce à ses lois nous finirons par mettre
Le haut en bas et le dessus dessous.
Pour déguiser son auguste personne,
Tout paraît bon dans ce monde pervers !
Et Dagobert, le peuple le chansonne
Pour avoir mis sa culotte à l'envers.

Ne dites pas qu'une mise décente
Est de rigueur dans nos bals de Paris,
De la Courtille autrefois la descente
A nos regards offrait des gens mieux mis.
Dans un galop chacun se déboutonne ;
Du grand Chicard on se donne des airs !
Et Dagobert, le peuple le chansonne
Pour avoir mis sa culotte à l'envers.

Notre théâtre a de tristes allures !
Pour débiter et la prose et les vers,
On a recours à de minces doublures
Dont le costume a, je crois, deux envers.
Mais le public chez nous se passionne
Pour les acteurs et les mots mal couverts...
Et Dagobert, le peuple le chansonne
Pour avoir mis sa culotte à l'envers.

De la beauté l'Anglais est tributaire :
Ne voulant pas d'un roi mal culotté,
Les citoyens de la vieille Angleterre
D'un cotillon drapent la royauté.
Pour le trident sa main est trop mignonne ;
Une quenouille est le sceptre des mers !...
Et Dagobert, le peuple le chansonne
Pour avoir mis sa culotte à l'envers.

Pour les enfants chéris de la Victoire,
Toujours le peuple élève un Panthéon ;
Le Temps ne peut chasser de sa mémoire
Les Alexandre et les Napoléon.
Sans le Destin, ces amants de Bellone
Auraient bien pu retourner l'univers !...
Et Dagobert, le peuple le chansonne
Pour avoir mis sa culotte à l'envers.

Combien de fois nos illustres paillasses,
En exploitant les changements subits,
Pour conserver leurs titres et leurs places,
Ont sans pudeur retourné leurs habits?
Vous saluez l'étoile qui rayonne
Sur ces habits tantôt bleus, tantôt verts !...
Et Dagobert, le peuple le chansonne
Pour avoir mis sa culotte à l'envers.

Je ne sais pas si mes notes sont fausses,
Car je n'ai point la clé des cabinets,
Mais on prétend que plus d'un haut-de-chausses
Se raccommode avec des fonds secrets.
Le bon bourgeois souffre qu'on le rançonne
Pour restaurer le pantalon d'un tiers...
Et Dagobert, le peuple le chansonne
Pour avoir mis sa culotte à l'envers.

En France on vit de zélés patriotes,
Représentants in naturalibus,
Dans le forum paraître sans culottes
Pour réformer le luxe et ses abus.
Sous son drapeau, Liberté polissonne,
De leur médaille ils montraient le revers !...
Et Dagobert, le peuple le chansonne
Pour avoir mis sa culotte à l'envers.

Dieu sait, hélas ! en ce siècle profane,
Ce qu'à l'envers un beau jour nous mettrons !
Le frac, l'habit, la toge, la soutane
Tout est taillé sur de mauvais patrons.
Casque, bonnet, chapeau, mitre, couronne,
Tout est mesquin, tout est mis de travers !
Et Dagobert, le peuple le chansonne
Pour avoir mis sa culotte à l'envers.

A. Jacquemart.

COUPLET SUR DAGOBERT

Air du Verre.

Souvent je regrette en mes vers
Ce prince qui, dans sa toilette,
Mettait sa culotte à l'envers,
Malgré les lois de l'étiquette.

C'est avec gaîté qu'à bon droit
On riait de sa maladresse ;
Mais Dagobert trouvait l'endroit
Quand il s'agissait de tendresse.

J. C.

ORPHÉE

REDONDILLE ESPAGNOLE, IMITÉE DE *Quevedo*.

AIR : Réveillez-vous, belle endormie.

Pour ravoir sa femme Euridice,
Orphée aux enfers s'en alla :
Est-il si bizarre caprice
Dont on s'étonne après cela ?

Dans un accès de ce délire
Où son jugement se perdit,
Pouvait-il rien chercher de pire,
Ni dans un climat plus maudit ?

Il chante des airs pitoyables,
Dont le tendre accompagnement
Suspendit la fureur des diables,
Calma des damnés le tourment.

Sa voix ne touchait pas leur âme,
Mais la seule admiration
Qu'un sot, pour recouvrer sa femme,
Témoignât tant de passion.

Alors Pluton, hochant la tête,
Dit au chanteur alangouri :
— O maître fou comme poëte,
Et beaucoup plus comme mari !

Proserpine est bonne diablesse ;
Mais je te jure, sur ma foi,
Que les six mois qu'elle me laisse
Ne sont pas les moins gais pour moi !

Cent ans chez vous fût-elle encore,
Pour se soustraire à mon pouvoir,
Je n'irais pas sur la mandore
Braire en bémol pour la ravoir.

Puisqu'une impertinente flamme
Pour nous troubler l'a fait venir,
Parques, qu'on lui rende sa femme,
On ne saurait mieux le punir.

Mais pour payer de la musique
Le plaisir, aux enfers si neuf,
Ajoutons-y quelque rubrique
Qui puisse encor le rendre veuf.

Rendez-lui donc sa demoiselle,
Qui le suivra sans dire mot ;
Mais s'il tourne les yeux sur elle,
Qu'on me la refourre au cachot.

Ah ! si des femmes incommodes
Des tours de tête délivraient,
Que de maris, comme Pagodes,
Incessamment la tourneraient.

Ainsi sur son trône de braise
Parla le monarque enroué ;
Son sage arrêt, dans la fournaise,
Par tout son peuple fut loué.

L'ordre est suivi. Mais cette fête
Se termine en piteux regrets ;
Orphée ayant tourné la tête,
Redevint veuf sur nouveaux frais.

Vaine et légère comme un songe,
Qu'un dormeur prend pour vérité,
L'ombre gémit, et se replonge
Dans l'éternelle obscurité.

Par son impatience extrême
Que sa raison ne peut calmer,
Le malheureux perd ce qu'il aime
A force de le trop aimer.

Voyant sa femme disparaître,
Il éprouve un mortel ennui,
Assez sot pour ne pas connaître
Le bien qu'on lui fait malgré lui.

L'enfer à ses plaintes touchantes
Cessant de se laisser charmer,
Dans la Thrace, par les bacchantes,
Il s'en va se faire assommer.

Du beau sexe double victime,
Chantre affligé, console-toi ;
Force gens d'un rang plus sublime
Ont bien suivi la même loi.

Dames, si cette historiette
Irrite vos cœurs inhumains,
C'est un Espagnol qui l'a faite ;
Pour moi, je m'en lave les mains.

Ovide, à cette même fable,
Direz-vous, donne un tour galant.
Ce Romain était raisonnable ;
L'Espagnol n'est qu'un insolent.

SÉNECÉ,

Né à Mâcon en 1643, mort en 1737.

DAGOBERT

Le bon Roi Dagobert
Avait sa culotte à l'envers;
Le grand saint Eloi
Lui dit : ô mon Roi!
　Votre majesté
　Est mal culotté;
C'est vrai, lui dit le Roi,
Je vais la remettre à l'endroit.

Comme il la remettait,
Un peu il se découvrait;
Le grand saint Eloi
Lui dit, ô mon Roi!
　Vous avez la peau
　Plus noire qu'un Corbeau;
Bah! bah! lui dit le Roi,
La Reine l'a bien plus noire que moi.

Le bon Roi Dagobert
Fut mettre son bel habit vert;
Le grand saint Eloi
Lui dit, ô mon Roi!
　Votre habit paré
　Au coude est percé;
C'est vrai, lui dit le Roi,
Le tien est bon, prête le moi.

Du bon Roi Dagobert
Les bas étaient rongés des vers;
Le grand saint Eloi
Lui dit, ô mon Roi!
　Vos deux bas cadets
　Font voir vos molets;
C'est vrai, lui dit le Roi,
Les tiens sont neufs donne les moi.

Le bon Roi Dagobert
Faisait peu sa barbe en hyver;
Le grand saint Eloi
Lui dit, ô mon Roi!
　Il faut du savon
　Pour votre menton;
C'est vrai, lui dit le Roi,
As-tu deux sous, prête les moi.

Du bon Roi Dagobert
La perruque était de travers;
Le grand saint Eloi
Lui dit, ô mon Roi!
　Que le perruquier
　Vous a mal coiffé;
C'est vrai, lui dit le Roi,
Je prends ta tignasse pour moi.

Le bon Roi Dagobert
Portait manteau court en hiver;
Le grand saint Eloi
Lui dit, ô mon Roi !
    Votre Majesté
    Est bien écourtée;
C'est vrai, lui dit le Roi,
Fait le ralonger de deux doigts.

Du bon Roi Dagobert
Le chapeau coiffait comme un Cerf;
Le grand saint Eloi
Lui dit, ô mon Roi !
    La corne au milieu,
    Vous siérait bien mieux;
C'est vrai, lui dit le Roi,
J'avais pris modèle sur toi.

Le Roi faisait des vers
Mais il les faisait de travers;
Le grand saint Eloi
Lui dit, ô mon Roi !
    Laissez au oisons
    Faire des chansons;
Eh bien, lui dit le Roi,
C'est toi qui les feras pour moi.

Le bon Roi Dagobert
Chassait dans la plaine d'Anvers;
Le grand saint Eloi
Lui dit, ô mon Roi !
    Votre Majesté
    Est bien essoufflée;
C'est vrai, lui dit le Roi,
Un lapin courait après moi.

Le bon Roi Dagobert
Allait à la chasse au pivert;
Le grand saint Eloi
Lui dit, ô mon Roi !
    La chasse aux coucous
    Vaudrait mieux pour vous;
Eh bien, lui dit le Roi,
Je vais tirer, prends garde à toi.

Le bon Roi Dagobert
Avait un grand sabre de fer;
Le grand saint Eloi
Lui dit, ô mon Roi !
    Votre Majesté
    Pourrait se blesser;
C'est vrai, lui dit le Roi,
Qu'on me donne un sabre de bois.

Les Chiens de Dagobert
Etaient de gale tout couverts;
Le grand saint Eloi
Lui dit, ô mon Roi!
　　Pour les nettoyer
　　Faudrait les noyer;
Eh bien, lui dit le Roi,
Va-t-en les noyer avec toi.

Le bon Roi Dagobert
Se battait à tort à travers;
Le grand saint Eloi
Lui dit, ô mon Roi,
　　Votre Majesté
　　Se fera tuer;
C'est vrai, lui dit le Roi,
Mets toi bien vite devant moi.

Le bon Roi Dagobert
Voulait conquérir l'univers;
Le grand saint Eloi
Lui dit, ô mon Roi!
　　Voyager si loin
　　Donne du tintoin;
C'est vrai, lui dit le Roi,
Il vaudrait mieux rester chez soi.

Le Roi faisait la guerre
Mais il la faisait en hiver;
Le grand saint Eloi
Lui dit, ô mon Roi!
　　Votre Majesté
　　Se fera geler;
C'est vrai, lui dit le Roi,
Je m'en vais retourner chez moi.

Le bon Roi Dagobert
Voulait s'embarquer sur la mer;
Le grand saint Eloi
Lui dit, ô mon Roi!
　　Votre Majesté
　　Se fera noyer;
C'est vrai, lui dit le Roi,
On pourra crier le Roi boit.

Le bon Roi Dagobert
Avait un vieux fauteuil de fer;
Le grand saint Eloi
Lui dit, ô mon Roi!
　　Votre vieux fauteuil
　　M'a donné dans l'œil;
Eh bien, lui dit le Roi,
Fais le vite emporter chez toi.

La Reine Dagobert
Chérait un galant assez vert,
Le grand saint Eloi
Lui dit, ô mon Roi!
　　Vous êtes.... Cornu,
　　J'en suis convaincu;
C'est bon, lui dit le Roi,
Mon père l'était avant moi.

Le bon Roi Dagobert
Mangeait en glouton du dessert,
Le grand saint Eloi
Lui dit, ô mon Roi!
　　Vous êtes gourmand,
　　Ne mangez pas tant;
Bah! bah! lui dit le Roi,
Je ne le suis pas tant que toi.

Le bon Roi Dagobert
Ayant bu, allait de travers
Le grand saint Eloi
Lui dit, ô mon Roi!
　　Votre Majesté
　　Va tout de côté;
Eh bien lui dit le Roi,
Quand t'es gris marches tu plus droit.

Quand Dagobert mourût
Le Diable aussitôt accourût
Le grand saint Eloi
Lui dit, ô mon Roi!
　　Satan va passer,
　　Faut vous confesser
Hélas! dit le bon Roi,
Ne pourrais tu mourir pour moi?

LE VIEUX POËTE DE LA COUR D'AMOUR

Sur l'air de Dagobert en France.

Or, écoutez! j'ai découvert
　Epoque d'importance,
Sur l'air qui maintenant me sert,
D'abord j'expose que « c'est l'air
　« De Dagobert,
　« De Dagobert en France. »

Bien aimer était du bel air,
　Dans ces temps d'innocence ;
Le cœur parlait, et parlait clair ;
Loyal et simple comme l'air
　De Dagobert,
　De Dagobert en France.

Tout le clergé faisait des vers,
　Révérence, éminence,
On voyait jusqu'aux petits clercs
Prendre la mesure de l'air
　De Dagobert,
　De Dagobert en France.

Quand aux couvents les vieux paters
　Négligeaient la cadence,
Aussitôt les frères convers
Les relevaient, leur montraient l'air
　De Dagobert,
　De Dagobert en France.

Jongleurs et troubadours, experts
　En joyeuse science,
Ne chantaient qu'amour dans leurs vers,
Et l'ajustaient au mieux sur l'air
　De Dagobert,
　De Dagobert en France.

　　　　　　　　LAUJON.

PETIT BONHOMME VIT ENCORE

Air : Fille à qui l'on dit un secret.

Contre vos vers et vos repas
S'il s'élève un censeur austère,
Joyeux rimeurs, je ne crois pas
Qu'il parvienne à vous mettre en terre.
S'il s'obstine à vous condamner,
Tous les mois d'une voix sonore
A l'oreille il faut lui corner :
Petit bonhomme vit encore.

Bravant l'inconstance du sort,
Qui du soir au matin le berne,
Certain fou ne se croit pas mort
Tant qu'il peut jouer le quaterne.
Il va toujours, bien convaincu
Que dans la boîte de Pandore
S'il peut retrouver un écu,
Petit bonhomme vit encore.

Chers neveux, dit un moribond,
Vous attendez ma fin prochaine ;
Ne vous lassez pas ; je tiens bon,
Et je passerai la centaine.

Pour contrarier vos plaisirs,
Grâce au vin vieux qui me restaure,
Malgré mon asthme et vos désirs,
Petit bonhomme vit encore.

Panard, ce chansonnier divin
Qu'à juste titre l'on renomme,
A côté d'un grand écrivain
Panard n'est qu'un petit bonhomme ;
Et pourtant lorsque le néant
Sans aucune pitié dévore
Les débris de plus d'un géant,
Petit bonhomme vit encore.

Avec ce refrain innocent,
Dont un jeu consacra l'usage,
L'aimable Folie en passant
Nous donne une leçon bien sage.
Le Temps, qui fuit et rit de nous,
Nous dit en ramenant l'aurore :
« Jouissez et dépêchez-vous ;
« Petit bonhomme vit encore. »

　　　　　　　　ANTIGNAC.

LES PRÉSENTS A CHOISIR

Air du temps.

Je vous donne avec grand plaisir
De trois présents un à choisir ;
La belle, c'est à vous de prendre
Celui des trois qui plus vous duit.
Les voici, sans vous faire attendre :
Bonjour, bonsoir et bonne nuit.

　　　　　　　　SARRASIN.

RATON ET ROSETTE

Air du temps.

Courons d'la blonde à la brune,
A changer tout nous instruit ;
L'croissant devient pleine lune,
Après l'biau temps, l'mauvais suit.
    L'hirondelle,
    Peu fidèle,
Change de lieu tous les ans ;
L'papillon, volage à l'extrême,
Est errant dans nos champs.
    Si l'papillon,
    L'hirondelle,
    La lune,
La pluie et l'biau temps
    Sont changeans,
Il faut changer de même.   (*bis*)

A tout vent la girouette
Et les ailes du moulin
Font toujours la pirouette
En tournant, tournant sans fin.
    Dans la pente
    L'eau serpente
Et fait cent tours différents ;
On voit d'une inconstance extrême
    Les zéphyrs voltigeants.
    Si l'papillon,
    L'hirondelle,
    La lune,
La pluie et l'biau temps,
    Les ruisseaux,
    Les oiseaux,
    Les moulins,
    Les girouettes,
    Les vents
    Sont changeants,
Il faut changer de même.

Les rochers de ce rivage
N'ont jamais changé d'endroits,
Et les clochers du village
Restent toujours sur les toits ;
    Ces montagnes,
    Ces campagnes
Sont là depuis fort longtemps ;
Cette source, toujours la même,
Va remplir ces étangs.
    Si les rochers,
    Les clochers,
    Les ruisseaux,
    Les étangs
    Sont constants,
Je suis constant de même.

Le soleil autour du monde
N'a jamais cessé son cours ;
Ainsi, charmé de ma blonde,
Je veux la suivre toujours.
    La fidèle
    Tourterelle
Sert d'exemple aux vrais amants ;
Ce lierre, à l'ormeau qu'il aime,
S'est uni dès longtemps.
    Si le soleil,
    Les ormeaux,
    Les ruisseaux,
    Les clochers,
    Les rochers,
    Les vallons
    Et les monts
Dans nos champs
    Sont constants,
Je suis constant de même.

FAVART.

PLAINTE A BACCHUS

Air du temps.

Chapelle un jour fit un faux pas
Tenant un flacon sous son bras,
Rempli d'une liqueur vermeille :
Lors se voyant sur le carreau
Sans vin, et frottant son museau,

Il dit, en fureur sans pareille :
O Bacchus, père de la treille,
Dieu des visages boutonnés,
Quand je me suis cassé le nez
Que n'as-tu sauvé la bouteille !

COULANGES.

MA FEMME ET MON PARAPLUIE

Air de la Famille de l'apothicaire.

En été c'était à l'écart
Qu'on pouvait respirer à l'aise ;
Aussi je faisais lit à part,
Car ma femme était comme braise.
Mon *Rifflard*, vexé du beau temps,
Dans un coin dormait en momie.
L'hiver arrive, je reprends
Et ma femme et mon parapluie.

Quand reviendront neige et verglas,
Moi, comptant sur mon calorique,
Je vais retrouver dans mes draps
Toutes les chaleurs du Tropique.
Mon *Rifflard*, abri protecteur,
Viendra me sauver de la pluie.
Dieu sut créer pour mon bonheur
Et ma femme et mon parapluie.

Mon *Rifflard* en fin taffetas,
Est d'un vert qui charme la vue ;
Ma femme n'est pas sans appas :
Elle est blanche autant que dodue.
Afin de suivre les courants
Du joli fleuve de la vie,
A mes deux bras toujours je pends
Et ma femme et mon parapluie.

Un philosophe sans pareil
Pour fortune avait, dans l'Attique,
Les feux caressants du soleil
Et les douves de sa barrique.
En philosophe parisien,
Sans besoin comme sans envie,
Moi, je possède pour tout bien
Et ma femme et mon parapluie.

J'ai vu des gens peu délicats
Qui voulaient m'enlever ma femme ;
Sur mon *Rifflard* des scélérats
Portèrent une main infâme.
Mais le sort, pour moi complaisant,
Sut déjouer leur fourberie :
Je conserve intégralement
Et ma femme et mon parapluie.

Dans un combat très-meurtrier
Je me trouvai, certain dimanche ?
Ma femme y perdit son soulier,
Mon *Rifflard* y perdit son manche :
Ainsi qu'un prince de grand cœur,
Je m'écriai comme à Pavie :
Tout est perdu, « hormis l'honneur »
Et ma femme et mon parapluie.

Ma femme, à l'œil noir et mutin,
Verra s'éclipser sa jeunesse ;
Mon *Rifflard* deviendra pépin,
Ses ressorts perdront leur souplesse.
Sans m'affliger d'un tel destin,
Puissé-je, au déclin de la vie,
Retrouver encor sous ma main
Et ma femme et mon parapluie !

JUSTIN CABASSOL.

LE CAVEAU ET LA CHANSON

Air de Préville et Taconnet.

Collé, Piron, talents cosmopolites,
Rois fondateurs de ce Caveau fameux ;
Laujon, Piis, Gouffé, gais acolytes,
Que j'ai pu voir boire et chanter comme eux ;
Toi, Désaugiers, dont la voix tutélaire
Berça mes jours, indigne nourrisson,
Ma main tremblante, au Caveau séculaire,
Vient apporter ma dernière chanson.

Héritier fort des chansonniers modèles,
Béranger fit resplendir leur flambeau ;
Le cygne ingrat de l'aigle prit les ailes ;
L'ode aux flonflons creusa presqu'un tombeau.
Mais la gaité, ce phénix populaire,
Renaît chez vous, prodiguant sa moisson...
Ma main tremblante, etc.

On nous disait : « La chanson est finie ;
« La France est grave ; elle ne chante plus. »
Penseurs hautains, gardez votre génie ;
L'esprit français veut encor des élus.
Savoir gourmé fait l'homme atrabilaire;
Des doux refrains savourant l'unisson,
Ma main tremblante, etc.

Dieu fit tout bien ; à chacun sa nature ;
Près d'Albion, l'écho joyeux se tait.
Sous notre ciel, tendre fleur sans culture,
La chanson pousse ; ainsi Debraux chantait.
Lorsque fuyant l'humoriste insulaire,
Ici l'esprit dore votre écusson...
Ma main tremblante, etc.

Celui qui tient votre sceptre lyrique,
Fils du pays des Gilbert, des Lorrain
Peintre de mœurs, à l'essor poétique,
Eut, en naissant, Apollon pour parrain.
Ah ! quand son cœur puise au vocabulaire
D'une amitié qui fondrait un glaçon,
Ma main tremblante, au caveau séculaire,
Vient apporter ma dernière chanson.

E. DE PRADEL.

LE PROGRÈS

Air : Le pape est gris.

Il est un pouvoir sur la terre
Dont chacun ressent les effets,
Qui, de trésors dépositaire,
En tous lieux répand ses bienfaits.
Avec notre vie il commence ;
De talents il ouvre un congrès :
Et quel est ce pouvoir immense ?
 C'est le progrès.

Des humains ravis au déluge
Lorsqu'erraient les tristes débris,
A leur misère sans refuge
Qui procura de sûrs abris ?
Après une suite d'épreuves,
Qui, sur la barque aux longs agrés,
Avec eux traversa les fleuves ?
 C'est le progrès.

Des ténèbres du paganisme
Qui sut délivrer l'univers,
Et des feux du christianisme
Embraser les peuples divers ?
Qui, des siècles de barbarie
Effaçant les hideux portraits,
Fit naître la chevalerie ?
 C'est le progrès.

Au fanatisme, à l'ignorance,
Arrachant les faibles mortels,
De l'odieuse intolérance
Qui sut renverser les autels ?
Imprimerie, art tutélaire,
En nous révélant tes secrets,
Qui sut te rendre populaire ?
 C'est le progrès.

A la science des étoiles
Qui forma l'œil de Cassini,
Et plus tard lui montra sans voiles
Les abîmes de l'infini ?
Qui vint nous apprendre à dissoudre
L'or, le fer, le marbre et le grès ?
Aux cieux qui déroba la foudre ?
 C'est le progrès.

Qui changea les hordes sauvages
En de bénignes légions,
Et les plus inféconds rivages
En de fertiles régions !
Qui, vers les sources d'Hippocrène
Fait du pâtre un nouveau Segrais ?
Qui du soldat fait un Turenne ?
 C'est le progrès.

Qui, par une chance opportune,
Fait un capitaine empereur,
Ou place au char de la Fortune
Le fils de l'obscur laboureur ?
Qui rend plus terrible une armée ?
Qui, malgré l'envie et ses traits,
Consolide une renommée ?
 C'est le progrès.

Qui fait, dans la littérature,
Briller les Pascals, les Rousseaux,
Ou, vers les champs de la peinture,
Des Rubens conduit les pinceaux ?
Rachel qui t'a donné, dans Phèdre,
Des accents si purs et si vrais ?
Arbuste, qui t'a rendu cèdre ?
 C'est le progrès.

O presse, en résultats féconde,
Égide et flambeau de nos droits ;
Vapeur, toi dont la terre et l'onde
Aujourd'hui subissent les lois ;
Double puissance dont nos veilles
Percent les mystères secrets,
Qui nous a légué vos merveilles ?
 C'est le progrès.

Lorsqu'au jeu cruel des batailles,
Et pour le malheur des états,
Une ambition sans entrailles
A poussé de fiers potentats,
Qui rend la lutte moins sanglante,
Et qui, sur les pas des regrets,
Ramène la paix consolante ?
 C'est le progrès.

Progrès, fils de la Providence,
Frère du génie et des arts,
Du sage affermis la prudence,
Et fuis les aveugles hasards ;
Guide aux vertus les cœurs novices ;
Du ciel fais bénir les décrets ;
Refuse ta lumière aux vices,
 Dieu du progrès !

Assure aux nations diverses
Les douceurs de la liberté ;
Éteins les passions perverses,
Au souffle de la vérité ;
Du sceptre à la houlette, inspire
L'amour des publics intérêts ;
Et sans cesse accrois ton empire,
 Dieu du progrès !

Albert-Montémont.

MONSIEUR DE LA PALISSE.

Messieurs, vous plaît-il d'ouïr
L'air du fameux la Palisse?
Il pourra vous réjouir,
Pourvu qu'il vous divertisse.

La Palisse eut peu de bien
Pour soutenir sa naissance;
Mais il ne manqua de rien,
Dès qu'il fut dans l'abondance.

Bien instruit, dès le berceau,
Jamais, tant il fut honnête,
Il ne mettait son chapeau,
Qu'il ne se couvrît la tête.

Il était affable et doux,
De l'humeur de feu son père,
Et n'entrait guères en courroux
Si ce n'est dans la colère.

Il buvait tous les matins,
Un doigt, tiré de la tonne,
Et mangeant chez ses voisins,
Il s'y trouvait en personne.

Il roulait dans ses repas
Des mets exquis et fort tendres,
Et faisait son mardi gras,
Toujours la veille des Cendres.

Ses valets étaient soigneux
De le servir d'andouillettes,
Et n'oubliaient pas les œufs,
Surtout dans les omelettes.

De l'inventeur du raisin,
Il révérait la mémoire;
Et pour bien goûter le vin
Jugeait qu'il en fallait boire.

Il disait que le nouveau,
Avait pour lui plus d'amorce;
Et moins il y mettait d'eau
Plus il y trouvait de force.

Il consultait rarement
Hyppocrate et sa doctrine,
Et se purgeait seulement
Lorsqu'il prenait médecine.

Il aimait à prendre l'air,
Quand la saison était bonne;
Et n'attendait pas l'hiver,
Pour vendanger en automne.

Il épousa, ce dit-on,
Une vertueuse dame;
S'il avait vécu garçon,
Il n'aurait pas eu de femme.

Il en fut toujours chéri;
Elle n'en était point jalouse :
Sitôt qu'il fut son mari,
Elle devint son épouse.

D'un air galant et badin,
Il courtisait sa *Caliste*,
Sans jamais être chagrin,
Qu'au moment qu'il était triste.

Il passa près de huit ans,
Avec elle, fort à l'aise;
Il eut jusqu'à huit enfants:
C'était la moitié de seize.

On dit que dans ses amours,
Il fut caressé des belles,
Qui le suivirent toujours,
Tant qu'il marcha devant elles.

Il brillait comme un soleil;
Sa chevelure était blonde:
Il n'eut pas eu son pareil,
S'il eut été seul au monde.

Il eut des talens divers,
Même on assure une chose:
Quand il écrivait en vers,
Qu'il n'écrivait pas en prose.

En matière de Rébus,
Il n'avait pas son semblable:
S'il eut fait des impromptus,
Il en eut été capable.

Il savait un triolet,
Bien mieux que sa patenôtre;
Quand il chantait un couplet,
Il n'en chantait pas un autre.

Il expliqua doctement
La physique et la morale:
Il soutint qu'une jument,
Est toujours une cavale.

Par un discours sérieux,
Il prouva que la berlue,
Et les autres maux des yeux,
Sont contraires à la vue.

Chacun alors applaudit
A sa science inouie:
Tout homme qui l'entendit
N'avait pas perdu l'ouie.

Il prétendit, en un mois,
Lire toute l'écriture,
Et l'aurait lue une fois,
S'il en eut fait la lecture.

Par son esprit et son air,
Il s'acquit le don de plaire;
Le Roi l'eut fait Duc et Pair,
S'il avait voulu le faire.

Mieux que tout autre il savait
A la cour jouer son rôle:
Et jamais lorsqu'il buvait,
Ne disait une parole.

Lorsqu'en sa maison des champs
Il vivait libre et tranquille,
On aurait perdu son tems,
De le chercher à la ville.

Un jour il fut assigné
Devant son juge ordinaire;
S'il eut été condamné,
Il eut perdu son affaire.

Il voyageait volontiers,
Courant par tout le royaume:
Quand il était à Poitiers,
Il n'était pas à Vendôme.

Il se plaisait en bateau;
Et soit en paix, soit en guerre,
Il allait toujours par eau,
A moins qu'il n'allât par terre.

Un beau jour, s'étant fourré
Dans un profond marécage,
Il y serait demeuré,
S'il n'eut pas trouvé passage.

Il fuyait assez l'excès;
Mais dans les cas d'importance
Quand il se mettait en frais,
Il se mettait en dépense.

Dans un superbe tournoi,
Prêt à fournir sa carrière,
Il parut devant le Roi:
Il n'était donc pas derrière.

Monté sur un cheval noir,
Les dames le reconnurent;
Et c'est là qu'il se fit voir
A tous ceux qui l'apperçurent.

Mais bien qu'il fût vigoureux,
Bien qu'il fît le diable à quatre
Il ne renversa que ceux,
Qu'il eut l'adresse d'abattre.

Il fut, par un triste sort,
Blessé d'une main cruelle
On croit, puisqu'il en est mort
Que la plaie était mortelle.

Regretté de ses soldats,
Il mourut digne d'envie;
Et le jour de son trépas
Fût le dernier de sa vie !

Il mourut le vendredi,
Le dernier jour de son âge:
S'il fût mort le samedi,
Il eut vécu davantage.

J'ai lu dans les vieux écrits;
Qui contiennent son histoire,
Qu'il irait en paradis,
S'il était en purgatoire.

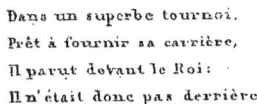

MONSIEUR DE LA RAPPINIÈRE

OU

ÉLOGE FUNÈBRE D'UN SEIGNEUR DE VILLAGE.

Air de M. de la Palisse.

En bons chrétiens pleurons la mort
De Monsieur de la Rappinière,
Qui n'a jamais fait aucun tort...
A quiconque il n'en a pu faire.

A tous il offrait son appui,
Par une rare bienveillance ;
Et l'on pouvait compter sur lui...
Quand on vivait dans l'abondance.

Des requêtes qu'on lui portait,
Il ne se lassa de sa vie :
Il lisait tout, tout écoutait...
Quand c'était son apologie.

Devant lui parler de procès,
C'était lui causer une angoisse ;
Monseigneur ne plaida jamais...
Que contre toute sa paroisse.

Quoiqu'il se fût bien signalé,
Sa modestie était extrême.
A la guerre il avait brillé...
Car il en convenait lui-même.

A la cour, lorsqu'il se trouvait,
Sur ses pas volait mainte belle ;
La reine même le suivait...
Quand il cheminait devant elle.

De la grandeur, ô triste sort !
Une fièvre éclipse la sienne,
Les médecins, le voyant mort...
Ne pensent pas qu'il en revienne.

Quel dommage, disent tout haut
Ses vassaux, que le coup désole...
Qu'il ne soit mort dix ans plus tôt !
Pourtant faut-il qu'on se console.

GIRARD-RAIGNÉ.

LA HUITAINE

Air : Que ne suis-je la fougère ?

Dimanche, je fus aimable ;
Lundi, je fus autrement ;
Mardi, je fus raisonnable ;
Mercredi, je fis l'enfant,

Jeudi, je fis la capable ;
Vendredi, j'eus un amant ;
Samedi, je fus coupable ;
Dimanche, il fut inconstant.

Mme DE BOURDIC.

L'ESPRIT DE MON COUSIN ROLAND

Air du Petit Matelot.

Dans sa tendresse frénétique,
A travers les bois et les champs,
Roland poursuivait Angélique
Et courait après son bon sens.
Astolphe, son ami fidèle,
En tous lieux allait demandant :
« Hélas ! n'auriez-vous pas vu, belle,
« L'esprit de mon cousin Roland ?

« Il n'en a plus ; où peut-il être ?
« Il faut qu'il se trouve ici-bas.
« Qui l'a pris ? est-ce le grand prêtre ?
« Chez lui pourtant on n'en voit pas.
« Ah ! (dit Charlemagne), je jure
« Pour mes pairs et mon chambellan,
« Aucun n'a volé, je l'assure,
« L'esprit de mon neveu Roland.

Astolphe entre à l'Académie,
Où discouraient deux grands docteurs :
« Messieurs, le bon sens, je vous prie ?
« — N'est pas ici ; cherchez ailleurs.
« — Chez soi qui donc le réfugie ?
« Est-ce vous, messieurs les journaux ?
« — Qui, nous ! c'est une calomnie :
« Lisez nos derniers numéros. »

Astolphe enfin trouve Angélique :
« C'est vous, lui dit ce paladin ;
« Ça qu'on me rende sans réplique
« L'esprit de Roland mon cousin.
« Moi, l'avoir ? quelle erreur extrême ! »
Et, tandis qu'Astolphe hésitait,
Un coup d'œil ravit à lui-même
Le peu d'esprit qui lui restait.

E. SCRIBE.

LE PROGRÈS

Air : A la façon de Barbari, mon ami.

Notre siècle fait grand fracas,
   Et ça me désespère ;
L'avenir se croisant les bras,
   N'aura plus rien à faire.
Le passé, qu'on veut mettre à bas,
   Consolant son frère,
   Observe tout bas :
Que le progrès se montre ici,
   Biribi,
A la façon de Barbari,
   Mon ami.

Le vieux costume singulier,
   Qu'on ne voit qu'en peinture,
Certes, depuis François premier,
   Gagne bien, je vous jure.
Du frac qu'hier on admira,
   La mode future
   Dès demain rira ;
On nous emmaillotte aujourd'hui,
   Biribi,
A la façon de Barbari,
   Mon ami.

Jadis, aux pièces de Pradon
   On faisait grand tapage ;
Le parterre était un démon,
   A présent il est sage.
Au théâtre, grâce au progrès,
   L'auteur d'un ouvrage
   Médiocre ou mauvais,
Est toujours sûr d'être applaudi,
   Biribi,
A la façon de Barbari,
   Mon ami.

Imbu d'un gothique savoir,
   Le vigneron indigne
Porte bêtement au pressoir
   Son raisin qu'il trépigne.
Mais le novateur, plus malin,
   Maintenant sans vigne
   Sait faire du vin ;
On fabrique même l'aï,
   Biribi,
A la façon de Barbari,
   Mon ami.

Le journalisme a fait un pas
   Merveilleux, sur mon âme ;
Nos pères ne connaissaient pas
   Le *puff* et la *réclame*.
Pour son argent on est vanté,
   Mais pour rien on blâme
   Talent et fierté ;
L'esprit public se forme ainsi,
   Biribi,
A la façon de Barbari,
   Mon ami.

Maints jeunes sculpteurs chaleureux,
   Brisant les vieux modèles,
Ont laissé bien loin derrière eux
   Phidias et Praxitèles.
Auprès de nos peintres, dit-on,
   A coup sûr, Apelles
   Serait un crouton ;
On traite Raphaël aussi,
   Biribi,
A la façon de Barbari,
   Mon ami.

Racine n'était qu'un peureux,
   Guindé dans sa structure ;
Grâce au genre cadavéreux,
   Bien plus dans la nature,
Pullulent poëmes divers,
   Car la pourriture
   Engendre les vers.
La littérature a grandi,
   Biribi,
A la façon de Barbari,
   Mon ami.

Si nous dominons sur un point,
   Nous baissons sur un autre ;
A l'ancien temps il ne faut point
   Trop comparer le nôtre.
Je fronde avec un vieux refrain,
   En joyeux apôtre,
   Ce siècle hautain ;
Direz-vous que j'ai réussi,
   Biribi,
A la façon de Barbari,
   Mon ami ?

            LESUEUR.

A MON CIGARE

Air : Ah ! sans regret, mon âme.

Du soleil brûlant des Antilles,
Toi que mûrissent les ardeurs,
Toi, la terreur des jeunes filles,
Viens bannir mes tristes langueurs.
De mon briquet a jailli l'étincelle :
Je sens déjà ton parfum précieux;
De mes ennuis ô compagnon fidèle,
Exhale-toi lentement vers les cieux.

Quand je vois ta vapeur chérie
Tourbillonner si mollement,
Pour moi le flambeau de la vie
Semble s'user plus doucement.
Fougueux amour, ta souffrance éternelle
N'est plus alors qu'un rêve gracieux.
De mes ennuis ô compagnon fidèle,
Exhale-toi lentement vers les cieux.

Aux bivouacs de la grande armée
La Victoire aimait à s'asseoir;
Tu mêlais ta douce fumée
Aux chants qui la fêtaient le soir.
Oui, je revois la phalange immortelle,
J'entends encor les accents glorieux;
De mes ennuis ô compagnon fidèle,
Exhale-toi lentement vers les cieux.

Myrte d'amour, palme guerrière,
Ne sauraient pour moi reverdir :
Tout passe, et déjà ta poussière
Se dissipe au gré du zéphyr;
Mais l'Amitié, cette jeune immortelle,
Sourit encore au calumet joyeux.
De mes ennuis ô compagnon fidèle,
Exhale-toi lentement vers les cieux.

PINET.

MA PHILOSOPHIE

Air : du curé de Pompone.

D'aucun pénible souvenir
  Le poids ne m'indispose;
A mes yeux le sombre avenir
  Devient couleur de rose:
Pour le présent qui fuit déjà,
  Au hasard je me fie :
J'espère que voilà,
  La rira,
De la philosophie.

Par moi du joyeux troubadour
  La morale est suivie;
Et chaque plaisir à son tour
  Vient égayer ma vie :
Je donne les nuits à l'amour,
  Les jours à la folie.
J'espère que voilà,
  La rira,
De la philosophie.

Quand à quelque joyeux festin
  L'amitié me convie,
Je mange jusqu'à ce qu'enfin
  Ma faim soit assouvie.
M'offre-t-on un verre de vin,
  Je bois jusqu'à la lie.
J'espère que voilà,
  La rira,
De la philosophie.

Un savant par un art nouveau
  Rend la mémoire bonne :
Pour moi dans un pareil panneau
  Il s'en faut que je donne :
Tous mes plaisirs sont présents là :
  Les maux, je les oublie;
J'espère que voilà,
  La rira,
De la philosophie.

Je ne sais si je fus jamais
  Trompé par mon amie :
Mais si quelque jour j'augmentais
  La grande confrérie,
M'affliger de ce malheur-là
  Serait une folie;
J'espère que voilà,
  La rira,
De la philosophie.

Peut-on trouver ailleurs qu'ici
  Table aussi bien servie?
Libres de soins et de souci,
  Passons-y notre vie :
Joyeux gourmands, bravons ainsi
  La fortune ennemie :
Et fronde qui voudra,
  La rira,
Notre philosophie.

Quand le temps viendra m'inviter
  A changer de demeure,
Je veux à force de chanter
  Lui faire oublier l'heure;
En voyant cette gaîté-là,
  Je prétends qu'il s'écrie :
Vive ce luron-là,
  Oui, voilà
De la philosophie.

C. A. MOREAU.

L'ÉCOLE DES BONS ENFANTS

RONDE ÉPICURIENNE

AIR : Du vaudeville d'Une Journée chez Bancelin.

Par des chants
De gaité folle,
Charmons le temps qui s'envole ; } *bis en chœur.*
De plaisir ouvrons école
Pour les bons enfants.

    Nous faisons grand cas
Des cours du Collége de France,
    Mais, dans l'assistance,
    On ne nous compte pas.
    Fondez une chaire
    De la bonne chère
    Et de la chanson,
    Nous suivrons la leçon.
      Par des chants, etc.

    Savants professeurs
De langues mortes et vivantes,
    Vous gagnez des rentes,
    Pour prix de vos labeurs.
    Chez nous, on se livre
    A l'art de bien vivre,
    Sans nul traitement...
    Voilà du dévoûment !
      Par des chants, etc.

    Convaincus, ma foi,
Que celui qui sait boire et rire
    Est, dans son délire,
    Bien plus heureux qu'un roi,
    Nous allons sans cesse
    D'ivresse en ivresse,
    De celle du vin
    A celle du refrain.
      Par des chants, etc.

    Épris ardemment
De la morale d'Épicure,
    Pour nous la nature
    Est un guide charmant.
    Nous savons qu'Horace
    Dit, sur le Parnasse :
    La mort va venir...
    Hâtez-vous de jouir !
      Par des chants, etc.

    Accourez chez nous,
Vous qui de la brune à la blonde
    Volez à la ronde
    En dépit des jaloux ;
    Vous, que la grisette,
    Pimpante et coquette,
    Voit, sur le trottoir,
    La guetter chaque soir.
      Par des chants, etc.

    Et vous tous, enfin,
Joyeux amis du vaudeville,
    Qui courez la ville,
    Chantant dès le matin,
    Venez au plus vite
    Nous rendre visite,
    Et de vos couplets
    Embellir nos banquets.
      Par des chants, etc.

              A. DE BERRUYER.

LA BARQUE A CARON

AIR connu.

Ah ! que l'amour est agréable !
Il est de toutes les saisons :
Un bon bourgeois, dans sa maison,
Le dos au feu, le ventre à table,
Un bon bourgeois, dans sa maison,
Caressait un jeune tendron.

Bacchus sera mon capitaine,
Vénus sera mon lieutenant,
Le rôtisseur mon commandant,
Le fournisseur mon porte-enseigne,
Ma bandoulière de boudins,
Mon fourniment rempli de vins.

Quand nous serons dans l'autre monde,
Adieu, plaisirs, adieu repas ;
Sachez bien que nous n'aurons pas
D'aussi bon vin dans l'autre monde ;
Nous serons quittes d'embarras,
Un' fois partis dans ces lieux bas.

Après ma mort, chers camarades,
Vous placerez dans mon tombeau
Un petit broc de vin nouveau,
Un saucisson, une salade,
Une bouteille de mâcon,
Pour passer la barque à Caron.

              ANONYME.

LA PIPE DE TABAC

Contre les chagrins de la vie,
On crie et ab hoc et ab hac;
Moi, je me crois digne d'envie,
Quand j'ai ma pipe de tabac. (bis)
Aujourd'hui changeant de folie,
Et de boussole et d'almanach,
Je préfère fille jolie,
Même à la pipe de tabac. (bis)

Le soldat baille sous la tente,
Le matelot sur le tillac;
Bientôt ils ont l'âme contente,
Avec la pipe de tabac. (bis)
Si pourtant survient une belle,
A l'instant le cœur fait tic-tac,
Et l'amant oublie auprès d'elle,
Jusqu'à la pipe de tabac. (bis)

Je tiens cette maxime utile,
De ce fameux monsieur de Crac :
En campagne comme à la ville.
Fêtons l'Amour et le Tabac. *(bis)*
Quand ce grand homme alloit en guerre,
Il portait dans son petit sac,
Le doux portrait de sa bergère,
Avec la Pipe de Tabac. *(bis)*

J'ai du bon tabac dans ma tabatière.
J'ai du bon tabac, tu n'en auras
             Pas.
J'en ai du fin et du râpé,
Ce n'est pas pour ton fichu né.
J'ai du bon tabac dans ma tabatière
J'ai du bon tabac, tu n'en auras.
             Pas.

Je n'aimais pas le tabac beaucoup ;
J'en prenais peu, souvent point du tout :
Mais mon mari me défend cela.
Depuis ce moment-là,
Je le trouve piquant.
Quand
J'en peux prendre à l'écart ;
Car
Un plaisir vaut son prix,
Pris
En dépit des maris.

LE VIN, LES FEMMES ET LE TABAC

Quand j'ai ma pipe bien-aimée,
Mon seul trésor, mes seuls amours,
Lorsque s'exhale sa fumée,
Je vois renaître mes beaux jours.
Lorsqu'un nuage me contourne,
Ah! je suis plus heureux qu'un roi! (bis)
Combats, victoires, tout cela tourne,
Tout cela tourne autour de moi. (ter)

Moi, je dis : Vive une maîtresse!
Il m'en faut, j'en veux à foison ;
Gaîment je change de tendresse
Quand je change de garnison.

Dans chaque endroit où je séjourne,
Fille ou veuve cède à ma loi ;
Oui, chaque tête tourne, tourne,
Chaque tête tourne pour moi.

Moi, le vin seul me met en veine ;
Lorsque j'en bois avec ardeur,
P'tit à p'tit j' deviens capitaine,
J' suis général, puis empereur.
Près de moi le plaisir séjourne,
Dans le paradis je me crois,
Lorsque tout tourne, tourne, tourne,
Lorsque tout tourne autour de moi.

ANONYME.

COUPLET DES ASSIGNATS
A L'OCCASION DU TABAC
—1792—

Air de la pipe de tabac.

J'ai des assignats dans ma tabatière ;
J'ai des assignats qu'on ne paira pas.
J'en ai des bleus, des noirs, des blancs ;
Mais ce n'est pas de l'argent comptant.
J'ai des assignats dans ma tabatière,
J'ai des assignats qu'on ne paira pas.

LA DESTE.

LE FUMEUR PHILOSOPHE
—1830—

Air : J'ai du bon tabac.

Quand la vertu, la probité,
Passent pour imbécillité ;
  Loin de déclamer,
    J'agrippe
    Ma pipe ;
  Loin de déclamer,
    Je songe à fumer.

Quand un journaliste vénal
Fronde et tranche du Juvénal,
  Loin de déclamer, etc.

Quand de leur cigare empesté
Maints sots parfument la beauté,
  Loin de déclamer, etc.

Quand Thémis lève son bandeau
Pour faire pencher un plateau,
  Loin de déclamer, etc.

Quand un barbon veut rajeunir,

Quand un enfant veut se vieillir,
  Loin de déclamer, etc.

Quand le drame avec ses horreurs
Corrompt notre scène et les mœurs,
  Loin de déclamer, etc.

Quand un bitume empoisonné
Fume à la barbe de mon nez,
  Loin de déclamer, etc.

Quand de la Bourse les piliers
De Macaire se font courtiers,
  Loin de déclamer, etc.

Quand des béats faux et jaloux
Font les moutons et sont des loups,
  Loin de déclamer, etc.

Quand l'or est le dieu vénéré
Par ce siècle dégénéré,
  Loin de déclamer, etc.

ANONYME.

LA PHILOSOPHIE DU MARIN

Air du temps.

Chacun a sa philosophie,
Un marin a la sienne aussi.
Sur ma frégate je défie
Et les chagrins et les soucis.
    Pour les dompter,
    Les éviter,
Toujours j'embarque avec moi la folie.
    Dans mon hamac,
    Sur le tillac,
Je me distrais en fumant mon tabac ;
Mais quand ma pipe est allumée,
Je me dis : Que sont les grandeurs,
Les biens, l'amour et les honneurs?
    Ma foi de la fumée.

Comme un autre, dans ma jeunesse,
J'ai vécu sur le continent,
Et je me dis, avec tristesse,
La terre est un sot élément.
    Plus d'un faquin,
    Jadis Pasquin,
N'y parait grand que par mainte bassesse,

    Quand de son char,
    Un peu plus tard
Sur nous il jette un coup d'œil goguenard.
Mais quand pour moi la mer est douce,
Je ris, je chante sur le pont ;
Là je ne crains pas qu'un fripon
    En passant m'éclabousse.

Traversant la mer de la vie,
Tâchons d'arriver à bon port ;
Soyons sans haine et sans envie,
Toujours contents de notre sort :
    De la gaîté,
    De la santé ;
D'être immortels n'ayons point la manie ;
    Car bien souvent
    Le plus savant,
Voit ses écrits emportés par le vent.
N'usons donc point en vain notre encre :
L'onde coule et l'homme s'en va ;
Et corbleu ! dans cette mer-là,
    L'on ne jette pas l'ancre.

        ANONYME.

LE MARIN

Air ancien.

Sur l'Océan, j'aime à passer ma vie,
De nos cités moi je fuis la rumeur ;
Gai matelot, la mer est ma patrie :
    C'est là qu'on trouve le bonheur.
Sur terre, hélas ! la vie est importune,
Oui, je n'y vois que chagrins et tourment.
    Ainsi que sur mon bâtiment,
Gloire, grandeurs et titres et fortune, (bis)
Autant, autant en emporte le vent.

Dans mes amours j'imite l'hirondelle ;
J'aime très-vite et cela pour raison ;
A mon objet je puis être fidèle,
    Mais seulement pour la saison.
De lui garder à jamais ma tendresse,
A mon départ je lui fais le serment ;
    Mais bientôt sur mon bâtiment,
Serments d'amour et serments de maîtresse,
Autant, autant en emporte le vent.

Quand, ballotté par les flots et l'orage,
Notre navire est près de couler bas,
Nous prions Dieu d'apaiser le tapage
    Et de nous sauver du trépas.
Nous lui jurons d'observer l'abstinence,
De nous priver de tabac du Levant ;
    Et quand vogue le bâtiment,
Serments de fous, serments de tempérance,
Autant, autant en emporte le vent.

Un jour, amis, puisqu'il faut que je meure,
Ah ! que du moins ce soit sur mon vaisseau !
Promettez-moi qu'après ma dernière heure
    La mer deviendra mon tombeau.
Ne cherchez pas de menteuse épitaphe ;
Qu'un gros requin soit mon seul monument,
    Un regret sur le bâtiment,
Mais pas de pleurs, pas de deuil, d'épitaphe,
Autant, autant en emporte le vent.

        ANONYME.

LE SOLEIL COUCHANT

Air du temps.

Le dieu qui répand la lumière
Va terminer sa course dans les flots,
Et quitte le matin l'humide sein des eaux
    Pour recommencer sa carrière.
Mais malgré l'ordre du destin

Qui lui fait éclairer le monde,
S'il couchait dans le vin comme il couche dans l'onde,
Il ne sortirait pas de son lit si matin.

        SANADON, jésuite.

LES JEUX DE L'ENFANCE

Air : Muse des bois et des accords champêtres.

Mes chers enfants, mon plaisir est extrême
De vous trouver en récréation ;
Je ne viens point vous ennuyer d'un thème,
Ni vous troubler par une version.
Comme Socrate, en père et non en maître,
Je viens aux noix m'amuser avec vous :
Mais, en passant, je vous ferai connaître
Un sens moral caché dans vos joujoux.

Contre les flancs de ces sabots rapides,
Si vous voulez qu'ils tournent sans repos,
Dirigez tous vos lanières rigides,
Frappez, fouettez, et dites-vous ces mots :
C'était ainsi qu'à grands coups de houssines
Le pédantisme osait nous gouverner ;
Mais des enfants n'étant point des machines
Doivent au bien d'eux-mêmes se tourner.

Carte sur carte ils dominaient sur table,
Et les voilà par mon souffle aplatis,
Ces vains châteaux, modèle véritable
De ceux qu'en pierre on a jadis bâtis.
Les ci-devant pour en couvrir la terre
Se consumaient en efforts superflus :
La Liberté riait de les voir faire ;
Elle a soufflé, les châteaux ne sont plus.

Ce cerf-volant, qui malgré la ficelle,
La tête en haut s'élance dans les airs,
Et qui, tout près de la voûte éternelle,
Plane en repos sur le vaste univers,
C'est le Français dans sa sphère nouvelle
Le front levé jouissant de ses droits ;
Mais aux vertus, mais aux mœurs trop fidèle
Pour n'y pas être attaché par les lois.

Sur les deux bouts de cette balançoire,
Puissiez-vous suivre un égal mouvement !
Vous offrirez, à qui voudra m'en croire,
Le vrai tableau d'un bon gouvernement.

Par son poids seul, il faut que le mérite
S'élève en place alternativement,
Et que la loi puisse observer de suite
Celui qui monte et celui qui descend.

Les voyez-vous, ces quilles indolentes,
Que le hasard se plut à disperser ?
Sur trois de front ces neuf sœurs arrogantes
Vont, si je veux, tout à coup se dresser.
Tels les tyrans qui dormaient à la ronde
Se sont en bloc réunis contre nous :
Mais cette boule est l'image du monde,
Qui, tôt ou tard, les renversera tous.

Que dirons-nous de ce ballon volage
Que l'un à l'autre ici vous vous lancez ?
Tant qu'il bondit il prête au badinage ;
S'il se déchire alors vous le laissez.
C'est l'émigré dont se rit maint despote,
En ayant l'air d'accueillir son besoin :
Il s'enfle, il saute, et puis on le ballotte,
Enfin il crève oublié dans un coin.

Un savon trouble a formé les bouteilles
Que cette paille enfante tour à tour ;
En grossissant elles sont plus vermeilles :
Mais un instant les détruit sans retour.
Tel, dans la fange, un complot peut éclore,
Et même un beau d'abord se colorer :
Mais il grossit, et d'encore en encore,
L'air, par bonheur, le fait évaporer.

Mais le tambour s'unit à la trompette ;
Je vois briller des fusils, des drapeaux ;
J'entends déjà sur la terre indiscrète
Vingt petits pieds marquant leurs pas égaux.
Ah ! voilà bien l'espoir de la patrie !
Continuez, mes petits citoyens :
Par de tels jeux votre enfance aguerrie,
Pour l'avenir lui promet des soutiens.

Le chev. Pis.

LE COUSINAGE

— RONDE. —

Air connu.

A UN MONSIEUR.

Amis, nous somm's cousins tretous,
Nous somm's cousins, cousines :
Monsieur, cela s'adresse à vous ;
Regardez bien vos voisines :
Examinez bien leurs traits,
　Et leurs attraits ;
　Entrez dans la danse,
　Saluez avec décence,
　Et puis vous embrasserez
　La belle que vous voudrez.
Amis, etc.

A UNE DEMOISELLE.

Mam'selle, je m'adresse à vous,
Nous somm's cousins, cousines ;
Mam'sel', cela s'adresse à vous ;
D'ces messieurs d'humeurs badines
Examinez le minois,
　Et l'air courtois ;
　Entrez dans la danse ;
　Faites une révérence,
　Et puis vous embrasserez,
　Le monsieur que vous voudrez.
Amis, etc.

ANONYME.

LA TANTE MARGUERITE

Air : Fidèle époux, franc militaire.

Ma vieille tante Marguerite
Qui touche à ses quatre-vingts ans,
Me dit toujours : « Pauvre petite !
« Craignez les propos séduisants;
« Fillette doit fuir au plus vite,
« Quand un garçon lui fait la cour... »
— Ah ! vieille tante Marguerite,
Vous n'entendez rien à l'amour.

Eh quoi ! lorsque dans la prairie,
On me dira bien poliment
Que je suis aimable et jolie,
Faudra-t-il me fâcher, vraiment ?
Un beau berger, si je l'irrite,
Prendrait de l'humeur à son tour.
Ah ! vieille tante Marguerite,
Vous n'entendez rien à l'amomr.

Toutes les filles de mon âge
En cachette écoutent déjà
Des garçons le tendre langage :
Je ne vois pas grand mal à ça.
Ma tante veut qu'on les évite ;
Moi, je répondrai chaque jour :
Ah ! vieille tante Marguerite,
Vous n'entendez rien à l'amour.

Et l'innocente, un soir seulette,
Fit la rencontre de Colin ;
Qui d'abord lui conta fleurette,
Puis l'égara de son chemin.
Si bien que la pauvre petite
N'osait plus dire à son retour :
Ah ! vieille tante Marguerite,
Vous n'entendez rien à l'amour !

SYLVAIN BLOT.

LA PETITE MARGUERITE

Air : O ma tendre musette.

Toi, qui de l'innocence
As toute la fraîcheur,
Délices de l'enfance,
Dont tu sembles la fleur,
Marguerite fleurie,
Honneur de nos vallons,
Comme dans la prairie
Brille dans mes chansons.

Des mains de la nature
Echappée au hasard,
Tu fleuris sans culture
Et tu brilles sans art.
Telle qu'une bergère,
Oubliant tes appas,
Sans apprêts tu sais plaire
Et ne t'en doutes pas.

Souvent la pastourelle,
Loin de son jeune amant,
Se dit : M'est-il fidèle ?
Reviendra-t-il constant ?...

Tremblante elle te cueille ;
Sous son doigt incertain
L'oracle qui s'effeuille
Révèle son destin.

Loin des prés solitaires
Etalant ses attraits,
Ta sœur, dans nos parterres,
Va briguer des succès.
L'éclat d'un vain suffrage
Flatte sa vanité ;
Mais un stérile hommage
Vaut-il l'obscurité ?

Crois-moi, jamais n'envie
De plus brillants destins ;
Fille de la prairie,
Fuis toujours les jardins.
Songe que l'on préfère,
Dans son modeste atour,
La naïve bergère
Aux nymphes de la cour.

CONSTANT DUBOS.

DEUX A DEUX

Et zig, et zoc,   } (bis)
Et fric et froc,
Quand les bœufs
Vont deux à deux,
Le labourage en va mieux.

Sans berger, si la bergère
Est en un lieu solitaire,
Tout pour elle est ennuyeux ;
Mais si le berger Sylvandre
Auprès d'elle vient se rendre,

Tout s'anime à l'entour d'eux...
Et zig, et zoc, etc.

Qu'en dites-vous, ma commère ?
Eh ! qu'en dites-vous, compère ?
Rien ne se fait bien qu'à deux ;
Les habitants de la terre,
Hélas ! ne dureraient guère,
S'ils ne disaient pas entre eux :
Et zig, et zoc, etc.

SEDAINE.

LA MARGUERITE.

Une jeune fille s'avançant
Où est la Marguerite?
Oh! gai, oh! gai, oh! gai,
Où est la Marguerite,
Oh! gai, franc cavalier.

*Les autres entourant la
Marguerite, et tenant sa
robe au dessus de sa tête*
Elle est dans son château:
Oh! gai, etc.

La jeune fille.
Ne peut-on pas la voir?
Oh! gai, etc.

Les autres.
Les murs en sont trop hauts
Oh! gai, etc.

La jeune fille.
J'en abattrai un' pierre,
Oh! gai, etc.

Elle emmène avec elle une des jeunes filles.
Les autres.
Un' pierr' ne suffit pas.
Oh! gai, etc.

La jeune fille.
J'en abattrai deux pierres
Oh! gai, etc.

Elle emmène une autre personne.
Les autres.
Deux pierr's ne suffis'nt pas
Oh! gai, etc.

La jeune fille.
J'en abattrai trois pierres
Oh! gai, etc.

*Même jeu et même réponse,
jusqu'à ce que toutes les jeunes filles
soient emmenées par la première
celle qui reste tient la robe.*

La 1ère jeune fille, sans chanter.
Qu'est ce qu'il y a là dedans?
Réponse
Un petit paquet de linge à blanc.

La jeune fille.
Je vais chercher mon petit
couteau, pour le couper.

LA VIEILLE.

A Paris, dans une ronde,
Composée de jeunes gens,
Il se trouva une vieille,
Agée de quatre vingts ans!
  Ah! la vieille, la vieille, la vieille,
  Qui croyait avoir quinze ans.

Il se trouva une vieille,
Agée de quatre vingts ans,
Elle choisit le plus jeune,
Qui était le plus galant,
  Ah! la vieille, etc.

Elle choisit le plus jeune,
Qui était le plus galant,
Va-t'en, va-t'en bonne vieille,
Tu n'as pas assez d'argent,
  Ah! la vieille, etc.

Va-t'en, va-t'en bonne vieille,
Tu n'as pas assez d'argent,
Si vous saviez c'qu'à la vieille
Vous n'en diriez pas autant,
  Ah! la vieille, etc.

Si vous saviez c'qu'à la vieille
Vous n'en diriez pas autant,
Dis nous donc ce qu'à la vieille?
Elle a dix tonneaux d'argent,
  Ah! la vieille, etc.

Dis nous donc ce qu'à la vieille?
Elle a dix tonneaux d'argent,
Reviens, reviens bonne vieille,
Marions nous promptement,
  Ah! la vieille, etc.

Reviens, reviens bonne vieille,
Marions nous promptement,
On la conduit au notaire:
Mariez-moi cette enfant,
  Ah! la vieille, etc.

On la conduit au notaire,
Mariez-moi cette enfant.
Cette enfant, dit le notaire,
Elle a bien quatre vingts ans.
  Ah! la vieille, etc.

Cette enfant, dit le notaire,
Elle a bien quatre vingts ans.
Aujourd'hui le mariage
Et demain l'enterrement.
  Ah! la vieille, etc.

Aujourd'hui le mariage
Et demain l'enterrement.
On fit tant sauter la vieille
Qu'elle est morte en sautillant.
  Ah! la vieille, etc.

On fit tant sauter la vieille
Qu'elle est morte en sautillant.
On regarde dans sa bouche,
Elle n'avait que trois dents.
  Ah! la vieille, etc.

On regarde dans sa bouche,
Elle n'avait que trois dents.
Un' qui branle, une qui hoche,
L'autre qui s'envole au vent.
  Ah! la vieille, etc.

Un' qui branle, une qui hoche,
L'autre qui s'envole au vent.
On regarde dans sa poche,
Elle n'avait qu'trois liards d'argent.
  Ah! la vieille, etc.

On regarde dans sa poche,
Ell' n'avait qu'trois liards d'argent.
Ah! la vieille, la vieille, la vieille,
Avait trompé le galant.

LE CHEVALIER DU GUET.

Une bande de jeunes filles.

Qu'est-c' qui passe ici, si tard,
Compagnons de la Marjolaine,
Qu'est c' qui passé ici, si tard,
Gai, gai, Dessus le quai ?

Une jeune fille représentant Le Chevalier.

C'est le chevalier du Guet,
Compagnons de la Marjolaine,
C'est le chevalier du Guet.
Gai, gai, Dessus le quai.

La Bande

Que demande le chevalier ?
Compagnons, etc.

Le Chevalier

Une fille à marier.
Compagnons, etc.

(*Le même refrain à chaque couplet.*)

La Bande

N'y a pas d' fille à marier.

Le Chevalier

On m'a dit qu'vous en aviez.

La Bande

Ceux qui l'ont dit, s'sont trompés.

Le Chevalier

Je veux que vous m'en donniez.

La Bande

Sur les une heur' repassez.

Le Chevalier

Les une heure sont bien passées.

La Bande

Sur les deux heur's repassez.

(*On augmente à volonté le nombre des heures*)

Le Chevalier

J'ai bien assez repassé.

La Bande

En ce cas là, choisissez.

MON AMI RÉMI

Air : Allez-vous-en, gens de la noce.

Comme les biens de cette vie
Se partagent en amitié,
Un ami, que chacun m'envie.
Chez moi dans tout est de moitié ;
Aussi mon cœur, en récompense,
Ne l'aime-t-il pas à demi :
    Ce bon Rémi !
      Ah ! quel ami !...
C'est la divine Providence
Qui m'envoya ce cher ami.

Il me fit un épithalame
Le jour où j'engageai ma foi ;
Et quant à l'honneur de ma femme ;
Il en est plus jaloux que moi.
En lui tous mes rivaux, je pense,
Trouveraient un rude ennemi.
    Ce bon, etc.

D'abord ma femme fut jalouse,
De l'amitié qu'il me portait ;
Pour plaire à cette digne épouse
Je ne sais ce qu'il n'a pas fait :
A force de soins, de constance,
Il en vint à bout, Dieu merci !
    Ce bon, etc.

Un soir, revenant de Vincenne,
Rémi, maudissant les coucous,
Voit que mon épouse me gêne ;
Vite, il la prend sur ses genoux
Tandis qu'il souffrait en silence,
Comme un bienheureux j'ai dormi...
    Ce bon, etc.

Il faut voir comme il est aimable
Quand il tient un chapon truffé.
Pour qu'il préfère ainsi ma table
Il faut que je sois né coiffé.
C'est par ma santé qu'il commence
Dès qu'il attaque mon chabli.
    Ce bon, etc.

Enfin, tout le monde en raffole ;
De mes enfants c'est le bijou ;
Ma femme en est à moitié folle,
J'en suis déjà tout-à-fait fou.
Mon gros chien, plein d'intelligence,
M'étranglerait, je crois, pour lui...
    Ce bon Rémi !
      Ah ! quel ami !...
C'est la divine Providence
Qui m'envoya ce cher ami.

Marcillac.

UN MARI, S'IL VOUS PLAIT

Air : Le cordon, s'il vous plaît.

Père excellent, M. Prudhomme
A demoiselle de vingt ans ;
Pour la caser, notre digne homme
Use et dépense tout son temps ;
Pour amadouer les chalands,
Au bal, au théâtre, à l'église,
Il exhibe sa marchandise,
Et semble dire, en son rollet :
    Un mari, s'il vous plaît !

De son côté, la jeune fille
Aide en tout point le cher papa ;
Elle sourit, fait la gentille,
Roule un œil qu'amour satura,
Montre sa taille *et cætera* ;
A l'approche d'un beau jeune homme
Son petit cœur bat, Dieu sait comme !
Et murmure, mais en secret,
    Un mari, s'il vous plaît !

On m'a raconté qu'à Vincenne,
La belle, en courant dans le bois,
Tomba sous son cousin Eugène,
Et que sa robe, cette fois,
Eut un accroc... de deux bons doigts.

Cet accroc-là, par aventure,
S'étend peut-être à la doublure !...
Dieu d'hymen, pour ce tendre objet,
    Un mari, s'il vous plaît !

Depuis ce jour notre jeunesse
A perdu toute sa gaîté ;
Plus de busc ! son corset l'oppresse,
Son caractère est irrité,
Elle se plaint de sa santé.
En voyant que sa fille engraisse,
Prudhomme crie, en sa détresse,
A l'écho qui reste muet :
    Un mari, s'il vous plaît !

Il est trouvé !!! notre belle ange
Epouse un suranné viveur ;
Son front s'orne de fleurs d'orange,
Symbole heureux d'une pudeur
Qui n'éprouva qu'un seul malheur.
La nuit vient, son amour avide
Ne trouve, hélas ! qu'un invalide...
Le lendemain, elle disait :
    Un mari, s'il vous plaît !

Justin Cabassol.

LA PETITE JEANNETON

RONDE.

Air de la Petite Thérèse.

Jeanneton prit sa faucille
Pour aller couper du jonc ;
Et quand la botte fut faite,
Elle s'endormit au long.
Las !. pourquoi s'endormit-elle,
La petite Jeanneton ?

Et quand la botte fut faite,
Elle s'endormit au long ;
Par hasard, par là passèrent
Trois chevaliers de renom.
Las ! pourquoi s'endormit-elle,
La petite Jeanneton ?

Par hasard par là passèrent
Trois chevaliers de renom ;
Le premier, un peu timide,
Regarda son air mignon.
Las ! pourquoi s'endormit-elle,
La petite Jeanneton ?

Le premier, un peu timide,
Regarda son air mignon ;
Le second, qui fut moins sage,
L'embrassa sous le menton.
Las ! pourquoi s'endormit-elle,
La petite Jeanneton ?

Le second, qui fut moins sage,
L'embrassa sous le menton ;
Ce que lui fit le troisième
N'est pas mis dans la chanson.
Las ! pourquoi s'endormit-elle,
La petite Jeanneton ?

Ce que lui fit le troisième
N'est pas mis dans la chanson ;
Si vous le saviez, Mesdames,
Vous iriez couper du jonc.
Las ! pourquoi s'endormit-elle,
La petite Jeanneton ?

ANONYME.

LA LOUEUSE DE CHAISES

RONDE.

Air : Voilà la petite laitière.

Voilà (*bis*) la loueuse de chaises !
   Approchez, flâneurs,
     Promeneurs ;
A bon marché prenez vos aises,
Prolétaires et grands seigneurs.

Le rentier au teint si vermeil,
Sur la dépense toujours sobre,
Épargnant le bois en octobre,
Ici se réchauffe au soleil.
Voilà, etc.

De politiques habitués,
Dans leurs pacifiques manéges,
Sur le sable tracent des siéges,
Sans quitter ceux qu'ils ont loués.
Voilà, etc.

Un pauvret vient-il d'un air doux
Solliciter un pince-maille,
Il répond : Je suis sur la paille,
Je ne puis rien faire pour vous.
Voilà, etc.

Après un tour de boulevard,
De sages mères de famille,
Sur mes chaises placent leur fille,
Ainsi qu'on étale au bazar.
Voilà, etc.

Le dandy, couché sur le dos,
S'étend nonchalamment et fume ;
Quand je l'observe, je présume
Qu'il se croit à la place aux Veaux.
Voilà, etc.

Plus d'une belle, chaque soir,
En vain contre un galant bataille :
Souvent sur la chaise de paille
L'amour se croit dans un boudoir.

Voilà (*bis*) la loueuse de chaises !
   Approchez, flâneurs,
     Promeneurs ;
A bon marché, prenez vos aises,
Prolétaires et grand seigneurs.

ANONYME.

LES ENFANTS

Air : La charité mène l'homme au salut.

L'aube riante a blanchi la colline,
Et sous nos pas s'entr'ouvrent mille fleurs ;
Le rossignol chante sur l'aubépine,
L'air est empreint de suaves odeurs.
Courez, enfants, dans la verte prairie ;
Exempts de soin, prenez un vol joyeux ;
Sur vous toujours seront ouverts nos yeux ;
En liberté, jouissez de la vie.
Dansez, enfants, quand le ciel est serein ;
Il peut changer et même avant demain.

De l'amitié serrez les douces chaînes ;
Joignez vos mains, entrelacez vos bras :
Présent divin, elle adoucit nos peines,
Et du plaisir augmente les appas.
D'un pied léger effleurez la verdure,
Le sable d'or qui borde les ruisseaux ;
En souriant, mirez au sein des eaux,
Visages frais et blonde chevelure.
    Dansez, enfants, etc.

Si parmi vous la fortune cruelle
Marque déjà quelque déshérité,
Le lait versé d'une main fraternelle
Peut lui cacher la triste vérité.
Dieu veut pour tous une heureuse abondance,
Tous nous naissons petits, faibles et nus ;
Le tien, le mien ne vous sont pas connus ;
Gardez longtemps votre aimable ignorance.
    Dansez, enfants, etc.

D'un papillon l'aile capricieuse
Trompe vos mains prêtes à le saisir ;
De fleurs en fleurs, troupe vive et rieuse,
Il vous enchaîne et fuit sans revenir.
Les désirs vains nous menant d'âge en âge,
Nous font quitter les biens simples et doux :
Quand le bonheur sourit auprès de vous,
Craignez au loin d'en poursuivre l'image.
    Dansez, enfants, etc.

Il est midi, le soleil sur vos têtes
De ses clartés verse les flots brûlants :
Le plus beau ciel peut cacher des tempêtes ;
La fleur pâlit, l'oiseau n'a plus de chants.
Déjà languit votre ardeur passagère ;
Des jeux badins vous avez pris la fleur :
Sans l'épuiser, profitons du bonheur ;
Gagnons, enfants, le chaume tutélaire.
Rentrons, enfants, quand le ciel est serein,
Il peut changer, et même avant demain.

PINET.

JEUNESSE ET VIEILLESSE

Air : Je loge au quatrième étage.

Deux saisons, par bien des contrastes,
Nous montrent leurs différents traits ;
L'une éveille les projets vastes,
Et l'autre amène les regrets.
De mes désirs, je le confesse,
Chacune absorbe la moitié ;
En amour, vive la jeunesse,
Et la vieillesse en amitié !

Par plus d'un charmant sortilège,
La beauté flatte nos regards ;
Mais, par un autre privilège,
L'esprit commande nos égards.
De la beauté le charme cesse,
Quand de l'esprit croît le pouvoir :
En attraits, vive la jeunesse,
Et la vieillesse en vrai savoir !

A la fontaine de Jouvence,
On revendique son printemps ;
Mais toujours le temps qui s'avance
Emporte nos plus doux instants.
On voit s'affaiblir en richesse
Plus d'un bon vin de Languedoc :
De l'Aï vive la jeunesse,
Et la vieillesse du Médoc !

Plus d'un écrivain fantastique
Aux sifflets publics a des droits,
Quand il veut du Parnasse antique
Détrôner les sublimes rois.
Les chantres de Rome et de Grèce
Offrent mille agréments divers :
De leur goût vive la jeunesse,
Et la vieillesse de leurs vers !

Tant que de son sang dans les veines
Bouillonne la vivacité,
A des luttes, souvent fort vaines,
Un jeune brave est excité.
Du vieux guerrier, par droit d'aînesse,
La prudence reste en éveil :
A l'assaut, vive la jeunesse,
Quand la vieillesse est au conseil !

Jeux de l'amour, jeux de la guerre,
Sont faits pour la verte saison ;
Une affection moins précaire
Assure un trône à la raison.
Lorsqu'un doux intérêt nous presse
Et que de joie il fait bondir,
Pour chanter, vive la jeunesse,
La vieillesse pour applaudir !

ALBERT-MONTÉMONT.

LA RÉCRÉATION

Air : Alerte! c'est le carnaval.

Enfants, dans vos amusements,
　Ma science
　Prévoit d'avance
De chacun, quand vous serez grands,
　L'esprit et les penchants.

　Cette cloche aux doux sons
　Que vous venez d'entendre,
　Vous invite à suspendre
　Thèmes et versions
　Vous, qu'elle fait pâlir
　Quand le devoir appelle,
　Voyez, elle est fidèle
　A sonner le plaisir.

Enfants, etc.

　Au jardin les voilà :
　Bien des groupes se forment ;
　Là, trente voix s'informent
　Des jeux qu'on choisira.
　Comme l'homme, en tous lieux,
　Ils perdent en paroles,
　En longs débats frivoles,
　Des instants précieux.

Enfants, etc.

　De la société
　Vous m'offrez le spectacle ;
　Ici, plus d'un obstacle
　Gêne la liberté.
　Chaque désir nouveau
　Que ma rigueur entrave,
　Prouve qu'on est esclave
　Même dès le berceau.

Enfants, etc.

　Petit dominateur,
　Enfin tu te dévoiles :
　Je soulève les voiles
　Qui recouvraient ton cœur ;
　Par ces combats brillants
　Que ton ardeur stimule,
　Je découvre un émule
　De nos grands conquérants !

Enfants, etc.

　Le fils d'un sous-traitant,
　Qui chérit le commerce,
　A cet emploi s'exerce
　Pour divertissement ;
　L'échange qu'il voudrait
　Montre qu'il est rapace :
　Bon chien chasse de race !
　Honneur au Turcaret.

Enfants, etc.

　Accordons un tribut
　Au noble jeu d'anguille,
　Où chaque lutteur grille
　De faire un beau début.
　Ils rendent ce dicton
　Parole d'Evangile :
　Partout le moins habile
　Doit être le mouton.

Enfants, etc.

　Voyez, sous ce tilleul,
　Cet autre qu'on délaisse ;
　Comme son œil se baisse,
　Qu'il est las d'être seul !
　Si ce triste rêveur
　Reçoit mainte bourrade,
　C'est que d'un camarade
　Il fut le délateur.

Enfants, etc.

　Plus loin, fuyant le bruit,
　Qu'avec peine il remarque,
　Celui-ci lit Plutarque,
　Livre qui le séduit ;
　Chaque héros fameux
　Se grave en sa mémoire :
　Il aimera la gloire,
　Mais sera-t-il heureux ?

Enfants, etc.

　De vos jeux, de vos ris,
　Enfants, le terme avance ;
　Bientôt, le froid silence
　Remplacera vos cris.
　La joie à chaque humain
　Apparaît, puis s'envole,
　Et ce n'est qu'à l'école
　Qu'elle dit : A demain !

Enfants, dans vos amusements,
　Ma science
　Prévoit d'avance
De chacun, quand vous serez grands,
　L'esprit et les penchants.

H. Le Boullenger.

GIROFLÉ, GIROFLA.

Que t'as de belles filles,
    Giroflé, Girofla:
Que t'as de belles filles,
    L'amour m'y compt'ra.

Ell' sont bell' et gentilles,
    Giroflé, Girofla:
Ell' sont bell' et gentilles
    L'amour m'y compt'ra.

Donne-moi z'en donc une
    Giroflé, &c.

Pas seul'ment la queue d'une,
    Giroflé, &c.

J'irai au bois seulette,
    Giroflé, &c.

Quoi faire au bois seulette,
    Giroflé, &c.

II. ÉTAIT UN' BERGÈRE.

Il était un' bergère,
Et ron, ron, ron, petit patapon,
Il était un' bergère
Qui gardait ses moutons
   Ron, ron,
Qui gardait ses moutons.

Elle fit un fromage
Et ron, ron, ron, petit patapon,
Elle fit un fromage
Du lait de ses moutons,
   Ron, ron,
Du lait de ses moutons.

Le chat qui la regarde
Et ron, ron, ron, petit patapon,
Le chat qui la regarde
D'un petit air fripon
   Ron, ron,
D'un petit air fripon.

Si tu y mets la patte,
Et ron, ron, ron, petit patapon,
Si tu y mets la patte,
Tu auras du baton
   Ron, ron,
Tu auras du baton.

Il n'y mit pas la patte,
Et ron, ron, ron, petit patapon,
Il n'y mit pas la patte,
Il y mit le menton,
   Ron, ron,
Il y mit le menton.

La bergère en colère
Et ron, ron, ron, petit patapon,
La bergère en colère
Tua son p'tit chaton
Ron, ron,
Tua son p'tit chaton.

Elle fut à confesse
Et ron, ron, ron, petit patapon,
Elle fut à confesse
Pour obtenir pardon
Ron, ron,
Pour obtenir pardon.

— Mon père, je m'accuse
Et ron, ron, ron, petit patapon,
Mon père, je m'accuse
D'avoir tué mon chaton
Ron, ron,
D'avoir tué mon chaton.

— Ma fill' pour pénitence
Et ron, ron, ron, petit patapon,
Ma fill' pour pénitence
Nous nous embrasserons
Ron, ron,
Nous nous embrasserons.

— La pénitence est douce
Et ron, ron, ron, petit patapon,
La pénitence est douce
Nous recommencerons
Ron, ron,
Nous recommencerons.

MA SŒUR ANNE, NE VOIS-TU RIEN VENIR

AIR : *Ce soir-là, sous mon ombrage.*

En dépit de ma lorgnette,
Je ne vois rien en plein jour ;
Toi dont la vue est plus nette,
Ma sœur monte sur la tour :
A travers mainte lézarde,
Ton œil peut tout découvrir ;
Ma sœur Anne, regarde...
Ne vois-tu rien venir ?

Au loin grondent les tempêtes,
Mais le calme reviendra :
Sans éclater sur nos têtes,
Cet orage passera.
Moi, je compte, bien qu'il tarde,
Sur un meilleur avenir.
Ma sœur Anne, regarde,
Ne vois-tu rien venir ?

Les savants cherchent la trace
D'un ballon qui, fendant l'air,
Doit naviguer dans l'espace,
Comme un vaisseau sur la mer.
Ne fût-ce que par mégarde,
Cet essai peut réussir.
Ma sœur Anne, regarde,
Ne vois-tu rien venir ?

La poste m'a fait remettre,
Moyennant cinq sous de port,
Une très-aimable lettre
D'un ami du Périgord :
Il m'annonce une poularde
Qui paraît tout réunir :
Ma sœur Anne, regarde,
Ne vois-tu rien venir ?

Quand maint démocrate aspire
A nous imposer sa loi,
Celui-ci voudrait l'Empire,
Celui-là voudrait un Roi ;
On parle d'une cocarde
Qui pourrait tout aplanir.
Ma sœur Anne, regarde,
Ne vois-tu rien venir ?

De la saison rigoureuse
Le pauvre voudrait la fin.
L'hirondelle voyageuse,
Dis-moi, revient-elle enfin ?
Des beaux jours cette avant-garde
S'annonce-t-elle au zéphir ?
Ma sœur Anne, regarde,
Ne vois-tu rien venir ?

De l'avenir de ma fille,
Tout enfant qu'elle est, je dois,
En bon père de famille,
Me préoccuper parfois :
Le gendre que Dieu me garde,
A l'horizon peut surgir ;
Ma sœur Anne, regarde,
Ne vois-tu rien venir ?

Dans son vol des plus rapides,
Le temps, toujours inhumain,
Nous fait aujourd'hui des rides
Qu'il continûra demain :
Sur ma figure égrillarde
Qui ne peut lui convenir,
Ma sœur Anne, regarde,
Ne vois-tu rien venir ?

Poëte de la banlieue,
On va me faire endêver :
Mais, comme dans Barbe-Bleue,
L'amitié peut me sauver :
Dans la peur qui me poignarde,
Je l'avais fait prévenir.
Ma sœur Anne, regarde,
Ne vois-tu rien venir ?

E. DÉSAUGIERS.

AVIS AUX JEUNES FILLES

AIR de Dalayrac.

Fiez-vous, fiez-vous aux vains discours des hommes,
Ecoutez, écoutez leurs doux propos d'amour :
On nous voit, on nous charme, et, faibles que nous sommes,
On nous parle, on nous trompe et nous aimons toujours.

Je crois entendre encore
  Cet infidèle amant ;
Il me jure qu'il m'adore,
Qu'il sera toujours constant :
Et moi je crois à son langage.
  Le perfide m'outrage
  Par d'autres feux ;
Il porte ailleurs ses serments et ses vœux.

     Fiez-vous, etc.

Fuyons un dieu volage :
  Plus sage désormais,
Sachons d'Amour, par le badinage,
Sachons d'Amour éviter tous les traits ;
Dans lui tout est imposture.
Il nous plaît en nous frappant,
Et l'on chérit la blessure
Dont on se plaint en riant.

ALEX. DUVAL.

LE LILAS EST EN FLEUR

Air : Le cordon, s'il vous plaît.

L'aquilon fuit. De sa corbeille
Flore prépare les bouquets.
En la voyant tout se réveille :
Les bois, les pres et les bosquets. (bis)
Une fleur hâtive et mignone
Se détache de sa couronne
Pour nous livrer sa douce odeur :
    Le lilas est en fleur ! (quatuor.)

Joyeux garçons, filles vermeilles,
Suivez vos amoureux penchants ;
Par essaims, comme les abeilles,
Volez, courez parmi les champs.
Loin de notre ville enfumée,
Dans une campagne embaumée,
Du printemps goûtez la primeur :
    Le lilas est en fleur !

Amis des cours, faites des brigues
Pour gagner la faveur des rois ;
L'ambition, par ses intrigues,
A vos habits place des croix.
L'ami des champs, dans la nature,
Trouve une plus simple parure,
Dont Dieu seul est dispensateur :
    Le lilas est en fleur !

L'amour fripon, avec adresse,
Se glisse en nos bosquets fleuris ;
Ce braconnier chasse sans cesse
Sur les terres de nos maris ;
Aussi, sous d'épaisses charmilles,
A leurs amants, femmes gentilles
Disent d'un air provocateur :
    Le lilas est en fleur !

Tout dépérit et tout succombe,
Dit un moraliste chagrin.
Le vieux Saturne, vers la tombe
Conduit le monde à son déclin...
Si tout meurt, tout reprend la vie !
La terre, avec coquetterie,
Retrouve au printemps sa fraîcheur ;
    Le lilas est en fleur !

                      JUSTIN CABASSOL.

LES P'TITS POIS SONT EN FLEUR

Air : Le cordon, s'il vous plaît.

Nouveau Tityre, sous un hêtre,
J'ai chanté jadis les lilas ;
Aujourd'hui ma muse champêtre
Va prendre de nouveaux ébats.
Les fleurs sont choses passagères,
Nourrissons nos rimes légères
D'un sujet rempli de saveur :
    Les p'tits pois sont en fleur !

Gourmands, suivant votre coutume,
Disposez vos joyeux banquets ;
Dans nos champs ce joli légume
Montre partout ses blancs bouquets ;
Le soleil comblant notre attente,
Caresse sa tige rampante,
Corcelet guette sa primeur :
    Les p'tits pois sont en fleur !

Paris, ce pays de Cocagne,
Centralise tous les produits ;
Pour lui l'opulente campagne
Réserve légumes et fruits.
La Halle pour la gourmandise
Deviendra la terre promise ;
Déjà l'on y répète en chœur :
    Les p'tits pois sont en fleur !

Les marchands à la voix sonore
En hiver s'étaient éclipsés ;
Nous allons donc entendre encore :
Pois ramés ! et *pois écossés !*
Ce chant dont tout viveur est aise,
Plaira plus que la *Marseillaise* ;
L'estomac remplace le cœur :
    Les p'tits pois sont en fleur !

Pour contenter notre caprice,
Voyez ce traiteur aux abois ;
Il déguise avec artifice
Nos asperges en petits pois.
Comme cet auteur respectable,
Disons : « Le vrai seul est aimable ; »
Pour remplacer ce mets trompeur,
    Les p'tits pois sont en fleur !

Le marmiton, d'une main prompte,
Va repasser son tranchelard ;
Belle Vénus, dans Amathronte
Il te faut remiser ton char.
Tes pigeons, cela te désole,
Bientôt vont dans la casserole
Rejoindre un légume enchanteur :
    Les p'tits pois sont en fleur !

Dans le potager délectable,
Nous rajeunirons nos dînés ;
Nous chasserons de notre table
De Soissons les grains surannés,
Et nous proscrirons ces lentilles,
Sèches comme de vieilles filles ;
L'espoir nous promet du bonheur :
    Les p'tits pois sont en fleur !

                      JUSTIN CABASSOL.

Impr. de Pillet fils aîné, rue des Grands-Augustins, 5.

LE BAL DES MÈRES

Air : Dodo, l'enfant do.

A moi, charmant Anacréon !
J'invoque aujourd'hui ton génie ;
Des jeux prolonger la saison,
C'est ajouter à notre vie ;
Appelons ici la gaîté,
L'innocence et la liberté.

    Enfants
De quinze ans, } CHŒUR.
Laissez danser vos mamans.

Conviens, Amour, qu'ici des ans
Tu méconnaîtras l'intervalle ;
La moins jeune de ces mamans
Peut de sa fille être rivale ;
Il est plus d'un mois pour les fleurs,
Et toutes les roses sont sœurs.

    Enfants, etc.

Belles, qui formez des projets,
Trente ans est pour vous le bel âge ;
Vous n'en avez pas moins d'attraits,
Vous en connaissez mieux l'usage.
C'est le vrai moment d'être heureux,
On plaît autant, l'on aime mieux.

    Enfants, etc.

Croyez-vous que ce dieu malin,
Dont je chéris et crains la flamme,
Allume aux rayons du matin
Le flambeau qui brûle notre âme ?
Son feu, si je l'ai bien senti,
S'accroît aux ardeurs du midi.

    Enfants
De quinze ans,
Laissez danser vos mamans.

               MOREAU,
              Historiographe de France.

(Cette ronde fut faite pour un bal que donnait madame de La Vallière à des femmes de trente ans, qui avaient des demoiselles de quinze ans.)

CONSEILS A UNE JEUNE FILLE

Air connu.

Écoutez, fillette gentille,
D'un ami la simple leçon :
L'amour n'est qu'un feu qui pétille,
Sans la bonté, sans la raison.
Des plaisirs la fuite est légère,
Les regrets s'en vont lentement.

    Soyez bonne en cherchant à plaire,
    Gardez la sagesse en aimant.

Recueillez sur votre passage
Galants discours, regards flatteurs !
Souriez au doux badinage,
Aimable illusion des cœurs.
La prudence n'est pas austère :
Ravir est votre lot charmant.

    Soyez bonne, etc.

Fuyez, fuyez la vaine gloire
De la coquette au cœur d'acier :
Le myrte sied à la victoire
Mieux que le superbe laurier.
Dans un aveu soyez sincère :
La candeur est un ornement.

    Soyez bonne, etc.

Lorsque la jeunesse idolâtre
Autour de vous s'empressera,
Songez que son encens folâtre
Ailleurs bientôt s'exhalera.
Sans affliger un téméraire,
Défiez-vous de son serment.

    Soyez bonne, etc.

Si dans cette foule ravie,
Un vieillard à vous vient s'offrir,
Croyez que de femme jolie
Un souris peut le rajeunir.
Toujours le bien est doux à faire :
Qu'il vous doive un heureux moment.

    Soyez bonne, etc.

Allez, d'hommages entourée,
Fleur des plaisirs passe en un jour ;
Allez, en tous lieux adorée,
Mais n'écoutez qu'un seul amour.
Nourrissez-le dans le mystère :
Le secret plaît au sentiment.

    Soyez bonne en cherchant à plaire,
    Gardez la sagesse en aimant.

               PINET.

GALOP ÉPICURIEN

AIR du galop de Gustave.

Rois de nos désirs,
Osons des plaisirs
Goûter l'ivresse
Enchanteresse ;
Usons du temps,
De nos instants
Ne faisons qu'un printemps.

Ambitieux
Sèche à nos yeux
De soucis et d'envie :
Nous, gais lurons,
Nous préférons
De fleurs semer la vie.
Rois, etc.

Esprits frondeurs,
Tristes plaideurs
Qu'enflamme la dispute ;
Quittez nos bords,
Vers d'autres ports
La haine vous députe.
Rois, etc.

Hommes jaloux,
Tels que des loups
Hurlez à vous morfondre :
De notre voix
Les chants grivois
Sauront bien vous confondre.
Rois, etc.

Sombres cagots,
De vos fagots
Rit le malin vulgaire ;
Et nos tribus
Aux seuls abus
Ont déclaré la guerre.
Rois, etc.

Ladre Mondor,
De tes monts d'or
Sans cesse accrois les groupes ;
Lorsqu'à longs traits
De nos vins frais
Nous abreuvons nos coupes.
Rois, etc.

Que nos collets,
Brillants ou laids,
Bâillent dans la bombance,
Et que de plis
Ils soient remplis,
Mais non pas notre panse.
Rois, etc.

Quand de ces lieux
L'écho joyeux
Ne dira plus nos gammes,
Sur l'Achéron
Qu'Anacréon
Désopile nos âmes.
Rois, etc.

ALBERT-MONTÉMONT.

L'ÉPINE ET L'ÉPINGLE

AIR connu.

Dans un bosquet chéri de Flore,
Guidé par le goût du plaisir,
Je vis rose, que doux zéphyr
De son souffle avait fait éclore :
Trop empressé, pour la cueillir
J'avançais ma main imprudente,
Quand une épine surveillante
De ce larcin vint me punir.
Gare à l'épine,
On ne doit jamais s'y fier,
Quand on badine
Trop près du rosier.

Bergère naïve et jolie
Au hameau dansait l'autre jour ;
Ses yeux invitaient à l'amour,
Son doux langage à la folie.
Trop indiscret, j'osai porter
Ma main sur le sein de la belle ;

Mais las ! une épingle cruelle,
En me piquant, vint répéter :
Gare à l'épine,
On ne doit jamais s'y fier,
Quand on badine
Trop près du rosier.

Redoutez un appât funeste,
Vous qui d'amour suivez les lois ;
Car, avec lui, plus d'une fois,
Plaisir s'enfuit et regret reste :
Craignez l'épine de la fleur,
L'épingle de la bergerette ;
Et répétez ma chansonnette
Afin d'éviter mon malheur...
Gare à l'épine,
On ne doit jamais s'y fier,
Quand on badine
Trop près du rosier.

ANONYME.

LA MÈRE BONTEMS

La mère Bontems
S'en allait disant aux fillettes
Dansez mes enfans,
Tandis que vous êtes jeunettes;
La fleur de gaité
Ne croit point l'été;
Née au printems comme la rose,
Cueillez la dès qu'elle est éclose,
Dansez à quinze ans,
Plus tard il n'est plus tems.

A vingt ans, mon cœur
Crut l'amour un Dieu plein de charmes;
Ce petit trompeur
M'a fait répandre bien des larmes;
Il est exigeant,
Boudeur et changeant,
Fille qu'il tient sous son empire
Fuit le monde, rêve et soupire;
Dansez à quinze ans
Plus tard il n'est plus tems.

Les jeux et les ris
Dansèrent à mon mariage ;
Mais bientôt j'appris
Qu'il est d'autres soins en ménage :
Mon mari grondait,
Mon enfant criait,
Moi, ne sachant auquel entendre,
Sous l'ormeau pouvais-je me rendre ?
Dansez à quinze ans
Plus tard il n'est plus tems.

Le tems arriva
Où ma fille me fit grand mère;
Quand on en est là
Danser m'intéresse guère.
On tousse en parlant,
On marche en tremblant;
Au lieu de danser la gavotte
Dans un grand fauteuil on radotte,
Dansez à quinze ans
Plus tard il n'est plus tems.

LA TOUSSAINT

Air : Eh ! gai, gai, gai, mon officier.

Eh ! gai, gai, gai, c'est la Toussaint !
   Que l'on se mette
      En fête ;
Eh ! gai, gai, gai, jusqu'à demain,
   Que l'on se mette
      En train.

  Aujourd'hui, dès l'aurore,
  Tout le ciel s'agitait,
  Et d'une voix sonore
  En chœur on y chantait :

   Eh ! gai, gai, etc.

  Oui, dans ce jour de fête,
  Tous les saints, arrondis,
  Transforment en goguette
  Le triste Paradis.

   Eh ! gai, gai, etc.

  Pour bien faire les choses,
  Saint Fiacre, ce matin,
  A parsemé de roses
  La salle du festin.

   Eh ! gai, gai, etc.

  Grégoire, peu sévère,
  En dépit des élus,
  Prêt à vider son verre,
  Porte un toast à Bacchus.

   Eh ! gai, gai, etc.

  Pierre, grâce au champagne,
  Cherche en vain son trousseau,
  Et, battant la campagne,
  Prend la clé... du Caveau.

   Eh ! gai, gai, etc.

  Enfin l'esprit pétille,
  Chacun parle au dessert ;
  Saint Jean, qui s'égosille,
  Prêche dans le désert.

   Eh ! gai, gai, etc.

Mais bientôt la musique
Vous annonce le bal ;
L'orchestre est électrique,
Quel tapage infernal !

   Eh ! gai, gai, etc.

  Soudain, sainte Cécile
  Qu'anime la polka,
  Sur sa harpe docile,
  Pince une mazurka.

   Eh ! gai, gai, etc.

  On voit là plus d'un moine
  Veuf de son capuchon ;
  Pour valser, saint Antoine
  Choisit son compagnon.

   Eh ! gai, gai, etc.

  Saint Denis pirouette
  En élégant valseur,
  Tout en tenant sa tête
  Qu'il presse sur son cœur.

   Eh ! gai, gai, etc.

  Saint Paul, dont l'œil scintille,
  Tourne encore en vaurien ;
  Saint Roch, dans un quadrille,
  Figure avec son chien.

   Eh ! gai, gai, etc.

  Saint Hubert, d'une belle
  Voyant le frais minois,
  Suit la jeune gazelle
  Et la met aux abois.

   Eh ! gai, gai, etc.

  Puisque là haut on danse,
  Et que l'on est content,
  Ici-bas, sans offense,
  On peut en faire autant.

   Eh ! gai, gai, etc.

  Pour nous, restant à table,
  Sans être moins joyeux,
  Quand les saints font le diable,
  Amis, faisons comme eux.

Eh ! gai, gai, gai, c'est la Toussaint !
   Que l'on se mette
      En fête ;
Eh ! gai, gai, gai, jusqu'à demain,
   Que l'on se mette
      En train.

J. LAGARDE.

LA MODE

VAUDEVILLE.

Air des Portraits à la mode.

Toujours suivre avec uniformité
Le naturel et la simplicité ;
Ne point estimer la frivolité,
    C'était la vieille méthode.
J'ai peuplé Paris de mes calotins ;
Je les fis courir après des pantins ;
J'amuse aujourd'hui leurs goûts enfantins
    Avec des portraits à la mode.

Valet modeste au service d'un grand,
Marquis du bel air soutenant son rang,
Marchand qui ne s'élevait pas d'un cran,
    C'était la vieille méthode.
Laquais insolents portant des plumets,
Les plus grands seigneurs vêtus en valets,
Des fils d'artisans en cabriolets,
    Voilà des portraits à la mode.

Profonds avocats s'occupant des lois,
Riches financiers vivant en bourgeois,
Commis sans orgueil dans de hauts emplois,
    C'était la vieille méthode.
Légistes musqués courant les concerts,
Financiers qui tranchent de ducs et pairs,
Et petits commis prenant de grands airs,
    Voilà des portraits à la mode.

Les nymphes d'amour craignaient les brocards,
Cachaient avec soin leurs galants écarts,
Et pour la décence avaient des égards,
    C'était la vieille méthode.
On voit aujourd'hui des objets charmants,
Avec leurs cheveux et leurs diamants,
Tirer vanité d'avoir des amants :
    Voilà des portraits à la mode.

Livrer sa jeunesse à de doux loisirs,
En sachant toujours régler ses désirs :
Mais à soixante ans quitter les plaisirs,
    C'était la vieille méthode.
Des adolescents cassés et tremblants,
Des femmes coquettes en cheveux blancs,
Et de vieux barbons qui font les galants,
    Voilà des portraits à la mode.

L'hermine marquait un savoir profond,
La vertu brillait sous un habit long,
Et la bourgeoisie était sans façon,
    C'était la vieille méthode.
Je peins l'ignorance en manteau fourré,
Je peins les plaisirs en bonnet carré,
Je peins la roture en habit doré,
    Voilà des portraits à la mode.

Le faste n'était que pour la grandeur,
Les gens à talents n'avaient point l'ardeur
De vivre comme elle dans la splendeur,
    C'était la vieille méthode.
Dans ce joli siècle colifichet,
Un petit danseur, un tireur d'archet,
En phaéton va courir le cachet.
    Voilà des portraits à la mode.

En habit lugubre le médecin
Traitait gravement son art assassin,
Une mule composait tout son train,
    C'était la vieille méthode.
Chargés de bijoux plus que de latin,
Nos petits docteurs ont le ton badin,
Et vont dans un char verni par Martin.
    Voilà des portraits à la mode.

Avant de rimer trouver un sujet,
Avoir le bon sens pour premier objet,
Avec intérêt remplir son projet,
    C'était la vieille méthode.
Sans ces règles-là toujours nous brillons,
Héros des Corneilles, des Crébillons,
En bel oripeau nous vous habillons,
    On vous met en vers à la mode.

« Gusto naturàl e simplicità,
« Del vero cantar ere la beltà,
« E se cantava con facilità,
« La gamma antiqua era solda ;
« La nota zigar del basso in alto,
« Del tetto in tel pozzo far un salto,
« E par come un gatto, mirmir miao,
« (*piano, piano, forte, forte*),
« Questo se cantar alla moda. »

Les fameux artistes dans leurs tableaux
Savaient exprimer les traits les plus beaux,
Le goût conduisait leurs savants pinceaux,
    C'était la vieille méthode.
A présent tout est pièces et morceaux,
On fait la figure avec des ciseaux,
On nous rend aussi noirs que des corbeaux,
    Voilà des portraits à la mode.

Ce théâtre où doit régner la gaîté,
A plus d'une fois été déserté ;
On n'y venait que par oisiveté :
    C'était la vieille méthode.
En étudiant toujours avec goût,
De vous attirer nous viendrons à bout ;
Puissions-nous entendre chanter partout :
    Voilà le spectacle à la mode !

PIRON.

MARGOTTON ET SON ANE

— RONDE. —

Air connu.

Quand Margotton s'rend au moulin,
Filant sa quenouille de lin,
 Ell' monte sur son âne :
  Ah! l'âne! Ah! l'âne! Ah! l'âne!
Ell' monte sur son âne Martin
 Pour aller au moulin.

Quand le meunier la voit venir,
De rire il ne peut se tenir ;
 « Attache là ton âne.
  « Ah! l'âne! Ah! l'âne! Ah! l'âne!
« Attache là ton âne Martin
 « A la port' du moulin. »

Pendant que le moulin moulait
Le meunier la belle embrassait ;
 Le loup a mangé l'âne.
  Ah! l'âne! Ah! l'âne! Ah! l'âne!
Le loup a mangé l'âne Martin
 A la port' du moulin.

« J'ai douze écus dans mon gousset,
« Prends-en cinq et laisse m'en sept,
 « T'achèteras un âne.
  « Ah! l'âne! Ah! l'âne! Ah! l'âne!
« T'achèteras un âne Martin
 « Pour venir au moulin. »

Le mari, la voyant venir,
De gronder ne put se tenir :
 « Ce n'est pas là mon âne!
  « Ah! l'âne! Ah! l'âne! Ah! l'âne!
« Ce n'est pas là mon âne Martin
 « Qui t'portait au moulin.

« Mon âne avait les quat' pieds blancs,
« Et les oreill's en rabattant :
 « On m'a changé mon âne!
  « Ah! l'âne! Ah! l'âne! Ah! l'âne!
« On m'a changé mon âne Martin
 « A ce maudit moulin.

« Le bout de sa queue était noir.
« Je suis volé, c'est clair à voir ;
 « Longtemps j'pleur'rai mon âne.
  « Ah! l'âne! Ah! l'âne! Ah! l'âne!
« Longtemps j'pleur'rai mon âne Martin
 « Qui m'portait au moulin. »

— « Ne sais-tu pas, pauvre nigaud,
« Que les bêtes changent de peau ?
 « C'est ce qu'a fait ton âne.
  « Ah! l'âne! Ah! l'âne! Ah! l'âne!
« C'est ce qu'a fait ton âne Martin
 « En allant au moulin. »

ANONYME.

MA MÈRE LE DÉFEND

— RONDE. —

Air: Chantez, dansez, amusez-vous.

De passer mes jours plus gaiment
Enfin il me prend fantaisie ;
Peut-on, sans un doux sentiment,
Trouver du charme en cette vie ?
Mais je n'aurai jamais d'amant,
Puisque ma mère le défend.

A l'amitié bornant mes vœux,
D'un jeune ami prudent et sage
J'accepte les soins généreux,
Et ma tendresse est sans partage ;
Mais je n'aurai jamais d'amant,
Puisque ma mère le défend.

Au jeune berger Lycidas
Ce soir même je me confie ;
Il doit suivre en tout lieu mes pas ;
Je serai son unique amie :
Mais je n'aurai jamais d'amant,
Puisque ma mère le défend.

De mes ennuis les plus secrets
Je lui ferai la confidence ;
Si quelqu'un m'insulte jamais,
C'est lui qui prendra ma défense :
Mais je n'aurai jamais d'amant,
Puisque ma mère le défend.

S'il me demande un doux baiser
Pour récompenser sa constance,
Pourrai-je, hélas ! le refuser,
Sans trahir la reconnaissance ?
Mais je n'aurai jamais d'amant,
Puisque ma mère le défend.

O vous, qu'une sévère loi
Condamne souvent au veuvage,
Fuyez l'amour ; imitez-moi :
Prenez un ami doux et sage,
Mais ne prenez jamais d'amant,
Puisque le monde le défend.

SOPHIE GAIL.

LES AMOURS
DE
MONSIEUR PIERRE ET DE MADEMOISELLE DU ROSIER *.

(Histoire morale des amours de monsieur Pierre et de mam'selle Du Rosier, la fille d'un marchand de plumes, où c'que l'on verra la morale que la fortune vient sans qu'on s'en doute, et qu'elle est ben près quand on la croit ben loin.)

Air du temps.

J'aimais mam'selle du Rosier,
La fille d'un plumassier.
Mon père, qu'est un p'tit fermier,
    S'en vint le prier
    De nous marier.
La demande plut, on m'agréa ;
V'là qui va ben jusque-là.   (bis)

(Parlé.) Comme quoi la fortune change le monde.

Sur la porte était écrit :
A l'enseign' du Gagne-Petit.
Je l'valions ben dans ce temps-là :
    A deux mois d'là,
    Ce n'est pas cela ;
Pus riche, il tourne à tout vent,
Comme les plumes qu'il vend.

(Parlé.) Tristesse et doléance de monsieur Pierre, en apprenant que ses espérances étiont sans espoir.

Qui m'avait dit oui, m'dit non ;
V'là mon amour beau garçon !
Sa fille et moi, tout le jour
    J'pleurions, quand l'Amour
    M'avisit d'un tour ;
Car un cœur ben amoureux
A toujours d'l'esprit pour deux.

(Parlé.) Comme il est bon queuque fois de pleurer devant son cher père.

J'vas cheuz nous ; tout en entrant,
J'parle à mon ch'père en pleurant ;
Ça l'afflige ; et je dis sus ça :
(En pleurant.)
    Quand i' vous plaira,
    Ça s'arrangera.
I' m'dit : Parle, et dans le moment
(En pleurant plus fort, et en imitant l'attendrissement du père.)
Tu verras que t'es mon enfant.

(Parlé.) Stratagême de monsieur Pierre.

I' m'permet d'fair' de son bien
Tout comm' je ferais du mien.
Cheux les fermiers d'nos cantons
    J'mène ses moutons,
    Ses veaux, ses dindons ;
Je les troque, et je les vends
Pour des coqs et pour des paons.

(Parlé.) Comme l'esprit i' fait ouvrir les yeux à tout le monde.

Quand la fille au pèr' l'apprit,
I' fut surpris d'mon esprit ;
Ça l'fit r'venir tout d'un coup.
    I' dit : v'là du goût !
(Avec un ton imposant.)
    C'est toujours beaucoup,
Qu'à son âge on ait le bon sens
De s'accommoder au temps **.

(Parlé.) Dénoûment-z-agréable des amours des deux amoureux, à la satisfaction des deux chers pères.

Vite i' m'rappell', et tant y a
Qu'tous deux i' nous maria.
(Avec joie.)
Quand la fill' al' m'vit choisir,
    Jugez du plaisir !...
(Comme si la joie lui coupait la respiration.)
    Ça vint nous saisir.
Ça prouv' que l'plaisir dépend
Des pleum's de coq et de paon.

                    LAUJON.

---

* L'auteur, dans cette chanson, a eu en vue d'imiter le genre des histoires que chantaient alors les chansonniers des rues.

** C'était le moment où les coiffeurs des femmes et les bonnets en plumes étaient le plus à la mode.

GUILLERI.

Il était un p'tit homme,
Qui s'ap'lait Guilleri,
 Carabi;
Il s'en fût à la chasse,
A la chasse aux perdrix,
 Carabi,
  Titi Carabi,
  Toto Carabo,
 Compère Guilleri.
Te lairras tu *(Ter)* mouri'?

Il s'en fût à la chasse,
A la chasse aux perdrix,
 Carabi;
Il monta sur un arbre
Pour voir ses chiens couri',
 Carabi,
  Titi Carabi &.

Il monta sur un arbre
Pour voir ses chiens couri',
 Carabi,
La branche vint à rompre,
Et Guilleri tombi',
 Carabi,
  Titi Carabi &.

La branche vint à rompre,
Et Guill'eri tombi',
    Carabi,
Il se cassa la jambe,
Et le bras se démi',
    Carabi,
    Titi Carabi, &c.

Il se cassa la jambe,
Et le bras se démi',
    Carabi,
Les dam' de *l'Hopitale*,
Sont arrivé's au brui',
    Carabi,
    Titi Carabi, &c.

Les dam' de *l'Hopitale*,
Sont arrivé's au brui',
    Carabi;
L'une apporte un emplâtre,
L'autre, de la charpi',
    Carabi,
    Titi Carabi, &c.

L'une apporte un emplâtre,
L'autre de la charpi',
    Carabi;
On lui banda la jambe,
Et le bras lui remi',
    Carabi,
    Titi Carabi, &c.

On lui banda la jambe,
Et le bras lui remi',
    Carabi,
Pour remercier ces dames,
Guill'ri les embrassi',
    Carabi,
    Titi Carabi, &c.

Pour remercier ces dames,
Guill'ri les embrassi',
    Carabi;
Ça prouv' que par les femmes
L'homme est toujours guéri,
    Carabi;
    Titi Carabi,
    Toto Carabo,
Compère Guilleri,
Te lairras tu *(ter)* mouri'?

NOUS ÉTIONS TROIS FILLES.

Nous étions trois filles,
Bonnes à marier.
Nous nous en allâmes
Dans un pré danser.
Dans le pré, mes compagnes,
Qu'il fait bon danser.

Nous nous en allâmes
Dans un pré danser.
Nous fîmes rencontre
D'un joli berger.
Dans le pré, &.

Nous fîmes rencontre
D'un joli berger.
Il prit la plus jeune
Voulût l'embrasser.
Dans le pré, &.

Il prit la plus jeune
Voulût l'embrasser.
Nous nous mîmes toutes
A l'en empêcher.
Dans le pré, &.

Nous nous mimes toutes
A l'en empêcher.
Le Berger timide
La laissa aller.
Dans le pré &.

Le berger timide
La laissa aller.
Nous nous écriâmes
Ah! le sot berger!
Dans le pré &.

Nous nous écriâmes
Ah! le sot berger!
Quand on tient l'anguille
Il faut la manger.
Dans le pré &.

Quand on tient l'anguille
Il faut la manger;
Quand on tient les filles
Faut les embrasser.
Dans le pré mes compagnes
Qu'il fait bon danser.

MAITRESSE AU LOGIS

Air : Je loge au quatrième étage.

UNE PETITE FILLE.

On dit que j'suis une *gamine*...
Tant pis ! tiens... moi, j'veux m'amuser !
Si l'on me trouve trop lutine,
Je sais l'bon moyen d'm'excuser :
J'embrasse à pincett's petit père,
A maman gentiment j'souris ;
Alors, j'puis tout dire et tout faire,
Je suis la maîtresse au logis.

UNE DEMOISELLE.

J'ai seize ans... ma candeur naïve
Attire et séduit tous les cœurs ;
Mon babil ingénu captive,
Enchante tous mes auditeurs.
Si je voulais en mariage
Ce monsieur aux gros favoris,
Je l'aurais bien vite, je gage...
Je suis la maîtresse au logis.

UNE JEUNE FEMME.

Alfred fait tous les sacrifices
Pour me prouver sa passion,
Il satisfait tous mes caprices,
Il m'aime à l'adoration.
Cher époux !... Point de négligence
Dans des devoirs si bien remplis...
Je te mettrais en pénitence,
Je suis la maîtresse au logis.

UNE FEMME DE 40 ANS.

Beaux yeux, chevelure d'ébène,
Appas fortement accusés,
Taille élancée et port de reine
Sont des charmes toujours prisés..
Chez moi la raison seule est mûre ;
Vingt amants, mon mari compris,
Vantent mon esprit, ma tournure...
Je suis la maîtresse au logis.

UNE FEMME DE 60 ANS.

Tudieu ! redoutez ma colère,
Enfants, gendres, petits-enfants !
Que l'on s'étudie à me plaire...
J'ai déjà fait six testaments.
Excepté pour ma riche tante,
Mes chats et mes *toutous* chéris,
Et ma coquine de servante,
Je suis la maîtresse au logis.

ÉPILOGUE. — L'AUTEUR A CES DAMES.

Je n'ai point de petite fille,
Et je n'ai pas fixé le choix
D'une jouvencelle gentille,
Qui d'hymen me donnât les droits.
Vieille grand' mère ou jeune femme,
N'habitent point sous mes lambris ;
Pourtant, bien des fois, sur mon âme,
J'ai trouvé maîtresse au logis.

C. FOURNIER.

L'HEUREUX BERGER

Musique de Dominich.

Ces bois épais ont caché ma bergère ;
Ils ont souvent recueilli mes soupirs ;
De notre amour ils savent le mystère :
  J'y puis parler de mes plaisirs.

Ah ! je le sens, dans mon âme constante,
Bonheur de plaire est un double lien.

Je suis aimé ; ma flamme s'en augmente ;
L'amour s'accroît de celui qu'il obtient.

Ruisseau charmant, qui coulez sous l'ombrage,
Vous qui peignez ses grâces, ses appas,
Méritiez-vous d'en recevoir l'image,
  Vous qui ne la conservez pas ?

ANONYME.

MATHURIN

Air connu.

Mathurin n'a pas un sou ;
Mais quand il a bu son soû,
Le dimanche à la guinguette,

  Turlurette, turlurette,
  Sa fortune est faite.

ARMAND GOUFFÉ.

LES COTILLONS

Air : Je t'aimerai. (Douvres et Calais.)

    Le cotillon   (*bis*)
Etend partout son influence ;
    Le cotillon
Fait rêver l'enfant, le barbon.
Dans Eden qui, par sa puissance,
Perdit le monde à son enfance ?
    Un cotillon.   (*quater*)

    Qu'un cotillon
Gouverne la chose publique ;
    Un cotillon
Est préférable au capuchon.
Foin d'un cotillon jésuitique !
Mais vive d'un sexe érotique
    Le cotillon !

    Un cotillon
(L'histoire en a pris bonne note)
    Un cotillon
Renversa plus d'un bataillon,
A la honte de la culotte,
On vit agir en patriote
    Un cotillon.

    Trois cotillons
D'un vieux trône ôtèrent la rouille ;
    Trois cotillons
Y semèrent fleurs et pompons.
Fiers de leur royale dépouille,
Qui changea le sceptre en quenouille ?
    Trois cotillons.

    Un cotillon
Se fripe quand on folichonne ;
    Un cotillon
Est tout l'avoir de Frétillon.
De crainte qu'on ne le chiffonne,
Elle retrousse, la friponne,
    Son cotillon.

    Le cotillon
Est le nom d'un vin que l'on prise ;
    Le cotillon
Peut nous consoler du jupon.
Quand l'ivresse d'amour s'épuise,
Le vieux gourmet alors se grise
    De cotillon.

    Le cotillon
Guide nos pas à la lisière ;
    Le cotillon
Charme notre belle saison.
Qui nous suit dans notre carrière ?
Qui vient clore notre paupière ?
    Le cotillon.

        Anonyme.

LA VALSE

Air de valse.

    Les Allemands
Valsent depuis longtemps,
    Et chez eux
Naquit ce pas amoureux.
    Pas enchanteur !
Que tu plais à mon cœur !
    Mais tu devais
Naître chez les Français.
La valse est fille des dieux,
Nous dit-on en tous lieux,
Et l'amour est son père ;
Pour moi, mon cœur enchanté
    Dit que la volupté
De la valse est la mère.

Vous cadencez quelques pas,
Puis enlaçant les bras,
    Vous parcourez l'espace,
Vous dessinez des tableaux ;
    Puis, cessant à propos,
Vous faites mainte passe :
L'amant y glisse un billet doux,
    Propose un rendez-vous.
Sans la valse, peut-être,
Maint époux ne serait pas
Ce qu'un époux hélas !
A la coutume d'être.

        Philidor.

Impr. de Pillet fils aîné, rue des Grands-Augustins, 5.

LE RÊVE

Air : Soldat français, né d'obscurs laboureurs.

J'avais rêvé que dans tout l'univers
Un âge d'or venait de reparaître :
Plus de méchants, disais-je, de pervers,
Plus d'oppresseur, de valet ni de maître ;
L'égalité jouit de tous ses droits,
Et la vertu de roses se décore...
 Erreur ! me répondent cent voix :
 N'importe, du moins cette fois,
 Ah ! laissez-moi rêver encore !

J'avais rêvé que la franche amitié
Pour chaque Oreste avait fait un Pilade ;
Que du prochain en tous lieux la moitié
Donnait à l'autre une tendre accolade.
Plus d'égoïsme ou de rivalité,
Plus de noirceur ni de fiel qui dévore.
 Erreur ! avez-vous répété :
 N'importe, en ma simplicité,
 Ah ! laissez-moi rêver encore !

J'avais rêvé l'infaillibilité
Chez Hippocrate et les fils de Barthole ;
Les courtisans pleins de sincérité,
Le sol du barde arrosé du Pactole ;
J'apercevais le sordide usurier
Ouvrant sa bourse au malheur qui l'implore.
 Erreur ! je ne puis le nier :
 N'importe, en humble chansonnier,
 Ah ! laissez-moi rêver encore !

J'avais rêvé que du sein des savants
S'étaient enfuis les serpents de l'envie :
Plus de brouillons aux écrits décevants,
Et la concorde au loin berçait la vie ;
Plus de Ronsards et partout des Boileaux,
Plus d'écrivains qu'attende l'ellébore.
 Erreur !... Malgré les sots tableaux
 De leur triste cervelle éclos,
 Ah ! laissez-moi rêver encore !

J'avais rêvé que le flot des journaux
Ne roulait plus qu'une onde vive et claire,
Et que sur nous ces orgueilleux fanaux
Ne versaient plus qu'un éclat tutélaire.
Plus de flatteur qui se vende à tout prix,
Plus de forban que la puissance honore.
 Erreur ! je vous ai bien compris :
 N'importe, de mon songe épris,
 Ah ! laissez-moi dormir encore !

J'avais rêvé qu'une éternelle ardeur
Des Céladons propageait les modèles ;
Au vice impur succédait la candeur ;
Plus de jaloux, de trompeurs, d'infidèles ;
Plus de Phrynès, partout des Philémons,
Et des Beaucis fraîches comme l'Aurore.
 Erreur ! femmes que nous aimons,
 N'importe, anges ou vrais démons,
 Ah ! laissez-moi rêver encore.

Durant mon somme, enfin j'avais rêvé
Du sort humain la plus noble peinture ;
Dans l'innocence et l'amour élevé,
Chacun suivait à son gré la nature ;
L'hiver offrait l'image du printemps,
Fleurs et vertus, tout s'empressait d'éclore.
 Erreur ! me direz-vous, j'entends :
 N'importe, au bonheur que j'attends
 Ah ! laissez-moi rêver encore !

ALBERT-MONTÉMONT.

LINA LA PARESSEUSE

Air : Puisque le bien vient en dormant.

JULES.

Lève-toi, belle paresseuse !
Quand midi sonne, au lit encor !
Pour en sortir, fais un effort !
 Lina, sois moins dormeuse !

LINA.

Jules, laisse-moi, je t'en prie !
J'achevais un rêve charmant ;
Hélas ! dans ton étourderie
Tu le détruis en m'éveillant.

JULES.

Lève-toi, belle paresseuse, etc.

LINA.

Sur l'oreiller quand je repose,
Je ne sais qui berce mes sens,
Tout me paraît couleur de rose,
Mes songes sont plus caressants.

JULES.

Lève-toi, belle paresseuse, etc.

LINA.

Unique objet de ma pensée,
Le sommeil me parle de toi ;
Dans ta main la mienne est pressée,
Je te vois encor près de moi.

JULES.

Lève-toi, belle paresseuse, etc.

LINA.

Pourtant, ingrat, ta voix m'appelle,
Tu tires mes rideaux épais ;
Debout, je te serais cruelle ;
Couchée, ah ! que je t'aimerais !...

JULES.

Lève-toi, belle paresseuse !
Quand midi sonne, au lit encor !
Pour en sortir, fais un effort !
 Lina, sois moins dormeuse !

ANONYME.

LA SOMMEILLEUSE

Air : Réveillons-la.

Lison dormait dans un bocage,
Un bras par-ci, un bras par-là ;
Son lit était un vert feuillage ;
Ah ! qu'on dort bien comme cela !
Son amant est là qui la guette :
Voyons, dit-il, réveillons-la,
Réveillons-la, réveillons-la.
Il lui tira sa collerette.
Réveillons-la, réveillons-la :
La belle toujours sommeilla.

Jetons, dit-il, sur la dormeuse
Des fleurs par-ci, des fleurs par-là ;
Il en couvrit la sommeilleuse ;
Elle dormait malgré cela.
Un tendre baiser sur sa bouche
Peut-être la réveillera :
Voyons cela, voyons cela,
Un, deux, trois, rien ne l'effarouche,
Voyons cela, voyons cela :
La belle toujours sommeilla.

L'Amour qu'à son aide il appelle
Lui dit par-ci, lui dit par-là :
Lance ce trait-là sur la belle ;
Tiens, on s'en sert comme cela ;
Colin prend la flèche légère,
Et d'un bras que l'Amour guida,
Tant la lança, tant la lança,
Tant la lança sur la bergère,
Tant la lança, tant la lança,
Qu'enfin la belle s'éveilla.

La bergère, tout interdite,
Lui dit par-ci, lui dit par-là :
Colin, allez-vous-en bien vite ;
En agit-on comme cela ?
Ma foi, dit-il, j'ai vu l'aurore
Moins belle que vous n'étiez là ;
Dormez comm' ça, dormez comm' ça,
Belle Lison, dormez encore ;
Dormez comm' ça, dormez comm' ça,
Et Colin vous réveillera.

Monvel.

LE SOUVENIR

Air de la nostalgie.

Illusions de ma vive jeunesse,
Que je voudrais vous posséder encor !
Mais votre charme échappe à la vieillesse ;
Je ne crois plus aux jours de soie et d'or.
A maints faux dieux le présent sacrifie ;
Et n'osant pas compter sur l'avenir,
Dans le passé recommençant la vie,
    J'aime à vivre du souvenir.

Témoin des jeux de mon heureuse enfance,
La liberté planait sur mon berceau ;
Elle entr'ouvrait les cœurs à l'espérance,
Tout s'éclairait de son noble flambeau.
Reviendront-ils, pour ma belle patrie,
Ces jours heureux qu'on vit trop tôt finir ?
Pour retrouver ma liberté chérie,
    J'aime à vivre du souvenir.

N'ai-je pas vu ces héros de la France,
Ces fiers soldats, aux lauriers toujours verts !
Et ce géant dont le génie immense,
Semblable à Dieu, gouvernait l'univers !
Lois et beaux arts, industrie et victoire,
De son éclat tout semblait resplendir :
O mon pays ! quand je songe à ta gloire,
    J'aime à vivre du souvenir !

Amour sincère, amitié vive et pure,
J'ai savouré votre exquise douceur ;
Mon cœur charmé bénissait la nature
Entre une mère, une épouse, une sœur.
J'ai tout perdu ! le temps qui nous dévore
M'a pris ces biens précieux à chérir :
Pour y rêver, pour les revoir encore,
    J'aime à vivre du souvenir !

Pour le présent, je ne suis pas morose,
Je l'avoûrai, j'y trouve des attraits ;
Quand du passé je fais l'apothéose,
Je me souviens... et ne me plains jamais.
J'arrive au bout d'une longue carrière,
Sans qu'un seul jour m'apporte un repentir ;
Et sans rougir, regardant en arrière,
    J'aime à vivre du souvenir !

A. Bugnot.

DORMEZ, DORMEZ, CHÈRES AMOURS.

Paroles d'Amédée de Beauplan.

Reposons nous ici tous deux,
Goutons le charme de ces lieux,
Qu'un doux sommeil ferme vos yeux;
Que le bruit de l'onde se mêle,
Aux doux accents de Philomèle
Dormez, dormez, chères Amours,
Pour vous je veillerai toujours
Dormez, dormez, pour vous je veillerai toujours. *bis*

Au sein de ces vastes forêts,
Si l'ombre de ces bois épais
De votre cœur trouble la paix,
Chassez une crainte funeste,
Auprès de vous votre ami reste:
Dormez, dormez, chères amours, *(bis)*
Pour vous je veillerai toujours.

Vos yeux se ferment doucement,
Je vais chanter plus lentement:
Heureuse d'un songe charmant,
Puissiez-vous être ramenée
Aux doux instants de la journée!
Dormez, dormez, chères amours, *(bis)*
Pour vous je veillerai toujours.

Édouard de Beaumont.

VIVRE LOIN DE SES AMOURS.

Paroles et Musique de Boieldieu.

S'il est vrai que d'être deux
Fut toujours le bien suprême,
Hélas! c'est un mal affreux
De ne plus voir ce qu'on aime.
Vivre loin de ses amours.
N'est-ce pas mourir tous les jours?

Chaque instant vient attiser
La flamme qui vous dévore,
On se rappelle un baiser
Et mille baisers encore.
Vivre loin de ses amours.
N'est-ce pas mourir tous les jours?

Edouard de Beaumont

La nuit en dormant, hélas !
Victime d'un doux mensonge,
Vous vous sentez dans ses bras :
Le jour vient.... c'était un songe.
Vivre loin de ses amours,
N'est-ce pas mourir tous les jours ?

Un tissu de ses cheveux
Est le seul bien qui me reste ;
Il devait me rendre heureux :
C'est un'trésor bien funeste.
Vivre loin de ses amours,
N'est-ce pas mourir tous les jours ?

ELLE SE MARIE

Air du vaudeville de l'Anonyme

C'en est donc fait, la nouvelle est certaine !
C'est aujourd'hui que nos nœuds sont rompus :
D'un riche hymen tu prends la lourde chaîne,
Tu vends un cœur qui ne t'appartient plus.
Je suis vengé : je te sais condamnée
Aux froids baisers d'un fat sur le retour.
Ah ! pourras-tu donner à l'hyménée
Tout le plaisir pris jadis par l'amour ?

Quelle candeur ! quel air doux et modeste !
Qu'il te sied bien ce bouquet virginal !
Ne tarde plus, Chloé, va d'un pied leste,
Fais un serment que tu me tins si mal.
Pour ton époux quelle belle journée ?
Qu'il soit heureux ! ce doit être son tour.
Ah ! pourras-tu donner à l'hyménée
Tout le plaisir pris jadis par l'amour ?

Tu m'aperçois et ton front se colore !
Ah ! j'oubliais que tu savais rougir ;
Chloé, prends soin que ton époux ignore
Les longs tourments que tu me fis souffrir.
De blanches fleurs ta tête est couronnée :
Il en est une égarée en ce jour.
Ah ! pourras-tu donner à l'hyménée
Tout le plaisir pris jadis par l'amour ?

Lorsqu'au festin une main écolière
Innocemment ira sur tes genoux
Pour te ravir rien qu'une jarretière ;
Ris du larcin que tolère un époux.
Dans ton boudoir d'une main fortunée
Plus de cent fois je fis ce malin tour.
Ah ! pourras-tu donner à l'hyménée
Tout le plaisir pris jadis par l'amour ?

Quand pour le bal ta nouvelle famille
A pas comptés te priera galamment,
Vas embellir son maussade quadrille ;
Bâille en dansant et puis danse en bâillant.
Libre avec moi, pendant toute une année,
Tu vins danser dans un plus gai séjour.
Ah ! pourras-tu donner à l'hyménée
Tout le plaisir pris jadis par l'amour ?

Mais cette nuit une mère prudente
Va t'enseigner ce que tu sais par cœur ;
De sots amis la troupe assourdissante
A ton époux promettra le bonheur.
Tu disparais !... je te vois entraînée !
Tout est fini !... je te perds sans retour !...
Ah ! pourras-tu donner à l'hyménée
Tout le plaisir pris jadis par l'amour ?

Justin Cabassol.

ELLE EST VEUVE

CHANSON-ROMANCE

Air : Dans ce castel, dame de haut lignage.

Il est fini ce temps de rude épreuve
Où d'un vieillard tu réchauffais les sens ;
Réjouis-toi, Chloé, te voilà veuve :
Ce doux état sied bien à tes vingt ans !
Tes blancs appas que le crêpe décore,
Brillent plus blancs parmi de noirs atours.
De ton amant te souvient-il encore ?
Malgré le deuil, rêves-tu nos amours ?...

Quand tu courus à l'autel d'hyménée,
Moi, je riais en songeant au passé ;
Mais sur ma couche oisive, abandonnée,
Las ! je pleurais mon bonheur éclipsé !
Ma bouche, en vain, s'écriait : Je t'abhorre !...
Mon pauvre cœur pour toi plaidait toujours.
De ton amant te souvient-il encore,
Malgré le deuil, rêves-tu nos amours ?

Riche d'attraits autant que de fortune,
Mille galants troubleront ton repos ;
Dans ton salon une foule importune
Te poursuivra de ses fades propos.

Que de menteurs diront : Je vous adore !
Que d'intrigants vont dorer leurs discours !
De ton amant te souvient-il encore,
Malgré le deuil, rêves-tu nos amours ?

Ah ! si l'hymen touchait encor ton âme,
L'Amour t'en prie, abjure un ancien tort :
D'un vieil époux fuis la mourante flamme,
A mes rivaux unis plutôt ton sort :
Que dis-je ! oh non ! l'ardeur qui me dévore,
Te sollicite à me donner tes jours !
De ton amant te souvient-il encore,
Malgré le deuil, rêves-tu nos amours ?

Après neuf mois, joyeuse, indépendante,
Tu quitteras les signes de douleur ;
Mais voudras-tu, chère et cruelle amante,
Te rendre encore à ton premier vainqueur ?
Bonne Chloé, mon cœur ici t'implore,
Tu l'entendras ! tu le sais sans détours !
De ton amant te souvient-il encore,
Malgré le deuil, rêves-tu nos amours ?

Anonyme.

ADIEU, MES AMOURS!

Air du vaudeville de l'Ile-des-Noirs.

Lise, j'ai passé la trentaine,
Des plaisirs j'ai rempli le bail.
L'ambition vient et m'entraîne :
De l'amour c'est l'épouvantail !
Il faut rompre, belle maîtresse,
L'état réclame mon secours,
Le budget aura ma tendresse...
Quittons-nous !... adieu, mes amours !

Quittons-nous !... quoi ! ce mot t'accable !
Tes beaux yeux se mouillent de pleurs.
Ma chère, sois plus raisonnable,
Quand ton amant court aux honneurs.
Afin d'alléger ta disgrâce,
Vingt galants charmeront tes jours ;
Sois fière de me voir en place :
Quittons-nous !... adieu, mes amours !

Déjà la politique austère,
Intervenait dans nos débats,
Pour le palais du ministère
J'ai quitté les plus doux combats.

Dans tes bras, j'en ai repentance,
Au milieu de tendres discours,
Je songeais à Son Excellence...
Quittons-nous !... adieu, mes amours !

Des amours la joyeuse bande
Riait parfois de ton amant,
Quand il parlait de *propagande*,
De *résistance* et *mouvement*.
A tes dieux je deviens parjure,
Je sacrifie aux dieux des cours !
Je postule une préfecture :
Quittons-nous !... adieu, mes amours !

Que mon amante à la patrie
Ne sache enfin rien refuser :
Embrasse-moi sans bouderie,
Car c'est là le dernier baiser.
Mais tu gardes un froid silence,
Les grands ne seront pas si sourds :
Voici l'heure de l'audience...
Quittons-nous !... adieu, mes amours !

ANONYME.

LE RENDEZ-VOUS

CHANSON DESCRIPTIVE

Air du Défi, de Louis Festeau ; ou : du Passe-partout.

Il est minuit !... Partons, l'heure est propice,
Chère Anaïs, je vais donc te revoir !
Comme un voleur, dans l'ombre je me glisse ;
Le ciel est sombre et double mon espoir.
Ton doux signal ne se fait pas attendre :
A ta fenêtre éclate un feu charmant.
Nouvelle Héro, j'accours comme Léandre :
Anaïs ! Anaïs ! c'est moi, c'est ton amant.

La belle nuit ! quel imposant silence !
Tout dort ! veillons à l'heure du repos.
Quel calme ! et moi, mon cœur bat et s'élance ;
Grand Dieu ! qui donc réveille les échos ?
De ses abois un chien trouble la ville :
Cerbère est-il au seuil du paradis ?
La porte s'ouvre : Oh ! j'ai mon champ d'asile.
Anaïs, Anaïs, rassurons nos esprits.

Mais des degrés abrége le dédale,
Guide mes pas indécis, imparfaits ;
Trop de lenteur à franchir l'intervalle,
A nos plaisirs est un vol que tu fais.

Ciel ! Anaïs, ta marche est incertaine,
Ta main frissonne, et tu me dis bien bas :
Ma mère est là... dans la chambre prochaine...
Anaïs ! Anaïs ! elle n'entendra pas.

Elle est à moi !... Je suis au sanctuaire !...
Pour nous sauver des Argus indiscrets,
Légers verroux, glissez avec mystère ;
De nos plaisirs soyez témoins muets.
Viens dans mes bras, que j'étreigne tes charmes !
Mais tu rougis : lumière, éteignez-vous,
De la pudeur, je connais les alarmes,
Anaïs ! Anaïs ! Phœbé veille pour nous.

Disparaissez, importune parure,
Robe, fichu, qui fermez tous accès ;
Quand de Vénus on ôte la ceinture,
pourquoi trouver de perfides lacets ?
De mes efforts, tu ris, belle inhumaine ;
Tu te défends de mes doigts curieux ;
Va, mes baisers me paîront de ma peine !
Anaïs ! Anaïs ! rends-moi l'égal des dieux.

ANONYME.

A ÉLÉONORE GUICHARD

Air du temps.

Le connais-tu, ma chère Eléonore,
Ce tendre enfant qui te suit en tous lieux ;
Ce tendre enfant qui le serait encore,
Si tes regards n'en avaient fait un dieu ?

C'est par ta voix qu'il étend son empire ;
Je ne le sens qu'en voyant tes appas :
Il est dans l'air que ta bouche respire
Et sous les fleurs qui naissent sous tes pas.

Qui te connaît connaîtra la tendresse ;
Qui voit tes yeux en boira le poison ;
Tu donnerais des sens à la sagesse
Et des désirs à la froide raison.

BERNIS.

A L'ABBÉ DE BERNIS

(DEPUIS CARDINAL)

Air du temps.

Vous m'aimez, dites-vous : ah ! votre cœur volage
N'est point assez sensible à mes vœux empressés :
Vous pourriez m'aimer davantage ;
Vous ne m'aimez donc pas assez.

ELÉONORE GUICHARD. (Morte à 28 ans.)

IL FAUT AIMER

Air nouveau.

Vous qui de l'amoureuse ivresse
   Fuyez la loi,
Approchez-vous, belle jeunesse
   Ecoutez-moi :
Votre cœur a beau se défendre
   De s'enflammer ;
Le moment vient, il faut se rendre,
   Il faut aimer.

Hier au bois ma chère Annette
   Prenait le frais :
Elle chantait, sur sa musette,
   N'aimons jamais.
M'approchant alors par derrière,
   Sans me nommer,
Je dis : Vous vous trompez, ma chère,
   Il faut aimer.

En rougissant la pastourelle
   Me répondit :
D'Amour la flèche est bien cruelle,
   On me l'a dit.
A treize ans le cœur est trop tendre
   Pour s'enflammer ;
C'est à vingt ans qu'il faut attendre
   Pour mieux aimer.

Lors je lui dis : La beauté passe
   Comme une fleur ;
Un souffle bien souvent l'efface
   Dans sa fraîcheur :
Rien ne peut, quand elle est flétrie,
   La ranimer ;
C'est quand on est jeune et jolie,
   Qu'il faut aimer.

Belle amie, à si douce atteinte
   Cédez un peu ;
Cet Amour dont vous avez crainte,
   N'est rien qu'un jeu.
Annette soupire et commence
   A s'alarmer ;
Mais ses yeux m'avaient dit d'avance :
   Il faut aimer.

L'air était frais, l'instant propice,
   Le bois touffu.
Annette fuit ; le pied lui glisse ;
   Tout est perdu.
L'Amour, la couvrant de son aile,
   Sut l'animer.
Hélas ! je vois trop, me dit-elle,
   Qu'il faut aimer.

Les oiseaux, témoins de l'affaire,
   Se baisaient mieux ;
L'onde, plus tard qu'à l'ordinaire,
   Quittait ces lieux ;
Les roses s'empressaient d'éclore
   Pour embaumer ;
Et l'écho répétait encore :
   Il faut aimer.

PARNY.

L'HOMME DES CHAMPS A PARIS

ROMANCE RUSTIQUE.

Air de Doche.

Si je fais fortune jamais,
Dédaignant mon berceau champêtre,
Je pourrais fort bien désormais
Rougir des lieux qui m'ont vu naître.
Aujourd'hui simple et sans détour,
Je dis partout avec courage :
C'est aux champs que j'ai vu le jour !...
Ah ! je suis bien de mon village !

Le mois dernier, pour voir Paris,
Je quittai mon modeste asile ;
Je quittai mes jeux favoris
Pour les jeux brillants de la ville ;
Plutus fit rouler sous mes pas
L'or, l'ennui, l'espoir et la rage...
Et je dis : cela ne vaut pas
Les simples jeux de mon village !

Je vais au bal de l'Opéra,
Et l'on forme une contredanse ;
Mais c'est à qui me sifflera
Dès que je manque à la cadence...
« Eh ! Messieurs, faut-il me punir
« Si je n'en sais pas davantage ?
« Ce n'est que pour notre plaisir
« Que nous dansons... dans mon village. »

En sortant j'aperçois Suzon,
La compagne de mon enfance,
Dont on vantait avec raison
La modestie et l'innocence.
Dieux, que d'attraits !... mais, au surplus,
Quel galant et leste équipage !
Ah ! je vois que Suzon n'est plus
Ce qu'elle était... dans mon village.

On citait monsieur Gérésol
Comme un vrai prodige en musique ;
On le nommait le *rossignol*
Du nouvel opéra comique...
Je m'empresse de l'écouter ;
Mais, malgré son joli ramage,
J'aime mieux entendre chanter
Le rossignol... de mon village.

Voyant qu'on donnait sans succès
Les vieux chefs-d'œuvre de Molière,
Je vais du Théâtre-Français
Au théâtre de *monsieur Pierre*.
Son *soleil*, plus brillant que l'or,
Des savants obtient le suffrage ;
Mais il est moins brillant encor
Que le soleil... de mon village.

J'entends vanter les ornements
De notre illustre capitale,
Et je parcours les monuments
Qu'à mes yeux surpris elle étale :
A leur richesse, à leur splendeur,
De bonne foi je rends hommage ;
Mais... ils parlent moins à mon cœur
Que le clocher de mon village.

Après tout je vois à Paris
Un moyen pour fuir l'imposture ;
Pour trouver les Jeux et les Ris
Sur les traces de la Nature,
Pour savourer un plaisir pur,
Près d'une beauté jeune et sage,
Et pour jouir d'un ciel d'azur...
Je vais rentrer dans mon village.

ARMAND GOUFFÉ.

SILVIE

Air du temps.

Voici les lieux charmants où mon âme ravie
Passait à contempler Sylvie
De tranquilles moments, si doucement perdus !
Que je l'aimais alors, que je la trouvais belle !
Mon cœur vous soupirez au nom de l'infidèle :
Avez-vous oublié que vous ne l'aimez plus ?

C'est ici que souvent, errant dans les prairies,
Ma main des fleurs les plus chéries
Lui faisait des présents si tendrement reçus.
Que je l'aimais alors, que je la trouvais belle !
Mon cœur, vous soupirez au nom de l'infidèle :
Avez-vous oublié que vous ne l'aimez plus ?

BOILEAU-DESPRÉAUX.

L'ORAGE.

Il pleut, il pleut, bergère,
Presse tes blancs moutons;
Allons sous ma chaumière,
Bergère, vite, allons;
J'entends sur le feuillage
L'eau qui tombe à grand bruit:
Voici, voici l'orage;
Voilà l'éclair qui luit.

Entends-tu le tonnerre?
Il roule en approchant;
Prends un abri, bergère,
A ma droite, en marchant;
Je vois notre cabane....
Et, tiens, voici venir
Ma mère et ma sœur anne,
Qui vont l'étable ouvrir.

Bonsoir, bonsoir, ma mère;
Ma sœur anne, bonsoir;
J'amène ma bergère
Près de vous pour ce soir.
Va te sécher ma mie,
Auprès de nos tisons;
Sœur, fais-lui compagnie,
Entrez, petits moutons.

Paroles de Fabre d'Eglantine

Soignons bien, ô ma mère!
Son tant joli troupeau;
Donnez plus de litière
A son petit agneau.
C'est fait : allons près d'elle.
Eh bien, donc, te voila?
En corset qu'elle est belle!
Ma mère, voyez-la.

Soupons : prends cette chaise,
Tu seras près de moi;
Ce flambeau de mélèse
Brûlera devant toi :
Goûte de ce laitage;
Mais tu ne manges pas?
Tu te sens de l'orage;
Il a lassé tes pas.

Eh bien! voila ta couche,
Dors-y jusques au jour;
Laisse-moi sur ta bouche
Prendre un baiser d'amour.
Ne rougis pas, bergère,
Ma mère et moi, demain,
Nous irons chez ton père
Lui demander ta main.

LE ROSIER.

Paroles de De Leyre

Je l'ai planté, je l'ai vu naître
Ce beau rosier où les oiseaux
Viennent chanter sous ma fenêtre,
Perchés sur ses jeunes rameaux.

Joyeux oiseaux, troupe amoureuse,
Ah! par pitié ne chantez pas;
L'amant qui me rendait heureuse
Est parti pour d'autres climats.

Pour les trésors du nouveau monde
Il fuit l'amour, brave la mort.
Hélas! pourquoi chercher sur l'onde
Le bonheur qu'il trouvait au port.

Vous, passagères hirondelles
Qui revenez chaque printemps
Oiseaux voyageurs, mais fidelles
Ramenez-le moi tous les ans.

L'ORAGE

Air : Mon jeune cœur palpite.

Lise, entends-tu l'orage ?
Il gronde, l'air gémit.
Sauvons-nous au bocage...
Lise doute et frémit.
Qu'un cœur faible est à plaindre
Dans ce double danger !
C'est trop d'avoir à craindre
L'orage et son berger.

Mais cependant la foudre
Redouble ses éclats ;
Que faire ? que résoudre ?
Faut-il donc suivre Hylas ?
De frayeur Lise atteinte,
Va, vient, fuit tour à tour ;
On fait un pas par crainte,
Un autre par amour.

Lise au bosquet s'arrête
Et n'ose y pénétrer.
Un coup de la tempête
Enfin l'y fait entrer.
La foudre au loin s'égare,
On échappe à ses traits ;
Mais ceux qu'amour prépare
Ne manquèrent jamais.

Ce dieu, pendant l'orage,
Profite des instants ;
Caché dans le nuage,
Son œil suit nos amants.
Lise, de son asile
Sortit d'un air confus.
Le ciel devint tranquille ;
Son cœur ne l'était plus.

COLARDEAU.

LE TROUPEAU SANS GUIDE

Air : Réveillez-vous, belle endormie.

Mes chers troupeaux, gagnez la plaine,
Fuyez les bois, de peur des loups :
Je ne songe qu'à Madeleine,
Je ne saurais songer à vous.

Je ne sais plus, depuis que j'aime,
Mener mes chiens ni vous guider ;
Je n'ai pu me garder moi-même :
Comment pourrais-je vous garder ?

ANONYME.

L'AMANTE ABANDONNÉE

Air : De mon berger volage.

Une jeune bergère,
Les yeux baignés de pleurs,
A l'écho solitaire
Confiait ses douleurs :
Hélas ! loin d'un parjure
Où vais-je recourir ?
Tout me trahit dans la nature :
Je n'ai plus qu'à mourir.

Est-ce là ce bocage
Où j'entendais sa voix,
Ce tilleul dont l'ombrage
Nous servit tant de fois ?
Cet asile champêtre
En vain va refleurir ;
O doux printemps, tu viens de naître,
Et moi je vais mourir !

Que de soins le perfide
Prenait pour me charmer !
Comme il était timide
En commençant d'aimer !

C'était pour me surprendre
Qu'il semblait me chérir.
Ah ! fallait-il être si tendre
Pour me faire mourir !

Autrefois sa musette
Soupirait nos ardeurs ;
Il parait ma houlette
De rubans et de fleurs :
A des beautés nouvelles
L'ingrat va les offrir,
Et je l'entends chanter pour elles
Quand il me fait mourir.

Viens voir couler mes larmes
Sur ce même gazon,
Où l'amour par ses charmes
Egara ma raison.
Je vais languir loin d'elle,
D'ennui, de douleur et d'amour,
Tandis que son amant fidèle
Près de là meurt le même jour.

FLORIAN.

MIGNONNE

(1550.)

Air du temps.

Mignonne, allons voir si la rose
Qui ce matin avait d'éclose
Sa robe de pourpre au soleil,
N'a point perdu, cette vêprée [1],
Les plis de sa robe pourprée
Et son teint au vôtre pareil.

Las! voyez comme en peu d'espace,
Mignonne, elle a dessus la place
Ses douces beautés laissé choir.

[1] Soirée.

O vraiment, marâtre nature,
Puisqu'une telle fleur ne dure
Que du matin jusques au soir!

Donc, si vous m'en croyez, Mignonne,
Tandis que votre âge fleuronne
En sa plus verte nouveauté,
Cueillez, cueillez votre jeunesse [1];
Comme cette fleur, la vieillesse
Fera ternir votre beauté.

[1] *Carpe diem.* — HORACE.

RONSARD.

LA ROSE

Air du temps.

Tendre fruit des pleurs de l'Aurore,
Objet des baisers du zéphir,
Reine de l'empire de Flore,
Hâte-toi de t'épanouir.

Que dis-je? hélas! crains de paraître,
Diffère un moment de t'ouvrir;
L'instant qui doit te faire naître
Est celui qui doit te flétrir.

Thémire est une fleur nouvelle
Qui subira la même loi;
Rose, tu dois briller comme elle,
Elle doit passer comme toi [1].

Descends de ta tige épineuse,
Va la parer de tes couleurs;
Tu dois être la plus heureuse
Comme la plus belle des fleurs.

Va, meurs sur le sein de Thémire,
Qu'il soit ton trône et ton tombeau.

Jaloux de ton sort, je n'aspire
Qu'au bonheur d'un trépas si beau.

Suis la main qui va te conduire
Du côté que tu dois pencher;
Eclate à nos yeux, sans leur nuire,
Pare son sein, sans le cacher.

Mais si quelque autre main s'avance,
Si quelque amant est mon égal,
Emporte avec toi ma vengeance,
Garde une épine à mon rival.

Tu vivras plus d'un jour, peut-être,
Sur l'autel que tu dois parer;
Un soupir t'y fera renaître,
Si Thémire peut soupirer.

Qu'enfin elle rende les armes
Au dieu qui forma nos liens;
Et qu'en voyant périr tes charmes
Elle apprenne à jouir des siens.

GENTIL-BERNARD.

[1] En lisant cette strophe, on se rappelle involontairement l'ode si touchante de Malherbe sur la mort de mademoiselle Duperrier.

ON N'EN MEURT PAS

Air du temps.

Jean, cette nuit, comme m'a dit ma mère,
Doit m'assaillir, mais je ne le crains guère;
Si
Ma mère n'en est pas morte,
Je n'en mourray pas aussi.

Je ne suis pas de ces folles badines
Qui font venir à l'ayde leurs voisines;
Si
Ma mère n'en est pas morte,
Je n'en mourray pas aussi.

HUGUES GUÉRU (GAUTHIER-GARGUILLE).

Impr. de Pillet fils aîné, rue des Grands-Augustins, 5.

L'ABEILLE

Air : Chante, chante, troubadour, chante.

Ou du Baiser au porteur.

De l'Éther fille diligente,
Qui, bien moins pour toi que pour nous,
Sais, dans ta course intelligente,
Composer un nectar si doux,
Que le ciel même en est jaloux ;
Des fleurs butinant la corbeille,
Ravis le suc des serpolets :
Vole, vole, gentille abeille ;
De parfums emplis tes palais.

Voltigeant au sein de la plaine,
Entre le cythise et le thym,
Et glissant sur la marjolaine,
Riche des perles du matin,
Rapporte un odorant butin.
Si de ta cellule vermeille
Ose approcher le vil frelon,
Frappe, frappe, gentille abeille,
Frappe-le de ton aiguillon.

Vrais frelons des champs littéraires,
Que d'auteurs nous voyons encor
Piller de modestes confrères,
Et de vers au magique essor
Grossir leur indigent trésor !
Mais l'œil du Temps qui les surveille,
Confond leur vaniteux dessein :
Quête, quête, gentille abeille,
Quand le ciel défend ton essaim.

Un beau soir, charmé d'une rose
Où dormait une de tes sœurs,
L'Amour, Anacréon l'expose,
Goûtait les suaves douceurs
Dont les rosiers sont possesseurs.
Sans l'avoir vue il la réveille :
Il est piqué d'un dard vivant.
Pique, pique, gentille abeille,
Comme l'amour pique souvent.

Si pourtant la jeune orpheline
Entr'ouvrait l'épineux buisson,
Que sous sa main ton dard s'incline,
Que le rosier mis à rançon
Lui permette une ample moisson.
La peine qui trop peu sommeille,
A la sympathie a des droits :
Vite, vite, gentille abeille,
Cède-lui les fleurs de son choix.

Tu rappelles la mâle histoire
D'une ère où, brillant tourbillon,
Ton emblème a de la victoire
Décoré le fier pavillon,
Sous l'astre de Napoléon.
De ses exploits à notre oreille
Le bruit se plaît à revenir :
Garde, garde, gentille abeille,
Garde-nous ce grand souvenir.

Brisant les fers de l'esclavage,
La Grèce marche en liberté ;
De l'Illyssus au doux rivage
Le flot, dans sa tranquillité,
Aime à réfléchir sa beauté.
L'Hymète, où le zéphyr s'éveille,
Mûrit pour toi son pur encens :
Cueille, cueille, gentille abeille,
Du bonheur les nobles présents.

Ton destin, reine généreuse,
Est d'être seule à féconder
Une postérité nombreuse
Que le mystère aide à fonder,
Et qui devra te seconder.
Ordre, union, tout est merveille
En tes industrieux états :
Règne, règne, gentille abeille ;
Sers d'exemple à nos potentats.

Mais par un caprice bizarre,
On prétend que, dans ton amour,
Chaque fois tu deviens barbare
Pour les amants qui tour à tour
S'empressent à peupler ta cour.
Ton intérêt te le conseille ;
Ils pourraient gâter tes parfums :
Donne, donne, gentille abeille,
Le coup de grâce aux importuns.

Quand ton aile au loin vagabonde,
Sous l'âge et le travail fléchit ;
Dans la ruche où le miel abonde,
Du rayon qui s'en affranchit
La cire encor nous enrichit.
Au salon, avec elle on veille ;
Au temple elle éclaire l'autel.
Brille, brille, gentille abeille,
Brille d'un éclat immortel.

ALBERT-MONTÉMONT.

LE PAPILLON

Air : Le bon vin, la franche gaîté.

Papillon fragile et léger,
Joli gnome,
Brillant atome,
A te voir ainsi voltiger,
Je voudrais, comme toi, dans les airs voyager

Petit Dieu, né parmi les roses,
Des plus doux trésors tu disposes ;
Ton corps au reflet diapré,
Semble une fleur de l'empire éthéré !...
Poursuis, en l'élan qui te guide,
Ton vol incertain et rapide :
On trouve de constants plaisirs,
A suivre follement de fantasques désirs !...
Papillon, etc.

Reptile, on te plaignait naguère,
Mais perdant ta forme première,
Tu t'enfermas dans un tombeau,
Pour en sortir et plus fier et plus beau :
Aurons-nous même destinée ?
Quand notre vie est terminée,
Devons-nous, par un noble essor,
Au matin d'un beau jour prendre des ailes d'or ?
Papillon, etc.

Lorsque ton aile est moins flexible,
Redoute la gaze invisible
Qui, par un pouvoir bien cruel,
Livre à la terre un des enfants du ciel !
C'est ainsi qu'une belle vie
Se fane au souffle de l'envie :
Toi, du moins, tu fuis à propos,
Mais plus le talent croît, moins il a de repos !
Papillon, etc.,

Notre âme en ce monde est soumise
A mille erreurs, mainte méprise :
Nos plus vives affections
Nous ont valu bien des déceptions !...
Plus heureux, tu voles sans crainte
De la balsamine à l'absinthe ;
Jamais tes sens ne sont trahis
Par l'esprit de la fleur qu'au hasard tu choisis.
Papillon, etc.

La vie est pour l'homme une ornière :
En vain il élargit sa sphère ;
Il lui faut toujours revenir
Près du sillon où l'épis doit mûrir !...
Mais pour toi, tout est poésie,
Les fleurs t'abreuvent d'ambroisie ;
Sur l'aile du zéphyr porté,
A toi plaines d'azur, lumière et liberté !...
Papillon, etc.

Si tes amours sont éphémères,
Tu n'as pas de larmes amères ;
Emblème de légèreté,
Tu te complais dans l'infidélité.
Content de revoir deux aurores,
Les longs regrets tu les ignores ;
Sans nul soupçon sur l'avenir,
Trois mots peignent ton sort : naître, aimer et mourir !...

Papillon fragile et léger,
Joli gnome,
Brillant atome,
A te voir ainsi voltiger,
Je voudrais, comme toi, dans les airs voyager !

Auguste Giraud.

LE POINT DU JOUR

En vain la brillante aurore
S'élève d'un vol léger ;
Si je ne vois mon berger,
Je crois qu'il est nuit encore :
C'est l'astre de mon amour.

Lorsque le berger sommeille,
Mon soleil a fait son tour ;
Et le moment qu'il s'éveille
Est pour moi le point du jour.

Comtesse de Brégy.

LE POINT DU JOUR.

Paroles de la Chabaussière et Étienne.

Le point du jour
A nos bosquets rend toute leur parure;
Flore est plus belle à son retour;
L'oiseau reprend doux chant d'amour;
Tout célèbre dans la nature
Le point du jour.

Au point du jour
Desir plus vif est toujours près d'éclore;
Jeune et sensible troubadour,
Quand vient la nuit chante l'amour;
Mais il chante bien mieux encore
Au point du jour.

Le point du jour
Cause parfois, cause douleur extrême.
Que l'espace des nuits est court
Pour le berger brûlant d'amour,
Forcé de quitter ce qu'il aime
Au point du jour.

LA FIN DU JOUR.
Paroles d'Armand Gouffé.

La fin du jour
Sauve les fleurs et rafraîchit les belles;
Je veux, en galant troubadour,
Célébrer, au nom de l'amour,
Chanter, au nom des fleurs nouvelles
La fin du jour.

La fin du jour
Rend aux plaisirs l'habitant du village;
Voyez les bergers d'alentour
Danser en chantant tour à tour:
Ah! comme on aime, après l'ouvrage
La fin du jour.

La fin du jour
Rend aux amans et l'ombre et le mystère ;
Quand Phébus terminé son tour,
Vénus, au milieu de sa cour,
Avec Mars célèbre à cythère
La fin du jour.

La fin du jour
Rend le bonheur aux oiseaux du bocage ;
Bravant dans leur obscur séjour
La griffe du cruel vautour,
Ils vont guetter sous le feuillage
La fin du jour.

La fin du jour
Me voit souvent commencer un bon somme ;
Et pour descendre au noir séjour,
En fermant les yeux sans retour
Je dirai gaiment : c'est tout comme
La fin du jour.

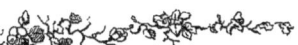

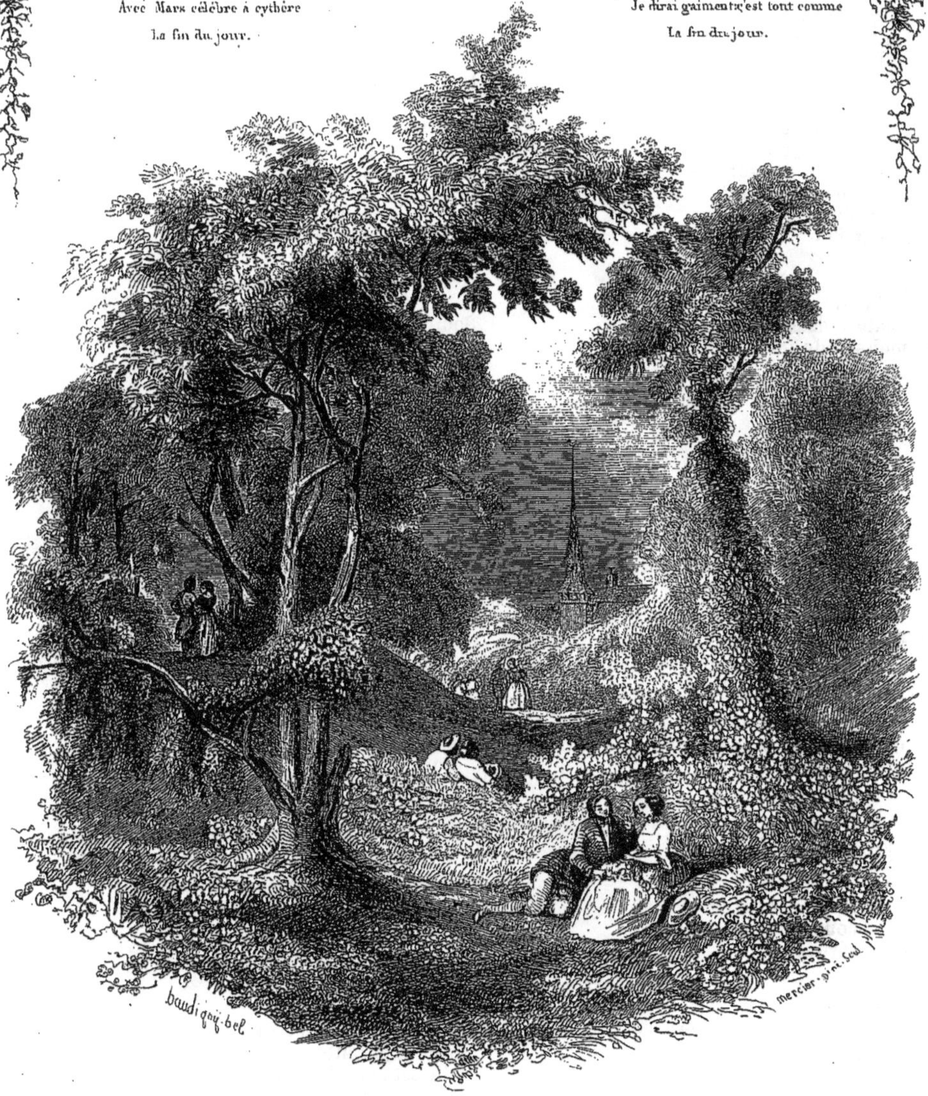

Imp.ie de Chardon aîné et fils, 30, r. Hautefeuille Paris.

LE MOIS D'AVRIL

(XVIᵉ SIÈCLE.)

Air du temps.

Avril, l'honneur et des mois
    Et des bois ;
Avril, la douce espérance
Des fruits qui sont le coton
    Du bouton,
Nourrissent leur jeune enfance.

Avril, l'honneur des soupirs,
    Des zéphyrs,
Qui sous le vent de leur aile
Dressent encore ès-forêts
    De doux rêts,
Pour ravir Flore la belle.

Avril, c'est de ta douce main
    Qui du sein
De la nature desserre
Une moisson de senteurs
    Et de fleurs,
Embaumant l'air et la terre.

Avril, l'honneur verdissant,
    Florissant
Sur les tresses blondelettes
De ma dame et de son sein
    Toujours plein
De mille et mille fleurettes ;

C'est toi, courtois et gentil,
    Qui d'exil
Retire ces passagères,
Ces arondelles qui vont
    Et qui sont
Du printemps les messagères.

C'est à ton heureux retour
    Que l'amour
Souffle à doucettes haleines
Un feu discret et couvert
    Que l'hiver
Recélait dedans nos veines.

                 REMI BELLEAU.

LE GAZON

Air : Du haut en bas.

    Sur le gazon,
On rit, on chante, on folichonne ;
    Sur le gazon,
Tous les cœurs sont à l'unisson.
La gaîté jamais n'y détonne,
Car tout s'oublie et se pardonne
    Sur le gazon.

    Sur le gazon,
Iris me pince, je l'embrasse :
    Sur le gazon,
Je prétends en avoir raison.
Car fillette qui nous agace,
Vainement nous demande grâce
    Sur le gazon.

    Sur le gazon,
L'autre jour je vous vis, Glycère,
    Sur le gazon,
Prendre Lucas sous le menton.
L'Amour qui savait le mystère
Me dit ce que vous vouliez faire
    Sur le gazon.

    Sur le gazon,
Souvent une Agnès se façonne ;
    Sur le gazon,
La prude jamais ne dit non :
Et la brusque rêve et s'étonne,
Comment on peut être si bonne
    Sur le gazon.

    Sur le gazon,
Ne vous endormez point seulette
    Sur le gazon,
Disait un jour Lise à Suzon ;
Car je sais, moi, que l'Amour guette
Cet instant pour notre défaite
    Sur le gazon.

    Sur le gazon,
Ne crains rien, Bélise, à ton âge,
    Sur le gazon,
La folie est hors de saison.
Sur ce front que le temps ravage
Je lis que tu dois être sage
    Sur le gazon.

                 ANONYME.

LE MATIN

Air : Nous jouissons dans un hameau.

Bonne venue au prompt retour
 De la brillante aurore ;
Bonne venue au nouveau jour
 Qui s'empresse d'éclore.
Il brille déjà sur nos bois,
 Nos coteaux et nos plaines,
Et rend plus douce mille fois
 La fraîcheur des fontaines.

En petits globes de cristal
 La rosée éclatante,
Humecte avec un charme égal
 L'œillet et l'amarante,
La lavande, le serpolet,
 Le thym, la tubéreuse :
Tout nous annonce et nous promet
 Une journée heureuse.

Déjà le Zéphyr caressant
 Agite les fleurettes,
Et nous prépare au jour naissant
 A des douceurs parfaites :
Déjà ce petit inconstant
 S'attache à la plus belle :
Il la quitte et vole à l'instant
 Sur une fleur nouvelle.

Déjà des songes fabuleux
 Fuit la troupe légère ;
Et les yeux les plus paresseux
 S'ouvrent à la lumière.

Le sommeil appelle toujours
 Cette foule infidèle :
Telle Chloé voit les amours
 Voltiger autour d'elle.

Courage, allons, petit Zéphyr,
 Vole sur les prairies,
Et surtout tache de choisir
 Les fleurs les plus chéries.
Prends ce parfum du doux jasmin,
 De la rose vermeille,
Et puis dirige ton chemin
 Sur Chloé qui sommeille

Etends sur son lit gracieux
 Ton aile printannière,
Et sois présent quand ses beaux yeux
 Reverront la lumière.
Voltige à l'entour de son sein,
 Zéphyr, et si tu l'oses,
Imprime des baisers sans fin
 Sur ses lèvres de roses.

Petit Zéphyr, quand tu verras
 Que ma Chloé s'éveille,
Quand elle étendra ses beaux bras,
 Dis-lui bas à l'oreille,
Comme seul au sein du vallon
 Je devance l'aurore,
Je vais répétant le beau nom
 De celle que j'adore.

Anonyme.

LA CHATELAINE

(Extrait de la *Chevalerie française*.)

Voyageur, entrez au château,
Me dit la jeune châtelaine ;
Le heaume append à ce créneau :
Voyageur, entrez au château.
Voyez se noircir le coteau ;
La nuit déjà couvre la plaine ;
Voyageur, entrez au château,
Me dit la jeune châtelaine.

On est si bien dans ce manoir!
Séduisante est la châtelaine ;
Le vent mugit, le ciel est noir ;
On est si bien dans ce manoir!

J'y puis demeurer tout ce soir ;
Peut-être encor la nuit prochaine :
On est si bien dans ce manoir!
Séduisante est la châtelaine.

Mais dois partir, et c'est en vain
Que pensive est la châtelaine ;
Sa voix me dit : « Jusqu'à demain! »
Mais dois partir, et c'est en vain.
Le front appuyé sur sa main,
Me laisse deviner sa peine ;
Mais dois partir, et c'est en vain
Que pensive est la châtelaine.

Mme Amable Tastu.
(Née Voïart.)

Impr. de Pillet fils aîné, rue des Grands-Augustins, 5.

LES CARESSES

AIR : Femmes, voulez-vous éprouver.

Et pour le cœur et pour les sens
Une caresse est toujours chère ;
C'est le plus heureux des présents
Que le ciel avait pu nous faire.
Les caresses doivent charmer
Tout être fait pour la tendresse :
Pourrions-nous ne pas les aimer ?
Nous naissons tous d'une caresse.

Au sein d'un plaisir enchanteur,
Même quand la bouche est muette,
Pour doubler le prix du bonheur
Le plaisir veut un interprète :
Ah ! lorsque l'on sait bien aimer,
Plus éloquente en son ivresse,
Bouche qui ne peut s'exprimer
Nous dit tout par une caresse.

Ah ! combien j'aime à caresser
Une taille fine et jolie !
Combien ma bouche aime à presser
Le cou, le sein de ma Délie !
Vers son cœur que j'aime à pencher !
Des sens veut-on doubler l'ivresse ?
C'est dans le cœur qu'il faut chercher
Tout le charme d'une caresse.

Une caresse a mille attraits ;
Mais la rose cache une épine ;
Quelquefois des plus doux bienfaits
On pare ceux qu'on assassine.
Oui, d'une caresse à son tour
La douceur est souvent traîtresse ;
Car le serpent, comme l'amour,
Naît de la plus douce caresse.

Emm. Dupaty.

JE T'AIME TANT

AIR connu.

Je t'aime tant, je t'aime tant :
Je ne puis assez te le dire,
Et je le répète pourtant
A chaque fois que je respire.
Absent, présent, de près, de loin,
Je t'aime est le mot que je trouve :
Seul, avec toi, devant témoin,
Ou je le pense ou je le prouve.

Tracer *je t'aime* en cent façons
Est le seul travail de ma plume ;
Je te chante dans mes chansons,
Je te lis dans chaque volume.
Qu'une beauté m'offre ses traits,
Je te cherche sur son visage ;
Dans les tableaux, dans les portraits
Je veux démêler ton image.

En ville, aux champs, chez moi, dehors,
Ta douce image est caressée ;
Elle se fond, quand je m'endors,
Avec ma dernière pensée ;

Quand je m'éveille je te voi
Avant d'avoir vu la lumière,
Et mon cœur est plus vite à toi
Que n'est le jour à ma paupière.

Absent je ne te quitte pas ;
Tous tes discours je les devine.
Je compte tes soins et tes pas ;
Ce que tu sens, je l'imagine.
Près de toi suis-je de retour !
Je suis aux cieux, c'est un délire ;
Je ne respire que l'amour,
Et c'est ton souffle que j'aspire.

Ton cœur m'est tout, mon bien, ma loi ;
Te plaire est toute mon envie ;
Enfin, en toi, par toi, pour toi,
Je respire et tiens à la vie.
Ma bien-aimée, ô mon trésor !
Qu'ajouterai-je à ce langage ?
Dieu ! que je t'aime ! Eh bien ! encor
Je voudrais t'aimer davantage.

Fabre d'Églantine.

L'AMOUR ET LE PLAISIR.

AIR de l'Oiseau qui se fait cuire.

Des combats le Dieu redoutable
Jadis fit à Vénus sa cour ;
Pour lors, si l'on en croit la fable,
Le Plaisir engendra l'Amour.

Au doux auteur de sa naissance
Bornant sa gloire et son désir,
Tous les jours, par reconnaissance,
L'Amour engendre le Plaisir.

De Coulanges.

LES AMOURS AU VILLAGE

Air connu.

A l'âge heureux de quatorze ans,
Colette, belle sans parure,
Tenait, comme la fleur des champs,
Tous ses attraits de la nature.
Ce n'était pas Flore ou Cypris,
Mais Colette, pas davantage :
On l'eût adorée à Paris ; } bis.
Elle fut aimée au village.

Parmi les bergers d'alentour,
Lucas, pour l'aimable fillette,
Sentait augmenter chaque jour
Au fond du cœur flamme discrète.
Il dit enfin, d'amour épris :
« Je t'aime bien ! » pas davantage ;
On l'eût trouvé sot à Paris :
Il n'était que simple au village.

Bientôt Lucas eut le bonheur
D'être aimé de la bergerette,
Et pour gage de son ardeur
De fleurs orna sa collerette.
Un doux baiser en fut le prix,
Un seul baiser, pas davantage ;
C'eût été bien peu dans Paris,
Et c'était beaucoup au village.

De la ville un riche seigneur
Dit à Colette : « Aimable brune,
« Aujourd'hui donne-moi ton cœur,
« Demain je ferai ta fortune. »
Elle répond : « Mon cœur est pris ;
« J'aime Lucas, » pas davantage.
Elle eût été riche à Paris ;
Elle fut heureuse au village.

NAUDET.

LEÇON INUTILE

Air du Bouffe et le Tailleur.

Un jour, sous la coudrette,
  L'Amour
S'en vint dire à Lisette :
  Bonjour.
La simple bergerette
  Le vit,
Et sitôt la pauvrette
  Rougit.

L'enfant qui voit son trouble
  Subit,
D'empressement redouble,
  Et dit :
Vous savez bien, bergère,
  Charmer ;
Il faut encor, ma chère,
  Aimer.

Avec un doux sourire,
  Un mot
Rend un cœur qui soupire
  Bien sot.

La gente bachelette
  Se tut ;
Mais son âme jeunette
  S'émut.

Voyant qu'elle palpite
  De peur,
Le dieu saisit bien vite
  Son cœur :
Dès qu'il en fut le maître
  Il rit,
Et puis le petit traître
  Partit.

Tandis que la victime
  Gémit,
L'ingrat, fier de son crime,
  S'enfuit.
Plaignez, jeune fillette,
  Lison ;
Et profitez de cette
  Leçon.

HOFFMAN.

SUR LES BEAUX YEUX DE MADEMOISELLE DE ***

Air du temps.

A la tendre jeunesse
Vous joignez, belle Iris, des yeux à tout charmer.
Sitôt que l'on vous voit on se laisse enflammer,
Et par raison et par délicatesse ;

Mais hélas ! quelle cruauté !
On est surpris quand on y pense :
Vous inspirez l'amour et la fidélité,
Et vous bannissez l'espérance.

L'ABBÉ CHAULIEU.

L'AVARICIEUSE

Paroles de Dufresny.

Philis, plus avare que tendre,
Ne gagnant rien à refuser,
Un jour exigea de Sylvandre
Trente moutons pour un baiser.

Le lendemain, nouvelle affaire :
Pour le berger le troc fut bon ;
Car il obtint de la bergère
Trente baisers pour un mouton.

Le lendemain, Philis plus tendre,
Craignant de déplaire au berger,
Fut trop heureuse de lui rendre
Trente moutons pour un baiser.

Le lendemain, Philis peu sage
Aurait donné moutons et chien,
Pour un baiser que le volage
A Lisette donnait pour rien.

LA CONFIDENCE

Ah! vous dirai-je, Maman,
Ce qui cause mon tourment?
Depuis que j'ai vû Silvandre,
Me regarder d'un air tendre;
Mon cœur dit à chaque instant;
Peut-on vivre sans amant!

L'autre jour, dans un bosquet,
De fleurs il fit un bouquet;
Il en para ma houlette,
Me disant: belle brunette,
Flore est moins belle que toi:
L'amour moins tendre que moi.

Je rougis, et par malheur,
Un soupir trahit mon cœur:
Le cruel avec adresse,
Profita de ma faiblesse;
Hélas! maman, un faux pas
Me fit tomber dans ses bras.

Je n'avais pour tout soutien,
Que ma houlette et mon chien;
L'amour, voulant ma défaite,
Écarta chien et houlette;
Ah! qu'on goûte de douceur,
Quand l'amour prend soin d'un cœur.

LA CURIEUSE

L'amour est un enfant trompeur,
Me dit souvent ma mère:
Avec son air plein de douceur,
C'est pis qu'une vipère.
Je voudrais bien savoir, pourtant,
Quel mal si grand d'un jeune enfant
Peut craindre une bergère.

Je vis hier le beau Lucas
Assis près de Glycère;
Il lui parlait tout près, tout bas;
Et, d'un air bien sincère,
Il lui vantait un Dieu charmant:
Ce Dieu c'était précisément
L'enfant que craint ma mère.

Pour sortir de cet embarras,
Et savoir le mystère,
Cherchons l'amour avec Colas,
Sans rien dire à ma mère,
Et, supposé qu'il soit méchant,
Nous serons deux contre un enfant:
Quel mal peut-il nous faire?

LA VEILLE, LE JOUR ET LE LENDEMAIN.

Air : J'ai vu partout dans mes voyages.

Ces trois mots nous offrent l'emblème
De la course agile du Temps ;
Des Dieux la sagesse suprême
Ainsi partagea nos instants.
Notre vie, hélas ! est pareille
Au jour ténébreux ou serein ;
De ce jour l'enfance est la veille,
La vieillesse le lendemain.

La veille Amour vit d'espérance,
Le jour Amour est satisfait,
Le lendemain vient en silence
Le souvenir ou le regret.
Le Désir fatigué sommeille :
Amants, tel est votre destin ;
Vous êtes plus heureux la veille
Que le jour et le lendemain.

Damis avant le mariage
Paraît tendre, empressé, soumis :
Le jour vient ; dès qu'hymen l'engage
On ne reconnaît plus Damis ;
Amour s'endort, soupçon l'éveille :
D'où vient ce changement soudain ?
C'est qu'il était amant la veille,
Qu'il est époux le lendemain.

Pour le méchant, dans la nature
Il n'est plus un seul jour serein ;
Mais l'innocence calme et pure
Ne craint jamais le lendemain.
L'homme de bien, quand il sommeille,
Voit en songe sur son chemin
Les heureux qu'il a faits la veille,
Ceux qu'il fera le lendemain.

Millevoye.

ON VOUS EN SOUHAITE.

Air : Lon la.

Des galants dont le doux langage
Par de beaux serments vous engage
 On en trouvera
 Tant qu'il vous plaira ;
Des amants dont l'ardeur parfaite
Jamais ne se démentira,
 Lon la,
 On vous en souhaite.

Des amis dont la complaisance
Vous servira dans l'abondance.
 On en trouvera
 Tant qu'il vous plaira :
Des cœurs dont l'amitié parfaite
Dans le besoin vous cherchera,
 Lon la,
 On vous en souhaite.

Des prestolets d'humeur coquette,
Des petits coureurs de toilette,
 On en trouvera
 Tant qu'il vous plaira :
Des abbés à qui la retraite
Dans leurs bénéfices plaira,
 Lon la,
 On vous en souhaite.

Des Iris dont le cœur se prête
A tous les conteurs de sornettes,
 On en trouvera
 Tant qu'il vous plaira :
Des femmes à qui la fleurette
Passé trente ans, répugnera,
 Lon la,
 On vous en souhaite.

Panard.

LE SCEPTRE

Air : J'ai vu partout dans mes voyages.

Tenir le sceptre est la manie
La plus commune des humains ;
Tel l'affecte à l'académie,
Dans un cercle, au bal, aux festins,
Tel s'en fait un de sa férule ;
Chaque belle en veut à son tour ;
Mais le sceptre du ridicule
Brise tous ces sceptres d'un jour.

Je vois des sceptres qu'on révère :
L'un est léger, l'autre est pesant ;
Celui que tient la main d'un père
Est doux, paisible et bienfaisant ;
Moi, si le sort ou la naissance
D'un de ces sceptres m'eût doté,
Pour faire chérir sa puissance,
Je l'offrirais à la beauté.

E.-T. Simon.

BALLADE LIMBOURGEOISE

Air belge.

— Vive hirondelle qui voyages
Dans le palais des blancs nuages,
N'as-tu pas vu mon bien-aimé?
— Pas une voix ne l'a nommé.

— Alouette, de loin venue,
Qui te balances dans la nue,
N'as-tu pas vu mon adoré?
— Non, je n'ai l'ai pas rencontré.

— Forêt qui chantes et murmures,
Sous le toit vert de tes ramures,
N'as-tu pas vu mon bien-aimé?
— Non, personne ici n'a passé.

— Rocher qui dresses dans l'espace
Ta cime où l'aigle plane et passe,
N'as-tu pas vu mon chevalier?
— Non, ni cheval, ni cavalier.

— Torrent qui roules et qui grondes,
A-t-il franchi tes eaux profondes,
Mon beau guerrier aux cheveux d'or?
— Dans mon lit il repose et dort.

A. Van Hasselt.

LE SOUVENIR

Air : Dans un bois solitaire et sombre.

De nos jours remplissons l'espace,
Au gré de nos plus chers désirs :
La vie est un instant qui passe;
Il faut le donner au plaisir.

Au soir ténébreux de la vie,
Si le cœur doit se reposer,
Puissé-je encor chanter, Sylvie,
Le trait dont tu sus me blesser!

Que ton souvenir me console
Des beaux jours que j'aurai perdus :
Quand l'âge du bonheur s'envole,
On vit dans l'âge qui n'est plus.

Léonard.

ADIEUX A LA FRANCE

(CHANSON FAITE EN QUITTANT LES CÔTES DE FRANCE. — XVIᵉ SIÈCLE.)

Adieu, plaisant pays de France,
O ma patrie,
La plus chérie,
Qui a nourri ma jeune enfance.
Adieu, France! adieu mes beaux jours *!
La nef qui disjoint mes amours

N'a cy de moi que la moitié :
Une part te reste, elle est tienne;
Je la fie à ton amitié,
Pour que de l'autre il te souvienne.

Marie-Stuart,
Reine d'Ecosse.

* Elle avait épousé François II, et fut pendant dix huit mois reine de France.

LE ROSSIGNOL

Air de Bianchi.

Rossignol, rossignol charmant,
Qui, libre, heureux et solitaire,
Dans ce myrte odoriférant
Voltiges d'une aile légère;
De l'oiseleur crains les filets;
Tremble qu'une main ennemie
Ne te prive, hélas! pour jamais
De cette liberté chérie!

L'arbre qui te sert de couvert
T'inspire trop de confiance;
Son beau feuillage est toujours vert,
C'est la couleur de l'espérance.
Mais prends-y garde, le malheur
Nous suit partout et nous assiége.
Hélas! dans ce monde trompeur
L'espérance même est un piége.

Florian.

LES SOUVENIRS

Paroles de Châteaubriant.

Combien j'ai douce souvenance
Du joli lieu de ma naissance !
Ma sœur, qu'ils étaient beaux les jours
De France !
O mon pays, sois mes amours
Toujours !

Te souvient-il que notre mère,
Au foyer de notre chaumière,
Nous pressait sur son cœur joyeux,
Ma chère ;
Et nous baisions ses blancs cheveux
Tous deux ?

Ma sœur, te souvient-il encore
　Du château que baignait la Dore ?
Et de cette tant vieille tour
　Du Maure,
Où l'airain sonnait le retour
　Du jour ?

Te souvient-il du lac tranquille
　Qu'effleurait l'hirondelle agile,
Du vent qui courbait le roseau
　Mobile,
Et du soleil couchant sur l'eau,
　Si beau ?

Te souvient-il de cette année,
Tendre compagne de ma vie?
Dans les bois en cueillant la fleur
  Jolie,
Hélène appuyait sur mon cœur
  Son cœur;

Oh! qui me rendra mon Hélène
Et ma montagne, et le grand chêne?
Leur souvenir fait tous les jours
  Ma peine;
Mon pays sera mes amours
  Toujours!

ROMANCE DE NINA

Quand le bien aimé reviendra
Près de sa languissante amie,
Le printemps alors renaîtra,
L'herbe sera toujours fleurie.
Mais je regarde ; hélas ! hélas !
Le bien aimé ne revient pas.

Oiseaux, vous chanterez bien mieux,
Quand du bien aimé la voix tendre
Vous peindra ses transports, ses feux ;
Car c'est à lui de vous l'apprendre.
Mais, mais j'écoute hélas ! hélas !
Le bien aimé ne revient pas.

Echos, que j'ai lassés cent fois
De mes regrets, de ma tristesse,
Il revient : peut-être sa voix
Redemande aussi sa maîtresse.
Paix ! il appelle : hélas ! hélas !
Le bien aimé n'appelle pas.

LES BIZARRERIES DE L'AMOUR

VAUDEVILLE *.

Air connu

L'Amour suivant sa fantaisie
Ordonne et dispose de nous,
Ce dieu permet la jalousie,
Et ce dieu punit les jaloux.
   Ah! pour l'ordinaire,
   L'Amour ne sait guère
Ce qu'il permet, ce qu'il défend ;
C'est un enfant! c'est un enfant!

L'Amour ordonne que pour plaire,
L'on soit sensible et délicat;
Il faut réussir au contraire
En étant insensible et fat;
   Ah! pour l'ordinaire, etc.

Un jour ce dieu veut qu'on soit tendre
Et donne tout au sentiment ;
Un autre jour il fait entendre
Que c'est s'y prendre gauchement.
   Ah! pour l'ordinaire, etc.

L'Amour veut de la résistance
Pour nous rendre plus amoureux ;
Et quelquefois ce dieu dispense
De résister un jour ou deux.
   Ah! pour l'ordinaire, etc.

C'est un petit dieu sans cervelle,
L'on ne sait comment il l'entend ;
Il ordonne d'être fidèle,
Mais il permet d'être inconstant.
   Ah! pour l'ordinaire, etc.

L'Amour veut que l'on soit modeste,
Il permet d'être avantageux.
Souvent il s'offense d'un geste ;
Un geste souvent rend heureux.
   Ah! pour l'ordinaire,
   L'Amour ne sait guère
Ce qu'il permet, ce qu'il défend ;
C'est un enfant! c'est un enfant!

COLLÉ.

* J'avais donné le refrain et la mesure des vers de ces couplets à M. Rousseau, qui en a fait le vaudeville de son charmant *Devin du Village*. (COLLÉ.)

LES BIZARRERIES DE L'AMOUR

Air du Devin de village.

L'art à l'Amour est favorable,
Et sans art l'amour sait charmer :
A la ville on est plus aimable,
Au village on sait mieux aimer,
   Ah! pour l'ordinaire,
   L'Amour ne sait guère
Ce qu'il permet, ce qu'il défend :
C'est un enfant! c'est un enfant!

Ici de la simple nature
L'amour suit la naïveté ;
En d'autres lieux de la parure
Il cherche l'éclat emprunté.
   Ah! pour l'ordinaire, etc.

Souvent une flamme chérie
Est celle d'un cœur ingénu ;
Souvent par la coquetterie
Un cœur volage est retenu.
   Ah! pour l'ordinaire, etc.

A voltiger de belle en belle
On perd souvent l'heureux instant :
Souvent un berger trop fidèle
Est moins aimé qu'un inconstant.
   Ah! pour l'ordinaire, etc.

L'Amour, suivant sa fantaisie,
Ordonne et dispose de nous ;
Ce dieu permet la jalousie,
Et ce dieu punit les jaloux.
   Ah! pour l'ordinaire, etc.

A son caprice on est en butte ;
Il veut les ris, il veut les pleurs ;
Par les rigueurs on le rebute ;
On l'affaiblit par les faveurs.
   Ah! pour l'ordinaire
   L'amour ne sait guère
Ce qu'il permet, ce qu'il défend :
C'est un enfant! c'est un enfant!

J.-J. ROUSSEAU.

L'AMOUR DE COLIN

(1785.)

Air de Dalayrac.

Si j'étais petit oiseau,
M'envolerais vite, vite,
Vers ce tout lointain hameau
Où soupire ma petite,
Loin de son cher pastoureau *.

Que si j'étais le Zéphyre,
M'en irais me parfumer
Du doux air qu'elle respire,
Et qu'elle vient d'embaumer.

Mais mieux aimerais encore
Etre léger papillon ;
Et sitôt quitterais Flore
Pour caresser ma Lison.
Pour première fois volage,
Irais, petit libertin,
Baiser, sur son beau visage,
Et la rose et le jasmin ;
Puis, content de mon voyage,
Viendrais mourir sur son sein,
Qui palpiterait, je gage.

Si j'étais gentil ruisseau,
Sitôt, sitôt bien rapide,
Je prendrais l'amour pour guide,
Et franchirais maint coteau,
Pour arriver au berceau
Où la bergère timide
Repose au pied d'un ormeau.
Puis, quand serais tout près d'elle,
Murmurerais doucement,
Pour mieux écouter comment
Cette gente pastourelle
Demande à l'écho fidèle
Le doux nom de son amant.

Mais, las ! dans mon mal extrême,
Que demander au destin ?
Bien mieux vaut être soi-même,
Puisqu'au monde rien ne l'aime
Aussi bien que son Colin.

    Hoffmann, le critique.

* Peut-être que la charmante chanson Si j'étais petit oiseau a été inspirée à Béranger par la lecture de cette gracieuse idylle.

L'HONNEUR EN DANGER

Sur un air du temps.

Ne suis qu'une pauvre bergère,
N'ai d'autre bien que mes fuseaux ;
Mon lit est un peu de fougère,
Ma cabane, un toit de roseaux.
Chevalier du plus haut parage
Vient pourtant me prier d'amour ;
Mais honneur dit : Si tu n'es sage,
Triste regret aura son tour.

Vois souvent jeunes pastourelles,
Toutes belles de chaînes d'or ;
Les pastoureaux s'en vont loin d'elles
Et devers moi prennent l'essor.
N'ai pourtant dessus mon corsage,
Dentelles, ni rubans, ni fleurs ;
Mais honneur dit : Quand on est sage,
C'est parure qui plaît aux cœurs.

Dans ceux qui fuyaient mes compagnes
Viens de trouver un doux ami.
C'est le plus beau de nos montagnes
Et le plus tendre, Dieu merci !
Quand ses regards et son langage
Me pressent pour aveu d'amour ;
Honneur parle... Moi, quel dommage !
L'entends moins bien qu'un autre jour.

Que Sylvain m'appelle sa mie
Et pose sa main sur mon cœur,
De plaisir je me sens ravie ;
Vous le dis bien avec candeur.
Mon ami parle de sa peine ;
N'y comprends rien, mais je rougis :
Honneur me tient, Sylvain m'entraîne...
Ne sais plus à qui j'obéis.

    Mme de Montanclos.

Pauvre Jacques, quand j'étais près de toi,
Je ne sentais pas ma misère ;
Mais à présent que tu vis loin de moi,
Je manque de tout sur la terre. (bis)

Quand tu venais partager mes travaux
Je trouvais ma tâche légère.
T'en souviens t-il ? tous les jours étaient beaux
Qui me rendra ce temps prospère. (bis)

Quand le soleil brille sur nos guérets,
Je ne puis souffrir sa lumière ;
Et quand je suis à l'ombre des forêts,
J'accuse la nature entière.
    Pauvre Jacques, etc.

L'AMOUR FILIAL.
Paroles de Desmartis.

Jeunes amans, cueillez des fleurs
Pour le sein de votre bergère,
L'amour, par de tendres faveurs,
Vous en promet le doux salaire;
Plein d'un espoir encore plus doux,
Dès que le soleil nous éclaire,
Je cueille des fleurs comme vous,
Pour orner le front de mon père. *(bis)*

Votre main au bord des ruisseaux,
Prépare des lits de fougère,
Vous arrondissez des berceaux,
Pour servir d'asyle au mystère:
Comme vous, de ces arbrisseaux,
Je courbe la tige légère;
Et de leurs flexibles rameaux
J'ombrage le front de mon père. *(bis)*

En accourant à son réveil,
Vous tremblez que va-t-elle dire?
En sortant des bras du sommeil,
Mon père tu vas me sourire;
Vous lui ravissez quelque fois
Un baiser qu'ignore sa mère,
Moi, chaque matin, je reçois
Le premier baiser de mon père. *(bis)*

LA PITIÉ N'EST PAS DE L'AMOUR

Paroles d'Alexandre Duval

Lorsque dans une tour obscure,
Ce jeune homme est dans la douleur,
Mon cœur, guidé par la nature,
Doit compâtir à son malheur.
Si j'entends sa plainte touchante,
Je reste triste tout le jour.
Maman, ne sois pas mécontente :
La pitié n'est pas de l'amour.

Quand, à la fenêtre, discrète,
J'écoute ses plaintifs accents,
D'intérêt ma bouche est muette,
Je crois toujours que je l'entends.
Je resterais là, quand il chante,
Toute la nuit et tout le jour...
Maman, ne sois pas mécontente :
La pitié n'est pas de l'amour.

Un jour, sa romance était tendre,
Elle enchanta tous mes esprits ;
Je ne cherchais point à l'apprendre,
Et sans le vouloir, je l'appris.
Depuis ce temps là, je la chante ;
Je la répète nuit et jour...
Maman, ne sois pas mécontente :
La pitié n'est pas de l'amour.

LE JEUNE MALADE

Air nouveau.

C'était un soir, déjà le vent d'automne
Avait flétri la parure des bois ;
Le grain vermeil pétillait dans la tonne,
Et des fruits mûrs la main avait le choix.
Loin de sa mère, une vierge timide,
Dont la souffrance accablait les quinze ans,
Seule, pensive, et l'œil de pleurs humide,
Ainsi dans l'ombre exhalait ces accents :

« Riants coteaux, agréables prairies,
Où se leva l'aurore de mes jours,
Où s'égaraient mes douces rêveries ;
Faut-il, hélas ! vous quitter pour toujours ?
De la vallée une brise salubre
En vain ranime un impuissant effort ;
Mon pas chancelle ; un présage lugubre
M'a révélé l'approche de la mort.

Et cependant combien la vie est belle,
Dans le matin de nos illusions !
O dur moment ! lorsque la faux cruelle
Tranche le cours de nos affections !...
Quand les frimas sur toute la nature
Vont se répandre au souffle des autans,
J'habiterai la froide sépulture,
Et n'aurai pas compté seize printemps.

Naguère encor, sur la rive odorante,
Où le ruisseau gazouillait sous mes yeux,
J'aimais à voir, dans son eau transparente
Se réfléchir le pur éclat des cieux.
D'oiseaux heureux une troupe volage,
En folâtrant de rameaux en rameaux,
De leurs ébats animaient le feuillage,
Et de leurs chants égayaient les hameaux.

Dès que le soir ramenait le silence,
Du peuplier, dont s'orne le chemin,
Mon œil suivait le front qui se balance ;
J'errais contente, un bluet à la main...
Plus d'espérance !... à la cloche qui tinte,
Vient de répondre un écho solennel ;
Et, sous les maux dont je subis l'atteinte,
J'ai pressenti le sommeil éternel.

A vous, mes sœurs, objets de ma tendresse,
A vous les ris, les jeux et les plaisirs,
D'un chaste amour les rêves pleins d'ivresse,
Et cet hymen, erreur de mes désirs !
Moi qui n'ai plus que de sombres alarmes,
Veuve à quinze ans d'un avenir si beau,
Moi dont l'espoir n'attend plus que vos larmes,
A moi la paix et l'ombre du tombeau ! »

Elle avait dit : et dès l'aube à la ronde
L'airain fatal publie, à l'Angelus,
Qu'une jeune âme, exilée en ce monde,
Est retournée au séjour des élus.
Comme une fleur par l'orage inclinée,
La pauvre fille, aux regards abattus,
Avait penché sa tête infortunée,
Et dans la tombe emporté ses vertus.

Le lendemain ses compagnes fidèles,
En voiles blancs symboles de leur deuil,
Tenant chacune un bouquet d'immortelles,
De leur amie entouraient le cercueil.
De tristes pleurs inondaient leur paupière,
L'hymne funèbre alors montait vers Dieu ;
Et du tombeau quand se ferma la pierre
Un long soupir fut leur dernier adieu.

ALBERT-MONTÉMONT.

SAPHO

CHANSON GRECQUE

Air de Monsigny.

Heureux celui qui près de toi soupire ;
Qui sur lui seul attire ces beaux yeux ;
Ce doux accent et ce tendre sourire !
    Il est égal aux Dieux.

De veine en veine, une subtile flamme
Court dans mon sein, sitôt que je te vois ;
Et dans le trouble où s'égare mon âme,
    Je demeure sans voix,

Je n'entends plus ; un voile est sur ma vue ;
Je rêve, et tombe en de douces langueurs,
Et sans haleine, interdite, éperdue,
    Je tremble, je me meurs.

JACQUES DELILLE.

RÉPONSE D'UNE VIEILLE COMTESSE

A UNE JEUNE MARQUISE QUI LA PLAISANTAIT.

Air du temps.

Marquise, si mon visage
A quelques traits un peu vieux,
Souvenez-vous qu'à mon âge
Vous ne vaudrez guère mieux.

Le temps aux plus belles choses
Aime à faire cet affront :
Il saura faner vos roses,
Comme il a ridé mon front.

Le même cours des planètes
Règle nos jours et nos nuits ;
On me vit ce que vous êtes,
Vous serez ce que je suis.

Cependant, j'ai quelques charmes
Qui sont assez éclatants,
Pour n'avoir pas trop d'alarmes
De ces ravages du temps.

Vous en avez qu'on adore ;
Mais ceux que vous méprisez
Pourraient bien durer encore
Quand ceux-là seront usés.

Chez cette race nouvelle,
Où j'aurai quelque crédit,
Vous ne passerez pour belle
Qu'autant que je l'aurai dit.

Son secrétaire,
PIERRE CORNEILLE.

LES DOUCEURS DE L'HYMEN

BALLADE. — XIVᵉ SIÈCLE.

Doulce chose est que mariage ;
Je le puis bien par moy prouver,
Voyre à qui mary bon et sage
A, comme Dieu m'a fait trouver.
Louez en soit-il, qui sauver
Le me veuille ! Car son grant bien,
De fait, je puis bien esprouver ;
Et certes le doulz m'aime bien !

La première nuit de mainage,
Très lors poz-je bien esprouver
Son grant bien ; car oncques outrage
Ne me fist, dont me deust grever.
Mais ains qu'il fut temps de lever,
Cent fois baisa, si com je tien,
Sanz villennie autre rouver ;
Et certes le doulz m'aime bien !

Et disoit par si doulz langage :
« Dieu m'a fait à vous arriver,
« Doulce amie ; et pour vostre usage
« Je croy qu'il me fit eslever. »
Ainsi finissait de resver.
Toute nuit en si fait maintien,
Sanz autrement soy desriver ;
Et certes le doulz m'aime bien !

Princes d'amour me fait desver,
Quand il me dit qu'il est tout mien.
De doulçour me fera crever,
Et certes le doulz m'aime bien.

CHRISTINE DE PISAN.

BONNE PHILOSOPHIE

Air : J'étais bon chasseur autrefois.

C'est assez que le souvenir
Souvent nous pèse et nous désole ;
Il faut savoir, dans l'avenir,
Trouver un point qui nous console :

On ne doit prévoir que le bien ;
Assez tôt le mal nous arrive ;
Du moins, puisqu'il n'en coûte rien,
Embellissons la perspective.

DANCOURT.

Impr. de Pillet fils aîné, rue des Grands-Augustins, 5.

JOUISSONS

Air : Dans un bosquet de Cythère.

Jouissons, ô ma bergère,
De la saison des amours!
Ce soleil qui nous éclaire,
Demain reprendra son cours :
Mais quand la parque ennemie
Tranche le fil de nos jours,
A tous les biens de la vie,
On dit adieu pour toujours.

Donne à l'amant qui t'adore
Mille baisers au matin,
Le long du jour mille encore,
Mille encore à son déclin!

La nuit, brouillons-les dans l'ombre,
Il faut tant les répéter,
Qu'enfin trompés par le nombre,
Nous ne puissions les compter.

Contre l'amour qui nous lie,
Laissons crier les jaloux !
Il est beau de faire envie ;
Le bonheur en est plus doux :
Que le nôtre ait tant de charmes
Qu'il irrite les désirs,
Et puisse en verser des larmes
Le censeur de nos plaisirs !

LÉONARD.

FLORIDE

Air : Iris demande son portrait.

Des roses fraîches du printemps,
   Floride est une image ;
Le rossignol entend ses chants,
   Et suspend son ramage ;
On croit que la reine des fleurs
   A nos yeux va paraître :
Floride enchaîne tous les cœurs,
   L'amour seul est son maître.

Floride, pour tous les amants,
   Etait cruelle et fière ;
Lindor parut, depuis ce temps
   Elle fut moins sévère.

Plus de mépris, plus de rigueur,
   Lindor change son être :
Floride enchaîne tous les cœurs,
   L'amour seul est son maître.

Sexe enchanteur dont la beauté
   Sur nous a tant d'empire,
Joignez la sensibilité
   Au talent de séduire.
Plaisir d'aimer est un bonheur
   Qu'on ne peut trop connaître ;
Pour enchaîner toujours le cœur,
   Prenez l'amour pour maître.

FAVART fils.

LE CHAPERON DE ROSES

Air d'Amédée de Beauplan.

Ouvrez, ouvrez, beau châtelain,
   Sous la tourelle,
Le troubadour, un luth en main,
   Gaîment appelle :
Il a, dit-il, mainte chanson
   Quand il voyage ;
Et de roses un chaperon
   Pour la plus sage.

Le ménestrel entre en chantant,
   Sans plus attendre :
Son air est vif, noble et galant,
   Son regard tendre.
Gentil chanteur, que voulez-vous
   Pour récompense ?
— Dames, un seul baiser bien doux :
   Faites silence.

Mais en chantant refrain joyeux
   Fait pour sa mie,
Le troubadour cherchait des yeux
   La plus jolie :
Toutes étaient en vérité
   Faites pour plaire.
De toutes il est enchanté,
   Comment donc faire ?

Si bien chanta le troubadour,
   Que chaque belle
A ses jolis propos d'amour
   Fut peu rebelle :
Il obtint le baiser promis :
   Mais le volage
Souriait en donnant le prix
   A la plus sage.

COUPIGNY.

LA GOUTTE D'EAU

Air de la Giroflée.

Ah! dis-moi, goutte d'eau,
Goutte d'eau si jolie,
Ah! dis-moi de ta vie
Le sort toujours nouveau.

Petite perle transparente,
D'un nuage enfant égaré,
Que ton onde pure et brillante
Tienne mon esprit inspiré...
De tes mille métamorphoses
Je veux connaître les effets...
Apprends-moi le mal que tu causes,
Et surtout le bien que tu fais...
Ah! dis-moi, etc.

Ces palais d'airain et de pierre
Que l'on croit à l'abri des ans
Ne tombent-ils pas en poussière,
Atteints par tes coups incessants!...
Mais lorsqu'une rose au supplice
Du jour a supporté l'ardeur,
Tu viens, glissant en son calice,
Lui rendre aussitôt la fraîcheur!
Ah! dis-moi, etc.

Es-tu cette larme brûlante
Qu'avec mystère on voit verser
A la triste et fidèle amante
Qu'un perfide osa délaisser?...
Ou plus heureuse en ta carrière,
En venant après mille ennuis,
Es-tu ces doux pleurs qu'une mère
Répand en retrouvant son fils?...
Ah! dis-moi, etc.

La soif ardente du reptile,
Est-ce toi qui viens l'apaiser?
Et le noir poison qu'il distille
En toi viendrait-il le puiser?
Dis plutôt que tu désaltères
Les abeilles, les papillons,
Et que d'épis toujours prospères
Tu sais enrichir nos sillons...
Ah! dis-moi, etc.

Lorsqu'Adèle orne son corsage
De dentelles et de velours,
Je te maudis si quelque orage
Te jette sur ses frais atours.
Mais, à l'heure de sa toilette,
Je porte envie à ton destin
Lorsque, sans paraître indiscrète,
Tu te promènes sur son sein.
Ah! dis-moi, etc.

Quand l'aquilon à lui t'appelle :
Que son souffle vient t'endurcir,
Es-tu cette homicide grêle
Dont nos champs ont tant à souffrir!
Mais, plus tard, gonflant de la treille
Les grains par le soleil rougis,
N'es-tu pas la liqueur vermeille
Qui fait du monde un paradis!...
Ah! dis-moi, etc.

Mais en vapeur dans l'atmosphère
L'air te soulève, tu vas fuir :
Adieu, sous ta forme première
Puisses-tu bientôt revenir!...
Ainsi, par un destin semblable,
Quand du corps l'âme a disparu,
Elle est invisible, impalpable,
Et cependant rien n'est perdu!
Ah! dis-moi, etc.

AUGUSTE GIRAUD.

PORTRAIT DES MARIS.

Air des Trembleurs.

Un amant léger, frivole,
D'une jeune enfant raffole;
Doux regard, belle parole,
Le font choisir pour époux :
Soumis quand l'hymen s'apprête,
Tendre le jour de sa fête;
Le lendemain il tient tête...
Il faut déjà filer doux.

Sitôt que du mariage
Le lien sacré l'engage,
Plus de vœux, pas un hommage,
Plaisirs, talents, tout s'enfuit :
En vertu de l'hyménée,
Il vous gronde à la journée,
Bâille toute la soirée,
Et Dieu sait s'il dort la nuit.

Sa contenance engourdie,
Quelque grave fantaisie,
Son humeur, sa jalousie,
Oui, c'est là tout votre bien :
Et pour avoir l'avantage
De rester dans l'esclavage,
Il faut garder au volage
Un cœur dont il ne fait rien.

LE MARQUIS DE LA FÉRANDIÈRE.

PLAISIR D'AMOUR.

Plaisir d'amour ne dure qu'un moment;
Chagrin d'amour dure toute la vie.
J'ai tout quitté pour l'ingrate Sylvie;
Elle me fuit, et prend un autre amant.
Plaisir d'amour ne dure qu'un moment;
Chagrin d'amour dure toute la vie.

Tant que cette eau coulera lentement
Vers le ruisseau qui borde la prairie,
Je t'aimerai, me repétait Sylvie:
L'eau coule encor, elle a changé pourtant.
Plaisir d'amour ne dure qu'un moment;
Chagrin d'amour dure toute la vie.

LE BOUTON DE ROSE.

Paroles de la Princesse Constance Salm.

Bouton de Rose,
Tu seras plus heureux que moi;
Car je te destine à ma Rose,
Et ma Rose est ainsi que toi
Bouton de Rose.

Au sein de Rose,
Heureux bouton, tu vas mourir !
Moi, si j'étais bouton de Rose,
Je ne mourrais que de plaisir
Au sein de Rose.

Au sein de Rose
Tu pourras trouver un rival ;
Ne joûte pas, bouton de Rose.
Car, en beauté, rien n'est égal
Au sein de Rose.

Bouton de Rose,
Adieu, Rose vient, je la vois :
S'il est une métempsycose,
Grands dieux ! par pitié rendez-moi
Bouton de Rose.

LA LIBERTÉ

Air de Joconde.

> Grazie all' inganni tuoi.
> MÉTASTASE.

Grâces à son manque de foi,
  Je ne suis plus esclave ;
Les dieux ont eu pitié de moi,
  Olinde, je te brave ;
La tendresse que j'eus pour toi
  Me paraît un mensonge ;
Ma liberté que je revoi
  Ne sera plus en songe.

Je renais, de sa vive ardeur
  Mon âme est détachée ;
Ne crois pas qu'au fond de mon cœur
  Elle se soit cachée.
Ton nom ne me fait plus pâlir,
  Il n'a rien qui m'agite ;
Je t'aperçois sans tressaillir,
  Sans que mon cœur palpite.

Des songes qui t'offraient à moi
  La trace est effacée,
Et j'adresse à d'autres qu'à toi
  Ma première pensée.
Je t'abandonne sans souci,
  Et sans que rien me gêne ;
Près de toi je me trouve aussi
  Sans plaisir et sans peine.

Je ne sens plus aucuns transports
  En parlant de tes charmes,
Et je me rappelle mes torts
  Sans répandre de larmes.
Lorsque tu t'approches de moi
  Je suis toujours le même,
Et j'oserais parler de toi
  Avec mon rival même.

Soit tristesse, soit volupté,
  Dont la force m'entraîne,
Je ne te dois plus ma gaîté,
  Tu ne fais plus ma peine.
Sans toi l'ombrage et la forêt
  Ont un attrait que j'aime ;
Avec toi, ce qui me déplaît
  Me déplairait de même.

Juge de ma sincérité,
  Je n'ai plus de prestige ;
Je rends justice à ta beauté,
  Sans la croire un prodige.
Ces yeux que je trouvais si beaux,
  Objets de tant d'alarmes,
Dans ces yeux je vois des défauts
  Qui me semblaient des charmes.

Il est vrai qu'en apercevant
  Cette heureuse lumière,
Je crus toucher en cet instant
  A mon heure dernière ;
Mais ce tourment pour me guérir,
  Me fut doux, quoiqu'extrême ;
Eh ! que ne doit-on pas souffrir
  Pour se rendre à soi-même !

L'oiseau dans son vol arrêté
  Par des ruses cruelles,
Ne doit souvent sa liberté
  Qu'au débris de ses ailes ;
Mais a-t-il enfin par le temps
  Réparé cet outrage,
Il voit le piége ; à ses dépens
  Il est devenu sage...

Je sais que malgré tes dédains
  Tu dis que je t'adore ;
Mes feux te semblent mal éteints,
  Puisque j'en parle encore.
Mais la nature à ce penchant
  Se plaît à nous contraindre ;
Et des maux oubliés, souvent
  On s'amuse à se plaindre.

Ainsi le soldat échappé
  Des peines les plus dures,
Montre les coups qui l'ont frappé,
  Et compte ses blessures ;
Ainsi pour charmer son repos,
  L'esclave hors de gêne,
Fait voir pour nous peindre ses maux
  Les marques de sa chaîne.

Oui, je parle encor de ta foi,
  Mais pour me satisfaire,
Sans espoir, sans retour vers toi,
  Sans songer à te plaire ;
J'en parle, mais sans m'informer
  Si mon discours te blesse,
Sans songer même à ranimer
  Ta frivole tendresse.

Je perds le cœur le plus léger,
  Tu perds le plus sincère ;
A pouvoir te dédommager
  Seras-tu la première ?
Olinde n'aura plus d'amant
  Si tendre, si fidèle,
Je trouverai trop aisément
  Une ingrate comme elle.

BRET.

NID D'AMOUR

A UNE JEUNE ET JOLIE LORETTE.

Air de ma Céline, amant modeste.

Un nid d'amour, c'est quelque chose
Qui doit être gentil à voir :
Est-ce blanc, est-ce noir ou rose?
Je veux à tout prix le savoir.
Sur la foi de la renommée,
Qui vous accorde maint atour,
Puisqu'ainsi je vous ai nommée,
Montrez-moi donc un nid d'amour.

Est-ce l'empreinte molle et douce,
Quand vous suivez vos gais penchants,
De vos petits pieds sur la mousse
Courant le papillon des champs,
Est-ce l'anglaise qui se joue
Sur vos seins d'un parfait contour!
Qui loge ici? sur votre joue
Ne vois-je pas le nid d'amour?

S'il n'est pas dans ses deux fossettes
de vos sourires gracieux,
Est-il sur ces mains si fluettes
Ou dans les longs cils de vos yeux!
Ou bien dans cette chevelure
Qui de votre corps fait le tour?
Vénus aussi dans sa ceinture,
Dit-on, cachait un nid d'amour.

Votre œil, brillant comme une étoile,
Fait supposer d'autres appas ;
Ecartez ce qui me les voile,
Longtemps je ne chercherai pas.
D'un buisson de rose mousseuse,
Sans doute, il a fait son séjour,
Bon ! vous devenez sérieuse,
J'ai découvert le nid d'amour!...

TESSIER.

AVIS AUX FEMMES

Air : De vos bontés, de vos amours.

Pour garder l'éclat du matin,
Le bouton se tient sous la feuille,
Tandis qu'en découvrant son sein,
La rose pâlit et s'effeuille :

Ainsi se passe la fraîcheur
Des charmes qu'un jour on expose ;
Otez le voile à la pudeur,
N'est-ce pas effeuiller la rose ?

GERSIN ET ANNÉE.

L'AMOUR ET LES ARTS

Air : Ce fut par la faute du sort.

Amis, les beaux arts, en tous lieux,
A l'Amour ont dû leur naissance;
C'est pour bien exprimer ses feux,
Qu'on écrit, qu'on chante et qu'on danse :
Si ce dieu quittait les mortels,
Apollon fuirait sur ses traces;
Les muses n'auraient plus d'autels,
Si l'on ne chantait plus les grâces.

Pour bâtir un temple à l'Amour,
On inventa l'architecture;
Ses secrets étaient trop au jour
Sous un simple toit de verdure :
Vénus voulait de ses attraits
Enrichir toute la nature ;
Pour multiplier ses portraits,
L'Amour inventa la gravure.

Tendre Amour, ton brillant flambeau,
Des arts éclaire le délire ;
D'Apelle il guida le pinceau,
D'Ovide il anima la lyre :

Orphée apprit tes plus doux chants,
Phidias te dut ses modèles;
Grétry te prend ses sons touchants,
Et Vestris emprunte tes ailes.

Paré de fleurs, Anacréon
En te chantant trouva la gloire;
Par toi, l'amante de Phaon,
Parvint au temple de mémoire :
Tibulle, Moncrif et Favart
Ont chanté tes douces caresses ;
Pour nous illustrer dans leur art,
Prenons leçon de nos maîtresses.

Amour dirige mes travaux,
Prête-moi ta douce magie ;
Tu m'as donné trop de rivaux,
En m'enflammant pour Aspasie :
Des arts, qui savent la charmer,
Viens me dévoiler le mystère,
Apprends-lui, pour moi, l'art d'aimer,
Pour elle, apprends-moi l'art de plaire.

SEGUR aîné.

LE DOIGT

Air du vaudeville de l'Étude.

De mon sujet de chansonnette
Occupé chez moi l'autre jour,
J'ai, pour me rendre la voix nette,
A Bacchus fait un doigt de cour.
Du doigt le dieu me fait un signe,
Et ce signe a fixé mon choix :
Chantons le sujet qu'il désigne,
Dussé-je m'en mordre les doigts.

Se montrer au doigt, dans Athènes,
N'était point marque de mépris;
Et, comme le grand Démosthènes,
Horace en a senti le prix.
Aujourd'hui c'est un ridicule
Que chacun redoute à bon droit;
Et, pour qu'un impudent recule,
Que faut-il? le montrer au doigt.

Près du berceau de la science,
Par les flots du Nil arrosé,
Un dieu commandait le silence,
Le doigt sur la bouche posé.
L'anneau qui joint un heureux couple,
De l'hymen cimente les lois;
Et cette chaîne aimable et souple
Unit deux cœurs comme deux doigts.

Aux temps heureux de nos ancêtres,
Les mœurs avaient plus d'abandon;
A ses adorateurs moins traîtres
La vierge accordait plus d'un don.

Des amours l'innocente flamme
Avait un abri sous son toit;
Aux questions de sa jeune âme
Qui répondait? son petit doigt.

Dans le *Malade imaginaire*,
Argan, triste et fâcheux grison,
Admet cette ruse ordinaire
Pour interroger Louison.
— Mon petit doigt qui te regarde,
Me redit tout ce que l'on voit.
— Oui ; mais papa, prends-y bien garde,
Il est menteur ton petit doigt.

Un soir, à l'angle d'une rue,
Criaient deux époux en fureur;
Au milieu de la foule accrue,
Leur lutte épandait la terreur.
A les séparer je m'efforce ;
Mais, rossé par eux, pour surcroît,
J'apprends qu'entre l'arbre et l'écorce
Il ne faut pas mettre le doigt.

O vous qui voulez entreprendre
Au-delà de votre pouvoir,
A la raison sachez vous rendre,
Et modérez un fol espoir;
A cette ardeur que rien n'étonne
Si vous n'offrez un contre-poids,
Ainsi que Milon de Crotone,
Vous vous ferez pincer les doigts.

ALBERT-MONTÉMONT.

L'ÉPINGLE

Air : Je loge au quatrième étage. Ou : Beaux jours de la chevalerie.

L'auteur, d'ordinaire commente
De grands sujets dans ses écrits;
Moi, je prends celui que je chante
Dans les infiniment petits.
C'est à l'épingle que ma lyre
Va s'attacher en cet instant ;
Oui, messieurs, vous avez beau rire,
Je trouve ce sujet piquant.

Contre plus d'une tentative
Et plus d'une témérité
L'épingle est l'arme défensive
Qui sait protéger la beauté.
Malgré sa petite structure,
En se cachant sous le fichu,
Plus d'une fois, par sa piqûre,
L'épingle a sauvé la vertu.

Aux humains bien que nécessaire,
A peine on daigne se baisser
Quand l'épingle tombant à terre
Il s'agit de la ramasser.
Mais malgré sa mine chétive,
Et tout en l'estimant fort peu,
Chacun veut, en définitive,
Tirer son épingle du jeu.

Simple et modeste, elle se cache
Sous la dentelle et le satin ;
Aux gens toujours elle s'attache,
Malgré leur injuste dédain.
Brune, blonde, laide ou jolie,
D'elle ne saurait se passer.
Aussi, malgré sa modestie,
L'épingle finit par percer.

DELEGORGUE CORDIER

LA CHANSON QUE CHANTAIT LISETTE

Air : Lise chantait dans la prairie.

Lise chantait dans la prairie
En faisant paître son troupeau ;
Blaise à sa voix bientôt marie
Les doux sons de son chalumeau ;
Mais qu'elle était leur chansonnette?
La connaît-on dans le hameau?
Dis-moi, ne sais-tu pas, Nicette,
La chanson (bis) *que chantait Lisette ?*

Je suis curieux de l'entendre,
Viens t'asseoir près de ce ruisseau :
Ta voix est si fraîche et si tendre,
Je vais prendre mon chalumeau :
Chante, chante, ma bergerette,
Je te donnerai mon agneau ;
Oh ! de grâce, apprends-moi, Nicette,
La chanson (bis) *que chantait Lisette.*

J'appris la chanson de Lisette ;
Que l'air en est puissant et beau !
En le jouant sur ma musette,
Il me paraît toujours nouveau !
Reviens tous les soirs, ma Nicette,
Et que tous les soirs sous l'ormeau,
Avec toi, je chante et répète :
La chanson (bis) *que chantait Lisette.*

Je ne chante qu'avec Nicette,
L'air qui m'a coûté cet agneau ;
Mais pour savoir ma chansonnette,
Mes amis, allez au hameau ;
Portez-y gentille musette,
Et vous apprendrez sous l'ormeau,
Peut-être, hélas ! de ma Nicette,
La chanson (bis) *que chantait Lisette.*

Bourgueil.

MAMAN DORT

CHANSON DIALOGUÉE

Air : Un sage habitait la chaumière.

— Lise, ouvre à ton amant fidèle.
— Non, Lubin, vous n'entrerez pas.
— Eh bien ! à ta porte, cruelle,
Je vais me donner le trépas.
— Ingrat, tu doubles ma souffrance.
— Et toi, tu doubles mon transport.
— Entre donc, mais avec prudence ;
Lubin, pas de bruit, maman dort.

— Ma Lise, il n'est rien qui me plaise
Comme d'être assis près de toi.
— Lubin, je n'ai que cette chaise,
Et l'autre est à côté, je croi.
— Pour peu que cela te convienne
Je cours la chercher tout d'abord.
— Non ! non ! viens partager la mienne :
Lubin, pas de bruit, maman dort.

— Lise, sur ta bouche jolie
Laisse-moi prendre un seul baiser.
— Non, Lubin ! cessez ; je vous prie !
— Quoi ! tu peux me le refuser !
Je le prends malgré ta défense.
— Pourquoi m'embrasser aussi fort?
Faut-il donc que je recommence !
Lubin, pas de bruit, maman dort.

— Lise, quel séduisant corsage !
Quels yeux et surtout quels appas !
— Allons, Lubin, soyez plus sage,
Finissez et parlez plus bas.
— Ah ! cède à l'amour le plus tendre !
— Je vais crier ! — Lise aurait tort !
— Hélas ! on pourrait bien m'entendre..
Lubin, pas de bruit, maman dort.

Observant un profond silence,
Déjà nos deux jeunes amants,
Avec l'amour d'intelligence,
Ont scellé les plus doux serments ;
Et c'est Lubin, Lubin lui-même,
Après le plus brûlant transport,
Qui répète à celle qu'il aime :
Lise, pas de bruit, maman dort.

Justin Cabassol.

LA BAGATELLE

Air de la petite Bergère.

Enfin, la charmante Lisette,
Sensible à mon cruel tourment,
A bien voulu, dessus l'herbette,
M'accorder un heureux moment.

Pressé d'une charge si belle,
Heureux gazon, relevez-vous :
Il ne faut qu'une bagatelle,
Pour alarmer mille jaloux,

Quinault.

LEÇONS D'UNE MÈRE A SA FILLE.

Paroles de Ewart

Cet étang,
Qui s'étend
Dans la plaine,
Répète au sein de ses eaux
Ces verdoyans ormeaux
Où le pampre s'enchaîne;
Un ciel pur,
Un azur
Sans nuages,
Vivement s'y réfléchit,
Le tableau s'enrichit
D'images.

Mais tandis que l'on admire
Cette onde où le ciel se mire,
Un zéphir
Vient ternir
Sa surface
D'un souffle il confond les traits,
L'éclat de tant d'objets
S'efface.

Un désir,
Un soupir,
Oh! ma fille!
Peut ainsi troubler un cœur
Où se peint la candeur,
Où la sagesse brille;
Le repos
Sur ces eaux
Peut renaître;
Mais il se perd sans retour
Dans un cœur dont l'amour
Est maître.

C. Daubigny.

LA CHANSON DE LISETTE.

Paroles de Musset.

Lise chantait dans la prairie,
En faisant paître son troupeau ;
Blaise à sa voix bientôt marie
Les accens de son chalumeau.
Le fripon suivit la coquette ;
Il la suivit jusqu'au hameau,
En essayant, sur sa musette,
La chanson que chantait Lisette.

En s'en retournant au village,
Elle lui jeta son bouquet ;
Il lui refusa mais je gage,
Pour le remettre à son corset.
Il le rendit à la coquette,
L'attacha d'un air satisfait,
Et répéta, sur sa musette,
La chanson que chantait Lisette.

Le soir on dansa sur l'herbette.
Blaise et moi nous dansions tous deux ;
Mais il me quitta pour Lisette
Qui vint se mêler à nos jeux.
Il s'en fut avec la coquette,
Le plaisir brillait dans ses yeux ;
En eut-il eu, si sa musette
N'eut jamais fait chanter Lisette ?

CHANT DU BARDE

Paroles de Hoffmann.

Femme sensible, entends tu le ramage
De ces oiseaux qui célèbrent leurs feux?
Ils font redire à l'écho du rivage :
Le printemps fuit, hatez vous d'être heureux.

Vois-tu ces fleurs, ces fleurs qu'un doux zéphyre
Va caressant de son souffle amoureux ?
En se fanant, elles semblent te dire :
Le printemps fuit, hatez vous d'être heureux.

Moment charmant d'amour et de tendresse,
Comme un éclair vous fuyez à nos yeux,
Et tous les jours perdus dans la tristesse
Nous sont comptés comme des jours heureux.

C. Daubigny.

CONSEILS AUX JEUNES FILLES

Air de Fra Diavolo (d'Auber).

Jeunes filles
Si gentilles,
Gardez l'honneur;
C'est le bonheur.

Quand de votre vie
Brille le matin,
Votre âme ravie
Bénit le destin;
Le ciel fait éclore
Vos riants appas :
Tout se décolore
Au moindre faux pas.
    Jeunes filles, etc.

Rappelez-vous Ève :
Dans l'Éden, un soir,
Elle vit en rêve
L'arbre du savoir;
Effleurant à peine
Le fruit défendu,
Elle y boit la peine,
Et tout est perdu.
    Jeunes filles, etc,

Voyez de la rose
Les boutons naissants,
Et que l'aube arrose
De pleurs bienfaisants;
Dès que sur eux glisse
Le vif papillon,
Adieu du calice
Le frais vermillon.
    Jeunes filles, etc.

De sa bonne mère
Oubliant l'avis,
Et d'une chimère
Les sens poursuivis,

Lise a d'un perfide
Écouté les chants,
Et sa fleur candide
S'est fanée aux champs.
    Jeunes filles, etc.

Lubin à Perrette
Exprimant un vœu,
De sa bergerette,
Hier, eut un aveu;
Tous deux ils parviennent
Au milieu d'un bois ;
Lorsqu'ils en reviennent,
Ils reviennent trois.
    Jeunes filles, etc.

Fuyez l'amertume
Et l'isolement ;
Suivez la coutume
Chère à l'enjoûment ;
La vertu s'allie
Avec la gaîté,
Un peu de folie
Sied à la beauté.
    Jeunes filles, etc.

Puisque la sagesse
Veille sur vos jours,
A tant de largesse
Répondez toujours;
Des nouveaux Clitandres,
Oui, défiez-vous,
Et ne soyez tendres
Que pour vos époux.

    Jeunes filles
    Si gentilles,
    Gardez l'honneur;
    C'est le bonheur.

ALBERT-MONTÉMONT.

LA PAIX ET LA GUERRE

Air du temps.

« Foin de la paix ! » s'écriait en courroux
  Une fillette de Nanterre :
« Nos amants devenaient époux
« De crainte d'aller à la guerre. »

« Vive la paix ! » dit une autre à son tour.
  « Pour un amant j'en aurai douze :
« C'est avec eux qu'on fait l'amour;
« Mais il est fait quand on épouse. »

JACQUES D'AUTREAU,
Peintre poëte, mort en 1745.

LA FEINTE DÉFENSE

Air du vaudeville du Roi et du Fermier.

Quoi ! maman me laisse seulette !
Pour moi j'en suis presqu'en courroux :
Il semble qu'exprès avec vous,
Je voulais rester tête à tête :
Mais non, monsieur, n'en croyez rien,
Vraiment, je vous le défends bien.

Pour favoriser le mystère,
Ma porte est fermée aux verroux :
Ici, sans crainte des jaloux,
On pourrait jouir et se taire :
Mais non, monsieur, n'en faites rien,
Vraiment je vous le défends bien.

Prêt à rire de ma colère,
Peut-être que mon négligé,
Mon mouchoir un peu dérangé
Vont vous rendre un peu téméraire :
Mais non, monsieur, n'en faites rien ;
Vraiment, je vous le défends bien.

Dans vos yeux je lis votre audace,
Vos regards dévorent mon sein :
Vous allez y porter la main ;
Votre bouche en prendra la place.
Mais non, monsieur, n'en faites rien ;
Vraiment, je vous le défends bien.

Mais que vois-je ?... ma jarretière
Se défait et tombe à mes pieds ;
Souffrir que vous la rattachiez,
Oh ! pour cela je suis trop fière !
Non, non, monsieur, n'en faites rien.
Vraiment, je vous le défends bien.

Comprenant enfin la défense,
Par degré Damon s'enhardit :
A la belle il désobéit,
Pour prouver son obéissance.
Jusques au bout il fit si bien,
Qu'on ne lui défendit plus rien.

Andrieux.

A LISETTE DUBARRY

QU'ON DISAIT ÊTRE FILLE DE BASSE EXTRACTION

(1769)

Air du temps.

Lisette, ta beauté séduit
   Et charme tout le monde.
En vain la duchesse en rougit,
   Et la princesse en gronde ;
Chacun sait que Vénus naquit
   De l'écume de l'onde.

En vit-elle moins tous les dieux
   Lui rendre un juste hommage,
Et Pâris, ce berger fameux,

   Lui donner l'avantage
Même sur la reine des cieux,
   Et Minerve la sage ?

Dans le sérail du grand seigneur
   Quelle est la favorite ?
C'est la plus belle au gré du cœur
   Du maître qui l'habite.
C'est le seul titre en sa faveur,
   Et c'est le vrai mérite.

Le duc De Nivernois.

LA MÉLANCOLIE

Air du temps.

Vague mélancolie, es-tu peine ou plaisir ?
En me livrant à toi, je sens couler mes larmes ;
   Mais cette douleur a des charmes :
   Pleurer n'est pas toujours souffrir.

Genlis (la comtesse de).

L'AMOUR PRIS A LA PIPÉE

Air des deux Jumeaux de Bergame; ou : Avec les jeux dans le village.

L'Amour, un soir, dans un bocage,
Descend pour prendre du repos;
En voltigeant sur le feuillage,
Il est pris par mille gluaux :
Il se débat, se désespère,
Tombe de rameaux en rameaux,
Aux pieds d'une jeune bergère,
Qui guettait là d'autres oiseaux.

Sortant de sa cachette, Lise
Accourt, en l'entendant crier;
Mais, dieux ! quelle fut sa surprise,
A l'aspect de son prisonnier?
« Quels jolis traits ! quel beau plumage ! »
Dit-elle, approchant pas à pas :
« Si c'est un oiseau de passage,
« Tâchons qu'il ne m'échappe pas. »

Lise, aussitôt, dans sa volière,
L'enferme avec rapidité :
L'Amour déguise sa colère,
Sous un air de timidité :
« Ah ! lui dit-il, point d'esclavage !
« Pour me ravir ma liberté,
« Vous n'avez pas besoin de cage;
« Car je suis partout la beauté. »

Déjà, par sa douce éloquence,
Lise se sentait attendrir;
Lorsque sa mère, avec prudence,
Lui dit : « Prends garde, il va s'enfuir !
« Ne perds point de temps à l'entendre,
« Coupe ses ailes, sans tarder;
« Il est facile de le prendre,
« Et mal aisé de le garder. »

Par ce conseil, Lise enhardie,
Conserva le volage oiseau;
Elle excita la jalousie
Des jeunes filles du hameau :
Les voilà toutes occupées
A guetter cet oiseau charmant;
Mais on prétend qu'à ces pipées,
C'est toujours l'Amour qui les prend.

Seule tu peux de cette chasse
Nous apprendre tous les secrets;
Lise, ton appât, c'est ta grâce,
Et tes pièges sont tes attraits :
Le dieu léger, malgré tes charmes,
Aurait pu s'envoler un jour;
Mais tes vertus, voilà les armes
Qui coupent l'aile de l'Amour.

L.-P. Ségur, aîné.

TU NE VIENS PAS

Air de Blangini.

Ingrat Colin, sur ta promesse
Mon cœur ne doit donc plus compter;
Loin de moi qui peut t'arrêter?
Ah ! serait-ce une autre maîtresse?...
    Hélas ! hélas !
    Tu ne viens pas !

Plus n'ai besoin de ma houlette;
De toi je la tenais pourtant;
Alors je te savais constant,
Alors tu chérissais Colette.
    Hélas ! hélas !
    Tu ne viens pas !

Demain je veux encor te rendre
Ce ruban qui m'allait si bien;
Je veux te renvoyer ton chien,
Qui m'est si fidèle et si tendre.
    Hélas ! hélas !
    Tu ne viens pas.

Le lendemain notre pauvrette
Ne rendit rien... et cependant,
Son Colin était inconstant;
En gémissant elle répète;
    Hélas ! hélas !
    Tu ne viens pas !

Anonyme.

L'HOMME-HIRONDELLE

Air : Hélas ! maman, c'est bien dommage.

Comme une hirondelle au printemps,
Mon berger revient tous les ans
Me jurer un amour fidèle,

Mais hélas ! ses serments sont faux :
Dès qu'on vendange nos coteaux,
Il fuit ainsi que l'hirondelle.

Anonyme.

HYMNE A L'AMOUR

POUR

MADEMOISELLE DE LAUNAY

Air du temps.

Je célèbre ta victoire,
Aveugle enfant, sur mon cœur.
Pour conserver la mémoire
De ta dernière faveur,
Je viens, captif, en l'honneur
De mon aimable vainqueur
Chanter un hymne à ta gloire.

Amour, je dois à ta mère
L'objet charmant que je sers :
Tu lui donnas l'art de plaire,
Et tant d'agréments divers,
Que tu m'as forgé des fers
Les plus doux, les plus légers,
Qu'on ait forgés à Cythère.

Que tes peines ont de charmes !
Qui les souffre est enchanté.
Toi qui sais jusques aux larmes
Mêler de la volupté,
Fais au moins que la beauté
Qui ravit ma liberté
Te rende avec moi les armes.

Viens, cher tyran de ma vie ;
Toi seul fais l'enchantement
Qui tient mon âme asservie.
Que, dans ce ravissement,
Jusqu'à mon dernier moment,
Je vive et meure en aimant
Mon adorable Lesbie !

Tu m'entends et viens sans peine,
Amour, exaucer mes vœux :
Déjà de ma douce chaîne
Je sens resserrer les nœuds ;
Et, cent fois plus amoureux,
Je brûle de plus de feux
Que n'en allumait Hélène.

C'est la digne récompense
Des tourments que j'ai soufferts,
Dès qu'au sortir de l'enfance
Je fus esclave en tes fers :
Et je veux que l'univers
Apprenne en mes derniers vers,
Ma défaite et ta puissance.

L'abbé Chaulieu.

J.-J. ROUSSEAU A L'HERMITAGE

Air : Femmes, voulez-vous éprouver.

Vous me demandez, mon ami,
A quoi je passe les journées ;
On n'est pas heureux à demi
Dans ces retraites fortunées.
On y jouit, sans nul effort,
De la volupté la plus pure ;
Car l'on s'y lève et l'on y dort
En même temps que la nature.

L'habitant de Montmorency
Vaut pour moi celui de la ville ;
J'apprends à distinguer ici
L'homme actif de l'homme inutile.

A Paris, que d'oisifs, hélas !
Déserteurs de l'agriculture,
Matin et soir croisent des bras
Que redemande la nature.

Dans ma maison, suis-je au repos
Condamné par un temps de pluie !
Mon chien, ma chatte et mes oiseaux
Me tiennent douce compagnie :
Si du beau temps je m'aperçois,
Je cours dans la forêt obscure,
Pour être vis-à-vis de moi,
Et de l'auteur de la nature ! Anonyme.

FONTENAY

Air de Doche.

O Fontenay ! qu'embellissent les roses,
Avec transport toujours je te revois ;
Ici l'amour, de fleurs fraîches écloses,
Me couronna pour la première fois !

Dans ma Claudine, attraits, douceur, simplesse,
Tout m'enivrait, j'étais fier de mon choix ?

Avec quel feu je peignais ma tendresse !
Qu'on aime bien pour la première fois.

Depuis dix ans, ignorant sa retraite,
De vingt beautés j'ai cru suivre les lois ;
Toujours on cherche, on désire, on regrette,
Ce qu'on aima pour la première fois.

Prévost-d'Iray et Ph. Lamadelaine.

Impr. de Pillet fils aîné, rue des Grands-Augustins, 5.

LA MUSETTE
Paroles de La Harpe.

O ma tendre musette,
Musette mes amours,
Toi qui chantais Lisette,
Lisette et les beaux jours;
D'une vaine espérance,
Tu m'avais trop flatté:
Chante son inconstance
Et ma fidélité.

C'est l'amour, c'est sa flamme
Qui brille dans ses yeux;
Je croyais que son ame
Brûlait des mêmes feux.
Lisette à son aurore,
Respirait le plaisir;
Hélas! si jeune encore
Sait-on déjà trahir?

Sa voix pour me séduire
Avait plus de douceur.
Jusques à son sourire,
Tout en elle est trompeur;
Tout en elle intéresse,
Et je voudrais, hélas!
Qu'elle eut plus de tendresse,
Ou qu'elle eut moins d'appas.

O ma tendre musette,
Console ma douleur;
Parle-moi de lisette;
Ce nom fait mon bonheur.
Je la revois plus belle,
Plus belle tous les jours;
Je me plains toujours d'elle,
Et je l'aime toujours.

LES SOUHAITS.
Paroles de Béranger.

Que ne suis-je la fougère
Où, sur la fin d'un beau jour,
Se repose ma bergère
Sous la garde de l'amour !
Que ne suis-je le zéphire
Qui rafraîchit ses appas,
L'air que sa bouche respire,
La fleur qui naît sous ses pas.

Que ne suis-je l'onde pure
Qui la reçoit dans son sein !
Que ne suis-je la parure
Qui la couvre après le bain !
Que ne suis-je cette glace
Où son miroir répété
Offre à nos yeux une grâce
Qui sourit à la beauté.

Que ne puis-je par un songe
Tenir son cœur enchanté !
Que ne puis-je du mensonge
Passer à la vérité !
Les dieux qui m'ont donné l'être
M'ont fait trop ambitieux,
Car enfin je voudrais être
Tout ce qui plaît à ses yeux.

LES HIRONDELLES
Paroles de Florian.

Que j'aime à voir les hirondelles,
A ma fenêtre tous les ans,
Venir m'apporter des nouvelles
De l'approche du doux printemps!
Le même nid, me disent-elles,
Va revoir les mêmes amours:
Ce n'est qu'à des amans fidelles
A vous annoncer les beaux jours.

Lorsque les premières gelées
Font tomber les feuilles des bois,
Les hirondelles rassemblées
S'appellent toutes sur les toits:
Partons, partons, se disent-elles
Fuyons la neige et les autans;
Point d'hyver pour les cœurs fidelles:
Ils sont toujours dans le printemps.

Si par malheur, dans le voyage,
Victime d'un cruel enfant,
Une hirondelle mise en cage
Ne peut rejoindre son amant,
Vous voyez mourir l'hirondelle
D'ennui, de douleur et d'amour,
Tandis que son amant fidelle
Près de là meurt le même jour.

LA GAITÉ C'EST LA SAGESSE

Air de Philoctète.

De la gaîté, cet ineffable don,
Amis, je veux célébrer la puissance ;
Je veux, rempli de sa divine essence,
Montrer l'effet de son doux abandon.
En un long cercle où règne la tristesse,
Qu'un front riant se présente, et soudain
Le froid désert se transforme en éden :
Oui, la gaîté c'est pour nous la sagesse.

Quand de l'amour et de notre printemps
L'illusion par degrés s'évapore,
Si la gaîté s'infiltre en chaque pore,
Nous défions et le sort et le temps.
Dans le jeune âge et même la vieillesse,
Son prisme heureux aime à dorer nos jours ;
En un cœur pur elle brille toujours :
Oui, la gaîté c'est pour nous la sagesse.

C'est d'elle aussi que la tendre beauté
Tient à la fois son carmin et sa grâce,
Et la prunelle où rayonne sa trace,
Peint un reflet de la félicité.
Au vœu du pauvre elle ouvre sa richesse,
De l'innocence elle orne la candeur,
Elle embellit jusques à la laideur :
Oui, la gaîté c'est pour nous la sagesse.

Magique étoile aux merveilleux attraits,
Dans tous les rangs, comme dans tous les âges,
Elle éclaircit les plus sombres nuages,
Et du malheur elle émousse les traits.

Au vice altier refusant sa largesse,
Elle se plaît au sein de la vertu ;
Elle relève un courage abattu :
Oui, la gaîté c'est pour nous la sagesse.

L'humble artisan, le gaillard savetier,
Dont La Fontaine a tracé la peinture,
Devint rêveur, quand, malgré sa nature,
Vendant sa joie, il trancha du rentier.
Reprends ton or, rends-moi mon allégresse,
Dit-il bien vite à son voisin puissant ;
La bonne humeur nous rafraîchit le sang :
Oui, la gaîté c'est pour nous la sagesse.

Quand la saison aux brillantes couleurs
A revêtu sa parure nouvelle,
De la gaîté le charme se révèle
Et sa présence écarte les douleurs.
Sous les frimas loin que le charme cesse,
De la veillée il anime les jeux :
Il fait braver l'aquilon orageux :
Oui, la gaîté c'est pour nous la sagesse.

Douce gaîté, compagne de l'espoir,
Toi qui de fleurs sèmes nos jours arides,
Viens de mon front, viens effacer les rides
Et de ma vie environner le soir ;
Ainsi qu'au temps de ma vive jeunesse,
A mon déclin ne m'abandonne pas ;
Répétons même, à l'heure du trépas :
Oui, la gaîté c'est pour nous la sagesse.

ALBERT-MONTÉMONT.

LE DÉPART

Air connu.

Il faut quitter ce que j'adore,
Adieu plaisir, adieu bonheur !
Aujourd'hui je vous goûte encore,
Demain vous fuirez de mon cœur.
Séparons-nous, ma douce amie,
Reçois mes adieux en ce jour ;
Mais conservons toute la vie
Le souvenir de notre amour.

Ne me montre pas tes alarmes,
N'ajoute pas à mon malheur,
Ne m'affaiblis pas par tes larmes,
J'ai bien assez de ma douleur.

S'il faut que notre cœur oublie
La peine qu'il sent en ce jour,
Qu'il garde au moins toute la vie
Le souvenir de notre amour.

Un jour, sur un lointain rivage,
Sans espérance et sans repos,
Je n'aurais plus que ton image,
Pour me consoler de mes maux.
Alors loin de ma douce amie,
Je répèterai chaque jour :
Je lui garde toute ma vie
Le souvenir de notre amour.

HOFFMAN.

A ZULMÉ

Air de Joconde.

L'amour nous parle par vos yeux :
  Il nous flatte, il nous touche :
Il folâtre dans vos cheveux ;
  Il rit sur votre bouche.

Partout en vous, ce dieu vainqueur
  Se présente avec grâce ;
Quoi ! seulement dans votre cœur
  N'aurait-il point de place ?

SAINT-ÉVREMONT.

A MADEMOISELLE DE R...
A LA FÊTE D'ANET
Air de Lulli.

Quel étrange changement !
Que mon âme est transportée !
Trop aimable Galatée,
Je vous aime assurément,
Je renonce à ma patrie,
Je me jette à vos genoux ;
Secourez-moi, je vous prie,
Mon salut dépend de vous.

LULLI.

RÉPONSE EN IMPROMPTU
Air du temps.

Vous avez gagné le cœur
D'un endurci Sod......
Il fallait votre mérite
Pour convertir ce pécheur ;
Mais on blâme par la ville
Ce sentiment peu commun
D'en faire damner dix mille,
Et n'en vouloir sauver qu'un.

Vous avez reçu des cieux
Tout ce qui peut rendre aimable,
Une voix incomparable
Et mille dons précieux :
Mais, dans un plaisir extrême,
C'est un tourment sans égal
De trouver, quand on vous aime,
Tout Paris pour son rival.

L'abbé CHAULIEU.

UNE LARME
Air de Romagnesi.

Une larme de tes yeux,
Ô mon amie,
Ô ma chérie !
Une larme de tes yeux,
Touche et fait rêver des cieux.

Quand elle fuit ta paupière,
Je crois voir la rosée en pleurs
Diamanter toutes les fleurs
Quand l'aube jette sa lumière.
Une larme, etc.

Quand elle fuit de ta paupière,
Rien n'est plus beau, ni plus brillant :
C'est cette perle d'Orient
Qui sur ton sein brille si fière !
Une larme, etc.

Quand elle fuit de ta paupière,
Je voudrais être à tes genoux ;
Pour recueillir tes pleurs si doux,
Je donnerais ma vie entière.
Une larme, etc.

ANONYME.

JE NE LE FERAI PLUS
Air : Un jeune troubadour (Dalvinare).

— Vous souvient-il, Victor,
Qu'à l'insu de ma mère
Votre main téméraire
Serra ma main bien fort ?
— Je craignais ton refus,
Ma gentille Nicette ;
Donne ta main blanchette,
Je ne le ferai plus.

— Vous sûtes plus oser,
Car votre bouche avide
Prit sur ma bouche humide
Le plus ardent baiser.
— Je craignais tes refus,
Ou ta juste colère ;
Embrasse-moi, ma chère,
Je ne le ferai plus.

— Vous fîtes plus encor,
J'eus, étant la plus sage,
Blanche rose en partage ;
Vous prîtes mon trésor.
— Je craignais tes refus :
On n'a rien si l'on n'ose.
Ah ! donne-moi ta rose,
Je ne le ferai plus.

Nicette avait un cœur,
Victor était aimable,
Il eut, heureux coupable,
Tout jusques à la fleur....
L'esprit un peu confus,
La naïve Nicette,
Bien faiblement répète :
Je ne le ferai plus.

ANONYME.

A Mme DESBORDES VALMORE

Air nouveau.

Peintre et poëte tour à tour,
Tendre et touchante Marceline,
Apollon, au nom de l'Amour,
Te prêta sa lyre divine.
Tout cède au prestige charmant
Des chants plaintifs que tu soupires,
Chantre naïf du plus doux sentiment;
Tu le peins comme tu l'inspires.

J'avais vu fuir avec douleur
Cette tendre mélancolie,
Ce vague heureux, premier bonheur
Et premier besoin de la vie.

Je pleurais ce prisme enchanté
Par qui tout plaît, tout se colore,
Mais je t'écoute, et mon cœur agité
Te doit une seconde aurore.

De l'amour les brûlants désirs
A ta voix échauffent mes veines;
Tu fais envier ses plaisirs,
Et tu fais regretter ses peines.
On voit renaître sous tes doigts
La muse dont Lesbos s'honore;
Et chaque son de ton luth, de ta voix
Nous dit : Sapho respire encore !

Désaugiers.

LE SOIR

Air de Romagnesi.

En vain l'aurore
Qui se colore
Annonce un jour
Fait pour l'Amour;
De ta pensée
Tout oppressée,
Pour te revoir
J'attends le soir.

L'Aurore en fuite
Laisse à sa suite
Un soleil pur,
Un ciel d'azur.
L'Amour s'éveille,
Pour lui je veille,
Et pour te voir
J'attends le soir.

Heure charmante,
Soyez moins lente !
Avancez-vous,
Moment si doux !
Une journée
Est une année,
Quand pour te voir,
J'attends le soir.

Un voile sombre
Ramène l'ombre :
Un doux repos
Suit les travaux.
Mon sein palpite,
Mon cœur me quitte...
Je vais te voir,
Voilà le soir.

Mme Desbordes Valmore.

ADÈLE

Air : Femme sensible, entends-tu le ramage?

La connaissez, ma gente pastourelle;
D'un doux regard elle a su me charmer,
Savez le prix des doux regards d'Adèle ?
Evitez-les, vous qui craignez d'aimer...

La gaîté brille en son joli sourire;
L'amour pétrit son minois enchanteur :
La volupté sur ses lèvres respire;
Sa bouche appelle et promet le bonheur.

Qui croit jouir, dit-on, rêve et sommeille.
Rêver toujours, voilà mon seul désir.

Rêvant si bien, malheur à qui s'éveille;
Heureux qui dort bercé par le plaisir !

Raison se perd près d'Adèle jolie,
Tendre délire est toujours de saison;
Mais je préfère Adèle et sa folie
Au triste honneur de garder ma raison.

Et si son cœur devenait infidèle,
Dans mon chagrin je bénirais l'Amour :
Fut trop heureux qui fut aimé d'Adèle,
Quand son bonheur n'aurait duré qu'un jour.

M.-J. Chénier.

UN PREMIER AMOUR
Air : Lorsque dans une tour obscure.

L'homme selon son caractère
Cherche à varier ses destins ;
Mille plaisirs sont sur la terre,
Mille fleurs sont dans nos jardins.
Plus d'une agréable folie
Vient nous séduire tour à tour ;
Mais il n'est rien dans cette vie
De plus doux qu'un premier amour.

Il est des amours de tout âge ;
L'homme est inconstant et léger ;
Quel que soit le nœud qui l'engage,
Dès qu'il possède il veut changer :
Une nouvelle fantaisie
Viendra l'occuper quelque jour,
Mais que je le plains s'il oublie
L'objet de son premier amour.

L'autre soir la beauté que j'aime,
Sous un berceau, dans un jardin,
Pour prix de ma tendresse extrême
M'abandonna sa belle main ;
Baiser une main qu'on adore
Est un grand plaisir : mais un jour,
Un regard m'en fit plus encore :
C'était à mon premier amour.

Hier à l'heure où tout sommeille,
Chloris, lasse de refuser,
Sur sa bouche humide et vermeille
Me laissa cueillir un baiser ;
Baiser la bouche qu'on adore
Est un grand plaisir ; mais un jour
Une main m'en fit plus encore :
C'était à mon premier amour.

D'une beauté plus indulgente
J'obtins dans les plus doux moments,
Pour prix de ma flamme éloquente,
Ce tout désiré des amants ;
Ce tout de celle qu'on adore
Est un grand plaisir ; mais un jour
Un baiser m'en fit plus encore :
C'était à mon premier amour.

Comme un autre je fus volage,
Comme un autre je fus heureux ;
Plus d'une a reçu mon hommage,
Pour plus d'une j'ai fait des vœux.
Ces souvenirs de ma jeunesse
Pourront s'effacer pour toujours :
Mais je veux jusqu'en ma vieillesse
Chanter mes premières amours.

HOFFMAN.

LA FOUDRE ET LES DEUX BERGERS
Air : Ah ! que ne suis-je la fougère.

Deux amants, dès leur enfance,
L'un de l'autre étaient épris ;
Ils s'aimaient avec constance,
Comme l'on aimait jadis.
Aux champs ou dans le village,
On les voyait se chercher ;
Vers le soir, dans le bocage,
Ensemble ils s'allaient cacher.

Tandis qu'en ce bois paisible
Ils oubliaient l'univers,
Soudain un tonnerre horrible
A fait retentir les airs.
O ciel ! épargne ma chère...
Le berger n'acheva pas ;
La foudre atteint la bergère,
Elle expire dans ses bras.

L'amant demeure immobile,
Sans rien sentir, sans rien voir :
Il est muet et tranquille,
A force de désespoir...
Une peine si cruelle
Bientôt lui brisa le cœur :
Et tombant près de sa belle,
Il y mourut de douleur.

Un seul tombeau les rassemble
Encore après leur trépas ;
Les amants y vont ensemble,
Et chacun d'eux dit tout bas :
Puissé-je expirer de même !
Juste ciel, entends ma voix !
Survivre à l'amant que j'aime,
Serait mourir mille fois.

ANDRIEUX.

CONSEIL A UNE JOLIE FEMME
Air de Della Maria.

Maudit soit de nos bals le prestige enchanteur !
Eh quoi! charmante Eglé, voilà trois nuits entières
Que le sommeil sur tes paupières
N'a versé sa douce fraîcheur !
Ménage ton printemps, tu n'en auras point d'autre ;
Et consens à fermer enfin ces yeux si beaux :
Si ce n'est point pour ton repos,
Que ce soit au moins pour le nôtre.

DÉSAUGIER.

L'AMANT DISCRET.
Paroles de Gentil Bernard.

L'amant frivole et volage
Chante partout ses plaisirs,
Le berger discret et sage
Cache jusqu'à ses désirs.
Telle est mon ardeur extrême,
Mon cœur, soumis à ta loi,
Te dit sans cesse qu'il aime,
Pour ne le dire qu'à toi.

Sur une écorce légère,
Amans, tracez votre ardeur:
Le beau nom de ma bergère
N'est gravé que dans mon cœur.
Je n'ose occuper ma lyre,
A chanter un nom si doux,
Echo pourrait le redire,
Et j'aurais trop de jaloux.

Corinne à feindre m'engage,
Pour mieux tromper les témoins.
Ce qui lui plait davantage,
Semble me plaire le moins;
L'herbe où son troupeau va paître
Voit le mien s'en écarter,
Et je semble méconnaître
Son chien, qui vient flatter.

Vous, qu'un fol amour inspire,
Connaissez mieux le plaisir;
Vous n'aimez que pour le dire:
Nous n'aimons que pour jouir.
Corinne, que ce mystère
Dure autant que nos amours;
L'amant content doit se taire:
Fais moi taire pour toujours.

Je te perds, fugitive espérance,
L'infidèle a rompu tous nos nœuds:
Pour calmer s'il se peut ma souffrance,
Oublions que je fus trop heureux.

Qu'ai-je dit? non jamais de mes chaines
Nul effort ne saurait m'affranchir:
Ah! plutôt au milieu de mes peines
Conservons un si doux souvenir.

Ah! reviens, séduisante espérance.
Ah! reviens ranimer tous nos feux!
De l'amour quelle que soit la souffrance.
Tant qu'on aime on n'est pas malheureux.

Toi, qui perds un amant si sensible.
Ne crains rien de son cœur généreux:
Le haïr ce serait trop pénible,
L'oublier est encor plus affreux.

L'AMANTE ABANDONNÉE

Air de mon berger volage.

Une jeune bergère,
Les yeux baignés de pleurs,
A l'écho solitaire
Confiait ses douleurs :
Hélas ! loin d'un parjure
Où vais-je recourir !
Tout me trahit dans la nature,
Je n'ai plus qu'à mourir.

Est-ce là ce bocage
Où j'entendais sa voix ?
Ce tilleul dont l'ombrage
Nous servit tant de fois ?
Cet asile champêtre
En vain va refleurir :
O doux printemps, tu viens de naître,
Et moi je vais mourir !

Que de soins le perfide
Prenait pour me charmer ;
Comme il était timide
En commençant d'aimer !
C'était pour me surprendre
Qu'il semblait me chérir :
Ah ! fallait-il être si tendre
Pour me faire mourir !

Autrefois sa musette
Soupirait nos ardeurs :
Il parait ma houlette
De rubans et de fleurs.
A des beautés nouvelles
L'ingrat va les offrir,
Et je l'entends chanter pour elle
Quand il me fait mourir !

Viens voir couler mes larmes
Sur ce même gazon,
Où l'amour par ses charmes
Egara ma raison.
Si dans ce lieu funeste
Rien ne peut t'attendrir,
Adieu, parjure : un bien me reste,
C'est l'espoir de mourir.

Un jour viendra, peut-être,
Que tu n'aimeras plus ;
Alors, je ferai naître
Tes regrets superflus ;
Tu verras mon image,
Tu m'entendras gémir,
Tu te plaindras, berger volage,
De m'avoir fait mourir !

LÉONARD.

JE T'AIMERAI

Air connu.

Je t'aimerai tant qu'on verra l'Aurore
Du dieu du jour amener la clarté ;
Je t'aimerai tant que les dons de Flore
Embelliront le sein de la beauté.

Je t'aimerai tant que les hirondelles
Feront leurs nids au retour du printemps ;
Je t'aimerai tant que des tourterelles
On entendra les doux gémissements.

Je t'aimerai tant que cette onde pure
Réfléchira la lumière des cieux ;
Je t'aimerai tant que de la nature
Nous recevrons les bienfaits précieux.

Je t'aimerai tant que le chien fidèle
Sera l'espoir de l'amoureux berger ;
Je t'aimerai tant que la fleur nouvelle
Attirera le papillon léger.

Je t'aimerai tant que l'herbe fleurie
Du tendre agneau flattera le désir :
Je t'aimerai, chère âme de ma vie,
Tant que la rose aimera le Zéphir.

Je t'aimerai tant qu'un souffle de flamme
S'élèvera du flambeau de l'Amour,
C'est pour aimer que nous avons une âme :
Je t'aimerai jusqu'à mon dernier jour.

ANONYME.

LA CHANSON

Air de Lélu.

Fille aimable de la Folie,
La chanson naquit parmi nous :
Simple, légère, elle se plie
Au ton des sages et des fous.
Amoureux de la bagatelle,

Nous quittons la lyre immortelle
Pour le tambourin d'Erato ;
Homère est moins lu que Chapelle,
Et si nous admirons Apelle,
Nous aimons Téniers et Vateau.

ANONYME.

L'INCONSTANT

Air : Femmes, voulez-vous éprouver.

Ami, quel système est le tien ?
Tu rougiras d'être fidèle ;
Tu t'affranchis d'un doux lien
En voltigeant de belle en belle ;
De ce travers qui te séduit,
L'Amour te plaint, l'Honneur te blâme :
Laisse les rêves de l'esprit,
Cherche les vrais plaisirs de l'âme.

L'inconstant n'est jamais heureux ;
Tout lui plaît et rien ne l'attache ;
Pour son cœur toujours orageux,
Sous le plaisir l'ennui se cache ;
Sans l'employer, sans la sentir,
Il prodigue son existence :
Plus il contente le désir,
Moins il trouve la jouissance.

Au sein même des voluptés,
Il accuse encor la fortune ;
Il adore trente beautés,
Il n'en saurait aimer aucune :
Toujours un secret repentir
Se mêle à sa plus douce ivresse :
Il ne peut goûter un plaisir
Qu'en regrettant celui qu'il laisse.

Le chérit-on avec ardeur ?
Il aime à penser qu'on l'abuse ;
La ruse est toujours dans son cœur,
Dans tous les cœurs il voit la ruse :
Sans cesse au moment de trahir
Il ne peut croire à la constance :
Et des maux qu'il fera souffrir,
Lui-même il se punit d'avance.

De succès il est altéré ;
Le succès ne peut lui suffire :
Le bonheur qu'il a désiré
N'est jamais celui qu'il désire :
De tout il veut, il croit jouir ;
Mais pour lui, malgré l'apparence ;
Le soir n'a point de souvenir,
Le matin n'a pas l'espérance.

Au délire du sentiment
Jamais son cœur ne s'abandonne ;
Il calcule à chaque moment
Ce qu'il reçoit et ce qu'il donne ;
Plus inquiet, plus alarmé
Que celles qu'il cherche à séduire,
Sans être heureux il est aimé,
Et ne sent pas ce qu'il inspire.

A peine il sort de son printemps,
Son cœur a fourni sa carrière ;
Il dépense en quelques instants
Le bonheur de sa vie entière ;
A trente ans maudissant le sort,
Victime d'un fatal système,
Pour tout le monde jeune encor,
L'inconstant est vieux pour lui-même.

A vivre pour lui condamné,
Au port retrouvant les tempêtes,
Enfin il reste abandonné
Seul au milieu de ses conquêtes !
Un doux et long attachement
N'orne pas le soir de sa vie !
De mille objets il fut l'amant,
Il meurt sans avoir une amie.

Princesse DE SALM-DYCK.

LE BESOIN D'AIMER

Air connu.

Besoin d'aimer est pour nous sur la terre
Comme l'air pur qui vient nous animer ;
Dans les palais, sous la chaumière,
Oui, tout ressent dans la nature entière
  Besoin d'aimer.

Besoin d'aimer est un feu qui dévore,
Un mal cruel que rien ne peut calmer ;
Jeune, rarement on l'ignore ;

En vieillissant nous éprouvons encore
  Besoin d'aimer.

Besoin d'aimer nous poursuit, nous enflamme ;
Contre l'Amour en vain l'on veut s'armer.
En voyant paraître une femme,
Comment pouvoir éteindre dans son âme
  Besoin d'aimer ?

BOUILLY.

Impr. de Pillet fils aîné, rue des Grands-Augustins, 5.

VAUDEVILLE ADRESSÉ A COLLÉ

Air : Un chanoine de l'Auxerrois.

Jadis à table, entre les pots,
Roulaient et couplets et bons mots.
   Cette joie est bannie ;
Le bon air, hélas! dans Paris
Déclare roturiers les ris ;
Décemment on s'ennuie ;
Gens qui se disent du bon ton,
Ne veulent plus qu'on chante zon,
    Et bon, bon, bon,
    Que le vin est bon!
   Il console la vie.

De Momus joyeux favori,
Qui chez Michaut mène Henri,
   Les fait trinquer à table :
Crois-tu que ce fameux héros,
Par sa bonté, par ses propos,
   A jamais adorable,
Serait aujourd'hui du bon ton
Lui qui simplement grand et bon,
    Chanterait, zon,
    Que le vin est bon,
   Près d'un objet aimable?

Devant l'italique fredon,
A fui la bachique chanson,
   Et le gai vaudeville ;
Tout d'un temps a fui loyauté,
Plutus est le seul dieu fêté
   A la cour, à la ville,
Et dans nos meilleures maisons,
Gens bariolés de cordons,
   Disent tout haut :
   « C'est l'or qu'il nous faut,
   « L'honneur est inutile. »

Mon cher Collé, mon vieil ami,
Toi, qui si longtemps as gémi
   Du triste goût moderne,
Qu'à l'anglaise, des furieux,
Descendent, en bravant les cieux,
   Aux gouffres de l'Averne !
Mais nous, des roses du printemps
Couronnons l'hiver de nos ans,
   Et si jamais
   Nous mourons exprès,
Consentons qu'on nous berne.

Malgré le siècle où nous vivons,
Osons donner pour compagnons
   Les ris à la vieillesse,
A l'exemple d'Anacréon,
Il faut dans l'arrière-saison
   Egayer la sagesse,
Et souvent, le verre à la main,
Dire à Philis... « Objet divin,
   « Versez tout plein,
   « Beaux yeux et bon vin,
   « Rappellent la jeunesse. »

                    SAURIN.

RÉPONSE AU VAUDEVILLE DE SAURIN

Air des Cordons bleus.

Mon vieil ami, tu m'as adressé
Ton vaudeville anacréontique,
Des gens du grand monde m'ont pressé
De t'y faire deux mots de réplique..
Monsieur Saurin, vous avez blessé
    Par votre critique
    Joyeuse et caustique,
Ce siècle lumineux et sensé,
Souffrez qu'on défende son siècle offensé.

Le ton noble et triste, le bon ton
Exerce d'abord votre satire ;
Mais, mon cher, vous savez que Platon
Faisait raisonner et non pas rire ;
Aussi combien dans ce siècle a-t-on
    De gens pour instruire,
    Conduire un empire,
Et puis voyez l'esprit du bon ton,
L'on vit en équipage et l'on parle en Caton.

Le vaudeville était trop gaillard,
Vous en regrettez trop l'indécence ;
Votre pudeur l'a proscrit trop tard,
C'est depuis peu qu'on est chaste en France :
L'ariette plus simple et sans fard,
A cette innocence
Qu'il faut qu'on encense,
Tout esprit, tout sentiment à part,
C'est pour la musique un chef-d'œuvre de l'art.

Tâchez de vous plier à nos mœurs,
Et prêtez-vous à notre faiblesse ;
A quoi peuvent servir vos clameurs
Pour l'honneur et contre la richesse ?
Sans argent peut-on vivre ?... Et d'ailleurs,
    Votre aigre sagesse
    Manque de justesse
Quand on voit, d'après nos raisonneurs,
Que le déshonneur nous conduit aux honneurs.

Le sage va se moquer de vous
D'avoir plaisanté le suicide.
Mon cher ami, chacun a ses goûts,
Faut-il que le vôtre nous décide ?
Ne gênez personne... et, croyez-nous,
    Une mort rapide
    Est moins insipide !
N'ôtez point à l'orgueil ses ragoûts ;
Laissez-leur le plaisir de se tuer tous.

                    COLLÉ.

LE KABYLE

Air : Le fil de la vierge.

Partons, ô mon coursier, abandonnons la plage,
    Ses flots d'azur,
Du Kabyle qui fuit s'allume le courage
    Pour un jour sûr.
Laissons au bruit flatteur d'une trompeuse gloire,
    Sous leurs drapeaux,
Nos ennemis dormir au sein de la victoire,...
    Sur leurs tombeaux.

Que nous font leurs beaux arts, leur luxe, leurs richesses,
    Et ces houris,
Qu'effleurent tous les yeux, dédaigneuses maîtresses,
    Et leur Paris?
A nous le grand désert, le soleil et l'espace!
    Présent divin!
Sans lois la liberté ; mais pour eux et leur race,
    Haine sans fin!

L'iman sur la mosquée annonce la prière ;
    Vers le saint lieu,
Le pieux musulman devance la lumière,
    Pour louer Dieu ;
Mais l'impur étranger a profané l'eau sainte,
Et du koran
Murmure les versets, sans respect et sans crainte.
    Dieu seul est grand!

Quand le lion rugit aux flancs de la montagne,
    Quand le chacal
Fait de ses cris aigus retentir la campagne ;
    Seimoun fatal,
Quand ton souffle embrasé levant des flots d'arène,
    Obscurcit l'air,
Lorsque l'Européen tombe et respire à peine,
    Je marche fier.

Charmante Almaïda, légère est la gazelle,
    Bien moins que toi ;
Mieux que son œil, ton œil grand et noir étincelle
    Tourné sur moi ;
Ton front pur est plus beau que la plus belle étoile
    Qu'on aime à voir ;
Nulle main que ma main ne détache ton voile,
    Quand vient le soir.

Je pars, mais au désert un séduisant mirage
    Viendra m'offrir ;
Dans l'oasis en fleur, au consolant ombrage,
    Ton souvenir ;
Je croirai, de pudeur et d'amour éperdue,
    Transports si doux !
Contre mon sein brûlant te presser demi-nue,
    Sous mon burnous.

Nous reverrons bientôt nos campagnes natales,
    L'orgueil au front ;
Du feu de leurs naseaux, nos ardentes cavales
    Vous poursuivront ;
Le Kabyle survient, plus prompt que la tempête,
    Semant la mort :
A son arçon fumant il arbore ta tête,
    Homme du nord.

                Pinet.

L'AVEUGLE SANS CHAGRIN

Air : Au coin du feu.

Je suis heureux sans doute,
Amis, de n'y voir goutte,
    Car c'est un bien.
Restons comme nous sommes :
Du mal que font les hommes
    Je ne vois rien.

Assis près d'Armandine,
Parfois je la lutine,
    Car c'est un bien.

Me pousse-t-on du coude,
Fuit-on celle qui boude
    Je n'y vois rien.

Souvent elle se sauve
Jusqu'au fond de l'alcôve :
    Je la suis bien.
Finis, tu me chiffonne ;
Mais, je te le pardonne,
    Tu n'y vois rien.

            Duverny, *l'aveugle.*

Une fièvre brûlante
Un jour me terrassait,
Et de mon corps chassait
Mon ame languissante:
Madame approche de mon lit
Et loin de moi la mort s'enfuit.
  Un regard de ma belle
  Fait dans mon tendre cœur
  A la peine cruelle
  Succéder le bonheur.

Dans une tour obscure
Un Roi puissant languit;
Son serviteur gémit
De sa triste aventure
Si Marguerite était ici
Je m'écrirais, plus de souci,
  Un regard de ma belle
  Fait dans mon tendre cœur
  A la peine cruelle
  Succéder le bonheur.

Paroles de Sedaine.

Que le Sultan Saladin
Rassemble dans son Jardin
Un troupeau de Jouvencelles,
Toutes jeunes, toutes belles,
Pour s'amuser le matin,
  C'est bien, c'est bien,
Cela ne nous blesse en rien ;
Moi je pense comme grégoire,
  J'aime mieux boire.

Qu'un Seigneur, qu'un haut Baron,
Vende jusqu'à son donjon
Pour aller à la croisade,
Qu'il laisse sa camarade
Dans la main de gens de bien.
  C'est bien, c'est bien,
Cela ne me gêne en rien;
Moi je pense comme Grégoire,
  J'aime mieux boire.

Que le vaillant Roi Richard
Aille courir maint hazard
Pour aller loin d'Angleterre
Conquérir un autre terre
Dans le pays d'un payen.
  C'est bien, c'est bien,
Cela ne nous blesse en rien;
Moi je pense comme Grégoire,
  J'aime mieux boire.

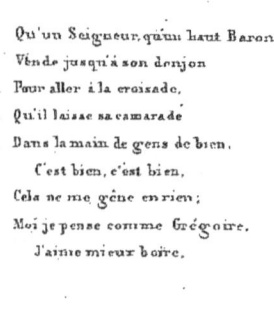

La danse n'est pas ce que j'aime
Mais c'est la fille à Nicolas;
Lorsque je la tiens par le bras,
Alors mon plaisir est extrême,
Je la presse contre moi-même;
Et puis nous nous parlons tout bas:
Que je vous plains, vous ne la verrez pas.

Elle a quinze ans, moi j'en ai seize,
Ah! si la mere Nicolas
N'était pas toujours sur nos pas:
Ah! bien, quoique cela déplaise,
Auprès d'elle je suis bien aise;
Et puis nous nous parlons tout bas:
Que je vous plains, vous ne la verrez pas.

DESSOUS LA TREILLE

(XVIIᵉ SIÈCLE.)

Air du temps.

Imbéciles amants, dont les brûlantes âmes
  Sont autant de tisons,
Allez, portez vos fers, vos chaînes et vos flammes
  Aux petites maisons.

Cependant nous rirons avecque la bouteille,
  Et dessous la treille
  Nous la chérirons.

LE SAVOYARD (PHILIPPOT, dit),
Chanteur du Pont-Neuf *.

SUITE

(Boileau, qui cite ce chantre du Pont-Neuf, dans une de ses satires, allait dans sa jeunesse l'entendre avec plaisir, et n'a pas dédaigné de faire deux couplets pour servir de suite à celui du Savoyard.)

Soupirez jour et nuit sans manger et sans boire,
  Ne songez qu'à souffrir;
Aimez, aimez vos maux, et mettez votre gloire
  A n'en jamais guérir.
Cependant nous rirons avecque la bouteille,
  Et dessous la treille
  Nous la chérirons.

Si, sans vous soulager, une aimable cruelle
  Vous retient en prison,
Allez aux durs rochers, aussi sensibles qu'elle,
  En demander raison.
Cependant nous rirons avecque la bouteille,
  Et dessous la treille
  Nous la chérirons.

BOILEAU-DESPRÉAUX.

* On a un volume de lui, intitulé : RECUEIL NOUVEAU DES CHANSONS DU SAVOYARD.

CUEILLONS LA ROSE
ET
LAISSONS LES ÉPINES

Air de Philoctète.

Amis, pourquoi, sur les flots du chagrin
De notre vie aventurer la barque?
Pourquoi laisser les longs doigts de la Parque
Rouler nos jours sur un fuseau d'airain?
Du temps qui vole affrontant les rapines,
Aux ris, aux jeux consacrons nos loisirs;
Dans un parterre émaillé de plaisirs,
Cueillons la rose et laissons les épines.

Sachons du sort émousser tous les traits,
Du vrai bonheur agrandissons la route;
Des passions que nous fait la déroute?
Vivons pour nous et vivons sans regrets.
Quand sous le dais aux superbes crépines
Veillent les soins qui rongent les tyrans,
N'envions point la fortune des grands;
Cueillons la rose et laissons les épines.

Tu veux sans cesse, ô pauvre genre humain;
De l'opulence atteindre le fantôme;
Et bien souvent l'insaisissable atome
De sa promesse abuse ton chemin.

Nous préférons les joyeuses popines*
Au sombre ennui des splendides festins;
Tant que le myrte ombrage nos destins,
Cueillons la rose et laissons les épines.

L'un suit de Mars les glorieux drapeaux,
Et va périr au sein d'une bataille;
A son honneur l'autre fait une entaille.
En immolant aux honneurs son repos.
Le rossignol, hôte des aubépines,
Remplit les airs du doux bruit de ses chants:
Nous, aux cités comme au milieu des champs,
Cueillons la rose et laissons les épines.

La politique aux regards soucieux
Sur les états ouvre son aile immense;
Et de ses fils l'orgueilleuse démence
Semble vouloir escalader les cieux.
Nous, gais amants des bruyantes chopines,
Dont la liqueur abreuve nos poumons,
Charmés des nœuds qu'à table nous formons,
Cueillons la rose et laissons les épines.

ALBERT-MONTÉMONT.

* Popina, cabaret (Chaulieu).

LA LIBERTÉ

ERRANTE, MALHEUREUSE ET PERSÉCUTÉE

— ROMANCE —

(1829)

AIR : Rien n'était si joli qu'Adèle.

La liberté, c'te demoiselle
  Que chacun poursuit,
Et qui n'peut trouver un réduit,
Partout s'entend dir' jour et nuit :
Amusez-vous, trémoussez-vous,
Amusez-vous, trémoussez-vous,
  Amusez-vous, belle ;
  Mais ne venez pas
    Prendr' vos ébats
    Dans nos états.

Georges lui dit : Mademoiselle,
  Grâce à Wellington,
On n'vous connaît ici que d'nom ;
Comm' mon ministre a seul raison,
Amusez-vous, trémoussez-vous,
Amusez-vous, trémoussez-vous,
  Amusez-vous, belle ;
  Mais ne venez pas
    Prendr' vos ébats
    Dans nos états.

Nicolas lui dit : Mad'moiselle,
  J'ai, pauvre chrétien,
Assez d'tracas chez le païen ;
De vous mes serfs se pass'ront bien :
Amusez-vous, trémoussez-vous,
Amusez-vous, trémoussez-vous,
  Amusez-vous, belle ;
  Mais ne venez pas
    Prendr' vos ébats
    Dans nos états.

Mahmoud lui dit : Mademoiselle,
  Mon sérail galant
Peut seul vous r'cevoir maint'nant,
Sinon comme un Grec je vous pend ;
Amusez-vous, trémoussez-vous,
Amusez-vous, trémoussez-vous,
  Amusez-vous, belle ;
  Mais ne venez pas
    Prendr' vos ébats
    Dans nos états.

Don Miguel lui dit : Mad'moiselle,
  Allez voir Pédro,
Afin de l'traiter en zéro ;
Je n'veux pas être un roi d'carreau ;
Amusez-vous, trémoussez-vous,
Amusez-vous, trémoussez-vous,
  Amusez-vous, belle ;
  Mais ne venez pas
    Prendr' vos ébats
    Dans nos états.

L'saint-pèr' lui dit : Mademoiselle,
  Courbez-vous un peu,
Et puis baisez mon soulier bleu* ;
Ne péchez plus, croyez en Dieu ;
Amusez-vous, trémoussez-vous,
Amusez-vous, trémoussez-vous,
  Amusez-vous, belle ;
  Mais ne venez pas
    Prendr' vos ébats
    Dans nos états.

François lui dit : Mademoiselle,
  Fuyez donc presto,
Metternich va crier haro ?
Vous sentez le carbonaro ;
Amusez-vous, trémoussez-vous,
Amusez-vous, trémoussez-vous,
  Amusez-vous, belle ;
  Mais ne venez pas
    Prendr' vos ébats
    Dans nos états.

Ferdinand lui dit : Mad'moiselle,
  Chez nous on est vif,
Et la foi nous rend expéditif ;
Nous vous brûlerons comme un juif ;
Amusez-vous, trémoussez-vous,
Amusez-vous, trémoussez-vous,
  Amusez-vous, belle ;
  Mais ne venez pas
    Prendr' vos ébats
    Dans nos états.

Charles lui dit : Mademoiselle.
. . . .

(La prévision de l'auteur de cette relation officielle n'ayant pu aller plus loin, le couplet reste à faire.)

* La pantoufle du pape est rouge et non pas bleue ; c'est une licence prise par l'auteur.

Impr. de Pillet fils aîné, rue des Grands-Augustins

LE PONT DE LA VEUVE

Air : Cœurs sensibles, cœurs fidèles.

De la mère la plus tendre
Je vais chanter les malheurs :
Bons fils, venez sur sa cendre
Répandre avec moi des pleurs :
Vous qui, toujours en alarmes,
Vivez pour vos seuls enfants,
Bonnes mères, que vos larmes
Se mêlent à nos accents.

Au royaume de Valence
Une veuve avait un fils ;
Amour, bonheur, espérance
Sur lui s'étaient réunis.
Jeune, riche, aimable et belle,
A l'hymen se refusant,
Peut-on aimer, disait-elle,
Un autre que son enfant ?

Un beau tournois dans Valence
Attirait maint chevalier ;
L'enfant meurt d'impatience
D'y montrer son beau coursier ;
Sa mère y consent et pleure,
Et lui dit en l'embrassant :
Si tu ne veux que je meure
Ne sois pas trois jours absent.

L'enfant part avec sa suite :
Bientôt il trouve un torrent ;
Son coursier l'y précipite :
Les flots emportent l'enfant ;
Pour le ramener à terre
Efforts et secours sont vains :
Ah ! trop malheureuse mère,
C'est toi surtout que je plains ?

Un saint pasteur va chez elle
Pour l'instruire de son sort,
A cette âme maternelle
Il donne le coup de mort :

Elle demeure accablée
Par l'excès de ses douleurs ;
Sa vue est fixe et troublée,
Et ses yeux n'ont point de pleurs.

Sans proférer une plainte,
Renfermant tout dans son cœur,
Enfin d'une voix éteinte
Elle dit au saint pasteur :
J'irai bientôt, je l'espère,
Près de ces funestes eaux ;
Vous m'y conduirez, mon père ;
J'y trouverai le repos.

Là que ma fortune entière
D'un pont devienne le prix
A l'endroit de la rivière
Où j'ai perdu mon cher fils :
Et qu'au moins dans ma misère,
Ce pont, trop tard élevé,
Préserve tout autre mère
Du malheur que j'éprouvai.

Je veux qu'on porte ma bière
Parmi ces tristes roseaux,
Qu'on la couvre d'une pierre
Où l'on gravera ces mots :
« Dans cette demeure affreuse
« De mon corps sont les débris ;
« Mais mon âme, plus heureuse,
« Mon âme est avec mon fils. »

Elle dit, et tombe morte,
On suivit sa volonté ;
Près du torrent on la porte :
Un pont s'élève à côté.
Ce pont, non loin de Valence,
Se fait encore admirer ;
On le traverse en silence,
Et jamais sans y pleurer.

FLORIAN.

BONHEUR DE LA PATERNITÉ

Air d'Aristippe

Heureux celui qui du doux nom de père
  S'entend bénir à chaque instant !
Qu'il soit ou non isolé de la terre,
Il n'est plus seul, s'il possède un enfant

A la douleur quand son âme succombe,
Sa main est là qui doit sécher ses pleurs ;
Et lorsqu'il meurt, il sait que sur sa tombe
Quelqu'un du moins viendra jeter des fleurs.

ANONYME.

LE TOMBEAU D'EMMA

Air du temps.

Naissez, mes vers, soulagez mes douleurs,
Et sans effort coulez avec mes pleurs :

Voici d'Emma la tombe solitaire ;
Voici l'asile où dorment les vertus.
Charmante Emma, tu passas sur la terre
Comme un éclair qui brille et qui n'est plus !
J'ai vu la mort dans une ombre soudaine
Envelopper l'aurore de tes jours
Et tes beaux yeux, se fermant pour toujours,
A la clarté renoncer avec peine.
      Naissez, mes vers, etc.

Ce jeune essaim, cette foule frivole
D'adorateurs qu'enchaînait sa beauté,
Ce monde vain dont elle fut l'idole
Vit son trépas avec tranquillité.
Les malheureux que sa main bienfaisante
A fait passer de la peine au bonheur
N'ont pu trouver un soupir dans leur cœur
Pour consoler son ombre gémissante.
      Naissez, mes vers, etc.

L'amitié même, oui l'amitié volage
A rappelé les ris et l'enjouement ;
D'Emma mourante elle a chassé l'image,
Son deuil trompeur n'a duré qu'un moment.
Sensible Emma, douce et constante amie,
Ton souvenir ne vit plus dans ces lieux !
De ce tombeau l'on détourne les yeux ;
Ton nom s'efface, et le monde t'oublie !
      Naissez, mes vers, etc...

Malgré le temps, fidèle à sa tristesse,
Le seul Amour ne se console pas,
Et ses soupirs, renouvelés sans cesse,
Vont te chercher dans l'ombre du trépas !
Pour te pleurer je devance l'aurore :
L'éclat du jour augmente mes ennuis ;
Je gémis seul dans le calme des nuits ;
La nuit s'envole et je gémis encore.

Naissez, mes vers, soulagez mes douleurs
Et sans effort coulez avec mes pleurs.
                         PARNY.

VELLÉDA

ROMANCE

Air : Vous vieillirez, ô ma belle maîtresse.

Au sein des nuits, sur l'aride bruyère,
Velléda seule, en proie à son ardeur,
Assise au pied du chêne solitaire,
Belle d'amour et pâle de douleur,
Au bruit lointain de la mer irritée,
Au cri plaintif du triste oiseau des nuits,
Mêlait des chants qu'à son âme attristée
Dictaient, hélas ! son trouble et ses ennuis.

Sans ornements, sa blonde chevelure
En longs anneaux retombait sur son sein ;
Elle souffrait et pleurait son injure,
Et tristement redisait ce refrain :
« Je vais mourir, et toi seul en es cause,
Charmant guerrier, qui troublas mon repos
Je vais mourir... Mourir est peu de chose,
Mais te quitter est le plus grand des maux.

« Quand tu me vois tu détournes la vue ;
Que t'ai-je fait, hélas ! pour me haïr ?
Triste, rêveuse, inquiète, éperdue,
Le jour, la nuit je ne sais que gémir.
Peut-être, hélas ! tu ris de ma souffrance,
Et ton orgueil jouit de ma douleur ;
En te voyant j'ai perdu l'innocence,
En t'adorant j'ai perdu le bonheur.

« Vierge et prêtresse, aux dieux de ma patrie
J'avais fait vœu d'échapper aux amours ;
Quand je te vis, entraînée, attendrie,
Je fis celui de t'adorer toujours.
Mais que peut faire un devoir que j'abhorre ;
Lorsque je meurs du besoin de t'aimer ?
Mes dieux, ma loi, mon bonheur c'est Eudor
Ah ! tant d'amour ne peut-il te charmer ?

« Te souvient-il que j'étais fraîche et belle ?
Vois mes attraits pour le malheur flétris ;
Regarde-moi, vois ma peine cruelle,
Et sur mon front tous mes chagrins écrits.
Oui, je le sens, la triste druidesse
Marche en pleurant vers l'éternel repos.
J'attends la mort... déjà sa main me presse :
Mais te quitter est le plus grand des maux. »

Ainsi chantait la vierge infortunée ;
Un fol amour empoisonnait mon cœur ;
Elle tomba comme la fleur fanée
Sous le tranchant du fer agriculteur.
Morte infidèle, une loi trop sévère
De son trépas augmenta les douleurs ;
Nul ne para son tombeau solitaire :
L'Amitié seule y versa quelques pleurs.
                  Le chevalier de BOUFLERS.

En songe, un jour il rêva de galant,
A son réveil, las! il la battit tant!...
Pour passe-tems qu'est-ce donc qu'elle avait?
Des animaux, elle les élevait.

Un sanglier et deux grands louveteaux,
L'allaient suivant comme petits agneaux.
Un ours des bois dans leur parc se glissa;
En moins de rien elle l'apprivoisa.

A sa voix douce ils accouraient soudain,
Et ne prenaient vivres que de sa main.
Plus doux cent fois, un chacun deux semblait,
Dire à l'époux, qu'aimer il la fallait.

Quelque fois l'ours, comme on voit, s'adoucit;
Mais le jaloux toujours plus s'endurcit.
Las! voici bien un autre désarroi!
Comte de SAULX, te faut servir le Roi.

Il t'a mandé: mon cousin, vous viendrez
Me joindre en guerre, et bien me défendrez.
Ne plus garder sa femme, oh! quel malheur!
Il s'y résout, la rage dans le cœur.

Vivres chétifs pour trois ans lui donna;
Dans la grand'tour on vous l'emprisonna.
Or bien qu'époux fussent depuis cinq ans,
Elle n'avait été grosse d'enfans,

Et dans la nuit, la veille du départ,
Enceinte fut; admirez le hazard.
Mais il s'en va, sans en être certain.
Comtesse, hélas! quel sera ton destin!

Deux ans passés, deux ans et seize jours,
Elle habita la plus sombre des tours;
Et loin, bien loin qu'elle en eût du courroux,
Le Comte absent, ses jours coulaient plus doux.

Mais un matin, source de plus grands maux!
On ouvre l'huis, c'est le Comte de SAULX.
Sa moitié voit, tenant sur son giron,
Et caressant le plus gentil poupon.

Morne et tremblant il reste avec effroi;
Il fut absent, elle a faussé sa foi.
Il va penser qu'en la tour introduit,
Un vert galant l'escaladait la nuit.

Sa dague alors prenant avec fureur,
A l'innocent l'enfonça dans le cœur:
Puis sur sa femme avec un noir regard,
Il va levant l'ensanglanté poignard.

Femme sans foi, sans vergogne, sans mœurs,
Recours à Dieu, tu vas mourir, tu meurs.
L'infortunée à ces mots n'entendait,
Serrant l'enfant qui son ame rendait.

Bouche sur bouche, elle veut recueillir
Le fruit amer de son dernier soupir.
Quel tigre alors n'eut daigné s'attendrir!
Et le cruel sa moitié va meurtrir.

Vers son beau sein déjà le fer mortel...
Mais quel grand bruit à l'entour du châtel!
Ah! Dieu, vrai Dieu! c'est le brave OLIVIER
Qui l'escalade avec maint cavalier.

L'époux se calme ou se trouble autrement,
Madame allons au bel appartement.
Les y voilà : ça mettez sans retard.
Jupe de soie et le corps de brocard.

Car OLIVIER vient occir par courroux
Cil qu'en l'église avez fait votre époux.
Vos cavaliers, s'il demande où sont-ils?
Au loup chassant avec chiens et fusils.

S'il vous demande où sont vos aumoniers?
Allant à Rome avec mes écuyers.
S'il vous demande où Damoiselles sont?
Pélérinage à Saint Claude elles font.

Si chambrières? lors repondrez: bon.
Au clair ruisseau blanchissent le linon.
S'il vous demande, où est le petit né?
Dieu l'a repris comme il l'avait donné.

Bref, s'il disait, votre époux je ne voi?
Mandé par lettre il est au camp du Roi.
Mais à la porte OLIVIER mène bruit.
Et jà le comte est caché sous le lit.

Où est ma sœur? que l'emmènes d'ici.
Mon frère, hélas! me méconnait ainsi!
Ma sœur, ma sœur, est-ce bien vous "hélas!
Paleur avez comme au jour du trépas.

Tout haut répond: j'ai failli de mourir;
Et puis tout bas: las! j'ai bien à souffrir.
Ma sœur, ma sœur, je ne vois d'aumoniers,
De clercs aucuns, aussi peu d'écuyers?

Tout haut: pour Rome un chacun est parti;
Tout bas: mon frère, hélas! j'ai bien pâti.
Ma sœur, ma sœur, n'avez pages aucun?
Point de hérauts, de cavaliers pas un?

Elle tout haut : ils sont chassant au bois :
Et puis tout bas : par jour me meurs cent fois.
Ma sœur, ma sœur, où donc est votre époux,
Qu'il ne me vient recueillir quand et vous ?

Tout haut : Il est allé le roi servir ;
Et puis tout bas, pousse un profond soupir.
Ma sœur, ma sœur, cher objet d'amitié,
Quoi ! de vos maux me cachez la moitié ?

Il est céans, ce tant barbare époux,
Qui méconnaît son vrai trésor en vous.
Lors l'apperçoit, et du lit l'arrachant,
Tire sur lui son coutelas tranchant.

Elle l'arrête, embrassant ses genoux :
Non frère, hélas ! c'est toujours mon époux.
Rancune n'ai de tant de maux que j'eus ;
Pardonnez lui, il ne me tuera plus.

Non, tout cruel éprouve un cruel sort,
Et qui vous hait a mérité la mort.
Lors il le frappe, et sa sœur lui montrant :
Regrette la, dit-il en expirant.

Le Comte expire, et ce cœur sans pitié
Meurt honoré des pleurs de sa moitié.
Époux, époux, n'oubliez son destin :
Onc un jaloux ne fit heureuse fin.

LE DERNIER BEAU JOUR D'AUTOMNE*

AIR napolitain.

Déjà la feuille détachée
S'envole au gré de l'aquilon ;
De sa dépouille desséchée
La fleur a jauni le vallon.
Sous le chêne il n'est plus d'ombrage,
Aux bosquets il n'est plus d'amour ;
Je vais saluer au visage
    Le dernier beau jour.

Les rayons d'un soleil d'automne
A peine attiédissent les cieux ;
L'hirondelle nous abandonne
Et quitte en gazouillant ces lieux.
Son joli chant semble nous dire :
Adieu, beau ciel, riant séjour,
Je pars et veux encor sourire
    Au dernier beau jour.

Le vieillard vient dans la prairie
Rêver au déclin de ses ans,
En voyant cette herbe flétrie
Qui fléchit sous ses pas tremblants.
Songeant, au bout de sa carrière,
Aux biens qui l'ont fui sans retour,
Il entr'ouvre encor sa paupière
    Au dernier beau jour,

Semons de fleurs notre existence,
Le temps saura bien les flétrir !
Avant que notre hiver commence,
Trop heureux qui sait les cueillir !
Bientôt la jeunesse est fanée,
Il n'est qu'un instant pour l'amour ;
Notre vie a, comme l'année,
    Son dernier beau jour.

                              ESMÉNARD.

* ESMÉNARD, entraîné par des chevaux fougueux, périt en Italie, le 25 juin 1811. On trouva dans ses papiers, épars sur le sol, cette délicieuse et mélancolique romance.

CORALIE

Air connu.

A dix-sept ans, la pauvre Coralie,
Disait tout bas à chaque instant du jour :
« Oui, c'en est fait, oui je fuirai l'amour. »
Fuit-on l'amour quand on est si jolie !

Hylas parut, la bergère attendrie,
En le voyant éprouva du plaisir ;
Elle rougit, mais sans y réfléchir.
Réfléchit-on quand on est si jolie !

Hylas lui dit : « Oh ! ma tant douce amie,
« Daigneras-tu m'accorder un baiser ! »
Elle n'eut pas le cœur de refuser.
Refuse-t-on quand on est si jolie !

Un certain soir, sur la verte prairie,
Elle combla tous les désirs d'Hylas :
A l'inconstance elle ne pensait pas ;
Y pense-t-on quand on est si jolie !

Bientôt Hylas la quitte pour Sylvie ;
Lors, mes amis, j'ai vu la pauvre enfant,
Donner des pleurs à son volage amant.
Doit-on pleurer quand on est si jolie !

Depuis ce jour sa figure flétrie,
Perdit, hélas ! moitié de ses attraits ;
Elle souffrit sans se plaindre jamais.
Doit-on souffrir quand on est si jolie !

A dix-huit ans elle perdit la vie.
Sur son tombeau les villageois en pleurs,
Répétaient tous, en le couvrant de fleurs :
Doit-on mourir quand on est si jolie !

                        Attribué à BRAZIER.

QU'EN DIRA-T-ON ?

Air : Il faisait noir.

Après le souper sur sa chaise,
    Papa dormait ;
Luzette en reconduisant Blaise,
    (Minuit sonnait)
Laissa tomber sa lampe à terre :
    Qu'en dira-t-on ?

Neuf mois... et papa fut grand-père ;
    Bonne leçon,
    Papa dormait,
    Minuit sonnait ;
    Qu'en dira-t-on ?
    Bonne leçon.

                        ANONYME.

PHILÈNE ET LAURE

— PASTORALE —

Air du temps.

Déjà du soir l'ombre légère
Couvrait la cime des coteaux ;
La jeune et timide bergère
Ramenait des champs ses troupeaux :
Triste et pensif, le beau Philène,
Sous le saule d'une fontaine,
Seul, laissait errer ses chevreaux.
En rejetant chien et houlette,
Il soupirait sur sa musette
Ces chants redits par les échos.

« Si ton berger, ingrate Laure,
« T'est désormais indifférent,
« Immole un amant qui t'adore,
« Et qui périt en t'adorant.
« Dieux, qui vîtes notre tendresse,
« Sauvez celle qui me délaisse
« D'être ainsi délaissée un jour ;
« Ma mort remplira son envie :
« Elle pourra m'ôter la vie,
« Mais non pas m'ôter mon amour.

« En vain dans l'eau de ces fontaines
« Je cours éteindre mon ardeur,
« L'amour dans mes brûlantes veines
« S'allume avec plus de fureur.
« Innocents agneaux que j'envie,
« Ah ! rien ne trouble votre vie :
« L'Amour est pour vous sans danger ;
« Ce dieu dispense en ses caprices
« Au troupeau toutes les délices,
« Et tous les tourments au berger.

« Sur votre écorce avant l'aurore,
« Ormeaux, combien ai-je tracé
« Le nom de ma perfide Laure
« Avec mon nom entrelacé !
« Croissez, couvrez-vous de feuillage ;
« Le rossignol sous votre ombrage
« Viendra lamenter sa douleur ;
« Un jour, sous votre asile sombre,
« Le voyageur cherchant de l'ombre
« Sentira palpiter son cœur.

« En revenant des pâturages
« Tous deux pressés de nous revoir,
« Ma Laure et moi dans ces bocages,
« Tous deux nous devancions le soir.
« Sans avoir revu ma compagne,
« Deux fois dans la triste campagne
« L'ombre a bruni le vert des bois :
« Ah ! que Laure vive et m'oublie !
« Laure, si tu perdais la vie,
« Hélas ! je la perdrais deux fois. »

Penchée à travers la feuillée,
Laure entendit ce triste chant :
Joyeuse à la fois et troublée,
Elle vole vers son amant.
« La brebis que tu m'as donnée,
« Par quelque berger détournée,
« N'est qu'en ce moment de retour.
« Ah ! s'écrie aussitôt Philène,
« Les vents ont emporté ma peine
« Et n'ont laissé que mon amour. »

DE SAINT-PÉRAVI.

LE RETOUR DU CAPTIF

Musique de M. Fourcy, ou air des Hirondelles de Béranger.

Adieu, climats brûlants du Maure,
J'ai brisé mes fers pour toujours ;
Enfin je vais fouler encore
Le sol qui vit mes premiers jours.
Déjà, du haut de mon navire,
J'aperçois mes nombreux amis ;
Ils vont m'appeler, me sourire :
Plus de malheur, je vais voir mon pays !

Mon bras, flétri par la misère,
Se retrempera dans mes champs ;
Il va fertiliser la terre
Pour moi, non pas pour des tyrans.
Je vais, dans mon simple héritage,
Trouver des souvenirs chéris ;
Tout va me parler du jeune âge :
Plus de malheur, je vais voir mon pays !

Je trouverai dans sa chaumière
Ma pauvre mère qui m'attend ;
Avant d'achever sa carrière
Elle embrassera son enfant.
Ma sœur, d'un heureux mariage
Me fera caresser les fruits ;
Tout m'aimera dans le village :
Plus de malheur, je vais voir mon pays !

Le captif a revu la France,
Mais l'espoir vint l'abandonner ;
Il vit, aux lieux de son enfance,
Ses nombreux amis s'éloigner ;
Sa sœur, au loin, était en fuite,
Sa mère était morte d'ennuis,
Et sa chaumière était détruite :
Plus de bonheur dès qu'il voit son pays !

ANONYME.

Impr. de Pillet fils aîné, rue des Grands-Augustins, 5.

LE GLAS

ROMANCE

AIR : De ma Céline amant modeste.

La nuit a déployé ses voiles ;
L'orage s'avance en grondant ;
Sur le front pâle des étoiles
Se lit un arrêt menaçant.
Quel faible bruit vient, ô ma mère,
Tinter sous nos arbres épais?
C'est la cloche du monastère...
Ame immortelle, allez en paix.

Peut-être au printemps de sa vie,
Quand tout présageait de beaux jours,
Une vierge est-elle ravie
Aux charmes des premiers amours !
Tout caressait son existence ;
Il faut tout quitter pour jamais :
L'Amour fuit avec l'Espérance...
Ame immortelle, allez en paix.

Peut-être cet airain qui sonne
En longs et tristes tintements,
D'un soldat qu'épargna Bellone
Annonce les derniers instants.
O ciel ! adoucis sa misère :
Mon père, soldat et Français,
Mourut aussi dans sa chaumière...
Ame immortelle, allez en paix.

Grand Dieu ! quel funèbre silence !
Je n'entends plus le son mourant
Dont la triste et sombre éloquence
Venait finir en murmurant.
L'oiseau se tait sous la ramée :
Des yeux se sont clos pour jamais ;
Rentrons, ma mère bien-aimée...
Ame immortelle, allez en paix.

Anonyme.

LE MOINE GRIS

Air du Biribi.

Gens de bien, prêtez silence,
Plaignez mon destin maudit
Qui me fait aimer Hortense,
Qu'un moine en secret instruit.
Dieu vous garde du moine gris,
    Biribi,
Dieu vous garde du moine !

Si par mon bien je la tente,
Par mon rang, par mon crédit :
Lui, plus modeste, ne vante
Que son âge et son habit.
Dieu vous garde du moine gris,
    Biribi,
Dieu vous garde du moine !

Si je parle à la perfide,
L'amour me rend interdit :
Mais lui, d'un regard avide
Accompagne son débit.
Dieu vous garde du moine gris,
    Biribi,
Dieu vous garde du moine !

Si je vole chez la belle,
Sitôt que l'aurore luit,
Je trouve chez l'infidèle
Mon rival qui s'établit.
Dieu vous garde du moine gris,
    Biribi,
Dieu vous garde du moine !

A sa porte, en petit maître,
Si je fais le guet la nuit,
Je le vois par la fenêtre
Qui, malgré moi, s'introduit.
Dieu vous garde du moine gris,
    Biribi,
Dieu vous garde du moine !

Si je cause à sa ruelle,
Il s'assied dessus son lit ;
Et si je bois avec elle
Quatre coups, il en boit huit.
Dieu vous garde du moine gris,
    Biribi,
Dieu vous garde du moine !

Pont de Veyle.

LONGCHAMP

Air : Appelé par le dieu d'Amour.

Pleins d'un respect religieux,
Autrefois dans ce monastère,
On voyait nos sages aïeux
Au ciel adresser leur prière.

Suivant cet exemple, en ce jour,
Les fils, dévots comme leurs pères
Viennent en foule en ce séjour
Y célébrer d'autres mystères.

Théophile.

L'OMBRE DE MARGUERITE

Air : Lorsque dans une tour obscure.

Dans la nuit, à l'heure effrayante
Où l'airain frémit douze fois,
Des spectres la famille errante
Sort des tombeaux à cette voix.
Edmond, que le remords agite,
Cherchait le sommeil qui le fuit ;
L'ombre pâle de Marguerite
Vient s'asseoir au pied de son lit.

Regarde, Edmond, c'est moi, dit-elle,
Moi qui t'aimais, que tu trompas,
Moi dont la tendresse fidèle
Vit encore après le trépas.
J'en ai cru ta fausse promesse,
Je t'ai fait maître de mon sort ;
Hélas ! pour prix de ma tendresse
Fallait-il me donner la mort ?

Jadis de la rose naissante
J'avais l'éclat et la fraîcheur :
Pourquoi sur sa tige brillante
Ton souffle a-t-il séché la fleur ?
Mes yeux brillaient de tant de charmes,
Ingrat, alors que tu m'aimais ;
Pourquoi donc les noyer de larmes :
Pourquoi les fermer à jamais ?

Hier dans un palais superbe,
Aujourd'hui dans un noir cercueil ;
Mon asile est caché sous l'herbe,
Et ma parure est un linceul :
De quel forfait suis-je victime ?
J'aimai, j'ai cru l'être à mon tour ;
Qui me punit d'un pareil crime ?
L'objet même de mon amour.

De ton inconstance cruelle
Le jour fut à tous deux fatal ;
Quand ton cœur devint infidèle,
Edmond, il se connaissait mal :
Tu m'abandonnes, je succombe ;
Mais enchaîné par le destin,
Le remords vient d'ouvrir ma tombe ;
Tu dois y descendre demain.

J'entends le coq ; sa voix encore
Pour nous est un signal d'effroi ;
Je ne dois plus revoir l'aurore,
Et c'est la dernière pour toi !
Adieu. Celle qui te fut chère
Te plaint, te pardonne, et t'attend…
L'ombre à ces mots perce la terre,
Et disparaît en gémissant.

Edmond immobile, en silence,
A vu ce prodige effrayant :
De son lit soudain il s'élance ;
Défiguré, pâle et tremblant.
Il court, il cherche Marguerite ;
Sa voix s'échappe en cris aigus ;
Sur sa tombe il se précipite ;
On le relève : il n'était plus !

E. Jouy.

LA ROMANCE
DU PAUVRE HOMME *
(1786)

Air du temps.

C'est pour vous que je respire !
Vos volontés sont ma loi ;
Les dieux n'ont pas plus d'empire
Que vous en avez pour moi.
D'un amour sans imposture
Vos yeux ont su m'animer ;
C'est l'instinct de la nature
Qui m'a dit de vous aimer ! (bis)

Depuis l'instant où mes larmes
Vous ont engagé ma foi,
Sans votre amour, sans vos charmes
L'univers n'est rien pour moi.

Parmi les beautés nouvelles
Que Paris peut rassembler,
Je ne regarde que celles
Que je crois vous ressembler ! (bis)

Près de vous mon cœur palpite ;
Et dans l'excès de mes feux,
Dans le trouble qui m'agite
Tout se confond à mes yeux.
Pour vous voir, de chaque aurore
Ma voix appelle l'instant ;
Et je veux cent fois encore
Vous revoir en vous quittant ! (bis)

Anonyme.

* Ainsi nommée parce qu'elle fut vendue avant la Révolution, au profit d'un pauvre homme.

Une ombre toute échevelée
Va, lui plongeant un poignard dans le cœur,
Avec une épaisse fumée
Le sang en sort, si noir qu'il fait horreur ;
Avec éclat
Criant : meurs, scélérat !
Expie ta fureur !...
Hélas ! ma bonne, hélas ! que j'ai grand' peur !

Malheureuse âme réprouvée,
Dit Enguerrand en élevant la voix :
Qui t'amène en cette contrée ?
De par le ciel, écoute et réponds moi...
En soupirant,
L'ombre au même moment
Lui répondit : monsieur,
Hélas ! ma bonne, hélas ! etc.

Le Comte Anselme était mon père,
Prince il était de tous les alentours...
Belle j'étais, j'en étais fière ;
Sage j'étais, je l'eusse été toujours.
De mes beaux yeux
Las ! ce monstre odieux,
S'éprit pour mon malheur,
Hélas ! ma bonne, hélas ! etc.

De prêtre il n'avait que la mine,
Et de mon père il était aumônier.
Au lieu de prêcher la doctrine
Qu'à des Chrétiens il devait enseigner,
Ne faisait rien
Que penser au moyen
De m'enlever l'honneur,
Hélas ! ma bonne, hélas ! etc.

Tous les matins, à l'aventure,
J'allais au bois pour y prendre le frais;
Dans le cristal d'une onde pure
Je me plaisais à mirer mes attraits;
    Nulle beauté,
    Disait ma vanité,
  Ne m'égale en splendeur.
Hélas! ma bonne, hélas! etc.

Son ame au désespoir livrée,
Pour obtenir l'objet de son ardeur,
Va sur une route croisée
Pour se donner au père de l'erreur,
    Et le démon
    Lui octroya le don
  De ravir une fleur.
Hélas! ma bonne, hélas! etc.

Là, tout auprès d'une fontaine,
Certaine rose aux yeux faisait plaisir;
Fraîche, brillante, éclose à peine;
Tout paraissait induire à la cueillir;
    Il vous semblait
    Las! qu'elle répandait
  La plus aimable odeur.
Hélas! ma bonne, hélas! etc.

J'en veux orner ma chevelure,
Pour ajouter plus d'éclat à mon teint;
Je ne sais quoi, contre nature,
Me repoussait quand j'y portais la main.
    Mon cœur battait,
    Et en battant disait:
  Le diable est sous la fleur.
Hélas! ma bonne, hélas! etc.

A peine en suis-je la maîtresse,
Comment en pourrais-je faire le récit?
Je me sens tomber en faiblesse;
Le malheureux son dessein accomplit:
  Et puis le sort
Fait que, sans nul remords,
J'en goûtai la douceur.
Hélas! ma bonne, hélas! etc.

Revenant à moi: vas, infâme,
Tu m'as perdue! ah! lâche, tu mourras!
Alors de courroux il s'enflamme,
Et le démon le poussait par le bras;
  D'un œil hagard,
Il tire un grand poignard,
Et me perce le cœur.
Hélas! ma bonne, hélas! etc.

Pour dérober ce crime énorme,
Il veut, aidé du secours de Satan,
Faire une fosse au pied d'un orme,
Mais aussitôt elle s'emplit de sang,
  Qui contre lui
Se tourne et rejaillit
  D'une grande fureur.
Hélas! ma bonne, hélas! etc.

Il veut aller à la fontaine,
Pour effacer la trace de ce sang;
Mais le méchant perdait sa peine,
Plus il frottait, plus la tache s'étend.
  Puis, dans le bois
De mon père la voix
Redouble sa terreur.
Hélas! ma bonne, hélas! etc.

Où m'enfuirai-je? misérable!
Pour m'engloutir, abime, entr'ouvre-toi.
D'un air officieux, le diable
Se change en bouc; monte, dit-il, sur moi,
　　Et ne crains rien;
　Viens, mon cher ami, viens.
　　　Fidèle serviteur.
Hélas! ma bonne, hélas! etc.

　Il monte; et, sans qu'il s'en étonne,
Il sent sous lui le diable détaler:
　Sur son chemin l'air s'empoisonne
Et le terrain sous lui semble brûler.
　　　En un instant
　　　Il le plonge vivant
　　　Au séjour de douleur.
Hélas! ma bonne, hélas! etc.

Enfin l'ombre parlait encore,
Quand par hazard dit notre chevalier:
Mon bon Jésus, je vous adore;
Et de la croix commence à se signer.
　　　A ce seul nom,
　　Les suivans du démon
　　Se sauvent pleins d'horreur.
Hélas! ma bonne, hélas! etc.

　　MORALITÉ

　Apprenez par ceci, mesdames,
A ne pas croire à votre vanité.
　Et vous qui courtisez les femmes,
Retenez bien cette moralité:
　　　Qu'il ne faut pas
　　　Du traître Satanas
　　　Invoquer la faveur.
Hélas! ma bonne, hélas! que j'ai grand'peur.

LE CHIEN DE LA SEINE

ROMANCE

Air de Madame Rose Ducreux ; ou : Alexis depuis deux ans.

Vous que, souvent, dans les pleurs
   Retrouve l'aurore,
Vous prêts à juger les cœurs,
   Tous ingrats, ou trompeurs !
Ah ! la fidélité s'honore
D'un trait que j'ai transcrit pour vous ;
Et s'il vous fait pleurer encore,
Au moins, ces pleurs seront plus doux.

Ce n'est pas de quelque amant
   Qu'ici je retrace,
D'après un vieux monument,
   Le tendre dévoûment.
Voyez la Seine et sa surface,
Partout captive en ce moment ;...
C'est là, c'est là qu'un lit de glace
Fut l'asile du sentiment.

Suivi d'un ami loyal,
   De son *Chien fidèle*,
Un pauvre osait, du canal,
   Traverser le cristal :
A sa femme il porte, avec zèle,
Un peu d'argent qu'il a touché ;
Joyeux qu'une route nouvelle
D'un but si doux l'ait rapproché.

En songeant, avec amour,
   A la tendre fête
Que va causer son retour,
   Il entend un bruit sourd ;
Inquiet, il tourne la tête ;
La glace s'ouvre ; ah ! plus d'espoir !
L'infortuné !... Son chien s'arrête,
Étonné de ne le plus voir.

D'abord l'animal franchit
   La funeste route,
Cherche, d'un œil interdit,
   Et revient et gémit,
Puis, croyant que sous cette voûte,
Son pauvre maître encor l'attend,
Il gratte, il gratte, appelle, écoute,
Puis enfin, se couche et l'attend.

Quand tout se tient à couvert
   Contre la froidure,
Qu'aux aquilons trop ouvert,
   Tout chemin est désert...
Là, sans abri, sans nourriture,
Du ciel il brave la rigueur...
Le feu, qui manque à la nature,
Semble avoir passé dans son cœur.

Il voit là, comme attaché,
   Trois fois le jour naître,
Sans que d'aucun soin touché,
   Rien l'en ait arraché.
Mais l'épouse vient à paraître ;
Il ranime ses sens glacés,
Et la suit comme si son maître
Les eût, l'un à l'autre, laissés.

A ce trait digne de toi,
   Compagnon que j'aime
Qui ne trouve, ainsi que moi,
   Bien doux d'ajouter foi ?
Vrai modèle d'amour extrême,
Ah ! de ton cœur, loin de douter,
Désirons que l'homme, lui-même,
Parvienne un jour à t'imiter.

J.-M. Deschamps.

UNE INFIDÉLITÉ

Air du temps.

Que de chagrins, de tourments et d'alarmes,
Ingrate Iris, tes rigueurs m'ont coûté !
Faut-il encor que je verse des larmes
Pour déplorer une infidélité ?

Tu me jurais une amour éternelle,
Et cependant tu me manques de foi :
Crois-tu trouver un amant plus fidèle !
Il n'en est point qui t'aime autant que moi.

Ce beau berger à qui seul tu veux plaire
Sent pour Phylis et pour toi même ardeur :
Quand tu m'aimais, la reine de Cythère
N'eût pas trouvé de place dans mon cœur.

Tes faux serments, ni tes trompeuses larmes,
N'ont pu ternir l'éclat de ta beauté.
Reviens, Iris : en faveur de tes charmes
Je ferai grâce à ta légèreté.

L'abbé Chaulieu.

LE MARIAGE ROMPU

ROMANCE

Air : O ma tendre musette.

D'aimer la jeune Adèle,
Julien fit le serment ;
A son amour pour elle
Un père est opposant.
Ce père, trop sévère,
Aurait-il, en ce jour,
La douceur d'être père,
S'il n'eût connu l'amour ?

A l'ombre du mystère,
En chérissant Julien,
Adèle devient mère,
Dans l'espoir d'un lien ;
Mais la haine signale,
Du père, le pouvoir ; —
Et, par une rivale,
Adèle est sans espoir.

A sa rivale on ose
Proposer un lien ;
En tyran, on dispose
De la main de Julien.
Contre un arrêt sévère,
On devrait en aimant,
Obéir à son père,
Bien moins qu'à son serment.

A l'église on appelle
Julien pour cet hymen ;
Là, ce n'est point Adèle
Dont il attend la main ;
Mais avant qu'il prononce
Le serment solennel,
Une femme s'annonce :
Adèle est à l'autel.

On la voit éperdue...,
Adèle tient son fils :
Elle l'offre à la vue
Des parents endurcis :
Mais, ô jour plein d'alarmes !
Seule, avec son enfant,
Elle n'a que ses larmes,
Pour fléchir un tyran.

En vain elle s'efforce
D'invoquer un serment ;
Elle tombe sans force,
Aux pieds de son amant :
L'enfant, près de sa mère,
Par mille cris confus,
Appelle encor *son père*,
Celui qui ne l'est plus.

Julien se désespère ;
Et les cris de l'enfant
Ont désarmé son père,
Cause de son tourment :
La rivale d'Adèle,
Sensible à ses malheurs,
En s'oubliant pour elle,
Veut essuyer ses pleurs.

On la voit, généreuse,
Renoncer au lien ;
On la voit malheureuse,
Car elle aimait Julien :
En amour rien n'égale
Celle qui, par honneur,
Veut bien, de sa rivale,
Assurer le bonheur.

Démeutort.

LES DÉFAUTS DE MA MAITRESSE

Air d'Arlequin, journaliste.

Ses traits ont des défauts marquants,
Et la critique s'en irrite :
Ses yeux sont bien deux fois trop grands,
Sa bouche deux fois trop petite ;
Son corsage est bien trop mignon,
Sa peau trop blanche et trop polie ;
Surtout son regard trop fripon,
En un mot elle est trop jolie ?

Peindre son minois séducteur,
Est tâche dont je me défie :
En le traçant d'après mon cœur,
L'image en serait trop jolie :
Car son défaut est, je le croi,
Dans son indifférence extrême ;
Son regard dit trop *aime moi*,
Et sa bouche trop peu *je t'aime*.

Anonyme.

Impr. de Pillet fils aîné, rue des Grands-Augustins, 5.

HÉLOISE ET ABEILARD

Air de Malbrough.

Ecoutez, sexe aimable,
Le récit, le récit lamentable
D'un fait très-véritable
Qu'on lit dans saint Bernard.

Le docteur Abeilard,
Maître dans plus d'un art,
Précepteur de fillette,
Soupirait en cachette
Pour la nièce discrète
Du chanoine Fulbert.

Sous le même couvert
Logeait le galant vert :
Son latin à la belle
Il montrait avec zèle,
Et l'on dit qu'avec elle
Il ne le perdait pas.

Mais un beau jour, hélas !
Donnant leçon tout bas,
Fulbert, avec main forte,
Vint frapper à la porte,
Entouré d'une escorte
Nombreuse et sans pitié.

Abeilard effrayé,
Se mourant à moitié,
Quand on vint le surprendre,
Lui faisait comprendre
Un passage assez tendre
Du savant art d'aimer.

Il voulut s'exprimer ;
Mais sans plus s'informer,
L'abbé prenant le drôle,
Lui coupa la parole,
Et le maître d'école
Par force resta court.

Dans ce funeste jour
On vit pleurer l'Amour
Sans jeter feu ni flamme,
Refroidi pour sa dame,
Abeilard en bonne âme
A Saint-Denis s'en fut.

De Satan à l'affut
Il trompa mieux le but
Que défunt saint Antoine ;
Car la main du chanoine
De l'ennemi du moine
L'avait mis à couvert.

Voyant tout découvert,
Loin de l'oncle Fulbert,
La dévote Héloïse,
Qu'on avait compromise,
S'en fut droit à l'église
Du couvent d'Argenteuil.

On lui fit bon accueil :
Avec la larme à l'œil,
Chaque sœur se récrie
Sur la main en furie
Qui trancha pour la vie
Le fil de ses amours.

Mais après quelques jours,
Beaucoup plus longs que courts,
Quittant ce domicile,
Abeilard le tranquille
Lui fit don d'un asile
Non loin de son couvent.

Héloïse en pleurant
Le mit au monument ;
Elle eût mieux fait d'en rire ;
Car avant, du beau sire,
Elle eût pu déjà dire :
Ici gît mon amant.

MARTIN DE CHOISY.

LES AINÉS ET LES CADETS

Air du ballet des Pierrots.

Le plus heureux en toutes choses
Est celui qui vient le premier.
Le premier venu prend les roses ;
Et l'épine reste au dernier.
Il en est ainsi chez Thalie,
Trop tard, hélas ! nous sommes nés ;
Il nous faut glaner pour la vie,
La moisson fut pour nos aînés.

L'Hymen de l'Amour est le frère ;
Mais l'Amour naquit le premier ;
Et dans les jardins de Cythère
L'Hymen ne vint que le dernier.

Tous deux ont part à l'héritage,
Mais l'Hymen, souvent chagriné,
N'a que les fruits pour son partage,
Les fleurs sont toujours pour l'aîné.

On sait assez que la nature
Donne encore un frère à l'Amour :
C'est l'Amour-propre, et l'on assure
Qu'avant l'autre il reçut le jour ;
A perdre, en naissant, la lumière,
Le jeune Amour fut condamné ;
Aussi le voit-on sur la terre
Souvent conduit par son aîné.

EMMANUEL DUPATY.

LA SAINT-SYLVESTRE

Air : Tout le long de la rivière.

Au rebours de certaines gens
A sec dans les moments urgents,
C'n'est pas l'premier jour de l'année
Que je maudis la destinée ;
C'est, je ne saurais le nier,
Quand paraît l'aube du dernier.....
Oui, mon cœur bat, il bat à grand orchestre,
Quand j'vois arriver l'jour de la Saint-Sylvestre !
Quand vient le jour de la Saint-Sylvestre !

Jeune homm', si quelque aimable objet,
De par l'amour, grèv' votr' budget,
Ce jour voit r'doubler vos alarmes ;
Car votr' bell' redouble de charmes,
Et pour fêter *l'heur'* du berger
C'est votr' *montr'* qu'il faut engager.....
    Oui, mon cœur bat, etc.

Si, par un capric' du destin,
Mêm' sans être pèr', vous êt's parrain,
Le lendemain, avant l'aurore,
Quand vous dormiriez bien encore,
Il vous faut d'un enfant morveux
Essuyer lé nez et les vœux.
    Oui, mon cœur bat, etc.

A l'avance, votre portier,
Qui connaît les s'crets du métier,
S'il vous vient un' lettr', vous l'apporte ;
D'sa main, il épousset' votr' porte ;
Mais cett' main, j'dois vous l'annoncer,
N'est qu'un' patte... qu'il faut graisser...
    Oui, mon cœur bat, etc.

Le pauvre époux que sa moitié
Tourment' sans cesse et sans pitié,
Dans ce jour, s'il la voit aimable,
Se fend.... et dit d'un air capable :
De sa rigueur j'ai triomphé !...
L'malheureux !.... il en est coiffé !....
    Oui, mon cœur bat, etc.

Selon les âges et les rangs
Ce sont des cadeaux différents :
L'garçon veut un sabre... une épée,
La petit' fille un' grand' poupée,
Et la sœur aînée un bijou ;
La maman mêm' veut un joujou !...
    Oui, mon cœur bat, etc.

Vieux rentier, il faut donc sans r'tour
Que vous visitiez, dans ce jour,
Berthellemot, Giroux et Susse,
Industriels remplis d'astuce,
Qui, malgré la bise et l'autan,
Vous métt'nt nu comme un p'tit St-Jean !...
    Oui, mon cœur bat, etc.

Hélas !... que ne peut-on rayer
C't affreux jour, du calendrier !...
C'désir, loin d'être démagogique
Est, au contraire, fort logique ;
Car sans la veille, il est certain
Qu'on n'craindrait pas le lendemain.
    Oui, mon cœur bat, etc.

A. Salin.

COUPLETS A NOTRE SEIGNEUR

— XVIe SIÈCLE —

Air de cantique.

Seigneur, quand viendra le jour
    Tant désiré ;
Que je seray par amour
    A vous tiré,
Et que l'univers sera
    Tel entre nous,
Que l'espouse on nommera
    Comme l'espoux ?

Ce jour des nopces, Seigneur,
    Me tarde tant,
Que de nul bien, ny honneur
    Ne suis content ;
Du monde ne puys avoir
    Plaisir, ny bien,
Si je ne vous y puys voir,
    Las ! je n'ay rien.

Si de vostre bouche puys
    Estre baisé,
Je seray de tous ennuys
    Bien apaisé ;
Baisez-moy, acolez-moi,
    Mon tout en tout ;
Unissez-moy, par la foy,
    Du tout à vous.

Essuyez des tristes yeux
    Le long gémir,
Et me donnez pour le mieux
    Un doux dormir.
Car d'ouyr incessamment
    Vos saints propos,
C'est parfait contentement
    Et seur repos.

La reine de Navarre.

CANTIQUE DE L'ENFANT PRODIGUE.

LE PRODIGUE DÉBAUCHÉ.

Je suis enfin résolu
D'être en mes mœurs absolu;
Donnez-moi vite, mon père,
Ce qui revient à ma part.
Vous aurez mon autre frère;
Consentez à mon départ.

LE PÈRE.

Pourquoi veux-tu, mon enfant,
Faire ce que Dieu défend?
Veux-tu désoler mon ame,
Nos parens et nos amis!
Je serais digne de blâme,
Si je te l'avais permis.

LE PRODIGUE.

Je veux en dépit de tous
M'éloigner d'auprès de vous;
En vain vous faites la guerre
A ma propre volonté;
Je ne crains ni ciel ni terre,
Je veux vivre en liberté.

LE PÈRE.

Mais, hélas! quelle raison
Te fait quitter la maison?
Ne suis-je pas un bon père?
De quoi te plains tu de moi?
Et qu'est-ce que je puis faire
Que je ne fasse pour toi?

LE PRODIGUE.

Vous m'exhortez, il est vrai,
Mais je veux vivre en cadet;
Vous condamnez à toute heure
Le moindre dérèglement;
Je vais changer de demeure
Sans retarder un moment.

LE PÈRE.

Adieu donc, cœur obstiné!
Adieu, pauvre infortuné!
Ton égarement me tue;
J'en suis accablé d'ennui;
Je vois ton ame perdue,
Et ne sais plus où j'en suis.

LE PRODIGUE.   *LE PRODIGUE PÉNITENT.*

Venez à moi, libertins ;
Prenez part à mes festins ;
Venez à moi, chers lubriques ;
Consumons nos courts momens
Dans les infâmes pratiques
Des plus noirs débordemens.

Pensons à boire et manger
Dans ce pays étranger ;
Je n'ai plus la peur d'un père
Qui me suive pas à pas ;
Songeons à nous satisfaire
Dans l'ordure et les ébats.

Contentons tous nos désirs
En nageant dans les plaisirs,
Et vivons de cette sorte
Tant que l'argent durera ;
Nous irons de porte en porte
Sitôt qu'il nous manquera.

Oh ! le triste changement
Après un train si charmant !
Je ne vois plus à ma suite
Ceux qui me faisaient la cour ;
Tout le monde a pris la fuite,
Pas un n'use de retour.

Je me trouve sans appui
Dans la honte et dans l'ennui ;
Ma conduite tout impure
M'a mis au rang des pourceaux :
Il est juste que j'endure
Autour de ces animaux.

Je rougis de mes forfaits
Et des crimes que j'ai faits ;
Je fonds en pleurs, je soupire ;
Je sens de cuisans remords :
Je sens un cruel martyre
De cœur, d'esprit et de corps.

LE PRODIGUE DE RETOUR
A SON PÈRE.

Je meurs même ici de faim,
Faute d'un morceau de pain;
Tandis que chez mon cher père,
Où jamais rien ne défaut,
Le plus chétif mercenaire
En a plus qu'il ne lui faut.

Je voudrais bien me nourrir
Des fruits qu'on laisse pourrir;
Je voudrais bien sous ce chêne
Les restes de ces pourceaux;
Mais j'ai mérité la peine
Qu'attirent les bons morceaux.

Je veux pourtant me lever
Pour penser à me sauver;
Il est tems que je détourne
Mon cœur de l'iniquité
Et qu'enfin je m'en retourne
Vers celui que j'ai quitté.

Voici, cher père, à genoux,
Un fils indigne de vous:
Si vous daignez me permettre
D'entrer dans votre palais,
Ce me sera trop que d'être
Comme l'un de vos valets.

J'ai péché contre les cieux;
Je n'ose lever les yeux:
J'ai péché contre vous même;
Je crains de vous regarder;
Ma douleur en est extrême;
Je suis près de m'amender.

Je me soumets de bon cœur
A votre juste rigueur;
Je ne veux plus vous déplaire;
Oubliez ce que je fis;
Vous êtes encore le père
De ce misérable fils.

LE PÈRE

Cher enfant, embrasse moi,
Je brûle d'amour pour toi:
Mes entrailles sont émues
Et de joie et de pitié;
Par ton retour tu remues
Tout ce que j'ai d'amitié.

Laquais, cherchez des souliers,
Et les mettez à ses pieds;
Cherchez dans ma garderobe
Une bague pour son doigt;
Avec sa première robe,
Puis qu'il revient comme il doit.

Qu'on prépare le veau gras;
J'ai mon fils entre mes bras;
Il avait perdu la vie,
Mais il est ressuscité:
Chers amis, je vous convie
A cette solemnité.

RÉFLEXIONS

C'est ainsi que le Seigneur
Reçoit le pauvre pécheur;
Il l'embrasse, il le console,
Il l'aime plus que jamais,
Et d'une simple parole
Il remplit tous ses souhaits.

Fais donc, pécheur, par amour,
Vers Dieu ce parfait retour;
Tu recouvreras la grâce
Et les dons du Saint Esprit,
L'ennemi rendra la place
De ton cœur à Jésus-Christ.

Tes mérites suspendus
Te seront soudain rendus;
Ta paix en sera parfaite;
La terre t'en bénira:
Tout le ciel en fera fête,
Et l'enfer en rougira.

RETOUR DE L'ILE DES CHIMÈRES
OU C'EST DU NOUVEAU

Air : Ça n'se peut pas.

De l'heureux pays des chimères
Je débarque tout éveillé ;
Le beau pays, mes chers confrères !
J'en suis encore émerveillé !
L'on n'y peut, je le certifie,
Faire un pas sur terre ou sur l'eau,
Qu'à chaque instant l'on ne s'écrie :
C'est du nouveau, c'est du nouveau !

CHŒUR.

C'est du nouveau, c'est du nouveau !!!

J'ai vu de gentilles fillettes
Encor novices à seize ans,
Des amoureux fuir les sornettes
Pour courir après leurs mamans.
J'ai vu beaucoup, beaucoup de belles,
Dans la cité, dans le hameau,
A leurs maris toujours fidèles...

CHŒUR d'époux misanthropes.

C'est du nouveau, c'est du nouveau !!!

Sur son incorruptible siége,
Thémis, l'appui des malheureux,
Quand un solliciteur l'assiége,
Ferme la main, ferme les yeux.
L'or, la grandeur et la puissance
Sont sans influence au barreau :
L'on n'y vend point sa conscience...

CHŒUR d'écrivains, jugés selon la politique des Gaules.

C'est du nouveau, c'est du nouveau !!!

Là, toujours on veut que Thalie,
De sel assaisonnant son vers,
Avec l'arme de la saillie
Frappe le vice et les travers.
Malheur à la muse écolière
Qui prête au drame son pinceau :
L'on n'aime à voir que du Molière...

CHŒUR d'amateurs de spectacles.

C'est du nouveau, c'est du nouveau !!!

Quand un grand pour vous sollicite,
Coureurs d'emplois, mauvais moyen ;
Là, sans talent et sans mérite,
Quoique l'on fasse on n'obtient rien.
En vain la ruse, en vain la brigue,
Pour vous servir fondent en eau,
L'on arrive à tout sans intrigue...

CHŒUR d'employés réformés faute de protecteurs.

C'est du nouveau, c'est du nouveau !!?

J'ai vu là de grands politiques
Qui ne déraisonnent jamais.
J'ai vu des pamphlets monarchiques
Toujours prêchant l'ordre et la paix.
Des parvenus sans insolence,
Des commis polis au bureau,
Des prêtres sans intolérance...

CHŒUR GÉNÉRAL.

C'est du nouveau, c'est du nouveau !!!

LÉGER.

LES MÉCHANTS

Air : Dès mon enfance (d'ALEXIS).

Il est un dieu pour les auteurs,
Qui leur fait mépriser l'envie ;
Il est un dieu pour les buveurs ;
Il est un dieu pour la folie,
Il est un dieu pour les enfants :
Il est un dieu pour la tendresse ;
Il est un dieu pour la vieillesse ;
Il n'en est pas pour les méchants.

On pardonne à l'homme indigent
Un peu d'humeur et d'injustice ;
On pardonne à l'homme imprudent
Un propos tenu sans malice ;
On pardonne au sot ignorant ;
On pardonne au juge sévère ;
On pardonne à l'homme en colère ;
Mais on se venge du méchant.

Celui qui fuyait le bonheur
Souvent le trouve dans les larmes ;
Le sage le trouve en son cœur ;
Le guerrier, dans le bruit des armes ;
L'amant le doit au sentiment ;
La jeune fille à sa parure ;
Il est partout pour l'âme pure,
Mais nulle part pour le méchant.

On aime jusques aux défauts
Du fils à qui l'on donna l'être ;
On aime, en souffrant mille maux,
L'infidèle qui les fit naître ;
On aime un ingrat repentant ;
On aime un père inexorable ;
Au supplice on plaint un coupable,
Mais on hait toujours un méchant.

Princesse DE SALM-DYCK.

LE CARÊME

Air du Curé de Pompenne.

Qu'as-tu donc aujourd'hui, mon cher?
    Que tu me parais blême!
Ton pâle visage a tout l'air
    D'un fromage à la crême.
    Il faut te mettre en train,
        Mon voisin,
    Pour fêter le Carême.

Au Caveau ne viendras-tu pas?
    Nous y chantons quand même;
Nous buvons et nous faisons gras,
    N'importe le quantième:
    Il faut te mettre en train, etc.

Vois Allard! par son embonpoint,
    Mirobolant emblême,
Au Carême n'offre-t-il point
    Un démenti suprême?
    Il faut, etc.

Voisin, n'est-ce pas de *Proudhon*
    Le terrible système,
Qui cause ton chagrin profond
    Et ta maigreur extrême?
    Il faut, etc.

Ta femme est, dit-on, faite au tour,
    En la voyant on l'aime;
La fais-tu jeûner nuit et jour,
    Hélas! comme toi-même?
    Il faut, etc.

Cher voisin, d'entendre raison
    Je veux te mettre à même:
Viens vider maint et maint flacon,
    Jusques au quatorzième!
    Il faut, etc.

Eh quoi! tel qu'un vieil entêté,
    Tu repousses mon thème!
Chez nous, cependant, la gaîté
    N'est jamais un problème.
    Il faut, etc.

Voisin, dans ton dévot penchant,
    Je le dis sans blasphême,
Tu prends, je crois, pour du plain-chant,
    Ma chanson elle-même.
    Il faut te mettre en train.
        Mon voisin,
    Pour fêter le Carême.

                J. LAGARDE.

LE PRODIGUE

Air des Étoiles de Béranger.

J'étais l'autre jour un avare,
Mais un avare malgré lui;
Du sort un caprice bizarre
M'érige en prodigue aujourd'hui.
Guidé par la persévérance,
A l'affût des moindres besoins,
Pour le malheur et la souffrance
Je suis *prodigue* de mes *soins*.

Frappé de la grâce indicible
Dont Pauline éblouit mes yeux,
A tant d'attraits mon cœur sensible,
La proclame un reflet des cieux.
Avare de chants et de prose,
Envers Lise aux pâles couleurs,
Devant cette nouvelle rose,
Je deviens *prodigue de fleurs*.

De la fortune, en son caprice,
Quelle étrange inégalité!
Elle visite l'avarice
Et fuit l'austère probité.

Qu'à la bienfaisance, au génie,
Elle ait étendu ses présents,
Avec elle alors, d'harmonie,
Je serai *prodigue d'encens*.

Qu'un orateur soporifique,
De sa voix enfle le pouvoir:
Mon humeur, quoique pacifique,
S'irrite à l'entendre, à le voir.
Mais qu'un vrai torrent d'éloquence
S'avance et s'écoule à pleins bords:
Par une juste conséquence,
Je suis *prodigue de transports*.

Bien que fréquemment je m'amuse
A rimer de légers essais,
Je ne suis pas vain de ma muse,
J'applaudis à tous les succès.
Partout, enfin, heureux de suivre
Le refrain d'aimables rivaux,
Près d'eux je voudrais toujours vivre,
Pour leur *prodiguer* mes *bravos*.

            ALBERT-MONTÉMONT.

LE JUIF ERRANT

COMPLAINTE

(1805)

Air du vaudeville du Juif; ou : Vite en route.

« Voilà dix-huit cents ans et plus
Que je trotte ; et je n'en puis plus !
Seigneur, au sein de vos élus
    Donnez une place
    Au vieux qui se casse !
Je vous bénirai sur la fin de mes jours.... »
  — Marche ! marche ! paresseux, marche !
Marche ! marche ! marche toujours !

« Quoi ! toujours marcher ! c'est pitié,
Songez que j'ai des cors au pié ;
Par la goutte je suis plié,
    Ma jambe est bien raide,
    Le chemin m'excède,
D'ailleurs mes souliers refusent leur concours. »
  — Marche ! marche ! paresseux, marche !
Marche ! marche ! marche toujours !

« Seigneur, je voudrais seulement
M'asseoir au spectacle un moment ;
L'*Ambigu* *, dit-on, maintenant,
    Donne un mélodrame
    Qui va jusqu'à l'âme ;
Il peint mes malheurs, mes courses, mes amours.
  — Marche ! marche ! paresseux, marche !
Marche ! marche ! marche toujours !

« Sous Jésus, qui mourut en croix,
On divisait le monde en trois ;
Un quatrième vint : je crois,
    Un cinquième encore
    S'empressa d'éclore
Du Père éternel voilà les malins tours !... »
  — Marche ! marche ! paresseux, marche !
Marche ! marche ! marche toujours !

« De Jérusalem à Pékin,
De Rome à Quimper-Corentin,
J'ai promené mon palanquin.
    Pour boire la goutte,

Ou casser la croûte,
Si j'arrête... En vain j'appelle à mon secours...»
  — Marche ! marche ! paresseux, marche !
Marche ! marche ! marche toujours !

« Je donnerais tout mon *quibus*
Pour monter dans un *omnibus*;
Mais *cinq sous* ne suffisent plus **
    C'est six que réclame
    Un cocher sans âme ;
J'aurais pourtant bien affaissé le velours !... »
  — Marche ! marche ! paresseux, marche !
Marche ! marche ! marche toujours !

« Il me faut d'ormir en marchant,
Il me faut marcher en dormant :
Cela devient par trop gênant !
    Pour un lit de paille
    Près d'une muraille,
Je troquerais bien la mollesse des cours !... »
  — Marche ! marche ! paresseux, marche !
Marche ! marche ! marche toujours !

« Si la fin du monde venait,
Je ne tendrais plus le jarret ;
Mais si tout meurt, las ! tout renaît !
    Le blé dans la grange,
    L'enfant dans sa lange,
Tout surgit aux lieux que sans fois je parcours ! »
  — Marche ! marche ! paresseux, marche !
Marche ! marche ! marche toujours

C'est ainsi que le pauvre Juif
Aux lois des cieux fait le rétif ;
Mais ainsi qu'un cheval poussif,
    Du soir à l'aurore
    Il arpente encore ;
Et toujours entend cet éternel discours :
  — Marche ! marche ! paresseux, marche !
Marche ! marche ! marche toujours !

ANONYME.

* L'Ambigu-Comique donnait alors, avec succès, LE JUIF-ERRANT.
** Dans l'origine, le prix des omnibus était fixé à vingt-cinq centimes.

VÉRITÉ ÉGAYÉE

Air du temps.

De l'homme voici la chimère :
Pour lui tout naît, pour lui tout se détruit ;
C'est pour lui que tourne la sphère :
Tout l'univers pour lui seul est construit.
Sur un tel fait ses arguments plausibles

Ne me sont pas sensibles :
    Mais je m'aperçoi
Que ce vin est fait pour moi,
    Lorsque je le boi.

Le marquis DE LA FARE.

PREMIERS VERS DE DÉSAUGIERS

Air de Blangini.

A peine au printemps de ma vie
Appelé vers d'autres climats,
Loin d'une famille chérie,
Un sort fatal guida mes pas.
Pour moi l'âge de la tendresse
Ne fut qu'un cercle de douleurs,
Et tout le feu de ma jeunesse
S'éteignit bientôt dans les pleurs.

Déjà mes yeux du Nouveau-Monde
Admiraient les trésors divers :
Tout à coup une nuit profonde
N'offre autour de moi que des fers.
D'effroi mon âme anéantie
Sembla me quitter pour jamais,
Et je ne retrouvai la vie,
Que pour voir la mort de plus près.

A la rage qui les dévore
Des monstres veulent m'immoler :
Ah ! je n'ai pas vingt ans encore,
Et déjà mon sang va couler

Grands Dieux, témoins de leur furie,
Pardonnez à mes ennemis ;
Et vous, dont j'ai reçu la vie,
Bénissez tous deux votre fils !

Le ciel, touché de ma prière,
De mes bourreaux suspend les coups ;
Mais sur une tête plus chère
La Mort a tourné son courroux :
Dans la France au crime asservie,
O mon père ! en ces jours de deuil,
Ta vertu, qu'on eût poursuivie,
Trouva l'asile du cercueil.

Mais il me restait une mère !
Du sort surmontant les rigueurs,
Je partis pour une autre terre,
Où m'attendaient d'autres malheurs.
Soudain d'une fièvre brûlante
Le poison dessèche mon sein,
Et bientôt de ma vie errante
Sans regret j'entrevois la fin...

DÉSAUGIERS.

PLAINTES DU JUIF-ERRANT

— 1836 —

Air : Le bonheur est là-bas (Béranger).

Depuis dix-huit cents ans, hélas !
Je suis une marche incertaine,
Rien ne peut ralentir mes pas ;
Et sur les monts et dans la plaine
Le sort me pourchasse et m'entraîne.
L'espérance me dit tout bas :
Le repos est là-bas, là-bas !

Là-bas ! là-bas !... Dans quel pays
Pourrai-je enfin trouver asile ?
Mes pauvres pieds endoloris
Sont las d'une course inutile ;
Verront-ils un foyer tranquille ?
L'espérance me dit tout bas :
Le repos est là-bas, là-bas !

Quand votre fils mourut martyr,
J'ai ri, mon Dieu, de ses souffrances ;
J'eus le temps de m'en repentir !
Seigneur, abrégez vos vengeances ;
Jésus pardonna les offenses !
L'espérance me dit tout bas :
Le repos est là-bas, là-bas !

Je disais : quand je serai vieux,
Passant, dans la tombe où tout passe,
Mes fils me fermeront les yeux ;
A leur tour, ils prendront ma place ;
Mais je survis à chaque race !
L'espérance me dit tout bas :
Le repos est là-bas, là-bas !

Pour ma tête, pas un abri ;
Pour ma faim, pas de nourriture ;
Pour ma main, pas un seul ami ;
Pour ma soif, pas une onde pure.
Pour moi s'isole la nature !
L'espérance me dit tout bas :
Le repos est là-bas, là-bas !

La fin du monde ne vient pas !
C'était mon espoir, mon envie :
Quoi ! la vie échappe au trépas !
Tout renaît et se multiplie :
C'est donc un phénix que la vie ?
Espérance, dis-moi tout bas :
Le repos est là-bas, là-bas !

JUSTIN CABASSOL.

COMPLAINTE DU JUIF ERRANT.

Est-il rien sur la terre
Qui soit plus surprenant,
Que la grande misère
Du pauvre Juif-errant?
Que son sort malheureux
Paraît triste et fâcheux!

Un jour, près de la ville
De Bruxelles, en Brabant,
Des bourgeois fort dociles
L'accostèrent en passant;
Jamais ils n'avaient vu
Un homme si barbu.

Son habit, tout difforme
Et très mal arrangé,
Leur fit croire que cet homme
Était fort étranger,
Portant, comme ouvrier,
Devant lui, un Tablier.

On lui dit: bonjour, maître,
De grâce accordez-nous
La satisfaction d'être
Un moment avec vous :
Ne nous refusez pas,
Tardez un peu vos pas.

Messieurs je vous proteste
Que j'ai bien du malheur
Jamais je ne m'arrête,
Ni ici, ni ailleurs :
Par beau ou mauvais temps,
Je marche incessamment.

Entrez dans cette auberge,
Vénérable vieillard,
D'un Pot de bierre fraîche
Vous prendrez votre part,
Nous vous régalerons
Le mieux que nous pourrons.

J'accepterais de boire
Deux coups avec vous;
Mais je ne puis m'asseoir,
Je dois rester debout:
Je suis, en vérité
Confus de vos bontés.

De savoir votre âge
Nous serions curieux,
A voir votre visage
Vous paraissez fort vieux:
Vous avez bien cent ans,
Vous montrez bien autant.

La vieillesse me gêne,
J'ai bien dix-huit cents ans,
Chose sûre et certaine,
Je passe encore douze ans:
J'avais douze ans passés
Quand Jésus-Christ est né.

N'êtes vous point cet homme
De qui l'on parle tant,
Que l'écriture nomme
Isaac, Juif-Errant ?
De grâce, dites-nous,
Si c'est sûrement vous ?

Isaac Laquedem
Pour nom me fut donné;
Né à Jérusalem,
Ville bien renommée:
Oui c'est moi, mes enfants
Qui suis le Juif-errant.

Juste ciel! que ma ronde
Est pénible pour moi!
Je fais le tour du monde
Pour la cinquième fois;
Chacun meurt à son tour,
Et moi je vis toujours.

Je traverse les mers,
Les rivières, les ruisseaux,
Les forêts, les déserts,
Les montagnes, les côteaux,
Les plaines et les vallons,
Tous chemins me sont bons.

J'ai vu dedans l'Europe,
Ainsi que dans l'Asie,
Des batailles et des chocs
Qui coûtaient bien des vies;
Je les ai traversés
Sans y être blessé.

J'ai vu dans l'Amérique,
C'est une vérité
Ainsi que dans l'Afrique,
Grande mortalité:
La mort ne me peut rien,
Je m'en apperçois bien.

Je n'ai point de ressource
En maison ni en bien;
J'ai cinq sous dans ma bourse,
Voilà tout mon moyen;
En tous lieux en tous temps,
J'en ai toujours autant.

Nous pensions comme un songe
Le récit de vos maux;
Nous traitions de mensonge
Tous vos plus grands travaux:
Aujourd'hui nous voyons
Que nous nous méprenions.

Vous étiez donc coupable
De quelque grand péché,
Pour que Dieu tout aimable
Vous eut tant affligé?
Dites nous l'occasion
De cette punition.

C'est ma cruelle audace
Qui cause mon malheur,
Si mon crime s'efface,
J'aurai bien du bonheur;
J'ai traité mon Sauveur.
Avec trop de rigueur.

Sur le mont du Calvaire
Jésus portait sa croix:
Il me dit débonnaire,
Passant devant chez moi
Veux-tu bien, mon ami,
Que je repose ici?

Moi, brutal et rebelle,
Je lui dis sans raison:
Otes-toi, criminel,
De devant ma maison,
Avance et marche donc,
Car tu me fais affront.

Jésus, la bonté même,
Me dit en soupirant :
Tu marcheras toi-même
Pendant plus de mille ans,
Le dernier jugement
Finira ton tourment.

De chez-moi, à l'heure même
Je sortis bien chagrin,
Avec douleur extrême,
Je me mis en chemin,
Dès ce jour là je suis
En marche jour et nuit.

Messieurs, le temps me presse,
Adieu la Compagnie;
Grâce à vos politesses,
Je vous en remercie,
Je suis trop tourmenté
Quand je suis arrêté.

JE NE VEUX PAS ME PRESSER

Air : Veuve avant les nœuds d'hyménée.

L'Amour est-il une folie ?
Maman me le dit chaque jour ;
Mais quand on est jeune et jolie
Comment se passe-t-on d'amour ?
Je jurerais bien qu'à mon âge
Maman n'a pas su s'en passer :
Chaque saison a son partage ;
Un jour aussi je serai sage ;
Mais je ne veux pas me presser.

L'autre jour à notre assemblée
Le bel Hylas vint me lorgner ;
Je feignis d'en être troublée,
Et j'affectai de m'éloigner.
Je quittai doucement la place
Ce n'était pas le repousser
Quand un amant nous embarrasse,
C'est bien fait de fuir son audace ;
Mais il ne faut pas se presser.

Hylas me suit, Hylas m'adore ;
Il me le dit au point du jour ;
Le soir il me le dit encore
Quand nos troupeaux sont de retour ;
Je sens du plaisir à l'entendre,
Et j'ai l'air de n'y pas penser.
Je sais bien que j'ai le cœur tendre,
Et je vois qu'il faudra me rendre :
Mais je ne veux pas me presser.

J'ai vu la tendre tourterelle,
Aux jours de son premier printemps,
A l'amant qui tourne autour d'elle
Se refuser assez longtemps :
L'oiseau n'en est que plus fidèle,
Plus ardent à la caresser.
J'imiterai la tourterelle :
Je veux bien m'engager comme elle,
Mais je ne veux pas me presser.

Le duc DE NIVERNOIS.

LES GLISSADES DE LA VIE

Air : Tu ne vois pas, jeune imprudent.

Notre fragile humanité
Est, durant sa courte existence,
Victime de la vanité
Et des travers de l'inconstance,
Elle glisse à tort, à raison,
Selon les temps gais ou maussades :
Combien de fois chaque saison
La jette au milieu des glissades.

A peine échappé du maillot,
L'enfant, qui déjà nous imite,
Suit de ses jours le premier flot
Sur des mers qu'il croit sans limite.
Aux compagnons de ses loisirs
Il donne ou rend mille embrassades :
Et son début dans les plaisirs
Est un début dans les glissades.

Bientôt, joyeux adolescent,
Monté sur le char de la vie,
Aimé d'un objet ravissant,
A la terre il croit faire envie.
Buvant auprès de la beauté
Le délire à pleines rasades,
Sur le sol de la volupté
Il aventure une glissade.

A l'ardeur des ambitions
Le feu de son été s'éveille ;
Le vent cruel des passions
Trouble sa vertu qui sommeille.
Il rêve, en son vol périlleux,
Les croix, les cordons, l'ambassade ;
Et sur des parquets orgueilleux
Sa grandeur fait une glissade.

Du vain commerce des mortels
Son cœur instruit le désabuse ;
Il réserve à d'autres autels
L'encens qu'à l'intrigue il refuse.
Du beau temple de l'Amitié
Ses dons couronnent la façade ;
D'un monde qui fut sans pitié
Il voit en pitié la glissade.

L'hiver des ans sur ses cheveux
Par flocons a semé la neige,
Et, plus réservé dans ses vœux,
De la brigue il fuit le manège.
De ses jours le pâle flambeau
S'éteint sur sa couche malade ;
A regret il glisse au tombeau,
Et c'est sa dernière glissade.

ALBERT-MONTÉMONT.

PASSEZ VOTRE CHEMIN
ET
DONNEZ-VOUS LA PEINE D'ENTRER

Air : Tenez, moi, je suis un bon homme.

Vous qui d'un ton très-philosophe
Calomniez le genre humain,
On vous doit bien cette apostrophe :
Passez, passez votre chemin.
Vous qui savez chanter et rire,
Et boire sans désemparer,
Deux fois ne vous faites pas dire :
Donnez-vous la peine d'entrer. (bis)

Usuriers qui d'un air avide,
Chez moi venez tendre la main,
Je n'y suis pas, ma bourse est vide,
Passez, passez votre chemin.
Amis vrais et pleins de tendresse,
Vous qui venez me rassurer
Avec de bons billets de caisse,
Donnez-vous la peine d'entrer.

Laïs à qui rien ne résiste,
Qui m'éveillez de grand matin,
Ma chère, que Dieu vous assiste !
Passez, passez votre chemin !
Jeune novice au regard tendre,
Qui craignez tant de vous montrer,
Vous ne devez jamais attendre,
Donnez-vous la peine d'entrer.

Auteurs qui, bravant l'épigramme
Et les règles d'un art divin,
Vous présentez avec un drame,
Passez, passez votre chemin.
Vous qui, nouveaux dans la carrière,
Aux Français voulez pénétrer,
N'eussiez-vous fait que du Molière,
Donnez-vous la peine d'entrer.

Tristes frondeurs, froids parasites,
Ennuyés d'un joyeux refrain,
Momus regrette vos visites,
Passez, passez votre chemin.
Vous que les talents et les grâces
En tous les lieux font désirer,
L'amitié vous offre des places ;
Donnez-vous la peine d'entrer.

Tristes boissons qu'à ses malades
Ordonne un grave médecin,
Tisanes, juleps, limonades,
Passez, passez votre chemin.
Baume divin, liqueur si pure
Que Dieu fit pour nous restaurer,
Au nom de Bacchus, d'Epicure,
Donnez-vous la peine d'entrer.

ANTIGNAC.

LES VOYAGES

Air : Corneille nous fait ses adieux.

L'homme ici-bas est voyageur :
Le matin il s'amuse en route :
Mais à midi, pour son malheur,
C'est l'ambition qu'il écoute ;
Vers le soir, las de ses erreurs,
Il perd la force et le courage :
L'Amitié sur un lit de fleurs
L'endort à la fin du voyage.

Dès longtemps le Plaisir, l'Amour
Ont pris la France pour asile,
Et tous les deux dans ce séjour
Ont établi leur domicile :
Mais le Plaisir, moins passager,
De tout temps fixe notre hommage :
Et l'Amour est un étranger
Qui parmi nous n'est qu'en voyage.

Pour le temple de la Vertu
Lise, un jour, part avec Clitandre :
Mais le sentier n'est pas battu :
Lise ne sait quel chemin prendre :
Pour cacher la frayeur qu'elle a
Lise s'avance avec courage ;
Mais son pied glisse, et la voilà
Qui reste au milieu du voyage.

Pour égayer quelques instants
Le trajet qu'on nomme la vie,
D'abord j'attelle au char du Temps
L'Indépendance et la *folie* ;
La séduisante Volupté
Jette des fleurs sur mon passage,
Et me présente la Beauté
Pour ma compagne de voyage.

ALISSAN DE CHAZET.

Impr. de Pillet fils aîné, rue des Grands-Augustins.

GENEVIÈVE DE CANTELEU

OU

LA COTE DES DEUX AMANTS

BALLADE CHEVALERESQUE *

Air : N'avoir jamais qu'une pensée.

Sur les bords riants de l'Andelle,
Geneviève de Canteleu
De son amant jeune et fidèle
Avait reçu le doux aveu :
Beaudouin était fait pour lui plaire,
Il était aimable et vaillant ;
Mais elle dépendait d'un père
Châtelain, avare et Normand.

Sous la bannière de Neustrie,
Suivant la fleur des chevaliers,
Avec Richard, dans la Syrie,
Beaudouin va cueillir des lauriers.
Puis il revient près de sa belle,
Comblé d'honneur, léger d'argent ;
Son amour était tout pour elle,
Rien pour le châtelain normand.

La main de Geneviève est digne
De hauts barons, de puissants rois ;
Il faut, par quelque effort insigne,
Dit son père, fixer mon choix :
Tu dois porter ta douce amie,
Sans t'arrêter un seul instant,
Sur cette colline fleurie
Où croît le fruit cher au Normand.

Beaudouin, dans son ardeur extrême,
Se livre au piège qu'on lui tend ;
Pour obtenir celle qu'il aime,
Il atteindrait au firmament.
Le même désir les transporte ;
Ils joignent leurs cœurs palpitants :
Beaudouin part, dans ses bras l'emporte
Sous les yeux de mille Normands.

Geneviève tremble, frissonne,
Beaudouin ne s'étonne de rien ;
Bientôt sa force l'abandonne ;
L'amour encore est son soutien.
Il arrive au but qu'il désire ;
Hélas ! il y tombe en mourant ;
De douleur Geneviève expire
Auprès du chevalier normand.

Pour calmer sa peine cruelle,
Et pour éterniser son deuil,
Le père élève une chapelle
Et les unit dans le cercueil.
Les jeunes gens du voisinage,
Au prieuré des deux amants,
Vont jurer en pélerinage
D'aimer toujours... foi de Normands !

J.-B. Roquefort.

* Marie de France, poëte du XIIIe siècle a, la première, raconté cette romanesque et touchante aventure. Roquefort, après Ducis, a reproduit le lai du barde français.

LA ROMANCE DU SAULE

Air du saule dans Othello.

Charmant vallon, le plus doux des déserts,
Où souvent seul j'ai cherché la nature,
J'entends déjà ton ruisseau qui murmure ;
Je vois enfin tes saules toujours verts.
Chantez le saule et sa douce verdure.

Oui, les voilà ces ramiers amoureux,
Ces monts, ces bois, ces prés, cette onde pure !
Ah ! devrais-tu, riche et simple nature,
T'offrir si belle à l'œil du malheureux !
Chantez le saule et sa douce verdure.

Songe si doux qui m'as flatté longtemps,
Crédule espoir, n'es-tu qu'une imposture ?
Hélas ! ce champ me donne avec usure
Ce que ses fleurs m'ont promis au printemps.
Chantez le saule et sa douce verdure.

L'abeille au moins ne blesse en son courroux
Que l'ennemi qui brave sa piqûre.
Cruels humains, auteurs de mon injure,
Je vous aimais, et je meurs par vos coups.
Chantez le saule et sa douce verdure.

Me voilà donc, saule cher au malheur,
Sous tes rameaux, nourrissant ma blessure !
Ah ! dis au vent, dis à l'eau qui murmure,
En s'enfuyant d'emporter ma douleur.
Chantez le saule et sa douce verdure.

Puisse bientôt, ce sont mes derniers vœux,
Quelque pasteur, voyant ma sépulture,
Dire en passant : On trompa sa droiture ;
Il fut sensible et mourut malheureux !
Chantez le saule et sa douce verdure.

Ducis.

ADÈLE ET JENNYS

Air de Dalvimare.

Dans le calme de la nuit,
Sur le sein de l'onde amère,
Une nacelle légère
Du port s'échappe et s'enfuit.
O nuit ! deviens plus profonde ;
Et vous, qui soulevez l'onde,
Fiers autans, apaisez-vous ;
Épargnez cette nacelle ;
Épargnez les jours d'Adèle,
Adèle sauve un époux.

L'amour jadis le plus doux
Cause en ce jour sa misère ;
De Jennys, qu'elle préfère,
Un roi barbare est jaloux.
Malade, chargé de chaînes,
Jennys voit au sein des peines
Ses forces s'évanouir.
Son rival le craint encore :
Il faut qu'il meure, et l'aurore
Demain le verra périr.

Si près du trépas, au jour
Quel dieu puissant le ramène ?
Quelle main brise sa chaîne ?
C'est Adèle, c'est l'Amour.
Seule guide de sa fuite,
Elle trompe la poursuite
Du tyran et des bourreaux :
Affaibli, marchant à peine,
Vers sa barque elle l'entraîne
Et fend avec lui les flots.

Nul surveillant ne les suit ;
Ils voguent dans l'onde obscure ;
La vague, par son murmure,
Des rames couvre le bruit ;
Mais les ténèbres augmentent ;

Les flots grondent, se tourmentent,
Et bouillonnent vers le bord ;
La rame ploie et se brise ;
Et l'onde, qui la maîtrise,
Pousse la nacelle au port.

A la lueur des éclairs,
On aperçoit, de la rive,
La nacelle fugitive ;
Mille cris percent les airs ;
On la poursuit, on s'empresse...
Adèle, dans sa détresse,
Hasarde un dernier effort :
De nouveau bravant l'orage,
Elle oppose son courage
Aux vents, aux flots, à la mort.

Près du bord est un rocher
Qu'illustra plus d'un naufrage ;
Au loin son aspect sauvage
Epouvante le nocher.
Jouet de l'onde irritée,
La frêle barque est jetée
Contre cet écueil fatal.
Le tyran, qui voit Adèle,
La voit périr ;... avec elle
Il voit périr son rival.

De ces deux infortunés
Quand je chantais la romance,
Hélas ! me disait Clémence,
Les yeux de larmes baignés :
« Qu'à leur sort je porte envie !
Le trépas, la tyrannie,
Rien n'a pu les séparer :
Et moi, j'adore un volage
Qui me fuit et qui m'outrage :
C'est sur moi qu'il faut pleurer. »

ANONYME.

PLAINTES D'UN MAMELUCK

Air : Femmes sensibles (D'ARIODANT).

Astre d'amour, ô de moi tant chérie !
Promis à moi des jours pleins de douceurs,
Sort de la guerre enleva mon amie ;
Hélas ! ai vu briser ces nœuds de fleurs.

D'un seul baiser à l'heure où tu reposes,
Quand j'effleurais tes appas enchanteurs,
De ton beau sein pas ne fanais les roses ;
Abeille étais voltigeant sur des fleurs.

Te reverrai-je, étoile de ma vie ?
Tant doux espoir habitait dans nos cœurs !
Monde est pour moi, si tu m'étais ravie,
Désert affreux sans ombrage et sans fleurs.

SÉGUR aîné.

CANTIQUE DE GENEVIÈVE DE BRABANT.

Approchez-vous, honorable assistance,
Pour entendre réciter en ce lieu,
L'innocence reconnue et patience
De Geneviève très aimée de Dieu ;
    Étant Comtesse,
    De grand noblesse,
Née du Brabant était assurément.

Geneviève fut nommée au baptême ;
Ses père et mère l'aimaient tendrement ;
La solitude prenait d'elle même,
Donnant son cœur au sauveur tout puissant.
    Son grand mérite
    Fit qu'à la suite,
Dès dix-huit ans fut mariée richement.

En peu de temps s'éleva grande guerre ;
Son mari, seigneur du palatinat,
Fut obligé, pour son honneur et gloire,
De quitter la Comtesse en cet état,
    Étant enceinte
    D'un mois sans feinte ;
Fait ses adieux, ayant les larmes aux yeux.

Il a laissé son aimable Comtesse
Entre les mains d'un méchant intendant,
Qui la voulut séduire par finesse,
Et l'honneur lui ravir subtilement ;
    Mais cette Dame,
    Pleine de charme,
N'y voulut consentir aucunement.

Ce malheureux accusa sa maîtresse
D'avoir péché avec son cuisinier ;
Le serviteur fit mourir par adresse,
Et la Comtesse fit emprisonner ;
    Chose assurée,
    Est accouchée,
Dans la prison, d'un beau petit garçon.

Le temps finit toute cette grande guerre,
Et le seigneur revint en son pays ;
Golo s'en fût au devant de son maître,
Jusqu'à Strasbourg accomplir son envie ;
    Ce téméraire
    Lui fit accroire
Que sa femme adultère avait commis.

Étant troublé de chagrin dans son âme ;
Il ordonna à Golo ce tyran,
D'aller au plutôt faire tuer sa Dame,
Et massacrer son petit innocent.
    Ce méchant traître,
    Quittant son maître,
Va, d'un grand cœur, exercer sa fureur.

Ce bourreau de Geneviève si tendre,
La dépouilla de ses habillemens ;
De vieux haillons la fit vêtir et prendre
Par deux valets fort rudes et très puissans,
    L'ont emmenée,
    Bien désolée,
Dans la forêt avec son cher enfant.

Geneviève, approchant du supplice,
Dit à ses deux valets, tout en pleurant:
Si vous voulez me rendre un grand service,
Faites moi mourir avant mon cher enfant.
  Et sans remise,
  Je suis soumise
A votre volonté présentement.

La regardant, l'un dit: qu'allons nous faire?
Quoi! un massacre! je n'en ferai rien;
Faire mourir notre aimable maîtresse....
Peut-être un jour nous fera-t-elle du bien;
  Sauvez-vous, Dame,
  Pleine de charme
Dans ces forêts qu'on ne vous voye jamais.

Celui qui a fait grâce à sa maîtresse,
Dit: je sais bien comment tromper Golo:
La langue d'un chien, nous faut, par finesse,
Prendre et porter à ce cruel bourreau;
  Ce traître infâme,
  Dedans son âme,
Dira: c'est cell' de Gen'viève au tombeau.

Au fond d'un bois, dedans une carrière,
Geneviève demeura pauvrement,
Étant sans pain, sans feu, et sans lumière,
Ni compagnie que son cher enfant;
  Mais l'assistance
  Qui la substante
C'est le bon Dieu qui la garde en tout lieu.

Ell' fut visitée par un' pauvre biche,
Qui, tous les jours, allaitait son enfant;
Tous les oiseaux chantent et la réjouissent,
L'accoutumant à leur aimable chant;
  Les bêtes farouches
  Près d'elle se couchent,
Divertissant elle et son cher enfant.

Voilà son mari qui est en grand' peine,
Dans son château, consolé par Golo;
Ce n'est que jeux que festins qu'on lui mène;
Mais ces plaisirs sont très mal à propos;
  Car, dans son âme,
  Sa chere Dame,
Ce chatelain pleure avec grand chagrin.

Jesus-Christ a découvert l'innocence
De Geneviève, par sa grande bonté:
Chassant dans la forêt en diligence,
Le Comte, des chasseurs s'est écarté,
  Après la biche
  Qui est nourrice
De son enfant qu'elle allaitait souvent.

La pauvre biche se sauve au plus vite,
Dedans la grotte, auprès de l'innocent:
Le Comte, aussitôt faisant la poursuite,
Pour l'attirer de ces lieux promptement,
  Vit la figure
  D'un' créature
Qui était auprès de son cher enfant.

Appercevant dans cette grotte obscure
Cette femme, couverte de cheveux,
Lui demanda : qui êtes vous, créature ?
Que faites vous dans ces lieux ténébreux ?
    Ma chère amie,
    Je vous en prie,
Dites moi donc, s'il vous plaît, votre nom.

Geneviève, c'est mon nom d'assurance,
Née du Brabant, où sont tous mes parens :
Un grand seigneur m'épousa, sans doutance,
Dans son pays m'emmena promptement :
    Je suis Comtesse,
    De grand' noblesse,
Mais mon mari fait de moi grand mépris.

Il m'a laissée étant d'un mois enceinte,
Entre les mains d'un méchant intendant,
Qui a voulu me séduire par contrainte,
Et puis me faire mourir vilainement ;
    De rage félonne,
    Dit à deux hommes,
De me tuer moi et mon cher enfant.

Le Comte ému, reconnaissant sa femme,
Dedans ce lieu, la regarde en pleurant ;
Quoi ! est-ce vous Geneviève, chère Dame,
Pour qui je pleure il y a si longtemps ?
    Mon dieu ! quelle grace,
    Dans cette place,
De retrouver ma très chère moitié.

Ah ! que de joie ! au son de la trompette,
Voici venir la chasse et les chasseurs,
Qui reconnurent le Comte, je proteste,
A ses côtés et sa femme et son cœur,
    L'enfant, la Biche,
    Les chiens chérissent,
Les serviteurs rendent grâce au seigneur.

Tous les oiseaux et les bêtes sauvages,
Regrettent Geneviève par leur chant,
Pleurent et gémissent par leurs doux ramages,
En chantant tous d'un ton fort languissant.
    Pleurant la perte
    Et la retraite
De Geneviève et de son cher enfant.

Ce grand seigneur, pour punir l'insolence,
Et la perfidie du traître Golo,
Le fit juger par très juste sentence,
D'être écorché tout vif par un bourreau ;
    A la Voirie
    L'on certifie
Que son corps y fut jetté par morceaux.

Fort peu de temps notre illustre princesse
Resta vivante avec son cher mari,
Malgré ses chères et tendres caresses
Elle ne pensait qu'au sauveur Jésus-Christ ;
    Dans sa chère âme,
    Remplie de flamme,
Elle priait Dieu tant le jour que la nuit.

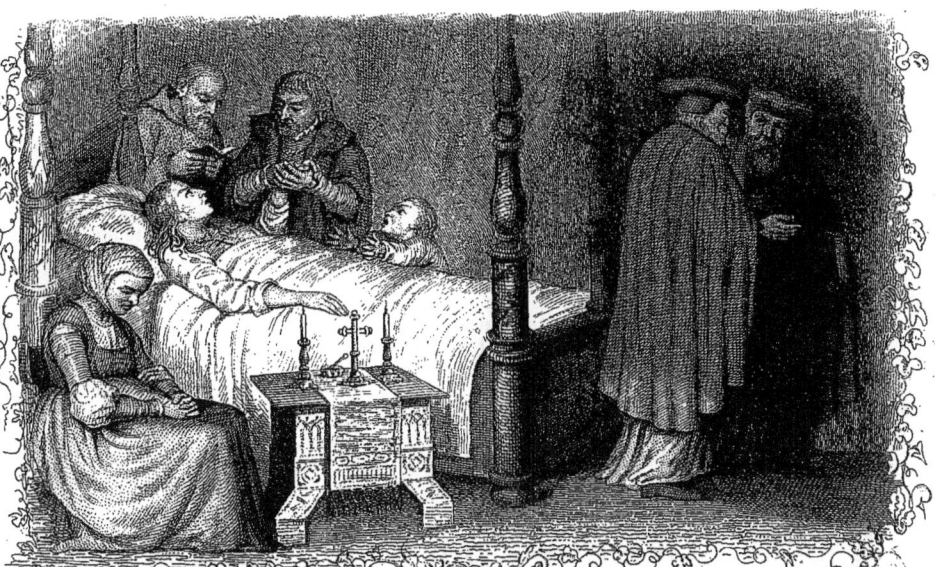

Elle ne pouvait manger que des racines,
Dont elle s'était nourrie dans les bois;
Ce qui fait que son mari se chagrine.
Offrant toujours des vœux au Roi des Rois:
   Qu'il s'intéresse
   De sa princesse,
Qui suivait si austèrement ses lois.

Puissant seigneur, par amour je vous prie,
Et puisqu'aujourd'hui il nous faut quitter,
Que mon cher fils, ma douce compagnie,
Tienne toujours place à votre côté;
   Que la souffrance,
   De son enfance,
Fasse preuve de ma fidélité.

Geneviève, à ce moment rendit l'âme
Au Roi des Rois, le sauveur tout puissant.
Benoni de tout son cœur et son âme,
Poussait des cris terribles et languissans;
   Se jettant par terre
   Lui et son père,
Se lamentant, pleurant amèrement.

Du ciel, alors, sortit une lumière,
Comme un rayon d'un soleil tout nouveau,
Dont la clarté dura la nuit entière,
Rien n'a paru au monde de plus beau:
   Les pauvres et riches,
   Jusqu'à la biche,
Tout a suivi Geneviève au tombeau.

Pour conserver à jamais l'innocence
De Geneviève accusée par Golo,
La pauvre Biche veut, par sa souffrance,
Le prouver par un miracle nouveau;
   Puisqu'elle est morte,
   Quoi qu'on lui porte,
Sans boire ni manger sur le tombeau.

EDWIN ET ANGÉLINA

> Turn, gentle Hermit of the dale.
> GOLDSMITH.

Air nouveau.

« Ermite, sois mon guide en ma route isolée
Vers ces lieux que j'ignore et pour toi familiers,
Là-bas où ce flambeau réjouit la vallée,
    De ses rayons hospitaliers.

« Dans la plaine égarant ma sombre inquiétude,
Ma course est chancelante et mon cœur en émoi;
Plus je hâte mes pas, plus cette solitude
    Paraît s'étendre devant moi. »

« Craignez de ce flambeau la lueur dangereuse,
Dit l'ermite : ô mon fils, je parle sans détour :
Là, circule un fantôme à face ténébreuse
    Et qui vous perdrait sans retour.

« Aux enfants du besoin ma porte ouvre un asile;
Je l'offre à l'indigence ainsi qu'à la grandeur ;
J'ai peu de chose aux yeux de l'homme difficile,
    Mais je le donne de bon cœur.

« Venez goûter la paix de mon humble ermitage ;
Venez, et faisant trêve à tant d'affliction,
De mon lit de roseaux acceptez le partage,
    Avec ma bénédiction.

« A leurs goûts librement les troupeaux s'abandonnent ;
Aucun d'eux ne périt sous la hache en courroux :
Instruit par l'Éternel, dont les bontés pardonnent,
    J'ai la même pitié pour tous.

« Le penchant bocager de la verte colline
Me fournit les apprêts de mon sobre festin ;
Quelques herbes, des fruits, une onde cristalline
    Savent contenter mon destin.

« Bannissez loin de vous le mal qui vous atterre :
Le rapide chagrin fuit avec nos instants;
On a besoin, mon fils, de bien peu sur la terre,
    Encor n'est-ce pas pour longtemps. »

Pareils à la rosée, argent du crépuscule,
Pénétraient dans le cœur ces mots délicieux :
L'humble étranger s'incline et suit à la cellule
    Le solitaire officieux.

Du père bienfaisant la rustique demeure
Se montrait à la vue, en un lieu retiré,
Aux pauvres d'alentour accessible à toute heure,
    Comme au voyageur égaré.

Nul trésor n'appelait l'œil vigilant du maître ;
Pour unique serrure un loquet gémissant
Fermait l'entrée; on ouvre, et le réduit champêtre
    A reçu le couple innocent.

Quand la foule a rejoint l'abri de sa retraite,
Et du repos des nuits savoure la faveur,
Auprès de son foyer le digne anachorète
    Veut égayer l'hôte rêveur.

Il étend les trésors de sa table modeste,
Il l'invite gaîment du geste et du discours;
Et déroulant aussi la légende céleste,
    Du temps il croit tromper le cours.

Aux pieds du bon ermite un jeune chat folâtre
Et par la sympathie invente plus d'un jeu ;
Tandis que le grillon se réjouit dans l'âtre,
    Le sarment vient nourrir le feu.

Mais rien pour l'étranger n'offrait de sortilège
Qui fût propre à calmer le cri de ses douleurs;
Il n'a plus maintenant qu'un triste privilège,
    Celui de répandre des pleurs.

Oppressé comme lui, le solitaire épie
Les soucis accablants du jeune pèlerin :
« D'où vient, dit-il, mon fils, cette misanthropie,
    Triste compagne du chagrin?

« De la vie, en ce jour, connais-tu la tourmente?
Es-tu banni d'un sol, objet de tous tes vœux?
Fuis-tu d'ingrats amis ou quelque fière amante
    Qui n'ait point partagé tes feux ?

« Les plaisirs qu'à nos sens prodigue la fortune,
Sont des plaisirs trompeurs comme le similor;
De frivoles souhaits celui qui l'importune,
    Sans doute est plus frivole encor.

« Qu'est-ce que l'amitié? C'est un nom illusoire,
Un charme qui du monde ose enivrer l'orgueil ;
C'est une ombre qui suit la richesse ou la gloire,
    Et qui du malheur fuit le seuil.

« Hochet de la beauté dans ses tendres querelles,
L'amour est un vain mot qu'à peine on définit;
Sur la terre ignoré, sinon des tourterelles,
    Dont il échauffe le doux nid.

« En mon asile oublie et ta peine et ta faute,
Et d'un sexe trompeur évite le séjour. »
Il a dit ; mais la honte a dénoncé son hôte,
 Tendre victime de l'amour.

Il trouve à l'inconnu que la pudeur colore,
D'autres attraits captifs sous des tissus légers :
Tels on voit resplendir de la naissante aurore
 Les rayons purs et passagers.

Un timide regard, un sein qui se balance,
Du solitaire ému troublent l'austérité ;
Et dans lui l'étranger, que trahit son silence,
 Révèle une jeune beauté.

« Excuse, digne ermite, une fille égarée,
Dont le pied téméraire a profané ces lieux,
Dit-elle, cette enceinte aux vertus consacrée,
 Où réside un ami des cieux.

« Qu'une jeune mortelle obtienne ta clémence :
Je cherche le repos, et le repos me fuit ;
Et d'un funeste amour la secrète démence
 Jusque dans ces lieux me poursuit.

« Aux heureux bords du Tyne, où j'ai vu la lumière,
Mon père, homme de cour, fut un lord triomphant ;
Je devais hériter de sa fortune entière ;
 Car j'étais son unique enfant.

« Il vint pour lui ravir l'appui de sa tendresse,
 Des flots d'adorateurs attachés sur mes pas ;
 Epris ou simulés, louant avec adresse
  Des charmes que je n'avais pas.

« Mille importuns rivaux voulaient me rendre hommage ;
 Ils venaient de leurs feux m'obséder chaque jour :
 Edwin se présenta ; mais plein de mon image,
  Il n'osa me parler d'amour.

« Timide et sans parure, au lieu de la puissance,
Au lieu de la richesse, il n'avait avec soi
Que la simplicité, la fleur de l'innocence ;
 Mais tous ces dons étaient pour moi.

« Les perles que répand l'aurore matinale,
La rose ouvrant au jour l'éclat de sa beauté,
Non, non, pour égaler sa candeur virginale
 N'ont point assez de pureté.

« La céleste rosée et le lys sur sa tige
Offrent à notre vue un charme passager ;
Et la constance, un jour, cause de mon vertige,
 Devait punir mon cœur léger.

« Éprise des bluets que l'amour fait éclore,
Je méprisais d'Edwin les timides désirs ;
Tandis qu'il ressentait le feu qui me dévore,
 Je triomphais de ses soupirs.

« Mais enfin abattu par mes dédains sans nombre,
Il part et m'abandonne à mon fatal orgueil ;
Et va chercher au loin quelque retraite sombre
 Qui dût protéger son cercueil.

« De mes chagrins profonds voilà la triste source ;
Mais tant que de mes jours brûlera le flambeau,
Je veux suivre sa trace et ne borner ma course
 Qu'au lieu choisi pour son tombeau.

« Là, dans mon désespoir, solitaire et cachée,
Pour finir mes ennuis j'appellerai la mort :
Ainsi qu'en me quittant Edwin l'a recherchée,
 Ainsi je recherche son sort. »

« Abjure ce dessein ! car le ciel le réprouve ! »
Il dit, et sur son cœur la serre doucement.
L'étrangère en effroi veut gronder, et se trouve
 Dans les bras de son jeune amant.

« O mon Angélina, crie aussitôt l'ermite,
Reconnais ton Edwin, tourne vers lui les yeux ;
Ton Edwin pénétré d'une ardeur sans limite,
 Et prêt à couronner tes vœux !

« Crois-moi, plus de soucis, renais à l'existence,
Laisse-moi te presser sur mon cœur agité ;
Ne nous séparons plus, modèle de constance,
 Trésor de ma félicité.

« Oui, de nos jours communs raffermissons la trame ;
 Eternisons la paix de ce bonheur divin ;
 Et le dernier soupir qui brisera ton âme,
  Qu'il brise aussi l'âme d'Edwin ! »

Albert-Montémont.

Impr. de Pillet fils aîné, rue des Grands-Augustins, 5.

LA JEUNE FILLE ET LE PETIT ANGE

Air : Dam', ma mère, est-c' que j'sais ça?

L'autre nuit, un petit ange
Apparut à mon chevet,
Tandis que d'un bien étrange
Mon cœur tout ému rêvait.
De son aile qui vacille,
Heureux de me parfumer,
Il me dit : petite fille,
Le ciel te fit pour aimer.

Ainsi qu'un bouton de rose,
Epanoui le matin,
Voit, le soir, sa fleur éclose
Finir déjà son destin :
Ainsi tes jours passent vite,
Bercés d'un vague désir ;
Entends ma voix qui t'invite
A savourer le plaisir.

A ses accents, je m'éveille
Et je le cherche des yeux :
Aérienne merveille,
Il avait fui vers les cieux.
Soit vérité, soit mensonge,
Cet ange occupe mes jours,
Et dans l'ombre il vient en songe,
D'espoir me flatter toujours.

ALBERT-MONTÉMONT.

L'OUBLI D'ANACRÉON

Air : Chanter porte bonheur (Donvé).

Sur sa lyre d'ivoire
Le chantre de Théos,
Sait atteindre à la gloire
Au sein d'un doux repos.
Il dit : usons la vie,
Par le vin, la beauté :
Mais notre sage oublie } bis.
Les chants de liberté.
Chantons, chantons la liberté !
Chantons, chantons la liberté !

Du tyran Polycarpe
En suivant les destins,
Sa muse esclave flatte
Son pouvoir, ses festins :
Sa molle poésie
Charme une Majesté ;
Mais notre sage oublie
Les chants de liberté.
Chantons, etc.

Si sa verve s'allume,
Dans de riants concerts,
La rose alors parfume
Et son front et ses vers.
Comme il la déifie
En sa fragilité !
Mais notre sage oublie,
Les chants de liberté.
Chantons, etc.

Mais j'aperçois la troupe
Du malin Cupidon :
Elle remplit la coupe
Du tendre Anacréon.
Il chante la folie,
Sœur de la volupté :
Mais notre sage oublie
Les chants de liberté.
Chantons, etc.

Quand le poëte accorde
Son instrument vainqueur,
Il doit toucher la corde,
Qui fait battre le cœur.
Pour guider son génie
A l'immortalité,
Que jamais il n'oublie
Les chants de liberté.
Chantons, chantons la liberté !
Chantons, chantons la liberté !

JUSTIN CABASSOL.

PÉTRARQUE

Air de Candeille.

Sans effort, Laure sait plaire,
Et sans art se faire aimer ;
Pour cette beauté sévère
Mon cœur se laisse enflammer
D'un feu qu'il ne saurait taire
Et qu'il ne peut exprimer.

Es-tu le dieu de Cythère ?
Ou bien serais-tu Cypris ?
Belle Laure, ce mystère
Rend mon esprit indécis.
Tu charmes comme la mère,
Tu blesses comme le fils.

MOLINE.

ANACRÉON

PARTANT POUR ATHÈNES

Air du Carnaval de Meissonnier.

Soufflez, zéphirs, sur la mer d'Ionie :
Un beau navire en sillonne les flots.
D'un luth joyeux la riante harmonie
Joint ses accords aux chants des matelots ;
L'or brille aux mâts et l'azur aux antennes ;
L'amour voltige autour du pavillon :
Anacréon va visiter Athènes,
Fêtons, amis, l'heureux Anacréon.

Entendez-vous sa voix qui vous appelle ?
« Le ciel est pur, dit-il, embarquons-nous.
« Le doux printemps, à son retour fidèle,
« A de Thétis apaisé le courroux ;
« L'essaim vermeil des fleurs fraîches écloses
« A vu s'enfuir l'orageux aquilon.
« Que tous les fronts se couronnent de roses ! »
 Amis, fêtez } l'heureux Anacréon.
 Fêtons, amis,

« Buvons, buvons, à la céleste troupe,
« Ce vieux nectar qui rajeunit nos jours.
« En son honneur je veux tarir ma coupe,
« Qu'ornent Cypris, Bacchus et les Amours.
« Que l'amitié seconde mon délire !
« Du vin ! des fleurs ! Vierges de l'Hélicon,
« Je m'abandonne au transport qui m'inspire. »
 Amis, fêtez } l'heureux Anacréon.
 Fêtons, amis,

« Je vais chanter, comme le grand Homère,
« Achille, Hector, et leurs sanglants combats...
« Mais que fais-tu, Muse folle et légère ?
« De tels sujets ne te conviennent pas.
« Laisse aux héros la trompette guerrière :
« Ta lyre exige un plus modeste ton.
« Chante la rose, et le myrte et le lierre. »
 Amis, fêtez } l'heureux Anacréon.
 Fêtons, amis,

« Je vous peindrai ma charmante maîtresse,
« Trésor d'amour, miracle de beauté.
« Dans son regard quelle aimable tendresse !
« Dans son maintien quelle noble fierté !
« Figurez-vous Vénus ou Terpsichore,
« Lorsqu'elle danse aux concerts d'Apollon.
« Dès qu'on la voit, aussitôt on l'adore. »
 Amis, fêtez } l'heureux Anacréon.
 Fêtons, amis,

« Le dieu du vin enfante l'allégresse ;
« Le dieu d'amour embellit l'avenir.
« Passons nos jours dans une double ivresse :
« Sait-on demain ce qu'on peut devenir ?
« Loin de poursuivre un bonheur chimérique,
« Du seul plaisir pratiquons la leçon.
« Il nous attend dans les champs de l'Attique. »
 Amis, fêtez } l'heureux Anacréon.
 Fêtons, amis,

A ces accords du gracieux poëte,
Le dieu des mers paraissait applaudir.
Le cœur ému de sa douceur secrète,
Il souriait au chantre du plaisir.
On s'avançait, aux clartés de l'aurore,
Vers la cité que gouverna Solon ;
Et l'on buvait en répétant encore :
Fêtons, amis, l'heureux Anacréon.

CABARET-DUPATY.

MARIE STUART

— ROMANCE —

Air du temps.

En vain de ma douleur affreuse
Ces murs sont les tristes échos ;
En songeant que je fus heureuse
Je ne fais qu'accroître mes maux,
A travers ces grilles terribles
Je vois les oiseaux dans les airs :
Ils chantent leurs amours paisibles,
Et moi je pleure dans les fers !

Quel que soit le sort qui m'accable,
Mon cœur saura le soutenir :
Infortunée, et non coupable,
Je prends pour juge l'avenir.

Perfide et barbare ennemie,
On détestera tes fureurs,
Et sur la tombe de Marie
La pitié versera des pleurs.

Voûtes sombres, séjour d'alarmes,
Lieux au silence destinés,
Ah ! qu'un jour passé dans les larmes
Est long pour les infortunés !
Les vents sifflent, le hibou crie ;
J'entends une cloche gémir :
Tout dit à la triste Marie :
Ton heure sonne, il faut mourir !

FLORIAN.

CLÉMENCE ISAURE

Paroles de Florian.

A Toulouse il fut une belle,
Clémence Isaure était son nom ;
Le beau Lautrec brûla pour elle,
Et de sa foi reçut le don.
Mais leurs parens trop inflexibles
S'opposaient à leurs tendres feux :
Ainsi toujours les cœurs sensibles
Sont nés pour être malheureux !

Alphonse, le père d'Isaure,
Veut lui donner un autre époux.
Fidèle à l'amant qu'elle adore,
Sa fille tombe à ses genoux :
« Ah ! que plutôt votre colère
Termine des jours de douleur !
Ma vie appartient à mon père ;
A Lautrec appartient mon cœur. »

Le Vieillard, pour qui la vengeance
A plus de charmes que l'amour,
Fait charger de chaînes Clémence,
Et l'enferme dans une tour.
Lautrec, que menaçait sa rage,
Vient gémir au pied du donjon,
Comme l'oiseau près de la cage
Où sa compagne est en prison.

Une nuit la tendre Clémence
Entend la voix de son amant;
A ses barreaux elle s'élance,
Et lui dit ces mots en pleurant:
« Mon ami, cédons à l'orage;
Va trouver le roi des français;
Emporte mon bouquet pour gage
Des serments que mon cœur t'a faits.

L'Eglantine est la fleur que j'aime;
La violette est ma couleur;
Dans le souci tu vois l'emblême
Des chagrins de mon triste cœur.
Ces trois fleurs que ma bouche presse
Seront humides de mes pleurs;
Qu'elles te rappellent sans cesse
Et nos amours et nos douleurs. »

Elle dit, et par la fenêtre
Jette les fleurs à son amant.
Alphonse, qui vient à paraître,
Le force de fuir tout tremblant.
Lautrec part. La guerre commence,
Et s'allume de toutes parts;
Vers Toulouse l'Anglais s'avance,
Et brûle déjà ses remparts.

Sur ses pas Lautrec revient vite:
A peine est-il sur le glacis,
Qu'il voit des Toulousains l'élite
Fuyant devant les ennemis.
Un seul vieillard résiste encore:
Lautrec court lui servir d'appui;
C'était le vieux père d'Isaure.
Lautrec est blessé près de lui.

Hélas! sa blessure est mortelle.
Il sauve Alphonse et va périr.
Le vieillard fuit; Lautrec l'appelle,
Et lui dit avant de mourir:
« Cruel père de mon amie,
Tu ne m'as pas voulu pour fils!
Je me venge en sauvant ta vie:
Le trépas m'est doux à ce prix.

Exauce du moins ma prière;
Rends les jours de Clémence heureux:
Dis-lui qu'à mon heure dernière
Je t'ai chargé de mes adieux;
Reporte-lui ces fleurs sanglantes,
De mon cœur le plus cher trésor,
Et laisse mes lèvres mourantes
Les baiser une fois encor. »

En disant ces mots il expire.
Alphonse accablé de douleur,
Prend le bouquet et s'en va dire
A sa fille l'affreux malheur.
En peu de jours la triste amante
Dans les pleurs terminant son sort,
Prit soin d'une main défaillante,
D'écrire un testament de mort.

Elle ordonna que chaque année,
En mémoire de ses amours,
Chacune des fleurs fut donnée
Aux plus habiles troubadours.
Tout son bien fut laissé par elle,
Pour que ces trois fleurs fussent d'or,
Sa patrie, à son vœu fidèle,
Observe cet usage encor.

BAYARD ET LA JEUNE FILLE

Air : Que vois-je ? ah ! quel jour radieux !

« Chevalier, à vous j'ai recours ;
« Daignez me prêter assistance ;
« Dieu vous envoie à mon secours,
« Protégez, sauvez l'innocence. »
Aux pieds du généreux Bayard,
Ainsi parle la belle Isaure,
Dont l'humide et tendre regard
Charme le héros qu'elle implore.

« D'où vient le trouble où je vous voi !
« Calmez-vous, gente bachelette :
« Je suis Bayard, comptez sur moi ;
« A vous servir ma lance est prête.
— Ah ! contre un lâche ravisseur,
« Soyez mon appui tutélaire
« Chevalier, sauvez-moi l'honneur,
« Rendez une fille à sa mère. »

« Du traître l'espoir est détruit, »
Dit le guerrier, l'âme attendrie,
« Ne craignez rien ; s'il nous poursuit,
« Je punirai sa félonie. »
Il ramène vers son séjour
Cette beauté que rien n'efface ;
Et dans son cœur sent que l'amour
Près de l'honneur vient prendre place.

Isaure n'a plus de frayeur ;
Isaure à sa mère est rendue ;
Et, près de son libérateur,
Sent, en secret, son âme émue.
De Bayard la noble action
Méritait une récompense ;
Et c'est l'Amour qui fit, dit-on,
Les frais de la reconnaissance.

J. SERVIÈRES.

IL FAUT PEU DE PLACE AU BONHEUR

Air : Aux soins que je prends de ma gloire.

De nos jours, trouvez-moi le sage
D'accord avec l'antiquité ;
Et content d'avoir en partage
La douce médiocrité.
Chacun, séduit par l'espérance,
Poursuit un fantôme trompeur ;
Et pourtant sur ce globe immense,
Il faut peu de place au bonheur.

Sans quitter ses vastes domaines,
Plus d'un lord pourrait voyager ;
Mais l'ennui coule dans ses veines ;
Chez lui même il est étranger.
Voyez, loin de tant de richesses,
Le soir les fils du laboureur,
Groupés autour de ses caresses !...
Il faut peu de place au bonheur.

Près d'un amant que la comtesse
Se pavane dans ses atours,
Moi je hais que tant de noblesse
Me protège de ses amours ;
A l'étroit auprès de Lisette,
Et mon cœur pressé sur son cœur,
Je dis souvent dans sa chambrette,
Il faut peu de place au bonheur.

D'un parapluie et de sa femme
Qu'un mari charge ses deux bras !...
Près du tendre objet de ma flamme,
Je marche avec moins d'embarras :
L'orage gronde, l'éclair brille...
Du temps que nous fait la rigueur !...
Nous bravons tout sous sa mantille ;
Il faut peu de place au bonheur.

Vous, dont le fils de Cythérée
Doit bientôt couronner les feux,
Près de votre amante adorée,
Soyez modeste dans vos vœux :
Ah ! qu'une fougue téméraire
N'aille point brusquer la pudeur :
Pour le dieu dans le sanctuaire
Il faut peu de place au bonheur.

Au ciel pour avoir plus d'espace,
A l'instant vous pouvez monter :
Moi, qui toujours attends la grâce,
Cent ans ici je veux rester.
Puis avec gentille compagne
Je ne veux chez le Créateur,
Qu'un petit coin et du champagne ;
Il faut peu de place au bonheur.

Des grands l'âme préoccupée,
Redoutant les coups du destin,
De Damoclès je vois l'épée
Se balancer sur le festin.
Plus gaîment nous vidons nos verres,
Moins cher nous payons la splendeur :
Ici, pour chacun de nos frères,
Il faut peu de place au bonheur.

VEISSIER-DESCOMBES.

PÉTRARQUE PARTANT DE VAUCLUSE

Air d'Albanèse.

En s'éloignant de sa muse
L'amant de Laure en ces mots,
Du rivage de Vaucluse
Fit retentir les échos.
Adieux, témoins de ma flamme,
Lieux charmants, heureux séjour,
Bords enchantés où mon âme
Ne respirait que l'amour !

Vous qu'un fol espoir attire,
Que vous aimez faiblement !
Laure n'avait qu'à sourire
Pour rendre heureux son amant.
Hélas ! sans songer à plaire
Je me laissais enflammer,
Et ne voulais pour salaire
Que le plaisir de l'aimer.

La blancheur du teint de Laure
Est le lis de la candeur ;
La rose qui la colore
Est le fard de la pudeur,
Sa taille égale en souplesse
Le jeune et tendre roseau ;
Et pour les cœurs qu'elle blesse,
Ses cheveux sont un réseau.

De la nymphe la plus belle
Veut-on vanter les attraits,
On la compare avec elle,
On dit qu'elle a de ses traits.
Veut-on flatter une muse
Sur la douceur de ses chants,
On dit : celle de Vaucluse
N'en a pas de plus touchants.

En répondant à mes plaintes,
Echos, vous avez appris
Quels sont les vœux et les craintes
D'un cœur tendre et bien épris.
N'oubliez pas ce langage ;
Et si Laure quelquefois
Vient rêver sur ce rivage,
Imitez encor ma voix.

Dites-lui qu'en vain les Grâces
Viendraient pour me consoler ;
Que les Amours sur mes traces
Loin d'elle auraient beau voler ;
A leur troupe enchanteresse
Je dirais dans mes douleurs :
Rendez Laure à ma tendresse,
Ou laissez couler mes pleurs.

Insensible à tout, loin d'elle
Rien ne flatte mes désirs ;
Je me croirais infidèle
De goûter quelques plaisirs.
Sur une rive étrangère
Où le destin me conduit,
Une espérance légère
Est le seul bien qui me suit.

Mais si Laure m'est ravie,
Si je ne dois plus la voir,
Je perdrai bientôt la vie
Quand j'aurai perdu l'espoir.
Puisse la Parque apaisée
Me laisser après ma mort
Préférer à l'Elysée
Les ombrages de ce bord !

MARMONTEL.

LE TOMBEAU DE FLORIAN

Air à faire.

Pleurez, Grâces, pleurez, Amours,
Fuyez vos bois, bergers sensibles :
Du chantre de vos mœurs paisibles
La lyre se tait pour toujours.

Dans la plus belle des saisons,
Vous verrez verdir vos bocages ;
De Florian sous vos ombrages,
Vous n'entendrez plus les chansons.

Vous gémirez, encore épris
Des traits d'une insensible amante ;
Mais quelle voix tendre et savante
Plaindra vos feux et ses mépris !

Fière en secret de vos désirs,
Si la beauté vous rend les armes,
Qui chantera les douces larmes
Que lui coûteront vos plaisirs ?

Dans vos champs, sous vos yeux émus,
S'il naît encore des Estelles,
Qui pourra les rendre immortelles ?
Florian, hélas ! ne vit plus.

Pleurez, Grâces, pleurez, Amours,
Fuyez vos bois, bergers sensibles ;
Du chantre de vos mœurs paisibles
La lyre se tait pour toujours.

Mme DUFRESNOY.

Impr. de Pillet fils aîné, rue des Grands-Augustins, 5.

LA FUREUR DES BALLONS

— 1851 —

Air de l'Écu de six francs; ou : de Turenne.

Chez l'bon Dieu voulant fair' ses orges,
En ballon un simple mortel,
Sur son bidet, comme un saint Georges,
Tenta d'escalader le ciel.
Il partit... Cette audace rare
Charma le Parisien surpris :
Il vit les célestes pourpris,
Et n'eut pas le destin d'*Icare*.

Une Lionne, la coqu'luche
D'une foule de beaux Lions,
Du haut des airs sur une autruche
Aperçut de haut leurs lorgnons.
En la voyant suivre sa route
Si près des cieux, ces beaux dandys
Disaient qu'en oiseau d'paradis
L'autruche allait changer sans doute.

Un soir de belles demoiselles,
Mises comm' des-filles d'Opéra,
Montraient autour de leurs nacelles
Leurs bras, leurs jamb's, et cœtera.
Bref, à l'aide du télescope,
Alors qu'l'aérostat planait,
Sur un jeun' taureau l'on voyait
(Dans Paris) l'enlèv'ment d'l'Europe.

Un savant plein d'expérience
Dernièrement, dit-on, inventa
L'moyen, à force de science,
De diriger l'aérostat.....
Puisque le poisson, dit ce sage,
Se dirige dans l'Océan,
Adoptons la form' du merlan
Pour que l'ballon fass' bon voyage.

On va voir chacun à la ronde
Parmi les poissons faire un choix ;
Au sein des airs, comme dans l'onde,
N'ag'ront l'saumon, l'turbot, l'anchois ;

Mais j'crains quelqu'anguille sous roche :
Je r'dout' qu'un farceur trop subtil
Ne nous donn' qu'un *poisson d'avril*,
En mettant la recett' dans sa poche.

Si l'invention se perfectionne,
Dans la nuit répandant l'effroi,
On pourra bien craind' que personne
Ne soit en sûreté chez soi.
Les filous chez toutes les belles
S'faufil'ront malgré les verroux
Pour dérober d'jolis bijoux
A la barbe des sentinelles.

Oui par les ch'miné's par les f'nêtres
Tous les voleurs s'introduiront,
Des magots ils se rendront maîtres,
Et sans craint' nous dévalis'ront.
Pour qu'on poursuive et que l'on pende
Chaque fripon, chaque vaurien,
On mettra l'gendarme aérien
A cheval sur une limande.

D'ces bons gendarmes la brigade,
Dans les airs pourra s'établir,
Des voleurs vain'ment l'escouade
Sur ses poissons tent'ra d's'enfuir.
Les cavaliers que je désigne,
Au lieu de pistolets d'arçon,
N'auront besoin que d'un hameçon
Pour les pêcher tous à la ligne.

Comm' mon pèr' j'ai de la prudence,
De c'progrès-là je n'suis pas fou,
Je n'port' pas l'amour de la science
Au point de me casser le cou.
J'consens qu'on m'coupe les moustaches,
J'consens qu'on m'sci' l'dos tout en long,
J'consens qu'on m'enlève l'ballon,
Si j'quitt' jamais l'plancher des vaches.

DELEGORGUE-CORDIER.

LE VENT

— 1805 —

Air : Un homme pour faire un tableau.

On sait que depuis peu le vent
A pris sur nous un grand empire ;
Lui seul donne le mouvement
A ce beau monde qu'on admire :

On est poussé, placé par lui ;
Il dérange, il renverse, il chasse ;
Et c'est ce qui fait qu'aujourd'hui
Si peu de gens sont à leur place.

ANONYME.

ADIEUX DE L'ÉLÉPHANT

Air : Quel désespoir !

Quel coup, grand dieu !
Tout frais sorti de ma coquille,
A la Bastille,
Hélas ! il me faut dire adieu !

Lorsque de ma chemise
Chaque morceau tomba,
Jugez de ma surprise:
J'avais l'air de *Baba*!
  Quel coup, grand dieu ! etc.

Au jour de délivrance,
Paris tout triomphant,
Renverse un roi de France,
Abat un éléphant.
  Quel coup, grand dieu ! etc.

Qui vous trouble la tête?
Badauds point de courroux !
Suis-je la seule bête
Qui pèse parmi vous?
  Quel coup, grand dieu ! etc.

La mère de famille,
Avec sécurité,
Peut montrer à sa fille
Ma chaste nudité.
  Quel coup, grand dieu ! etc.

La paix fait mon délice ;
Je crains maints accidents...
Ce n'est point par malice,
Que je montre les dents.
  Quel coup, grand dieu ! etc.

Quand la foule idolâtre
M'entoure avec transport,
Sous mon habit de plâtre,
Je me crois le veau d'or.
  Quel coup, grand dieu ! etc.

Ma trompe est hydraulique ;
On peut, par son canal,
Noyer la république,
Avec l'eau du canal.
  Quel coup, grand dieu ! etc.

Ingrat pays des Gaules,
J'avais eu le projet,
Pour sauver tes épaules
De porter ton budget.
  Quel coup, grand dieu ! etc.

Que le pouvoir, par grâce,
M'épargne en ce moment:
Si j'adore ma place,
Je hais le mouvement.
  Quel coup, grand dieu ! etc.

Par un Cornac, à la demi-solde.

LE NID

Air du temps.

Laisse, enfant, sur la branche,
Le petit nid d'oiseau
D'herbe et de laine blanche,
Où la mère se penche
Comme sur un berceau.

Laisse-la sous son aile
Abriter, nuit et jour,
Ses petits qui, comme elle,
Auront une voix belle
Pour chanter leur amour.

Ecoute sous l'ombrage
Leur suave babil ;
Exilés dans ta cage,
Ils perdraient leur langage :
Chante-t-on dans l'exil ?

Laisse à son espérance,
Par le rameau porté,
Ce nid qui se balance :
Laisse-lui son silence,
Son ciel, sa liberté.

DUPLANTY.

NOS ORCHESTRES

— AN VIII —

Air : Je loge au quatrième étage.

Dans nos orchestres l'harmonie
N'est que du bruit et du fracas :
Pour peindre la *mélancolie*
On offre le bruit des combats ;

Pour peindre les *jeux de l'enfance*
On prend trombonnes et clairons;
Pour accompagner *la romance*
Bientôt on prendra des canons.

VILLIERS.

COMPLAINTE SUR LA MACHINE INFERNALE.

Chantons le récit fidèle
Du plus horrible attentat,
Exercé contre l'Etat,
Rue Nicaise, au Carrouzelle.
De ce fait la vérité
Fait frémir l'humanité.

Une machine infernale,
De nouvelle invention,
Fit, par son explosion,
Un dégât que rien n'égale,
Renversant aux environs,
Les hommes et les maisons.

Le Consul, dans sa voiture,
A l'instant passait par-là;
Il allait à l'Opéra;
C'était à lui, chose sûre,
Qu'on voulait donner la mort,
Mais ce fut un vain effort.

De ses chevaux la vitesse
Avait devancé le coup;
Mais s'arrêtant tout à coup,
De s'informer il s'empresse;
Sans craindre ce noir dessein,
Il poursuivit son chemin.

Son épouse, toute en larmes,
Veut partager son danger;
Mais on vint la rassurer
Sur ces horribles vacarmes,
Lui disant, il est passé,
Le Consul n'est point blessé.

Bientôt, dans le voisinage,
Les blessés et les mourans
Poussent des gémissemens;
D'autres se font un passage
A travers mille débris,
Pour se sauver dans Paris.

Cette machine infernale
Etait faite d'un tonneau;
Et renfermait, au lieu d'eau,
Beaucoup de poudre et des balles.
Cette invention d'enfer
Avait des cercles de fer.

Les éclats de la machine
Enfoncèrent les maisons,
Et la chûte des plafonds
Entassa sous leur ruine
Les meubles et les trésors,
Et des blessés et des morts.

Le Tribunat, plein de zèle,
Le Sénat-Conservateur,
Ministre et Législateur,
Le Conseil d'état fidèle,
Au grand Consul en ce jour,
Vinrent prouver leur amour.

Discours du Ministre de la Police au Premier Consul.

Une machine semblable
Est saisie entre les mains
De ces monstres inhumains,
Dont l'intention coupable,
Pour prolonger leurs forfaits,
Est de reculer la paix.

Discours des Présidens des Autorités du Gouvernement.

Quand des monstres pleins de rage,
Veulent renverser l'État
Par le feu, l'assassinat,
Le desordre et le carnage,
Nous punirons leurs forfaits,
Pour accélérer la paix.

Bonaparte, en assurance,
De ses lâches ennemis
Saura purger son pays,
Et par sa rare prudence,
Terminer à nos souhaits,
Le grand œuvre de la paix.

LE TREIZIÈME ARRONDISSEMENT

DE PARIS

Air : On dit que je suis sans malice.

Pour nos administrés, nos maires
Agissent toujours en bons pères ;
Je sais qu'on donne à l'indigent,
Du pain, des hardes, de l'argent,
Malgré ses efforts, la commune
Ne peut aider chaque infortune.
On voit moins de pauvres, vraiment,
Au treizième arrondissement.

Quel baptême d'ignominie !
Sur ce registre de la vie
Couche-t-on un nouveau venu,
L'écrivain met : *père inconnu !*
Les filles ont trop de faiblesse,
Les pères ont peu de tendresse !
On agit plus moralement
Au treizième arrondissement.

Notre garde nationale
N'a plus son ardeur martiale ;
A présent, nos soldats bourgeois,
Craignent les chaleurs et les froids.
Est-on de garde à sa mairie,
En *bizet* on sert la patrie !
On a bien plus de dévoûment
Au treizième arrondissement.

Nos demoiselles sont précoces ;
Sans attendre le jour des noces,
Leur tendre cœur bat vivement,
Lorsque les cajole un amant.

On prétend même, et c'est infâme !
Qu'une fille, afin d'être femme,
Va recevoir le sacrement
Au treizième arrondissement.

La politique illibérale,
Parfois de l'urne électorale
Fait sortir plus d'un député
Ambitieux, sans loyauté.
Ce qui peut consoler la France,
C'est qu'on n'a pas pareille chance,
Quand on fait le dépouillement,
Au treizième arrondissement.

Dans chaque quartier, nos macaires
Font la nuit de bonnes affaires ;
Aussi, notre ville aux abois
Offre la sûreté d'un bois.
Pour éviter qu'on vous dépouille
A la barbe de la patrouille,
Bourgeois, prenez un logement
Au treizième arrondissement.

On peut dans nos douze mairies
Voir d'étranges bizarreries :
Le monde se montre en profil
Au bureau de l'état civil.
Négligeant un pareil usage,
On ne voit pas de mariage,
De naissance, d'enterrement,
Au treizième arrondissement.

ANONYME.

MON ORGUEIL

Air : Restez, restez, troupe jolie.

Je suis orgueilleux, ma Julie,
Lorsque le soir, auprès de toi,
Tu dis : Je te livre ma vie,
Tu peux la dépenser pour moi !
Je suis orgueilleux quand tu chantes
Les vers enfants de mon ardeur,
Lorsque sur les cordes tremblantes
Tu rends des sons qui vont au cœur !

Je suis orgueilleux quand ta mère
Des mes bras t'arrache en grondant ;
Et quand pour calmer sa colère,
Tu la suis en me regardant.
Je suis orgueilleux de tes charmes
Quand un rival te fait la cour ;
Je suis orgueilleux de tes larmes
Quand te tourmente ton amour.

ANONYME.

L'INCROYABLE DE L'AN VIII

Air : Souvent la nuit quand je sommeille.

Voulez-vous voir de quelle sorte
S'habille un aimable chez nous ?
Chapeaux à trois cornes il porte,
Gance d'acier, cocarde en chou,

Gilet très-court, culotte longue,
Gros cols, jabots, collets plissés,
Boutons-grelots, cheveux tressés ;
Puis, un bambou fait en diphtongue.

VILLIERS.

AD LIBITUM*

Air : On dit que je suis sans malice.

Adieu ! Triste philosophie,
A la gaîté, moi je me fie
Pour retrouver, dans mes vieux ans,
Encor quelques jours de printemps :
Quand elle ranime ma verve,
Je rimerais, malgré Minerve,
Que ce soit ou non *Secundum*,
Je veux chanter... ad libitum !

Je trouve un souper ridicule
Quand la Seine seule y circule
Et qu'on sert, pour notre santé,
Des gâteaux de plomb et du thé :
Vive la truffe qu'accompagne
Son fidèle ami le champagne,
Puis du porto, moka, kirsch, rhum
Qu'on peut verser... ad libitum.

Lorsque la guerre est allumée,
On voit et l'une et l'autre armée,
En tous lieux répandant l'effroi,
Se battre sans savoir pourquoi :
Des deux côtés est la victoire,
Du moins, chacun le laisse croire ;
Au milieu de deux *te Deum*,
Le triomphe est... ad libitum.

Tandis que Rome, en son digeste,
Nous promet, au séjour céleste,
De vierges et de chérubins,
Les chants et les concerts divins,
A Mahomet j'aime à sourire,
Car il nous offre, au sombre empire,
Brune ou blonde, sans *decorum*
Et des houris... ad libitum.

Je m'exprime avec bonhomie
Sur le chapitre économie,
Mais je suis pour les gros budgets
Et surtout pour les fonds secrets ;
Cependant les coffres sont vides ;
C'est le tonneau des Danaïdes
Où plus d'un adroit *factorum*
Trouve à puiser... ad libitum.

On assure que cette vie
D'une plus heureuse est suivie,
Que Dieu qui punit les méchants
Récompense les bonnes gens :
Sur quelqu'espoir que je me fonde,
J'aime autant rester en ce monde
In seculo seculorum
Et n'en sortir... qu'ad libitum.

Pardonnez-moi cette folie,
Mais l'amitié qui nous rallie
Sait qu'on peut, sans ordre et sans art,
Rimer et chanter au hasard :
Dans vos cœurs, dans votre indulgence,
Ma muse et son extravagance
Ont placé leur *palladium*,
Et puis le reste... ad libitum !

A. DE COURCHANT.

* *Ad libitum* est un mot latin presque francisé. A votre gré, à votre bon plaisir. *Ad libita cæsarum* (Tacite).

LA FEMME DU MARIN

Air : Je sais attacher des rubans.

Mère, voilà trois jours pourtant,
Qu'il a quitté notre rivage.
Hélas ! pour mon cœur quel tourment !
Dois-je tout craindre de l'orage ?
Les flots font un bruit effrayant
Sur notre grève solitaire !...
— Espère encor, ma chère enfant ;
Tu reverras notre bon Pierre !

Quand il me laissa, l'autre soir,
En m'embrassant avec étreinte,
Il me dit : « Hélène, au revoir ! »
Son amour surmonte ma crainte.
Au revoir !... Ce mot consolant,
Calme seul ma douleur amère...
— Espère encor, ma chère enfant,
Tu reverras notre bon Pierre !

Son absence me fait mourir :
La faim le tourmente peut-être !
Du froid peut-il se garantir ?
Du courant s'est-il rendu maître ?
Mon Dieu ! protége en ce moment,
Et jeune épouse, et vieille mère !
— Espère encor, ma chère enfant,
Tu reverras notre bon Pierre !

Hélène se tut et pleura,
En calculant encor l'absence ;
Bonne mère toujours fila
En répétant : « De l'espérance !... »
Mais des pêcheurs, le lendemain,
A pas lents vers le cimetière,
Accompagnèrent le marin
Jusqu'à sa demeure dernière

ANONYME.

LA FEMME DE JEAN-JACQUES

SUPPLÉMENT A SES CONFESSIONS

Air connu.

Au clair de la lune,
Jean-Jacques Rousseau,
Disait à sa brune :
« Je suis un pourceau. »
Aussitôt la belle
Lui donne un soufflet,
Et de plus, dit-elle,
Un pourceau bien laid.

Elle avait coutume
De traiter ainsi
Cet homme de plume,
Podagre et ranci.
Comme philosophe,
Jean-Jacques cédait
A toute apostrophe
Qui l'intimidait.

Mais ce coup lui pèse ;
Jean-Jacque était vain.
Il reprend : « Thérèse *,
Va chercher du vin. »
Honesta s'éveille
Avec intérêt,
Prend une bouteille,
File et disparaît.

Quoiqu'il fût très-grave,
Jean-Jacques Rousseau
Avait dans sa cave
Un bon vieux tonneau.
C'était du bourgogne ;
Thérèse l'aimait ;
Amour que sa trogne
Souvent exprimait.

Thérèse s'approche
Du tonneau chéri,
Retire la broche,
Et sa bouche a ri ;
Car elle va boire,
Jusqu'à renvoyer
Certaine humeur noire
Qu'elle veut noyer.

Une heure se passe.
Rousseau, tout transi,
Dit : « Mais je me lasse
D'avoir soif ainsi. »
L'appétit rend brave ;
Il se lance ; il sort ;
Il trouve à la cave
Thérèse qui dort.

Au clair de la lune
Jean-Jacques Rousseau,
Sur son infortune,
Pleurait comme un veau,
Disant : « Est-ce vivre
D'avoir femme qui
Se boit et s'enivre
Comme celle-ci ** ? »

Sa digne maîtresse,
Blottie en paquet,
Dormait dans l'ivresse
Auprès d'un baquet ;
Imprudente et s....,
La broche à la main ;
Et le vin s'écoule
Parmi le chemin.

Sans faire un reproche
(C'était dangereux),
Il reprend la broche ;
Mais le muids est creux.
Rien ne reste à boire ;
Il remonte à sec,
Et voilà l'histoire,
La morale avec :

Vous qui prenez femme,
Ayez soin qu'elle ait
Un goût moins infâme,
Un regard moins laid.
Mais les philosophes
Sont faits, de tous temps,
Pour les catastrophes
Et les accidents.

ANONYME.

* Thérèse Levasseur, servante, concubine et femme de Jean-Jacques.
** Lebègue de Presle, étant allé voir Rousseau, tout malingre qu'il était, descendit lui-même à la cave, pour prendre du vin. Cet ami lui demandant pourquoi il n'envoyait pas Thérèse ? — Quand je l'envoie à la cave, dit Jean-Jacques, elle y reste.

L'EMPRUNT DU VOISIN

(COUPLET DU XVIIᵉ SIÈCLE)

Colin va-t'en dire à Nanon
Que nous n'avons plus de chandelle ;
Qu'elle en donne un bout aussi long
Qu'elle en voudrait avoir pour elle.

ANONYME.

LES DOUZE TRAVAUX D'HERCULE

Air : Amusez-vous, jeunes fillettes.

Quelquefois au pied du Parnasse
J'ai bien su rimer un couplet,
Mais jamais je n'aurai l'audace
De monter jusqu'à son sommet.
Aussi mon sujet m'intimide,
A bon droit je me plains du sort,
Car les douze travaux d'Alcide,
A mon âge, c'est un peu fort.

Cet Hercule était un fier homme ;
Jeune, il étouffe des serpents ;
Devenu plus grand, il assomme
Lions et taureaux et géants ;
Tout monstre devant lui recule,
Il abat Cacus, Géryon ;
Verrons-nous un nouvel Hercule
Triompher encor d'Albion !

D'Atlas soulageant la vieillesse,
Sur son dos il soutient les cieux,
Portant gaîment mainte déesse,
Mais à regret portant les dieux ;
N'envions point de pareils rôles ;
De tels fardeaux sont trop pesants :
Comme Hercule, sur nos épaules,
Déjà portons-nous trop de gens.

Que de tyrans et que de bêtes
Alcide en chemin détruisait !
Il coupa, dit-on, les sept têtes
Que l'hydre en vain reproduisait.
L'Égoïsme, hydre qui dévore
Et les talents et les vertus,
A bien plus de têtes encore :
Mais Hercule n'en abat plus.

Admète fut inconcevable
Lorsque son Alceste expira :
Malgré l'enfer impitoyable
Hercule la ressuscita :
Un ami si brave et si tendre
Pour les femmes est d'un grand prix :
Mais peu de maris veulent prendre
Des Hercules pour leurs amis.

Un dragon aux dents homicides
Gardait en vain les pommes d'or ;
Du beau jardin des Hespérides
Hercule enleva ce trésor :
Il vint l'offrir à la cruelle
Qui l'enchaînait à ses genoux ;
Donnez la pomme à votre belle :
Soyez Hercule, elle est à vous.

On sait qu'Hercule fit la guerre
A tous les voleurs de son temps.
Il fut plus craint que le tonnerre
Par les fripons et les méchants.
D'Augias son bras redoutable
Nettoya le sale quartier.
Du Perron s'il voyait l'étable
Ah ! qu'il aurait à balayer !

Malgré sa force sans égale
Il fut subjugué par l'amour :
Aux pieds de la coquette Omphale
Hercule fila plus d'un jour.
Chez nos Omphales demi-nues
Combien d'Hercules damoiseaux !
Hélas ! ils n'ont plus de massues,
Mais ils ont encor des fuseaux.

Il refusa beaucoup de trônes ;
Quelquefois il en renversa ;
Il parcourut toutes les zones,
Et partout s'immortalisa.
Seul contre cinquante Amazones
Dans un jour il en triompha :
Et n'en déplaise à ses colonnes,
Ce fut là son *nec plus ultra*.

Victime de sa Déjanire,
Qu'un peu lestement il quitta,
Hercule furieux expire
Dans les feux, au sommet d'Œta.
Heureusement cette vengeance
N'est plus à la mode en ce temps,
Car on dépeuplerait la France
Si l'on brûlait les inconstants.

Parmi les dieux avec sagesse,
Pour sa femme enfin il choisit
La déité de la jeunesse,
Hébé, qui jamais ne vieillit.
Il recommence avec courage
Près d'elle ses douze travaux :
C'est le vrai moyen, en ménage,
De n'avoir jamais de rivaux.

Dans un genre moins difficile,
En suivant les lois d'Apollon,
Les troubadours du Vaudeville,
Hercules du sacré vallon,
Font chacun autant de prouesses
Sans courir par vaux et par monts ;
Les neuf Muses sont leurs maîtresses,
Et leurs travaux douze chansons.

SÉGUR aîné.

VUE DE RHODEZ ET DE SES HABITANS DAGUERREOTIPÉE LE JOUR QUE L'AFFREUSE NOUVELLE SE REPANDIT DANS LA VILLE

VÉRITABLE COMPLAINTE SUR LA MORT DE FUALDÈS.

Écoutez, peuples de France, (1)
Du royaume de Chéli,
Peuples de Russie aussi,
Du cap de Bonne-Espérance,
Le mémorable accident
D'un crime très conséquent.

De très honnête lignée
Vinrent Bastide et Jausion,
Pour la malédiction
De cette ville indignée
Car de Rodez les habitans
Ont presque tous des sentimens.

Capitale du Rouergue,
Vieille ville de Rodez,
Tu vis de sanglans forfaits
A quatre pas de l'Ambergue,
Faits par des cœurs aussi durs
Comme tes antiques murs.

Bastide le gigantesque,
Moins deux pouces ayant six pieds,
Fut un scélérat fieffé
Et même sans politesse,
Et Jausion l'insidieux,
Sanguinaire, avaricieux.

1 BASTIDE. 2 JAUSION. 3 la BANCAL.
4 COLLARD. 5 BASH. 6 BOUSQUER. 7 MISSONNIER (L'IMBÉCILE.)
8 Cochon de la Bancal. 9 BAQUET idem
10 CHAPEAU INCONNU. 11 CANNE IDEM.

(1) La trop grande étendue de cette complainte ne nous a permis de graver que les principaux couplets en regard des vignettes; on la trouvera en son entier à la 7e page de la livraison.

Bastide le formidable,
Le dix neuf mars à Rodez
Chez le vieillard Fualdès
Entre avec un air aimable.
Dit-je dois à mon ami:
« Je fais son compte aujourd'hui.

Dedans la maison Bancale,
Lieu de prostitution,
Les bandits de l'Aveyron,
Vont faire leur baccanale;
Car pour un crime odieux,
Rien n'est tel qu'un mauvais lieu.

Ces deux beaux frères perfides
Prennent des associés;
Bach et le porteur Bousquier,
Et Missonnier l'imbécille,
Et Colard est pour certain
Un ancien soldat du train.

Dans cet infâme repaire
Ils le poussent malgré lui,
Lui déchirant son habit,
Jetant son chapeau par terre,
Et des vielleurs insolents
Assourdissent les passants.

Sans égard et sans scrupule
Il a levé le couteau ;
Jansion lui dit : nigaud,
Quelle action ridicule.
Un cadavre est onéreux
Que feras-tu donc de deux ?

On traîne l'infortunée
Sur le corps tout palpitant ;
On lui fait prêter serment ;
Sitôt qu'elle est engagée
Jansion officieux
La fait sortir de ces lieux.

Alors de l'affreux repaire
Sort le cortége sanglant ;
Colard et Bancal devant,
Bousquier, Bach portaient derrière ;
Missonnier, ne portant rien,
S'en va la canne à la main.

CLARISSE MANSON
DAGUERREOTIPÉE DE SOUVENIR
PAR ORDRES SUPÉRIEURS
à RHODEZ.

Clarisse voit l'air farouche
Que sur elle on a porté;
Non, l'auguste vérité
Ne peut sortir de ma bouche....
Je ne suis point chez Bancal...
Mais quoi! je me trouve mal...

MOULÉ SUR NATURE
TIRÉ DES
PIÈCES DU PROCÈS

On prodigue l'eau des Carmes:
Clarisse aussitôt revient;
A Bastide qui soutient
Ne connaitre cette dame,
Elle dit : Monstre enragé,
Tu as voulu m'égorger.

Malgré la sainte assistance
De leurs dignes confesseurs,
Ces scélérats imposteurs
Restent dans l'impénitence,
Et montent sur l'échafaud
Sans avouer leurs défauts.

LE GÉNÉRAL TOM POUCE

Air : En revenant de Bâle en Suisse.

Oh ! qu'il est aimable !
Oh ! qu'il a d'esprit !
Quell' chose admirable
Qu'un homm' si petit !

Ces mots étaient dits d'un' voix douce ;
Aussi, sur son petit trépied,
Le petit général *Tom-Pouce*,
A l'instant s'est grandi d'un *pied*.
    Oh ! qu'il est, etc.

Avec ses petites oreilles,
Ses p'tit's mains, son p'tit occiput,
Il réalise les merveilles
Du royaume de *Lilliput*.
    Oh ! qu'il est, etc.

Son petit frac, sa p'tit' culotte
Log'raient à peine un mirmidon ;
Son *Escarpin* porte une botte
A la *Pantoufl'* de Cendrillon !
    Oh ! qu'il est, etc.

Lorsqu'il nous représente *Hercule*,
Certe il a droit à nos bravos ;
Mais on n'pourrait d'lui, sans scrupule,
Exiger les *douze travaux*.
    Oh ! qu'il est, etc.

S'il brandit sa petit' jav'line,
On voit un *Romulus* nabot,
Voulant enl'ver une *Sabine*
Qu'on élève au *Bib'ron Darbo*.
    Oh ! qu'il est, etc.

Singeant *Samson*, lorsqu'il s'efforce
Du temple d'ébranler l'pignon,
On l'admire, et, malgré sa force,
Chacun dit : *Samson est mignon*.
    Oh ! qu'il est, etc.

* Lisez MÈTRE.

A vos yeux, s'il offre la pause
Du *Gladiateur* en courroux,
Vous pouvez sans crainte et pour cause,
Mesdam's vous livrer à ses coups.
    Oh ! qu'il est, etc.

Mais, si pour lui, d'un' flamm' rapide
Un' bell' s'éprenait aujourd'hui,
Comment remplirait-il le vide
De c'cœur... brûlant d'amour pour lui ?
    Oh ! qu'il est, etc.

Celle qui saura le soumettre
Aux lois d'hymen... sans s'abuser,
Peut croir' ne pas s'donner un maître * ;
A son aise, ell' pourra l'*toiser*.
    Oh ! qu'il est, etc.

Un tel mari sera commode ;
On fera sans grand embarras,
Son lit, d'un tiroir de commode,
Et d'un' serviett' sa pair' de draps.
    Oh ! qu'il est, etc.

Dans notr' siècle où tout s'rapetisse,
Est ménagé... jugé... jaugé...
Donnons la palme avec justice,
A ce grand homme en abrégé.
    Oh ! qu'il est, etc.

Enfin, puisqu'on vant' la p'titesse,
Pour éviter l'choc des partis,
Chantons, amis, avec ivresse :
Gloire aux infiniment petits !

Oh ! qu'il est aimable !
Oh ! qu'il a d'esprit !
Quell' chose admirable
Qu'un homm' si petit !

    A. SALIN.

LA PROMENADE AU SALON

Air de Doche.

Dans ce salon, où du Poussin
Brillèrent les œuvres divines,
J'ai vu ma tante et mon cousin,
J'ai vu mes voisins, mes voisines :
Pour qui voit ces portraits blafards,
Dont chaque muraille est garnie,
Ce n'est plus le salon des arts,
C'est un salon de compagnie.

J'ai vu ce vieillard isolé,
Attendant que l'aumône arrive ;
J'ai vu, de Priam désolé,
La famille triste et plaintive !...
De la rentière au désespoir,
J'ai vu la figure flétrie :
Ils pleurent tous ! c'est de se voir
En si mauvaise compagnie !

    ARMAND GOUFFÉ.

LES NOUVEAUX SORCIERS

Air : C'est un sorcier.

Aux sorciers on ne croit plus guère ;
Mais c'est en vain qu'on m'a prêché,
De ce vieux préjugé vulgaire
Je reste toujours entiché.
De moi vous vous moquez d'avance,
D'avance aussi je l'ai prévu.
J'en ai vu... ce qui s'appelle vu,
Et je citerai, même en France,
Puisqu'on ose m'en défier,
    Plus d'un sorcier.

Ce Dorimond, qui de Limoge
Par le coche vint à Paris,
Dans un palais aujourd'hui loge,
Gorgé d'argent et de mépris.
A sa fortune tout conspire ;
Il est sans honneur, sans esprit ;
Il obtient des honneurs, du crédit :
Comme vous, au lieu d'en médire,
Ne vaut-il pas mieux s'écrier :
    C'est un sorcier !

Laid, petit, roux, plat, fat et bête,
Et sans un sou de revenu,
Melcour, dit-on, en tête à tête,
Près des belles est bien venu.
Vous croyez expliquer la chose
Avec un souris libertin ;
Mais non, rien... presque rien... c'est certain.
Or, il n'est point d'effet sans cause ;
Donc j'ai le droit de publier
    Qu'il est sorcier.

Damon, dont la Muse engourdie
Pour modèle a choisi Kotzbou,
Nous a baillé pour comédie
Un long drame à dormir debout ;
De son ouvrage somnifère
Vous avez prévu le destin ;
Il ne peut aller jusqu'à la fin :
Mes amis, loges et parterre
Sont remplis un an tout entier,
    C'est un sorcier !

Germeuil appesanti par l'âge,
Le dos voûté, les cheveux blancs,
S'avise d'entrer en ménage
Avec un tendron de seize ans.
On gémit sur la pauvre fille,
Qu'on s'obstine à nommer ainsi :
Mais tout peut s'arranger, Dieu merci :
Le bon Germeuil voit sa famille,
Tous les ans se multiplier,
    C'est un sorcier !

Ce gros abbé, d'esprit si mince
Qu'on ne vit jamais au saint lieu,
A qui l'on prétend qu'un grand prince
Donnait deux ans pour croire en Dieu,
Dans sa conduite disparate,
Mais à son but très-conséquent,
De préjugés s'en va trafiquant :
D'une calotte d'écarlate
On affuble mon grenadier :
    C'est un sorcier !

Armé d'une vieille assurance,
D'un débit lourd, d'un geste faux,
Mérival sans intelligence,
Se croit un acteur sans défauts :
A contre sens il se démène,
Allonge ou raccourcit les vers,
Toujours prend ses rôles de travers ;
Autant qu'un Molé sur la scène
On applaudit ce grimacier :
    C'est un sorcier.

Et ce docteur que l'on renomme,
Qui du monde verra la fin ;
Et Forlis qu'on dit si bon homme,
Et dont le père est mort de faim,
Et ces barbouilleurs de gazettes
Qu'enrichissent leurs plats écrits,
Et tant d'imbéciles beaux esprits,
Des Crésus qui n'ont que des dettes
Des malotrus à vingt quartiers :
    Que de sorciers ! ! !

E. Jouy.

L'ETRANGER EN FRANCE

Air : Pendant la nuit quand je sommeille.

Un étranger vient-il en France,
Un nom bizarre lui suffit ;
La multitude et l'ignorance
Le mettent bientôt en crédit.
On méprise alors le génie
Dont la France fut le berceau,
Pour encenser l'homme nouveau
Qu'avait dédaigné sa patrie.

Ainsi le frivole fleuriste
A transporté dans ses jardins,
La plante dont le prix consiste
A venir des pays lointains :
Et tandis que sa main dirige
L'arbuste d'un autre climat,
La rose en accusant l'ingrat,
Se flétrit et meurt sur sa tige.

Anonyme.

LE CARNAVAL

Air : Quand on est mort. Ou : Pomm' de reinette et pomm' d'api.

  En avant joyeux carnaval !
   A sa guise
   Qu'on se déguise.
  Que le temps marche bien ou mal,
   Vive au bal
   Un délire infernal !

Il nous faut rire :
Depuis longtemps,
Tous nos instants
Étaient un vrai martyre..
 A son empire,
 Bien convertis,
 La joie attire
Gens de tous les partis.
 Dansons, valsons,
 Que des chansons
 De cent façons
Succèdent aux rasades ;
 En bons garçons,
 Nous guérissons
 Les cœurs malades
Qui suivent nos leçons.
  En avant, etc.

 La politique
 A beau gronder,
 Sachons garder
Notre enjoûment bachique,
 Et pour tactique,
 Prouvons d'abord
 Qu'en république
Tout plaisir n'est pas mort...
 Mettons en train,
 Sans aucun frein,
 Plus d'un pantin
Que la pitance éveille.
 Grisons soudain,
 Du même vin,
 Ceux de la veille
Et ceux du lendemain...
  En avant, etc.

 Au moyen-âge
 Le carnaval,
 Plus jovial,
Faisait fureur et rage,
 Est-on plus sage,
 Lorsqu'aujourd'hui
 L'erreur propage
Le désordre et l'ennui ?
 Que renaissant,
 Incandescent,
 Et ravissant
Celui-ci, par son zèle,
 Étourdissant,
 Éblouissant,
 Soit le modèle
Du carnaval suivant.
  En avant, etc.

 La pasquinade
 Est de saison ;
 Plus d'un salon
Offre une mascarade ;
 L'arlequinade,
 Comme toujours,
 En ambassade
Est d'un puissant secours.
 Masques chinois,
 Turcs, iroquois,
 Russes, hongrois,
Nous vous mettrons en danse ;
 A notre voix,
 Sans faire un choix,
 Vite en cadence,
Sautez tous à la fois !
  En avant, etc.

 Fraîches lorettes,
 Grâce à vos loups,
 De vos jaloux
Faites tourner les têtes ;
 A des conquêtes
 Courez, morbleu !
 Les jours de fêtes
Les amours ont beau jeu.
 Par son manteau,
 Le Domino,
 Dans le panneau
Fait tomber plus d'un gille...
 Par quiproquo,
 En un duo,
 Fillette habile
Gagne un bon numéro.
  En avant, etc.

 La blouse est reine,
 Eh bien ! tant mieux !
 Riches et gueux
Seront moins à la gêne ;
 De cette gaîne
 Adroitement
 On peut, sans peine,
Faire un déguisement.
 En débardeurs,
 En travailleurs,
 En ravageurs,
Sous la bure ou la plume,
 Prouvons d'ailleurs
 Aux niveleurs
 Que le costume
Ne change pas les cœurs.
  En avant, etc.

Faveur nouvelle :
Il est minuit,
Avec grand bruit
L'orchestre nous appelle.
A tire d'aile,
Comme l'éclair,
Par ribambelle,
Fendons la foule et l'air.
Le galop part :
A bas le fard !
Tous prenons part
A ce jeu frénétique ;
Jusqu'au départ,
Le pas chicard !
Allez, musique,
Vous êtes en retard.
En avant, etc.

Plumets et casques,
Satins, haillons,
Tous employons
Des costumes fantasques,
Et par bourrasques,
Clairons et cors,
Tambours de basques,
Redoublez vos accords ;
D'un bacchanal,
D'un festival
Pyramidal
Le grotesque tapage,
Instrumental
Ou bien vocal,
Sera l'image
De l'état social.
En avant, etc.

Si c'est un songe
Que le plaisir,
Pour mieux jouir
Faisons qu'il se prolonge ;
L'ennui nous ronge,
Vingt fois le jour,
Qu'un doux mensonge
Nous enivre à son tour.
Que la polka,
La catchucha,
La mazurka
De son feu nous dévore.
Plus d'un roula,
Se bouscula ;
Mais que l'aurore
Nous retrouve encor là...
En avant, etc.

Grâce au mystère
De l'inconnu,
On met à nu
Ses goûts, son caractère,
Et dans la sphère
D'un bal masqué,
D'une chimère
Le rêve est appliqué.
La volupté,
La vérité,
La charité,
Tour-à-tour s'y produisent ;
La liberté,
L'égalité,
Là, se conduisent
Avec fraternité.
En avant, etc.

Garçon et fille,
Jusqu'à demain,
Du même train
Que chacun s'émoustille ;
De la Courtille
A l'Opéra,
Gloire au bon drille
Qui le plus en fera !
Jeune houris,
Vos jeux, vos ris,
Vos chants, vos cris,
Votre flot nous entraîne :
Plus ou moins gris,
Pressés, meurtris,
Que fait la peine
Quand le plaisir est pris ?
En avant, etc.

Prompte allégresse,
Instants trop courts,
Fâcheux retours
D'une trop folle ivresse !
Mainte déesse
De ses attraits,
De sa jeunesse
Cherche en vain les reflets.
Lindor s'enfuit
Et reconduit
A son réduit
Rosine qui succombe...
L'amour languit,
Le soleil luit,
Le masque tombe
Et le charme est détruit.

En avant, joyeux carnaval !
A sa guise
Que l'on se déguise.
Que le temps marche bien ou mal,
Vive au bal
Un délire infernal !

AUGUSTE GIRAUD.

Bal masqué à l'Opéra en 1845

Un Bal Masqué sous la Régence.

Cortège du Bœuf gras.

Descente de la Courtille.

V'LA C'QUE C'EST QUE L'CARNAVAL

Air : V'là c'que c'est d'aller au bois.

Momus agite ses grelots,
Comus allume ses fourneaux,
Bacchus s'enivre sur sa tonne,
Pallas déraisonne,
Apollon détonne ;
Trouble divin, bruit infernal...
V'là c'que c'est que l'Carnaval.

Au lever du soleil on dort,
Au lever de la lune on sort ;
L'époux, bien calme et bien fidèle,
Laisse aller sa belle
Où l'amour l'appelle :
L'un est au lit, l'autre est au bal
V'là c'que c'est que l'Carnaval.

Carrosses pleins vont par milliers,
Regorgeant, dans tous les quartiers ;
Dedans, dessus, devant, derrière,
Jusqu'à la portière,
Quelle fourmillière,
Des fous on croit voir l'hôpital...
V'là c'que c'est que l'Carnaval.

Un char pompeusement orné,
Présente à notre œil étonné
Quinze poissardes, qu'avec peine
Une rosse traîne ;
Jupiter les mène ;
Un cul-de-jatte est à cheval...
V'là c'que c'est que l'Carnaval.

Arlequin courtise Junon,
Colombine poursuit Pluton,
Mars, madame Angot qu'il embrasse,
Crispin une Grâce,
Vénus un Paillasse ;
Ciel, terre, enfers tout est égal...
V'là c'que c'est que l'Carnaval

Mercure veut rosser Jeannot ;
On crie à la garde aussitôt,
Et chacun voit, de l'aventure,
Le pauvre Mercure
A la Préfecture,
Couché... sur un procès-verbal...
V'là c'que c'est que l'Carnaval.

Profitant aussi des jours gras,
Le traiteur déguise ses plats,
Nous offre vinaigre en bouteille,
Ragoût de la veille,
Daube encor plus vieille.
Nous payons bien, nous soupons mal...
V'là c'que c'est que l'Carnaval.

Un bœuf à la mort condamné,
Dans tout Paris est promené :
Fleurs et rubans parent sa tête :
On chante, on le fête,
Et la ronde faite,
On tue, on mange l'animal...
V'là c'que c'est que l'Carnaval

Quand on a bien ri, bien couru,
Bien chanté, bien mangé, bien bu.
Mars d'un fripier reprend l'enseigne,
Pluton son empeigne,
Jupiter son peigne ;
Tout rentre en place, et bien ou mal...
V'là c'que c'est que l'Carnaval.

DÉSAUGIERS.

UN PIERROT ET SA PIERRETTE

ROMANCE DE CARNAVAL

Air de la Normandie de Bérat.

Quand au plaisir chacun s'applique,
Quand les jours gras sont avec nous,
Au bal, grâce à l'archet magique,
Quand s'élancent d'aimables fous ;
Lorsque Momus, sans étiquette,
Réunit ses fils en ce jour,
J'aime à contempler ma *Pierrette* :
C'est là l'objet pour qui j'ai de l'amour.

J'ai vu de pimpantes *Fermières*,
Des *Poissardes* aux gais propos ;
J'ai vu de galantes *Bergères*,
De sémillantes *Camargos*.
En saluant chaque coquette,
Je disais, faisant demi-tour :
Rien n'est beau comme ma *Pierrette*,
C'est là l'objet pour qui j'ai de l'amour.

Il est un âge dans la vie
Où l'on ne se rend plus au bal,
Un âge où la jambe engourdie
Ne peut danser au carnaval.
Songeant au temps que l'on regrette,
Près des tisons je veux un jour
Redire à ma vieille *Pierrette*
Qu'elle est encor l'objet de mon amour.

ANONYME.

LE CARNAVAL

Air du ballet des Pierrots.

Joyeux enfant de Terpsichore,
Entendez-vous le tambourin?
Du galoubet l'éclat sonore
Répond déjà dans le lointain.
Cet accord heureux vous invite
A bien profiter du moment;
Plus le carnaval passe vite
Plus on doit le passer gaîment.

Nos bons aïeux aimaient la danse,
Mais sans y mettre tant de soins :
Si depuis quelque temps en France,
Nous dansons mieux, nous dansons moins:
A calculer une attitude
On perd le temps qu'il faut saisir;
Et ce qui devient une étude
Cesse bientôt d'être un plaisir.

Laissons le penseur trop sévère
Déraisonner en raisonnant;
L'homme dont la tête est légère
A toujours le cœur excellent.
Adoptons la philosophie
D'Epicure et d'Anacréon:
Amis, une heure de folie,
Vaut mieux qu'un siècle de raison.

Sur cette machine qui tourne,
Nous tournons tous quelques instants;
Et, pour voir ce dont il retourne,
Nous nous retournons en tous sens.
Quand la mort vient, on s'en retourne;
Mais comment vouloir ici-bas,
Lorsque tout tourne, tourne, tourne,
Que la tête ne tourne pas.

Fidèle image de la vie,
Au bal chacun est déguisé;
Le masque heureux de la folie
Est le masque le moins usé.
De plaisirs, d'ennui, de fatigues,
C'est un assemblage piquant:
On y commence vingt intrigues;
Mais... on en finit bien autant.

Sur les traces de Polymnie,
Aux bals poursuivons les amours :
Amis, qu'aucun de vous n'oublie
Que ces nuits sont nos plus beaux jours.
Le temps perdu dans la tristesse
Ne pare point le coup fatal...
Pour éterniser notre ivresse,
Eternisons le carnaval.

MOREAU.

CHANSON DE CARNAVAL

Air des deux Sœurs.

Le sage rit quand dans son goût fantasque
Un peuple fou prend un habit banal;
En badinant il lève chaque masque,
Et montre à nu l'enfant du carnaval.

Déjà paraît une fraîche bergère
Houlette en main, le front ceint de rubans :
Le masque bas, ce n'est qu'une douairière
Au front ridé chargé de cheveux blancs.
    Le sage rit, etc.

Mince commis, sous un épais volume,
Comme un milord au bal prend son élan :
Pour s'affubler d'un aussi plat costume
Il mit pourtant, hier, sa montre en plan.
    Le sage rit, etc.

Sans redouter le trait du ridicule,
Un beau chanteur au gosier délicat
Près de Phryné prend les formes d'Hercule :
Vient-on au fait ce n'est plus qu'un c......
    Le sage rit, etc.

Lorgnon au doigt quel est ce beau jeune homme ?
Sur cent beautés son œil est indécis :
Reviens Vénus, pour te donner la pomme,
Potier paraît sur les traits de Pâris.
    Le sage rit, etc.

Un cordonnier prend la toge romaine;
Pour l'escarpin, Paul quitte ses sabots;
Une Toinon prend l'habit d'une reine,
Un perruquier se déguise en héros.
    Le sage rit, etc.

Voici Vesta !... qu'elle paraît novice !
Ciel ! que de feux la belle allumera !
Mais cette nuit, changeant de sacrifice,
Pour un peu d'or sa pudeur s'enfuira.
    Le sage rit, etc.

Un Espagnol se déguise en Cosaque,
Armé d'un knout il prêche liberté;
D'un pauvre Grec un Turc prend la casaque
Et pal en main il parle humanité.
    Le sage rit, etc.

De Fénelon, Tartufe à la simarre,
Pour les honneurs il abjure l'honneur;
Dans un fauteuil en immortel se carre,
A ses côtés pend le fer d'un censeur.

Le sage rit quand dans son goût fantasque
Un peuple fou prend un habit banal :
En badinant, il lève chaque masque
Et montre à nu l'enfant du carnaval.

ANONYME.

Impr. de Pillet fils aîné, rue des Grands-Augustins, 5.

LE PHILOSOPHE ET LA FUMÉE

Air : Chacun a sa philosophie.

Je me déclare philosophe,
Comme on l'est surtout aujourd'hui ;
Peut-être en ai-je assez l'étoffe,
Et l'espérance est mon appui.
    Plus de contrainte
    Ni de crainte,
    Adieu l'ennui ;
Soudain ma foi s'est ranimée.
    Loin des discords,
    Mes doux accords
Me font plus libre et d'esprit et de corps ;
Mon cœur s'écrie : O renommée,
Dignités, superbes honneurs,
Qu'êtes-vous donc, biens suborneurs,
    Sinon de la fumée.

Combien je plains ce misanthrope
Qui, partout voyant tout en noir,
Dans la même haine enveloppe
Et la chaumière et le manoir !
    Sans nulle trêve,
    Sa voix brève,
    Matin et soir,
A l'amitié reste fermée.
    Un œil serein,
    Un vif entrain,
Portent le trouble en son esprit chagrin ;
Mais de son ire envenimée
Nonobstant les âpres discours,
Des vertus le paisible cours
    Est-il de la fumée ?

Si des méchants je suis victime
Et s'ils m'accablent de leur poids,
Par un effort bien légitime,
Je me relève chaque fois.
    Veuf de pécune,
    Sans rancune,
    Bientôt ma voix
De plus en plus vibre enflammée.
    Un beau dessein
    Remplit mon sein,
Et des plaisirs a reparu l'essaim ;
Une ardeur inaccoutumée
A su me rendre plus dispos ;
A mes yeux, soucis, vains propos
    Ne sont plus que fumée.

Naguère, auprès d'une fillette,
Douteux emblème de candeur,
Paul annonçait à la follette
Une inépuisable verdeur.
    Pour l'Isabelle
    Peu rebelle,
    De son ardeur
Il avait l'âme consumée.

    D'un saint transport
    Épris d'abord,
Des voluptés il croit toucher le port ;
Mais de sa valeur présumée
Au moment qu'il veut faire un troc,
Ce qu'il dit plus ferme qu'un roc,
    Se dissipe en fumée.

Des amours la brûlante ivresse
Ne sied qu'à la jeune saison ;
Aux cheveux blancs de la vieillesse
Convient mieux la froide raison.
    Notre bel âge
    Est volage,
    Et du grison
La fougue est vite comprimée ;
    Mais la gaîté,
    Mais la santé
Sont les secrets de la félicité :
Lorsque notre vie est semée
De ces dons, toujours les meilleurs,
Du pur encens de telles fleurs
    On chérit la fumée.

En poursuivant mon utopie,
Qui n'est point de mauvais aloi,
Chaque matin mon œil épie
De mes instants l'utile emploi.
    D'un vieux principe
    Participe
    Ma simple loi,
Qui sur la vôtre s'est formée.
    Dans le vallon
    Qu'aime Apollon,
Des bons vivants je suis le tourbillon ;
Et quand leur bouche est parfumée
De champagne ou de chambertin,
De ces merveilles du festin
    Je prise la fumée.

Enfin de l'aimable folie
Dès que résonnent les accents,
A leur écho je me rallie ;
Leur charme pénètre mes sens.
    En votre élite,
    Franc vélite,
    Oui, je me sens
Plus fier d'une si digne armée.
    A mon loisir,
    Du vrai plaisir,
Auprès de vous, l'attrait vient me saisir ;
Et par vos élans rallumée,
Ma gaîté répète avec vous :
De la chanson le feu si doux
    N'est point de la fumée.

ALBERT-MONTÉMONT.

ROND

Air nouveau de Boilly.

Dans un repas le vin m'anime,
J'aime à rire quand j'ai trinqué,
J'aime à fredonner quelque rime,
Fuyant l'esprit alambiqué ;
Au froid calembour je préfère
La franchise d'un gai flonflon,
  Rond,
   Tout en vidant mon verre.
    Ronds,
  En vidant mon flacon.

Du bon vieux temps chacun raconte
La simplicité, la vertu ;
Jusqu'au Créateur je remonte,
Il n'avait pas l'esprit pointu.
Comment ce Dieu que l'on révère
Fit-il le monde ? — C'est, dit-on,
  Rond ;
   Roulons sur cette terre,
    Ronds,
  En vidant les flacons.

Loin de nous ces buveurs maussades
Qui versent de l'eau dans leur vin,
Ne pouvant, sans être malades,
Se distinguer dans un festin ;
Moi j'aime, en son joyeux délire,
Un convive gai, franc, luron,
  Rond,
   Qui sait chanter et rire,
    Rond,
  En vidant son flacon.

Lison est fraîche, rondelette,
Ses bras sont dodus, faits au tour ;
Tout chez cette aimable brunette,
Semble être arrondi par l'amour.
Sa rondeur a séduit mon âme :
J'adore ses deux jolis monts
  Rond,
   Sur lesquels je me pâme,
    Rond,
  En vidant mon flacon.

Fi ! de cet amant à la glace
Qui fraude la postérité ;
Que jamais rien ne nous déplace
Du chemin de la volupté.
Grâce à cette franche manière,
On voit le ventre de Lison
  Rond.
   Mon fils, comme son père,
    Rond,
  Videra le flacon.

Tout ce qui charme sur la terre,
Grelots, tambourin, mirliton,
Raisin, tonneau, bouteille, verre,
Assiettes, plats, tout est rond.
Pour que rondement tout finisse,
De table tous nous sortirons
  Ronds !
   Afin qu'on les remplisse,
    Ronds,
  Laissons là nos flacons !

Lesueur.

LES BOUTONS

Air : Tonton, tonton, tontaine, tonton.

Enfin j'ai dîné comme un chantre
Qu'excitent l'anchois et le thon,
Tonton, tonton, tontaine, tonton !
Comme Gargantua, mon ventre
Recèle veau, bœuf et mouton ;
Je puis ôter *un bouton*.

Que vois-je ! le traiteur apporte
Le plus succulent canneton
Tonton, tonton, tontaine, tonton !
Du dévouement ! faisons en sorte
De jouer encor du menton ;
Otons un *second bouton*.

Quelle traîtrise ! on nous présente
Un appétissant brocheton,
Tonton, tonton, tontaine, tonton !
Que faire ! le poisson me tente :
Fêtons cet enfant de Triton,
Otons *encore un bouton*.

Ciel ! que vois-je, tu lui succèdes,
Du Mans tendre et beau rejeton,
Tonton, tonton, tontaine tonton !
Dans les grands maux, les grands remèdes !
Dussé-je souper chez Pluton,
Otons *mon dernier bouton*.

Justin Cabassol.

LE REFRAIN DU CHASSEUR

Mes amis, partons pour la chasse;
Du cor j'entends le joyeux son
  Ton, ton, ton, ton,
    Tontaine, ton, ton.
Jamais ce plaisir ne nous lasse,
Il est bon en toute saison.
  Ton, ton
    Tontaine, ton, ton.

A sa manière chacun chasse,
Et le jeune homme et le barbon
Ton, ton, ton, ton
Tontaine, ton, ton
Mais le vieux chasse la bécasse,
Et le jeune un gibier mignon.
Ton, ton
Tontaine, ton, ton.

Pour suivre le chevreuil qui passe,
Il parcourt les bois, les vallons,
Ton, ton, ton, ton
Tontaine, ton, ton
Et jamais, en suivant sa trace,
Il ne trouve le chemin long.
Ton, ton
Tontaine, ton, ton.

A l'affût le chasseur se place
Guettant le lièvre ou l'oisillon
   Ton, ton, ton, ton,
      Tontaine, ton, ton,
Mais si jeune fillette passe
Il la prend; pour lui, tout est bon;
   Ton, ton
      Tontaine, ton, ton.

Le vrai chasseur est plein d'audace;
Il est gai, joyeux et luron.
   Ton, ton, ton, ton,
      Tontaine, ton, ton
Mais quelque fanfare qu'il fasse
Le chasseur n'est pas fanfaron.
   Ton, ton
      Tontaine ton, ton.

LE NOUVEAU MIRLITON

Air : Tonton, tontaine, tonton.

Ici, dans un joyeux délire
Que la gaîté donne le ton,
Tonton, tonton, tontaine, tonton ;
Noble Apollon, garde ta lyre
Et prête-moi ton mirliton,
Tonton, tontaine, tonton.

Une trompette militaire,
Anime les guerriers, dit-on,
Tonton, tonton, tontaine, tonton ;
Mais lorsqu'on s'anime à Cythère
C'est aux accents du mirliton,
Tonton, tontaine, tonton.

Oublions d'anciennes folies ;
Un vieux pécheur fait le Caton,
Tonton, tonton, tontaine, tonton ;
Couvrons ses tristes homélies
Des sons joyeux du mirliton,
Tonton, tontaine, tonton.

Le Turc, orgueilleux et stupide,
Mène l'Amour par le bâton,
Tonton, tonton, tontaine, tonton.
Pour réduire un sexe timide
Le Français n'a qu'un mirliton,
Tonton, tontaine, tonton.

Chloé, nymphe de Terpsichore,
Pirouette comme un toton,
Tonton, tonton, tontaine, tonton ;
Mais elle est bien plus forte encore
Dans la danse du mirliton,
Tonton, tontaine, tonton.

Voyez ce héros de toilette
Se pavaner en phaéton,
Tonton, tonton, tontaine, tonton ;
Il a gagné ses épaulettes
A la pointe du mirliton,
Tonton, tontaine, tonton.

Au corbillon, suivant l'usage,
Si l'on demande : qu'y met-on ?
Tonton, tonton, tontaine, tonton.
Belles, pour ne pas mettre un gage,
Répondez vite : Un mirliton,
Tonton, tontaine, tonton.

Pan, avec sa flûte rustique
Charmait les nymphes du canton,
Tonton, tonton, tontaine, tonton ;
Eh bien ! cet instrument antique
N'était pourtant qu'un mirliton,
Tonton, tontaine, tonton.

La princesse et la chambrière,
Olympe, Iris ou Jeanneton,
Tonton, tonton, tontaine, tonton ;
Chacune joue à sa manière
Son petit air de mirliton,
Tonton, tontaine, tonton.

ANONYME.

LA BONNE AVENTURE

Air : Des trois Cousines.

Jeunes filles qui portez
  Blonde chevelure,
L'amour vient de tous côtés
Rendre hommages à vos bontés :
La bonne aventure, ô gué !
  La bonne aventure !

Longue souffrance, en aimant,
  Est chose bien dure,
Mais lorsqu'un heureux amant
Plaît au premier compliment,
La bonne aventure, ô gué !
  La bonne aventure !

Voir sans obstacle un ami,
  Bagatelle pure !
Mais pour un amant chéri,
Tromper tuteur ou mari,
La bonne aventure, ô gué !
  La bonne aventure !

Si l'amour d'un trait malin,
  Vous a fait blessure,
Prenez-moi pour médecin
Quelque joyeux boute-en-train.
La bonne aventure, ô gué !
  La bonne aventure !

Suivons un penchant flatteur,
  Sans peur de murmure :
Est-il plus grande douceur
Que celle que donne au cœur
La bonne aventure, ô gué !
  La bonne aventure !

DANCOURT.

MONSIEUR RATANT

AIR: Pot de bière, pipe et maîtresse.

Monsieur Ratant,
Homme très-bien portant,
Et chasseur jadis intrépide,
Par un beau temps,
Certain jour de printemps,
Sentit un aiguillon perfide.
Tout enflammé,
Armé,
Avec Moufflard
Il part
En conquérant, vers la forêt prochaine :
Fuyez, innocents lapereaux,
Malheur à vous, lièvres, perdreaux,
Monsieur Ratant est dans la plaine.

Au fond du bois,
Il voit, en tapinois,
Fillette assise au pied d'un arbre.
Ses cinquante ans,
Comptent sur le printemps,
Qui donnerait la vie au marbre.
Un gibier si
Joli,
Le voit friand,
Riant,
Monsieur Ratant s'avance et se rajuste ;
Mais par un malheur trop fréquent,
Son fusil n'est jamais prêt, quand
Pour coucher en joue, il ajuste.

En vains efforts,
Épuisant ses transports,
Rien ne saurait tendre son arme ;
De cet affront
Sentant rougir son front,
La belle s'offense et s'alarme.
A bout portant,

Ratant,
Se remuant,
Suant,
Veut maîtriser une machine ingrate,
Pestant, jurant, criant beaucoup,
Lorsqu'il se croit sûr de son coup,
Voilà monsieur Ratant... qui rate.

Troublé, confus,
Par vingt propos diffus,
Ratant voudrait cacher sa honte ;
Dans sa fureur,
La belle avec aigreur,
Ne veut rien prendre sur son compte.
— Sot roi des fous,
C'est vous.
— Ce n'est pas moi,
C'est toi ;
Dans pareil cas chaque parti se froisse,
Ayant tous deux même dessein ;
Monsieur prêchera pour son saint,
Et Madame pour sa paroisse.

Depuis ce jour,
Quittant peu son séjour,
Ratant ne va plus à la chasse,
De Cupidon
Craignant le moindre don.
La raison de chez lui le chasse,
Bien aguerri,
Guéri,
En bon esprit,
Il rit.
Quand la valeur le fuit et l'abandonne ;
De la beauté contemplateur,
Ratant n'est pas admi...rateur,
Mais l'amitié le lui pardonne.

RAVRIO.

LA FILLE-OISEAU

AIR connu.

Une fille est un oiseau
Qui semble aimer l'esclavage,
Et ne chérir que la cage
Qui lui servit de berceau.
Sa gaîté, son badinage,
Ses caresses, son ramage,
Font croire que tout l'engage
Dans un séjour plein d'attraits ;
Mais ouvrez-lui la fenêtre,
Zeste, on le voit disparaître
Pour ne revenir jamais.

SÉDAINE.

MARS ET L'AMOUR

Air du menuet d'Exaudet.

Mars, un jour,
Et l'amour,
A Cythère,
Prirent querelle tous deux;
L'amour lui dit : Je veux
Te déclarer la guerre.
Le dieu Mars
Prend ses dards,
Sa cuirasse;
Et l'amour tout désarmé,
Loin d'en être alarmé,
Menace.

Mais, Mars, au combat l'appelle,
Et Cupidon d'un coup d'aile
Prend ses traits
Sans effets;
Il balance
Sa puissance :

Dans le cœur du dieu guerrier,
L'amour, d'un vol altier,
Lui-même tout entier
S'élance.

Mars en feu
Sent ce dieu
Dans son âme,
Et l'enfant audacieux
A laissé dans ses yeux
Et son charme et sa flamme.
Mars soumis
En a pris
Plus d'empire ;
A présent tout cède à Mars,
Qui soutient ses regards,
Soupire.

FAVART.

LE MARIAGE DE L'AMOUR

Air : Femmes, voulez-vous éprouver?

De prendre femme, un jour, dit-on,
L'Amour conçut la fantaisie :
On lui proposa la Raison,
On lui proposa la Folie.
Quel choix fera le dieu fripon?
Chaque déesse est fort jolie ;
Il prit pour femme la Raison,
Et pour maîtresse la Folie. (bis)

Il les aima toutes les deux
Avec une constance égale;
Et l'épouse vivait au mieux
Avec sa charmante rivale.
Survint un double rejeton
De la double galanterie :
L'Ennui naquit de la Raison,
Et le Plaisir de la Folie. (bis)

GUICHARD.

LA SOLITUDE ET LES ARTS

Air du temps.

Beaux-arts, trop souvent séducteurs,
Venez de cette solitude
Bannir la triste inquiétude,
Et calmer de vives douleurs!...
Adoucissez l'horreur d'un souvenir funeste ;
Vous, dont l'origine est céleste.
Charmez le cœur plus que les sens;
Dans ces lieux soyez bienfaisants.

D'une inquiète vanité
Dédaignez toujours l'espérance;
Votre plus noble récompense
N'est pas dans la célébrité !
Consoler les humains dans ce sombre passage,
Voilà votre plus beau partage.
Charmez le cœur plus que les sens;
Dans ces lieux soyez bienfaisants.

Muses, accourez à ma voix,
Embellissez cet humble asile ;
Vous aimez un séjour tranquille
Et le doux silence des bois :
Nous avons des ruisseaux, des fleurs et de l'ombrage;
Pour vous que faut-il davantage?
Dans ces lieux régnez à jamais,
Répandez-y tous vos bienfaits.

GENLIS (la comtesse de).

LE TOMBEAU DE L'AMOUR

Air : Charmante Gabrielle.

Grâces, pleurez un frère :
Au sortir du berceau,
La faute de sa mère
Le mit dans le tombeau.
Avant d'être nubile,
 Si jeune encor !
Dans Paris la grand'ville
 Amour est mort.

Du hameau sa patrie
Sa mère l'attira,
Et par étourderie
Lui fit voir l'Opéra.
Cruelle départie !
 Malheureux jour !
Il en coûta la vie
 Au jeune Amour.

Mercure du novice
Déroba le flambeau,
Et puis dame Justice
S'adjugea son bandeau,
L'on vit toutes les belles,
 Et Mars aussi,
Se parer de ses ailes,
 Sans nul souci.

On le fit entrer page
Au palais de Plutus :
Là, dans un dur servage,
Il comptait des écus.

Un beau jour, sur la brune,
 Sans nul sujet,
Des mains de la Fortune
 Il eut le fouet.

Amour dans la misère,
Pour sortir d'embarras,
Droit à l'Hymen, son frère,
Courut tendre les bras.
Jamais sa destinée
 On ne peut fuir ;
Amour chez l'Hyménée
 Devait mourir.

Rancune fraternelle,
Depuis, jusqu'au tombeau,
Pour vider sa querelle
L'Hymen l'avait trop beau :
Dans son lit, sans mystère,
 Le traître, hélas !
Fit étouffer son frère
 Entre deux draps.

Qui pourrait se défendre
D'arroser son tombeau,
Et même d'y suspendre
Ce funèbre écriteau :
« Lis, voyageur, né tendre,
 « Ci-gît l'Amour ;
« Puisse-t-il de sa cendre
 « Renaître un jour ! »

Sylvain Maréchal.

L'ORACLE ACCOMPLI

Air de Joconde.

Vénus sur le point d'enfanter,
 Soit caprice ou prudence,
Des Parques alla consulter
 L'infaillible science.
Vers vous, je viens de bonne foi,
 Pour connaître un mystère ;
Mesdemoiselles, dites-moi,
 De qui dois-je être mère ?

Un tigre de vous sortira,
 Répondit la première ;
De vous, dit l'autre, un roi naîtra ;
 Un feu, dit la dernière.
Vénus prit cela pour un tour,
 Et douta du miracle ;
Mais la naissance de l'Amour
 Justifia l'Oracle.

De Conjon.

L'HEUREUSE ILLUSION

Air du temps.

L'excès de la délicatesse
Est le poison de la tendresse ;
Il faut de la crédulité.
 Un amant nous jure
Que de nous il est enchanté ;
 Fût-ce une imposture,

Croyons qu'il dit la vérité.
Il est souvent fâcheux
De s'y trop bien connaître :
 Se croire heureux,
 N'est-ce pas l'être ?

Le Sage.

L'EDUCATION DE L'AMOUR.

Quand l'amour naquit à Cythère
On s'intrigua dans le pays;
Vénus dit je suis bonne mère;
C'est moi qui nourrirai mon fils.
Mais l'amour, malgré son jeune âge
Trop attentif à tant d'appas,
Préférait le vase au breuvage,
Et l'enfant ne profitait pas.

Ne faut pourtant pas qu'il pâtisse,
Dit Vénus parlant à sa cour;
Que la plus sage le nourrisse;
Songez toutes que c'est l'amour.
Soudain la Candeur, la Tendresse,
L'Egalité viennent s'offrir,
Et même la Délicatesse
Nulle n'avait de quoi nourrir.

On penchait pour la Complaisance,
Mais l'enfant eut été gâté.
On avait trop d'expérience
Pour penser à la Volupté.
Enfin sur ce choix d'importance,
Cette cour ne décidant rien,
Quelqu'un proposa l'Espérance,
Et l'enfant s'en trouva fort bien.

On prétend que la Jouissance,
Qui croyait devoir le nourrir,
Jalouse de la préférence,
Guettait l'enfant pour s'en saisir ;
Prenant les traits de l'Innocence,
Pour berceuse elle vint s'offrir
Et la trop crédule Espérance
Eut le malheur d'y consentir.

Un jour advint que l'Espérance,
Voulant se livrer au sommeil,
Remit à la fausse Innocence
L'enfant jusques à son réveil.
Alors la trompeuse déesse
Donne bonbons à pleine mains :
L'amour d'abord fut dans l'ivresse,
Mais mourut bientôt dans son sein.

LE TEMPS ET L'AMOUR *(Paroles de Ségur.)*

A voyager passant sa vie,
Certain vieillard nommé le Tems,
Près d'un fleuve arrive et s'écrie :
« Ayez pitié de mes vieux ans.
« Hé quoi! sur ces bords on m'oublie,
« Moi qui compte tous les instans!
« Mes bons amis, je vous supplie,
« Venez, venez passer le temps. »

De l'autre côté sur la plage,
Plus d'une fille regardait,
Et voulait aider son passage,
Sur un bateau qu'Amour guidait :
Mais une d'elles, bien plus sage,
Leur répétait ces mots prudens :
« Ah! souvent on a fait naufrage,
« En cherchant à passer le temps. »

L'Amour gaîment pousse au rivage ;
Il aborde tout près du Tems,
Il lui propose le voyage,
L'embarque et s'abandonne aux vents ;
Agitant ses rames légères,
Il dit et redit dans ses chants :
« Vous voyez bien, jeunes bergères,
« Que l'amour fait passer le Tems. »

Mais tout-à-coup l'Amour se lasse,
Ce fut toujours là son défaut.
Le Tems prend la rame à sa place,
Et lui dit : « Quoi ! céder si tôt !
« Pauvre enfant ! quelle est ta faiblesse !
« Tu dors, et je chante à mon tour,
« Ce vieux refrain de la Sagesse :
« Ah ! le Tems fait passer l'Amour. »

Une beauté dans le bocage
Se riait sans ménagement
De la morale du vieux sage,
Et du dépit du jeune enfant ;
« Qui peut dit le Temps en colère,
« Braver l'Amour et mes vieux ans ?
« C'est moi, dit l'Amitié sincère,
« Qui ne crains jamais rien du Tems. »

L'ENTHOUSIASME DE L'AMOUR

Air d'Albanèse.

J'aime une ingrate beauté
Et c'est pour toute ma vie.
Je n'ai plus de volonté ;
Ma liberté m'est ravie.
    Thémire a des rigueurs :
    Mais mon cœur les préfère
    Aux plus douces faveurs
    De toute autre bergère.

Quand aux champs, dès le matin,
Le soin du troupeau l'appelle,
Le ciel devient plus serein,
Le jour se lève avec elle.
    Les amoureux zéphyrs
    Naissent de son haleine,
    Et mes tendres soupirs
    La suivent dans la plaine.

Le rossignol va chantant,
Joyeux de la voir si belle,
Le papillon voltigeant,
La prend pour la fleur nouvelle.
    Pour mourir sur son sein,
    On voit la fleur éclore ;
    De l'éclat de son teint
    La rose se colore.

Malgré sa timidité
Qui la rend plus belle encore,
D'une douce volupté
Dans ses yeux j'ai vu l'aurore ;
    Et sa bouche exprimer,
    Par un tendre sourire,
    Ce doux plaisir d'aimer,
    Qu'elle craint et désire.

                      Favart.

LE TEMPS

Air : Ainsi jadis à Télémaque.

Un jour si l'on en croit un sage,
Cher aux Muses, à la beauté,
Le Temps demandait le passage
Sur le bord d'un fleuve arrêté.
Au même instant, tout hors d'haleine,
Le Plaisir accourt près de lui :
Sur ses pas se traînait la Peine,
C'était alors comme aujourd'hui.

C'est le Temps, dit-elle à son frère,
Bien vite, faisons-le passer.
—Non, ma sœur, je veux au contraire
Sur ce bord enfin le fixer.

Je sais trop quelle est sa puissance :
Rien n'endort ses yeux vigilants ;
Mais toujours, malgré sa prudence,
Le Plaisir a trompé le Temps.

Alors en riant il l'invite
A se reposer un moment.
Ah ! dit la Peine, fuyez vite,
Vous cheminez si lentement !
Finissez ce débat, de grâce,
Dit le Temps, j'ai peu de loisir :
La barque arrive, et le Temps passe
Entre la Peine et le Plaisir.

                      Justin Gensoul.

LE PORTRAIT D'ISMÈNE

Air : Nous sommes précepteurs d'amour.

Amour commence le tableau :
Qu'il sera beau s'il est fidèle !
Voilà les couleurs, le pinceau :
Dessine Amour, sois mon Apelle.

L'ouvrage est digne de ta main,
Il s'agit du portrait d'Ismène.
Sur l'albâtre d'un front serein,
Trace deux jolis arcs d'ébène.

Peins sous leur voûte un œil charmant,
Cet œil trop rigoureux peut-être,
Qui, tour à tour fier et touchant,
Défend le désir qu'il fait naître.

Peins sur ses lèvres de corail
Les fleurs nouvellement écloses ;
De ses dents pour rendre l'émail,
Peins des perles parmi des roses.

Avec art suspends ses cheveux,
Et tresse-les en diadème...
Laisse-les flotter, si tu veux
Ce désordre lui sied de même.

Exprime le charme secret
De son doux et tendre sourire :
Peins ce qu'il dit, ce qu'il permet :
Moi, je peindrai ce qu'il inspire.

                      Dorat.

MA CONFESSION

Air : Suzon sortant de son village.

En ce jour, mon révérend père,
Je viens à votre tribunal
Pour y faire l'aveu sincère
De maint péché... fort capital !
    De la sagesse,
    Dès ma jeunesse,
Je ne fus pas un grand admirateur :
    Plaisirs, folies,
    Filles jolies,
Ont, tout d'abord, su captiver mon cœur.
    Je suis léger de caractère,
    Mais la franchise étant mon lot,
    Je déteste tout faux dévot...
    Pardonnez-moi mon père.

Quand je veux me mêler d'écrire,
Ce n'est qu'après un bon dîner ;
Alors ma muse en son délire
Est toujours prête à badiner :
    Conte érotique,
    Couplet bachique,
De mon cerveau jaillissent sans effort ;
    La gaudriole,
    Et leste et folle
Vient féconder mon lyrique transport.
    Tous les soirs je dis pour prière
    De Désaugiers une chanson :
    Je ne sais pas d'autre oraison.
    Pardonnez-moi mon père.

Certains dogmes de notre église
Que ma raison ne comprend pas,
Ne sont, faut-il que je le dise,
A mes yeux que pompeux fatras !
    De notre bible,
    Souvent risible,
J'ai travesti maint passage égrillard ;
    Quelques reliques,
    Peu catholiques,
Ont exercé mon esprit goguenard ;
    Et dussé-je, à l'heure dernière,
    En enfer aller tout d'un pas,
    Aux miracles je ne crois pas.
    Pardonnez-moi mon père.

De tout temps je fus idolâtre
Du talent de nos grands acteurs,
Et vais plus souvent au théâtre...
Qu'aux sermons des prédicateurs ;
    La comédie
    Vive, hardie,
Me plaît bien mieux qu'orémus, libera ;
    Mon bréviaire
    Est un Molière,
Et ma paroisse est au grand Opéra.
    J'ai toujours admiré Voltaire
    Plus qu'aucun saint du paradis,
    Et je fais gras les vendredis.
    Pardonnez-moi mon père.

Sans remords j'ai trompé les belles
Un peu lestes sur la vertu ;
J'avais été trahi par elles...
C'est un prêté pour un rendu !
    A nos coquettes,
    A nos grisettes,
A jeune femme ayant un vieil époux,
    J'ai peint ma flamme
    Avec tant d'âme,
Que j'en obtins les gages les plus doux.
    A l'amour de Dieu sur la terre,
    J'ai par erreur jusqu'à ce jour,
    Préféré le dieu de l'amour...
    Pardonnez-moi mon père.

Au beau temps où j'étais jeune homme,
Avec de joyeux libertins,
J'ai fait le diable... Dieu sait comme !
Dans de voluptueux festins :
    Bordeaux, Champagne,
    Folle compagne,
Ont de mon cœur écarté les ennuis ;
    Au sein d'ivresses
    Enchanteresses,
J'eus de beaux jours... et de plus belles nuits !
    Enfin je le dis sans mystère,
    Les femmes, le vin, la gaîté,
    Furent ma Sainte-Trinité...
    Pardonnez-moi mon père.

Voilà dans le cours de ma vie
Le mal que je crois avoir fait.
Jamais le mensonge et l'envie
Ne m'inspirèrent un méfait.
    De l'innocence,
    En conscience,
J'ai toujours su respecter la vertu ;
    Sur ma parole,
    Sans gloriole,
J'ai fait un peu de bien quand je l'ai pu.
    Et comme mes péchés, j'espère,
    Sont bien moins grands que les bontés
    Du Dieu que vous représentez...
    Pardonnez-moi mon père.

POINDOUD.

LE PLAISIR

Air : Par la ville et la campagne (E. Désaugiers).

Dans le sentier de la vie,
L'épine est près de la fleur ;
Souvent la joie est suivie
D'amertume et de douleur.
Qu'à son gré la fortune ordonne,
Du plaisir goûtons les attraits ;
Les moments qu'au plaisir on donne
Sont autant de pris aux regrets.

Narguant les soucis moroses,
L'heureux vieillard de Théos,
Le front couronné de roses,
Redisait, calme et dispos :
Qu'au plaisir chacun s'abandonne ;
Myrte en fleur vaut mieux que cyprès :
Les moments qu'au plaisir on donne
Sont autant de pris aux regrets.

L'astre du jour, dans l'espace,
Achève et reprend son tour ;
Mais, pour nous, le temps qui passe
Ne connaît plus de retour !
Du poëte la voix fredonne :
Savourez la vie à longs traits ;
Les moments qu'au plaisir on donne
Sont autant de pris aux regrets.

L'existence est comme un fleuve
Qu'embarrasse maint écueil ;
Pour charmer ce temps d'épreuve,
Au plaisir faisons accueil ;
De l'abeille aux champs, qui bourdonne,
Imitons les sages apprêts ;
Les moments qu'au plaisir on donne
Sont autant de pris aux regrets.

En suivant notre carrière,
Dont le terme est limité,
Sans regarder en arrière,
Livrons-nous à la gaîté.
Courtisons le jus de la tonne,
Et du sort bravons les décrets ;
Les moments qu'au plaisir on donne
Sont autant de pris aux regrets.

Combien de gens sur la terre
Meurent sans avoir vécu !
L'avenir est un mystère
Où se perd l'esprit vaincu.
Confiants au Dieu qui pardonne,
Au long voyage soyons prêts ;
Les moments qu'au plaisir on donne
Sont autant de pris aux regrets.

Albert-Montémont.

CHAQUE AGE A SES PLAISIRS

Air du Tailleur et de la Fée (de Béranger).

Le vrai bonheur est encore un problème :
Depuis longtemps on le cherche ici-bas ;
Pour l'obtenir j'ai fait choix d'un système
Que je voudrais garder jusqu'au trépas.
Je me suis dit, sans être des plus sages :
Il est des fleurs pour toutes les saisons ;
Pourquoi gémir lorsque nous vieillissons ?
Il est aussi des fleurs pour tous les âges.
Rappelons-nous, malgré de vains désirs,
Que, tour à tour, chaque âge a ses plaisirs.

Voyez les jeux de la première enfance :
A notre ardeur il suffit d'un hochet,
Un papillon fait naître l'espérance :
Tout de la joie emprunte le reflet.
Un frais jardin, un champ de paquerettes
Du monde entier nous offre le contour ;
Point de chagrins qui durent même un jour,
Et tous les jours nous préparent des fêtes.
Rappelons-nous, malgré de vains désirs,
Que, tour à tour, chaque âge a ses plaisirs.

En agréments la jeunesse est féconde :
Le corps agile exerce sa vigueur ;
L'esprit voyage et s'empare du monde :
L'illusion n'est-ce pas le bonheur ?
Puis de l'amour la divine influence
Se fait sentir à notre cœur charmé ;
Il est si doux d'aimer et d'être aimé,
Qu'à chaque instant ce jeu-là recommence.
Rappelons-nous, malgré de vains désirs,
Que, tour à tour, chaque âge a ses plaisirs.

Un peu plus tard, fixant sa destinée,
L'homme est encor riche d'émotions :
Par les liens d'un prudent hyménée,
Il met un frein aux folles passions.
Il goûte alors ce calme si prospère
Qu'après l'orage on trouve dans le port ;
A ses côtés, il voit avec transport
Un bel enfant qui l'appelle son père.
Rappelons-nous, malgré de vains désirs,
Que, tour à tour, chaque âge a ses plaisirs.

Quand le flambeau de la philosophie
Vient éclairer notre arrière-saison,
A ses rayons l'âme se vivifie ;
L'amour éteint fait place à la raison.
Des fleurs pour nous le parfum s'évapore,
Mais le fruit reste et peut charmer nos sens :
Lors qu'a cessé la chaleur du printemps,
Soleil d'hiver nous paraît doux encore.
Rappelons-nous, malgré de vains désirs,
Que, tour à tour, chaque âge a ses plaisirs.

J. Lagarde.

DOULEUR ET PLAISIR

Air du Chalet.

Par des pleurs
Et des douleurs
La vie
Est sans doute asservie :
Mais ne faut-il pas souffrir
Pour mieux ressentir le plaisir ?

Vous que trop de richesse accable,
Dont l'or comble tous les désirs,
Votre existence est misérable,
Vos interminables loisirs
Provoquent d'éternels soupirs.
Dans une longue ivresse
Le bonheur disparaît :
Quelques jours de détresse,
Et l'ennui vous fuirait !
Par des pleurs, etc.

Depuis un siècle mon Isaure
A mille tourments me livrait ;
Vainement l'amour qui dévore
De sa flamme me torturait
Et ma raison s'en égarait...
Mais aussi quel délire
Quand, par de doux aveux,
Pour calmer mon martyre
Elle fit deux heureux !...
Par des pleurs, etc.

Sans l'ouragan et la tempête,
Le marin n'apprécierait plus
Les jours où le ciel est en fête,
Où fier des maux qu'il a vaincus
Ses pénates lui sont rendus.
Et toi, grand capitaine,
C'est après des revers,
Que, rentré dans l'arène,
Les lauriers te sont chers.
Par des pleurs, etc.

Lorsque dans une paix profonde
Un peuple longtemps est resté,
Saisi d'une ardeur sans seconde,
Il veut, en sa témérité,
Étendre encor sa liberté ;
Dans son trouble fébrile
Soudain l'effroi le prend,
Et le fleuve tranquille
Remplace le torrent.
Par des pleurs, etc.

Voulant animer cette toile,
Voyez ce peintre courageux :
Du génie il guette l'étoile ;
Avant qu'elle brille à ses yeux
Combien d'efforts infructueux !
Si l'art était docile,
Exempt d'un dur labeur,
Son champ serait stérile
Et la gloire une erreur !
Par des pleurs, etc.

Si le printemps fuit comme un rêve,
Si la rose n'a qu'un matin,
Si le froid arrêtant la sève,
Parfois nous prive d'un bon vin,
N'en gardons pas un long chagrin.
Le bonheur surabonde,
Le mal est réparé,
Quand la vigne est féconde
Et l'épi mieux doré !
Par des pleurs, etc.

Celui qu'une longue agonie
Tenait aux portes du tombeau,
Avec quelle joie infinie
Il reprend un essor nouveau :
Tout au monde lui semble beau !
L'aveugle qui retrouve
Le miroir de ses yeux,
Quelle extase il éprouve
En revoyant les cieux !
Par des pleurs, etc.

Souvent un malheur qui nous frappe
Prélude à des instants meilleurs :
Après une pénible étape
Le chemin perd de ses rigueurs,
Dès qu'on y revoit quelques fleurs.
Nos destins sont bizarres ;
Faut-il s'en alarmer ?
Si les beaux jours sont rares,
C'est pour mieux nous charmer !
Par des pleurs, etc.

GIRAUD.

LE MODERNE ANACRÉON

Air : Nous sommes tous précepteurs d'amour.

Aimons, amis, le temps s'enfuit :
Ménageons bien ce court espace ;
Peut-être une éternelle nuit
Eteindra le jour qui se passe.

Peut-être que Caron demain
Nous recevra tous dans sa barque :
Saisissons un moment certain,
C'est autant de pris sur la Parque.

A l'envi laissons-nous saisir
Aux transports d'une douce ivresse ;
Qu'importe si c'est un plaisir,
Que ce soit folie ou sagesse.

CHAULIEU.

L'ÉMIGRATION DU PLAISIR

Paroles de Mme Dufrénoy.

Effrayé des maux que la guerre
Sur la France allait attirer,
Le Plaisir cherchait une terre
Sur laquelle il put émigrer. *(bis)*
La Prusse, l'Autriche, l'Espagne,
Présentent en vain leurs états.
L'Espagnol ne plaisante pas.
On ne rit point en Allemagne. *(bis)*

Il s'en va tout droit en Russie :
Mais le climat, par ses rigueurs,
Rend d'abord sa suite engourdie,
Et lui même y perd ses couleurs. (bis)
Catherine en vain lui propose
De son palais le brillant toit ;
Pense-t-on qu'à mourir de froid..
Le plaisir près d'elle s'expose ? (bis)

Le plaisir ne calcule guère,
Il fait en peu bien du chemin.
Sans y songer, en Angleterre,
Il se trouve le lendemain (bis)
Le Lord-Maire vers lui s'avance
Et le présente au parlement.
Sortons dit-il très promptement
On y baille plus qu'on n'y pense. (bis)

Il dirige ses pas vers Rome;
Cette ville où régnaient les arts,
Ne lui montre qu'un petit homme
Sur le grand trône des Césars. *(bis)*
Il demande des vers d'Horace;
On lui donne des *Oremus*,
Et dans le pays des *Agnus*
Que veut-on que le plaisir fasse? *(bis)*

Hélas! comment rentrer en France?
Je suis sans papier et sans or.
Jadis on m'a fait quelqu'avance;
On m'en ferait peut-être encor. *(bis)*
Aussitôt qu'il met pied à terre,
Il apperçoit la liberté.
Que peut craindre un enfant gâté,
Qui tombe aux genoux de sa mère! *(bis)*

UN REFRAIN DE MA GRAND'MÈRE

Air : Mes chers amis, dans cette vie (Calife de Bagdad).

Il m'en souvient, bonne grand'mère,
Voulant modérer nos désirs,
Nous disait d'un ton peu sévère
En nous régalant *de plaisirs*,
« C'est bien léger, c'est bien fragile !
« D'un seul on peut en faire mille,
« Mes chers enfants, mes p'tits enfants,
« Faites durer l'plaisir longtemps. »

Sur le court chemin de la vie
Il faut se *hâter lentement* ;
Le cœur joyeux, l'âme ravie
Sur des fleurs, courir... doucement.
Dans votre saison printanière
Faites l'école buissonnière,
« Mes chers enfants, mes p'tits enfants,
« Faites durer l'plaisir longtemps. »

Marchez donc, jeunesse indocile,
Au pas mesuré de Mentor,
Préférez à l'éclair d'Achille
La vieille étoile de Nestor.
Vous, que le plaisir ne peut suivre,
Pourquoi vous dépêcher de vivre ?
« Mes chers enfants, mes p'tits enfants,
« Faites durer l'plaisir longtemps. »

Vider d'un trait une bouteille
Est indigne des fins gourmets :
Dégustez le jus de la treille,
Savourez le parfum des mets,
N'épuisez le verre et l'assiette
Que goutte à goutte, miette à miette.
« Mes chers enfants, mes p'tits enfants,
« Faites durer l'plaisir longtemps. »

Souvent une ivresse brûlante
Tarit la source du plaisir ;
Auprès d'une sensible amante
Ne vous hâtez pas de jouir.
Allez de caresse en caresse
Au but marqué par la tendresse.
« Mes chers enfants, mes p'tits enfants,
« Faites durer l'plaisir longtemps. »

Combien d'espérances trompées,
En changeant, petits libertins,
De maîtresses et de poupées,
De ministres et de pantins !
Des marionnettes nouvelles,
Au lieu de couper les ficelles,
« Mes chers enfants, mes p'tits enfants,
« Faites durer l'plaisir longtemps. »

Enfants plus désireux que sages,
Pourquoi d'une indiscrète main
Soulever les dernières pages
Du livre de votre destin ?
De ce livre, où rien ne s'efface,
Relisez plutôt la préface.
« Mes chers enfants, mes p'tits enfants,
« Faites durer l'plaisir longtemps. »

Aux biens que la nature donne,
Portez la main, jamais le fer ;
Vous aurez des fleurs en automne,
Vous aurez des fruits en hiver.
Le soir pour voir briller encore
Les feux si doux de votre aurore,
« Mes chers enfants, mes p'tits enfants,
Faites durer l'plaisir longtemps. »

JACQUEMART.

LE PRINCE ÉPICURIEN

Air du temps.

Plus inconstant que l'onde et le nuage,
Le temps s'enfuit, pourquoi le regretter !
Malgré la pente volage
Qui le force à nous quitter,
C'est être sage
D'en profiter.
Goûtons-en les douceurs ;
Et si la vie est un passage,
Sur ce passage
Au moins semons des fleurs.

PHILIPPE D'ORLÉANS.

FUITE DU PLAISIR

Air : Que ne suis-je la fougère.

Faut-il être tant volage,
Ai-je dit au doux Plaisir ?
Tu nous fuis : Ah ! quel dommage !
Dès qu'on a pu te saisir.

Ce Plaisir tant regrettable
Me répond : rends grâces aux Dieux ;
S'ils m'avaient fait plus durable,
Ils m'auraient gardé pour eux.

Comtesse de MURAT.

LE PLAISIR ET LA PEINE

Air : J'ai vu partout dans mes voyages.

En même temps Plaisir et Peine
Naquirent au divin séjour ;
De Cythère l'aimable reine
A ces jumeaux donna le jour.
Le dieu qui lance le tonnerre
Leur départit des attributs ;
Il donna des ailes au frère,
Pour la sœur il n'en resta plus.

« Qui me conduira sur la terre ?
« Dit-elle au monarque des dieux.
« Sans ailes comment puis-je faire
« Pour descendre du haut des cieux ? »
Il lui dit : « Bannis tes alarmes,
« Descends sur l'aile du Plaisir ;
« Les blessures que font tes armes,
« Il prendra soin de les guérir. »

Voilà donc la Peine et son frère
Qui viennent nous donner des lois,
Sitôt qu'ils ont touché la terre
Ils font usage de leurs droits.
La Peine avait caché son arme
Sous l'aide de son conducteur :
Quand l'une arrachait une larme
L'autre accordait une faveur.

Du Plaisir si quittant les ailes,
Peine veut seule voyager,
Le Plaisir est fêté des belles ;
Peine... aucun ne veut s'en charger.
Elle vient malgré sa colère
Le reprendre pour protecteur :
Et celui qui loge le frère
Doit avec lui loger la sœur.

Millevoye.

VOILA L'PLAISIR

Air : La plus belle promenade.

Pour m'amuser un dimanche
Je résolus de flâner :
Je mets ma cravate blanche
Et je vais me promener.
Je rencontre à Romainville
Dames, fleurs et doux zéphyrs,
Puis, trottant d'un pas agile,
La marchande de plaisirs.

 Voilà l'plaisir, Mesdames,
  Voilà l'plaisir *!

J'observe de tendres femmes
Que ces mots font tressaillir ;
Leurs yeux qui lancent des flammes
Trahissent certain désir.
En abordant l'une d'elles,
Je lui dis sans me troubler :
« O la plus belle des belles,
« Laisse-moi te régaler.

 Voilà l'plaisir, Mesdames,
  Voilà l'plaisir !

« Hortense, ô toi qui m'enflammes,
« Oui ! laisse-moi t'en offrir !... »
Dans le bois nous pénétrâmes
Afin de mieux discourir.
Nous tînmes sous le feuillage
Le langage des amours ;
Et non loin de ce bocage
Une voix criait toujours :

 Voilà l'plaisir, Mesdames,
  Voilà l'plaisir !

Tout en épanchant nos âmes,
L'appétit se fait sentir ;
Vers la fête nous allâmes
Afin de nous rafraîchir.
Soudain, un affreux orage
Vient ralentir notre essor ;
Quand sur nous fond le nuage,
La marchande crie encor :

 Voilà l'plaisir, Mesdames,
  Voilà l'plaisir !

De ses gâteaux nous mangeâmes,
Ne pouvant pas mieux choisir ;
Mais de trop malignes dames
Du bois nous ont vus sortir.
Une grêle d'épigrammes
Vint alors nous assaillir ;
Ma belle, à ces traits infâmes,
N'entendit plus sans rougir :

 Voilà l'plaisir, Mesdames,
  Voilà l'plaisir !

J. Lagarde.

* Le refrain se chante comme le cri des marchandes de plaisirs.

Impr. de Pillet fils aîné, rue des Grands-Augustins, 5.

LE ROI DES HOMMES

ET

L'HOMME DES ROIS

Air du vaudeville de l'Avare et son ami.

Un roi meurt... un roi le remplace,
Et le courtisan, fin matois,
Sans s'émouvoir fait volte-face ;
Voilà, voilà l'homme des rois !   (bis)
Sévère histoire, tu ne nommes
Qu'un Sully qui, fuyant la cour,
Pleura son maître nuit et jour ;
Voilà, voilà le roi des hommes !   (bis)

Parmi les favoris prodigues,
Voyez-vous l'orgueilleux Louvois
Ourdir, à grands frais, mille intrigues?
Voilà, voilà l'homme des rois !
Mais, parmi les rois économes
Des tributs d'un peuple chéri,
Le Béarnais, le bon Henri...
Voilà, voilà le roi des hommes !

Aux conquérants offrant sa lyre,
Qu'un rimeur enfle leurs exploits,
Qu'il vante un monarque en délire ;
Voilà, voilà l'homme des rois !
Rimeur soudoyé, tu m'assommes !...
Mais Panard, fuyant la grandeur,
Des gens de cour malin frondeur,
Voilà, voilà le roi des hommes !

Pour un ruban, frivole emblême,
Servir, par cent moyens adroits,
Bien moins son prince que soi-même,
Voilà, voilà l'homme des rois !
Mais, surtout au siècle où nous sommes,
En offrant au prince un appui,
N'aspirer qu'à mourir pour lui,
Voilà, voilà le roi des hommes !

Faire aux souverains la courbette
Et s'abaisser, d'un air sournois,
Pour mieux puiser dans leur cassette,
Voilà, voilà l'homme des rois !
Mais n'amasser de faibles sommes,
Produit d'un travail généreux,
Que pour aider les malheureux,
Voilà, voilà le roi des hommes !

Craignant ce nectar salutaire
Qui nous rend bavards quelquefois,
Toujours s'observer et se taire,
Voilà, voilà l'homme des rois !
Entouré de francs gastronomes,
Boire à plein verre à leur santé,
Dire en trinquant la vérité,
Voilà, voilà le roi des hommes !

ARMAND GOUFFÉ.

LA CHASSE

Air de cor : Écoutez les règles succinctes.

Chacun de nous a sa folie :
Moi, la *chasse* est ma passion,
　Tontaine, tonton :
C'est un plaisir que je varie,
Suivant le lieu, l'occasion,
Tonton, tonton, tontaine, tonton.

Tantôt, les perdrix dans la plaine,
Tombent sous mes coups à foison,
　Tontaine, tonton ;
Tantôt la troupe, au bois, m'entraîne ;
Tout gibier me plaît, s'il est bon,
Tonton, tonton, tontaine, tonton.

Dans les vignes du vieux Silène,
La *chasse* est de toute saison,
　Tontaine, tonton,
Et le plaisir passe la peine,
Car on y laisse sa raison,
Tonton, tonton, tontaine, tonton.

Quelquefois, je vais au Parnasse ;
Mais hélas depuis qu'Apollon,
　Tontaine, tonton,
N'a plus le goût pour garde-chasse,
Son domaine est à l'abandon :
Tonton, tonton, tontaine, tonton.

Sur les terres de la Fortune,
Le chasser n'est plus aussi bon,
　Tontaine, tonton ;
La *chasse* au vol est trop commune,
Depuis dix ans, dans ce canton :
Tonton, tonton, tontaine, tonton.

J'aime à braconner à Cythère ;
Mais du cor j'adoucis le ton,
　Tontaine, tonton :
Les Grâces ne se prennent guère,
Dans les filets du fanfaron,
Tonton, tonton, tontaine, tonton.

L. PHILIPPON DE LA MADELAINE.

MON ARCHIPEL

Petite charte pour les îles auxquelles l'amiral Dumont d'Urville a donné mon nom, et qu'il a découvertes dans le grand Océan, par 150° 3' long. E., 11° 17' lat. S., lors de son troisième voyage autour du monde, en 1837, 1838, 1839 et 1840.

Air : Tout le long de la rivière.

De par un illustre marin,
D'îles me voilà souverain.
Je vais, dans la Polynésie,
Régner selon ma fantaisie ;
Des ris et des jeux à la fois
Y vont fleurir les douces lois.
Vous que l'amour de l'allégresse inspire,
Venez demeurer au sein de mon empire ;
Venez demeurer dans mon empire.

Aux vices leurs fertiles bords
Interdiront tous les abords.
Par des arrêts en vaudevilles,
J'en exclurai les âmes viles,
Les fâcheux et les médisants,
Les sots et les mauvais plaisants.
Vous du prochain qu'un vif amour inspire,
Venez demeurer au sein de mon empire ;
Venez demeurer dans mon empire.

Là, point de trompeurs, de jaloux,
Ni de roués, ni de filous ;
L'amitié, facile et commode,
Mettra la franchise à la mode ;
L'esprit et l'aimable raison
Y seront toujours de saison.
Des bons vivants vous que l'amour inspire,
Venez demeurer au sein de mon empire ;
Venez demeurer dans mon empire.

Le clairon, cher aux potentats,
Ne troublera point mes états.
Pour palais un abri de chaume,
A pied parcourant mon royaume,
Ainsi que le roi d'Yvetot,
Vivant bien, je dormirai tôt.
Vous de la paix qu'un juste amour inspire,
Venez demeurer au sein de mon empire ;
Venez demeurer dans mon empire.

J'établirai, par des statuts,
Chambres, théâtres, instituts,
Où le génie et la critique
Se riront de la politique ;
Où mes Séguiers, mes d'Argensons
Ne parleront plus qu'en chansons.
Du gai savoir vous que l'amour inspire,
Venez demeurer au sein de mon empire ;
Venez demeurer dans mon empire.

On dit que mes lointains sujets
A bien des défauts sont sujets ;
Que leurs serments sont peu valables,
Que même ils mangent leurs semblables :
J'aurai, pour changer ces mortels,
Des Désaugiers et des Pestels.
Du genre humain vous que l'amour inspire,
Venez demeurer au sein de mon empire ;
Venez demeurer dans mon empire.

Libre d'envie, exempt de soins,
Borné dans mes simples besoins,
Je prétends, nouvel Henri Quatre,
Mais fier de régner sans combattre,
A mes noirs, affranchis d'impôt,
Faire accorder la poule au pot.
Du bon vieux temps vous que l'amour inspire,
Venez demeurer au sein de mon empire ;
Venez demeurer dans mon empire.

Les nymphes de mon Archipel
Sauront, du cœur suivant l'appel,
Par leurs vertus polynésiennes,
Rivaliser nos Parisiennes,
Et d'un éclair de leurs désirs
Allumer le feu des plaisirs.
De la beauté vous que l'amour inspire,
Venez demeurer au sein de mon empire ;
Venez demeurer dans mon empire.

Cet heureux coin de l'univers,
Riche des biens les plus divers,
Appelle encor, pour qu'on le chante,
Ce Caveau joyeux qui m'enchante.
Accourez donc, vous aurez tout,
Trésors, femmes et vin surtout.
Du vrai bonheur vous que l'amour inspire,
Venez demeurer au sein de mon empire ;
Venez demeurer dans mon empire.

ALBERT-MONTÉMONT.

LA GRACE

Air de la contredanse de la Poule.

La grâce est le fard d'une belle,
L'aiguillon de la volupté ;
Elle anime tout, et sans elle,
L'Amour n'eût jamais existé.

Déesse des métamorphoses,
Au sein de l'arrière-saison,
Sa main fit éclore des roses
Sous les pas tremblants de Ninon.
    Une heure de folie.

LE ROI DES PLAISIRS, ET LE PLAISIR DES ROIS,
Paroles de Favart.

Sous des lambris où l'or éclate,
Rouler la pourpre et l'écarlate,
Sur un trône dicter des lois,
   C'est le plaisir des rois :
Sur la fougère et sur l'herbette,
Lire dans les yeux de Lisette
Qu'elle est sensible à nos soupirs,
   C'est le roi des plaisirs.

Quelque part où l'on se transporte,
Être entouré d'une cohorte,
Voir des curieux jusqu'aux toits,
   C'est le plaisir des rois :
Quand on voyage avec Sylvie,
N'avoir pour toute compagnie
Que les amours et les zéphyrs,
   C'est, etc.

Posséder des trésors immenses,
Briller par de riches dépenses,
Commander et donner des lois,
   C'est le plaisir des rois :
Toucher l'objet qui sait nous plaire
Par un retour tendre et sincère
La voir sensible à nos desirs,
   C'est, etc.

Agir et commander en maître,
Avec la poudre et le salpêtre
Fortement appuyer ses droits,
　C'est le plaisir des rois:
Quand le tendre enfant nous couronne,
Tenir du cœur ce qu'on nous donne,
Ne rien devoir qu'aux doux soupirs,
　C'est, etc.

Des plus beaux bijoux de l'Asie
Parer une beauté chérie,
En charger sa tête et ses doigts,
　C'est le plaisir des rois:
Voir une petite fleurette
Toucher plus le cœur de Nannette
Que perles, rubis et saphirs,
　C'est, etc.

Quand on est heureux à la guerre,
En informer toute la terre,
Publier partout ses exploits,
　C'est le plaisir des rois:
Lorsque l'amour nous récompense,
Goûter dans l'ombre et le silence
Le fruit de nos tendres soupirs,
　C'est, etc.

Avec une meute bruyante
Remplir les forêts d'épouvante,
Réduire des cerfs aux abois,
　C'est le plaisir des rois:
Avec une troupe choisie
Chasser à grands coups d'ambroisie
La douleur et les vains soupirs,
　C'est, etc.

Donner dans une grande fête
Des concerts à rompre la tête,
Où l'on entend mugir cent voix,
C'est le plaisir des rois;
Dans un petit repas tranquille,
Par quelque gentil vaudeville
Du cœur exprimer les désirs,
C'est, etc.

A des flatteurs dont la souplesse
S'avilit jusqu'à la bassesse,
Donner souvent les beaux emplois
C'est le plaisir des rois.
Verre en main, près de ce qu'on aime,
Railler ceux qu'une erreur extrême
De l'ambition rend martyrs,
C'est le roi des plaisirs.

LE CHAT DE MA VOISINE

Air du Curé de Pomponne.

Sur ma gouttière, un jour, je vis
  Un chat de bonne mine,
Qui, sans s'occuper des souris,
  Miaulait en sourdine.
  Ah ! il m'en souviendra,
    Larira,
  Du chat de ma voisine !

Voulant en savoir le motif,
  Sur le toit j'examine,
Et je vois, qu'à son cri plaintif,
  Minette le câline.
  Ah ! il m'en souviendra, etc.

A ce tableau vif, entraînant,
  Un beau feu me domine,
Et chez Rose, discrètement,
  Bientôt je m'achemine.
  Ah ! il m'en souviendra, etc.

J'entre !... l'appétissant tendron,
  D'un regard me fascine ;
Je lui peins alors, sans façon,
  Tout l'amour qui me mine.
  Ah ! il m'en souviendra, etc.

Le matou chez Rose, à l'instant,
  Revient à la sourdine ;
En voyant son air triomphant,
  D'espoir je m'illumine.
  Ah ! il m'en souviendra, etc.

Je jure d'aimer comme un fou
  Cette beauté divine ;
Mais le chat en faisant *frou ! frou !*
  Jure et me fait la mine.
  Ah ! il m'en souviendra, etc.

De mes deux mains, je ne sais où,
  Lorsque je la lutine,
Les quatre pattes du matou
  Me caressent l'échine.
  Ah ! il m'en souviendra, etc.

Sans m'occuper de ce conflit,
  A vaincre je m'obstine ;
J'embrasse !... alors le chat maudit
  Me mord, me piétine.
  Ah ! il m'en souviendra, etc.

Prêt à triompher : coup fatal !
  Mon amour se termine ;
Car le scélérat d'animal,
  Me griffe où l'on devine.
  Ah ! il m'en souviendra, etc.

Ainsi déçu dans mon projet,
  Ma vengeance fulmine ;
Je saurai manger en civet
  L'auteur de ma ruine.
  Ah ! il s'en souviendra,
    Larira,
  Le chat de ma voisine !

Justin Cabassol.

EXCUSEZ SI JE VOUS DÉRANGE

Air : Par les arbres que nous plantons.

Je me pique d'être poli,
Et mon exemple est bon à suivre ;
Non rien, selon moi, n'est joli,
Messieurs, comme de savoir vivre ;
Or, un refrain aimable et doux
Doit ici m'aller comme un ange ;
Et je viens chanter avec vous,
Excusez si je vous dérange.

La toilette nuit aux amours :
Est-il un amant qui le nie ?
Moi, je déteste les atours
Quand je suis chez mon Eugénie.
Vous me dérobez mille attraits,
Schall épais, sévère fontange :
Pour les admirer de plus près
Excusez si je vous dérange.

Quel est le sot ou l'ignorant
Qui met dans ma bibliothèque
Un Pradon sur le premier rang,
Dans un coin Racine et Sénèque ?

Envers eux je sens trop combien
Cher Pradon, l'erreur est étrange,
Pour leur honneur et pour le mien,
Excusez si je vous dérange.

Avec un accent douloureux
Si nous répétons dès l'aurore,
Quoi ! la vigne, malgré nos vœux,
Hélas ! ne bouge pas encore,
Dans quelle ivresse nous nageons,
Aux approches de la vendange,
Quand la nuit a dit aux bourgeons
Excusez si je vous dérange.

Comme moi ne trouvez-vous pas
Dame Atropos bien malhonnête ?
Lorsqu'il nous faut sauter le pas,
Aucune raison ne l'arrête !
La traîtresse, au fatal moment,
Soit que l'on boive ou que l'on mange,
Ne nous dirait pas seulement :
Excusez si je vous dérange.

Étienne Jourdan.

JE NE SAIS PAS L'AGE QUE J'AI

— 1834 —

Air : Ah ! Rendez-moi mon beau pays de France !

Qu'en vers joyeux un doyen de Cancale
Ait retrouvé sa verve de vingt ans,
Qu'en vers glacés un vieux mari signale
Le vieux bonheur qu'on goûte à cinquante ans :
Moi, j'ai brûlé cet acte de baptême
Qu'à ma naissance on avait rédigé ;
Comme toujours je ris, je bois et j'aime,
  Je ne sais pas l'âge que j'ai.

A ces repas que l'esprit assaisonne,
Où la folie inspire les bons mots,
Mon appétit ne le cède à personne,
Et ma gaîté trouve encor des échos ;
Et quand au loin sa main blanche disperse
Les flots mousseux du champagne obligé,
Je bois sans eau le vin qu'Eglé me verse ;
  Je ne sais pas l'âge que j'ai.

Vous me traitez, Eglé, sans conséquence,
Et vous jouez avec mes cheveux blancs ;
A mes regards vous livrez sans défense
Ce que l'on cache à des yeux de trente ans ;
Vous souriez quand ma main se hasarde
A rajuster un chiffon dérangé,
Vous souriez !... Eglé, prenez-y garde :
  Je ne sais pas l'âge que j'ai.

J'ai vu le Nil réfléchir nos images,
Moscou, Lisbonne, arborer nos drapeaux,
Paris, foulé par des hordes sauvages,
César vaincu s'exiler sur les eaux ;
J'ai vu régner la paix, la monarchie,
Couthon, Barras, le sabre, le clergé,
Les lois, la peur, la gloire et l'anarchie....
  Je ne sais pas l'âge que j'ai.

Pour allonger, pour recrépir ma vie,
L'art ne m'a point refait une santé,
Mon sang bouillonne au seul nom de patrie ;
Mon cœur palpite au mot de liberté ;
Voué, par goût, à d'humbles destinées,
Aucun plaisir n'est par moi négligé ;
Sans les compter j'amasse mes années....
  Je ne sais pas l'âge que j'ai.

Feu DE ROUGEMONT.

TENDRES REGRETS

Air : Vénus sur la molle verdure.

Songes riants de la jeunesse,
Que vous nous quittez promptement !
Faut-il qu'une si douce ivresse
Ne dure pas plus d'un moment ?

Age heureux, où tout semble aimable,
Où chaque objet offre un plaisir,
Vif attrait, charme inexprimable,
Le cœur s'épuise à te sentir.

Pourrait-il d'un feu qui dévore
Eprouver deux fois les effets ?
Des cendres s'échauffent encore,
Mais ne se rallument jamais.

Il n'est plus rien, rien qui m'enflamme :
Je languis triste et sans désirs ;
Mais il est au fond de mon âme
Une image et des souvenirs.

ANDRIEUX.

MES VOEUX A LA FOLIE

Air : Amour commence le tableau.

Charme des mortels et des dieux,
Folie, aimable enchanteresse,
Tu sais même embellir les jeux ;
Le plaisir naît de ton ivresse.

Je me donne à toi pour toujours,
Je te préfère à la tendresse ;

Répands la gaîté sur mes jours,
Et j'aurai plus que la sagesse.

C'est en attendant ton retour
Que les pauvres amants sommeillent ;
La raison seule endort l'Amour ;
Ce sont les grelots qui l'éveillent.

Comtesse DE BEAUHARNAIS.

Impr. de Pillet fils aîné, rue des Grands-Augustins, 5.

LA RÉCEPTION MANQUÉE

CHANSON SUR LA CONVALESCENCE DE DÉSAUGIERS

— 1826 —

Air du vaudeville de Jean Monet.

Aux enfers un bruit étrange
A retenti tout à coup ;
On s'émeut, on se dérange ;
Chaque défunt est debout.
    Lors Piron
    Place en rond
Les diables et leur séquelle,
Et leur dit : « Grande nouvelle !
C'est une réception ! (bis)

« De Paris le dieu Mercure
« Me prévient, par un billet,
« Qu'un desservant d'Epicure
« Va préparer son paquet.
    « Il m'écrit
    « Et m'instruit
« Que ce joyeux personnage
« (Pour la seule fois, je gage)
« Va bientôt rendre l'esprit.

« Or sus que chacun ravive
« Le feu de chaque réchaud :
« Le gaillard qui nous arrive,
« Buvant frais, veut manger chaud.
    « Des celliers,
    « Sommeliers,
« Qu'on transporte les barriques
« Et que nos tintins bachiques
« Nous annoncent *Désaugiers !* »

Soudain Collé se dispose
A composer un couplet,
Ninon met son jupon rose
Et Latteignant son collet.
    Au signal
    Général,
Panard, nouveau La Fontaine,
Sans soins, sans apprêts, sans peine,
Veut embrasser son rival.

« Dieu ! quel contre-temps funeste !
(Dit Caron tout essoufflé)
« Sur terre Désaugiers reste :
« *Heurteloup* nous l'a soufflé ! »
    De Pluton,
    De Clothon
Chaque ombre alors se sépare,
Et d'un médecin barbare
Va pleurer la trahison.

A DÉSAUGIERS.

Si le temps fait du ravage,
Jette des fleurs sur le temps ;
Souviens-toi de cet adage :
Quand on meurt, c'est pour longtemps !...
    On prétend
    Bien souvent
Que les morts sont bons apôtres ;
Mais pour n'être point des nôtres
Je te crois trop bon vivant.

Justin Cabassol.

ON NE SAIT PAS CE QUI PEUT ARRIVER

Air : O ma Zélie ! etc.

Au présent seul je consacre ma vie ;
Trop vain espoir, un rien peut t'enlever !
Sur l'avenir bien fou tel qui se fie :
On ne sait pas ce qui peut arriver. (bis)

Au dieu d'hymen si nous livrons notre âme,
Que de périls nous avons à braver !
Oui, c'est surtout lorsqu'on prend une femme
Que l'on ne sait ce qui peut arriver. (bis)

Lorsque je vais le soir à l'Athénée,
Me connaissant très-sujet à rêver,
Je dors toujours la grasse matinée :
On ne sait pas ce qui peut arriver. (bis)

Ce cher public, lorsque je le régale
De nouveautés, dont j'aime à l'abreuver,
Je fais placer cent amis dans la salle :
On ne sait pas ce qui peut arriver. (bis)

Pendant vingt ans on vit en fait de gloire
Notre pays au plus haut s'élever :
Au nom du roi renaîtra la victoire :
On ne sait pas ce qui peut arriver. (bis)

« Monsieur le docteur, dit l'autre jour Nicette,
« J'ons un abcès qui sembl' vouloir crever,
« Qu'marriv'ra-t-il ? » Hélas ! pauvre fillette,
On ne sait pas ce qui peut arriver. (bis)

Fille et flacon, bien que je les conserve :
Mais ne pouvant pas du tout m'en priver,
J'en ai toujours cinq ou six en réserve :
On ne sait pas ce qui peut arriver. (bis)

Buvons, buvons force jus de la tonne,
Si nous voulons toujours bien nous trouver ;
Aux médecins lorsque l'on s'abandonne,
On ne sait pas ce qui peut arriver. (bis)

Coupart.

LE CONCERT DES ANIMAUX

AVEC ACCOMPAGNEMENT DE SONS IMITATIFS

Air : Drin, drin, drin.

Des animaux que la musique est belle !
Leurs doux concerts m'ont toujours attendri.
Voyez d'abord l'aimable sauterelle :
Je suis ému lorsque j'entends son cri.
    Cri ! cri ! cri ! etc.

Quand le dindon en gloussant me réveille,
Quand du pourceau la voix résonne au loin
Quand le canard nasille à mon oreille,
Extasié, je redis dans mon coin :
    Coin ! coin ! coin ! etc.

Entendez-vous ce long troupeau qui bêle,
Chèvres, moutons, cabris, veaux, agnelets?
Quelle harmonie ! et comme elle se mêle
Avec ensemble à celle des barbets !
    Bê ! bê ! bê ! etc.

Lorsque le bœuf dans un pré fait la basse,
Et que le bouc lui répond d'un sommet,
Je n'ose dire en moi ce qui se passe ;
Mais... mais ma voix à l'unisson se met.
    Mê ! mê ! mê ! etc.

Que j'aime encor le chant de la grenouille,
Lorsque l'amour vient visiter son toit !
Et le corbeau qui près d'elle gazouille !...
C'est un duo plus charmant qu'on ne croit.
    Croi ! croi ! croi ! etc.

Les miaulements des matous qui soupirent,
Les hurlements et des chiens et des loups,
Les paons, les coqs par leurs accords m'attirent ;
Mais qu'est-ce auprès de la voix des coucous?
    Cou ! cou ! cou ! etc.

Que dis-je ? ô ciel ! le roussin d'Arcadie
A-t-il cessé d'être le roi du chant ?
Quand son gosier s'ouvre à la mélodie,
Chacun l'admire et répète en riant :
    Hiant ! hiant ! hiant !

ÉPILOGUE.

Aux cris touchants que vous venez d'entendre,
Je voudrais bien joindre ceux des hiboux ;
Mais je craindrais, si j'osais l'entreprendre,
De provoquer de sinistres houhoux.
    Hou ! hou ! hou ! etc.

CABARET-DUPATY.

LES SEPT PÉCHÉS CAPITAUX

Air : J'aime la force dans le vin.

Bien fou dans ce siècle pervers
Qui cherche à corriger les hommes ;
Rions plutôt de nos travers,
Et souffrons-nous comme nous sommes.
Faut-il qu'ici bas maux et biens
Soient des semences de discorde !
J'ai mes défauts, chacun les siens ;
A tout péché miséricorde.   (bis)

Quelquefois on m'a reproché
D'être enclin à la gourmandise :
Et j'en conviens, c'est un péché ;
Mais faut-il tant qu'on en médise !
Dussé-je manger aujourd'hui
Tout le bien que le sort m'accorde ;
Un fat mange celui d'autrui :
A tout péché miséricorde.

J'accuse encore un peu d'orgueil ;
Mais, dans l'état qui m'a vu naître,
Je vois tous les biens du même œil,
Et je suis fier de ne rien être.
Certains sont fiers de ce qu'ils ont,
Et, bien qu'ils nous montrent la corde,
D'autres sont fiers de ce qu'ils font :
A tout péché miséricorde.

La paresse me tient souvent :
Le moindre travail m'importune ;
Et si le bien vient en dormant,
J'espère un jour faire fortune.
Mais pour parvenir à mon tour
Veut-on que mon esprit se torde,
Je montre les riches du jour :
A tout péché miséricorde.

Faut-il de mes péchés d'amour
Qu'ici je vous donne la liste?
Je ne pécherai pas toujours,
Et voilà tout ce qui m'attriste.
De ce système de plaisir
Il faudra bien que je démorde ;
Ma femme un jour doit m'en punir :
A tout péché miséricorde.

Pour mes péchés, mes bons amis,
Si je mérite qu'on me tance,
De bien bon cœur je suis soumis
A la plus longue pénitence.
Pendant cent ans, pour être absous,
Qu'à table je pinte et je morde ;
Mais quand je tomberai dessous,
A tout péché miséricorde.

FRANCIS.

ASMODÉE
Paroles de Festeau.

Hier, à l'heure où l'étoile scintille,
J'étais plongé dans un sommeil profond;
Un petit diable, armé d'une béquille,
Dans mon grenier entra par le plafond.
Avant, dit-il, de rêver à la noce,
Ami, veux-tu choisir dans les houris
Que l'amour sème en ce vaste Paris?...
Partons! lui dis-je en sautant sur sa bosse.
    Bon Asmodée, allons, allons toujours,
    Cherchons ailleurs l'hymen et les amours.

Par la fenêtre, après un vol rapide,
Nous nous perchons sur un brillant palais:
De là, je vois une imposante Armide
Menant au doigt ses femmes, ses valets;
D'adorateurs une petite armée
A genoux flatte et son âme et ses sens;
Sous les lambris où l'orgueil vit d'encens
Le vrai bonheur s'évapore en fumée.
    Bon Asmodée, allons, allons toujours,
    Cherchons ailleurs l'hymen et les amours.

Un peu plus loin, sémillante et coquette,
Clara consulte un complaisant miroir;
Un art cruel préside à sa toilette
Où tout se cache et se laisse entrevoir;
Devant la glace, enjouée, ingénue,
Elle s'assied, pleure et rit aux éclats:
C'est l'oiseleur apprêtant ses appâts:
Gare au moineau que retiendra la glue!!...
  Bon asmodée, allons, allons toujours,
  Cherchons ailleurs l'hymen et les amours.

Plus haut, que vois-je? un salon à l'antique;
Sur un divan repose une *Clairon*,
Qui, suspendant sa tirade tragique,
S'est endormie en maudissant Néron;
Sous le manteau de Phèdre ou de Lucrèce,
Qu'elle est superbe et qu'elle a de talens!
Hélas! Hélas! pourquoi depuis vingt ans
Rend-elle heureux les Romains et la Grèce?
  Bon Asmodée, allons, allons toujours,
  Cherchons ailleurs l'hymen et les amours.

À la lueur d'une pâle veilleuse
Zoé dévore un lourd in-octavo;
Ses yeux sont vifs, sa pose est gracieuse;
Chez elle s'ouvre... un sentiment nouveau.
Furtivement cette tendre vestale,
Dont le cœur cherche et poursuit un époux,
Prend chez *Ricard* son style à billet doux,
Et chez *de Kock* des leçons de morale.
   Bon Asmodée, allons, allons toujours,
   Cherchons ailleurs l'hymen et les amours.

Là-bas, drapant son foulard, sa pelisse,
Marche une femme au regard inspiré;
Elle est en feu, comme la Pythonisse
Improvisant sur le trépied sacré:
C'est une Muse à la voix creuse et mâle;
Dans sa mansarde est l'immortel vallon;
En y grimpant, l'amante d'Apollon
A déchiré sa robe virginale.
   Bon Asmodée, allons, allons toujours,
   Cherchons ailleurs l'hymen et les amours.

Que vois-je encor ? c'est une jeune artiste
Aux doigts légers, aux modestes atours;
Son noir crayon, fidèle anatomiste,
D'un Spartacus arrondit les contours;
Dans chaque trait, chaque ombre, chaque ligne,
On aperçoit son goût pour les beaux-arts,
Rien n'est omis, tout s'offre à nos regards.
Tout... jusqu'aux plis de la feuille de vigne.
  Bon Asmodée, allons, allons toujours,
Cherchons ailleurs l'hymen et les amours.

Là, qu'aperçois-je auprès d'une croisée?..
C'est une vierge aux mourantes couleurs
Veillant la nuit sur sa mère épuisée,
En lui cachant son travail et ses pleurs;
Ange aux yeux doux, que d'amour te réclame!
Pour captiver les époux, les amans,
Ton front n'est pas orné de diamans;
Mais Dieu versa des trésors dans ton âme....
  Bon Asmodée arrêtons pour toujours;
Je trouve ici l'hymen et les amours.

L'ENFER

Air de la Treille de sincérité.

Lucifer, ouvrant le registre
Des pécheurs aux feux condamnés,
Se fâcha contre son ministre ;
Il lui manquait trente damnés : (*bis*)
« Je vois décliner mon empire
« Par la rigueur des châtiments,
« Mais la clémence peut séduire ;
« En plaisirs, changeons les tourments.
« Je veux qu'enfin on puisse dire :
« En vérité, je vous le dis,
« L'enfer est un vrai paradis. (*bis*)

Lors, traçant de sa griffe énorme,
Le plan de ses heureux projets,
Il voulut, pour une réforme,
Donner la paix à ses sujets ; (*bis*)
Puis, tout joyeux, il vint sur terre
Proclamer cet événement ;
« J'ai renvoyé mon ministère,
« Disait-il, dans un mandement ;
« Mon humeur n'a plus rien d'austère ;
« En vérité, je vous le dis,
« L'enfer est un vrai paradis. (*bis*)

« J'ai peuplé mes vastes domaines
« De grands hommes, de gens d'esprit,
« Et des beautés les plus humaines,
« Qui, dans ma cour, sont en crédit. (*bis*)
« Au boudoir de la Vénus grecque,
« Vous verrez Luther et Calvin,
« Et le prophète de la Mecque,
« Dont j'ai fait un marchand de vin ;
« On y voit même un saint évêque,
« En vérité, je vous le dis,
« L'enfer est un vrai paradis. (*bis*)

« Des essaims de vierges aimantes,
« Qui gémissaient dans les couvents,
« Étalant leurs grâces charmantes,
« Ouvrent les bras aux arrivants. (*bis*)
« Ceux qui briguèrent vos hommages,
« Les apôtres, les demi-dieux,
« Les philosophes et les mages,
« Sont mieux chez moi que dans les cieux ;
« De l'ancien temps j'ai tous les sages,
« En vérité, je vous le dis,
« L'enfer est un vrai paradis. (*bis*)

« J'ai renvoyé les Euménides,
« Et Minos, ce juge impoli ;
« Quant au tonneau des Danaïdes,
« D'un vieux Madère on l'a rempli ; (*bis*)
« Partout le plaisir m'accompagne,
« De la gaîté je suis le roi ;
« Comme en un pays de Cocagne,
« Ixion se trouve chez moi,
« Tantale boit de mon champagne.
« En vérité, je vous le dis,
« L'enfer est un vrai paradis. (*bis*)

« Si, dans mes salons on rencontre
« Les députés, les avocats,
« L'on peut voir le pour et le contre
« S'embrasser après leurs débats. (*bis*)
« La volupté qu'on y respire,
« De mes États bannit l'aigreur ;
« Les citoyens de mon empire
« Sont toujours de joyeuse humeur ;
« Les Anglais même y savent rire ;
« En vérité, je vous le dis,
« L'enfer est un vrai paradis. (*bis*)

« Reposez-vous sur ma tendresse,
« Mortels ! vous serez mes élus ;
« Plus d'eau bénite, plus de messe,
« Plus de jeûnes, plus d'orémus. (*bis*)
« A bon droit vous devez prétendre
« A ma haute protection ;
« Recevez, pour mieux nous entendre,
« Ma sainte bénédiction ;
« Je vais chez moi pour vous attendre,
« En vérité, je vous le dis,
« L'enfer est un vrai paradis. (*bis*)

Gisquet.

LES VIEUX PÉCHEURS

Air des Petits montagnards.

On dit partout que la clémence
Est la vertu des gouvernants ;
Et que souvent, par l'indulgence,
On peut ramener les méchants :
Mais une longue expérience
Nous a prouvé, par cent malheurs,
Que l'on doit perdre l'espérance
De convertir de vieux pécheurs...

René Périn.

LE BESOIN DONNE LE GÉNIE

Air du vaudeville de Florian.

De ce globe atome pensant,
L'homme est un étrange problème ;
Il ne s'y montre qu'en passant,
Et doit s'élever par lui-même.
Mais dans son triste ou gai séjour,
En sa carrière indéfinie,
Il peut se dire chaque jour :
Le besoin donne le génie.

A l'inclémence des saisons
Il oppose un abri commode ;
Il emprunte aux molles toisons
Le vêtement qu'orne la mode.
Afin d'adoucir le chemin,
Des monts la cîme est aplanie ;
Il dit, songeant au lendemain :
Le besoin donne le génie.

Pour franchir le torrent profond,
Un arbre lui sert de pirogue ;
A travers l'abîme sans fond
Bientôt sa nef s'élance et vogue.
Il décuple, par la vapeur,
La vitesse à la force unie ;
Dans sa marche il redit sans peur :
Le besoin donne le génie.

Sur un rocher battu des mers,
Robinson, vainqueur du naufrage,
Dompte mille besoins amers,
Par l'industrie et le courage.
A sa faim la chasse a pourvu,
Son chien lui sert de compagnie ;
Pour braver tout mal imprévu,
Le besoin donne le génie.

Voyez de leur captivité
Subissant la persévérance,
Ces prisonniers dont la fierté
Conserve toujours l'espérance !
Après mille tourments soufferts,
Lassés de tant d'ignominie,
Ils chantent en brisant leurs fers :
Le besoin donne le génie.

Sur la France alors que des rois
Vont se ruer les satellites,
Ses fils, pour défendre ses droits,
Deviennent autant de vélites.
Les soldats se font généraux,
Des puissants la fourbe est punie,
Le sol enfante des héros :
Le besoin donne le génie.

Voyez du salpêtre grossier
Jaillir les éclats de la foudre ;
Par ta magie, ô Lavoisier,
Tous les métaux vont se dissoudre.
Quand la boussole et le compas
Expliquent les lois d'Uranie,
Selon nos vœux, à chaque pas,
Le besoin donne le génie.

Observez cette veuve en pleurs
Dont Ephèse honora l'histoire,
Qui garde, au sein de ses douleurs,
Sa fidélité méritoire !
Un soldat, près d'elle assidu,
Calme sa trop lente agonie ;
L'époux mort remplace un pendu :
Le besoin donne le génie.

ALBERT-MONTÉMONT.

LES INSTRUMENTS BIEN PLACÉS

Air du vaudeville des Deux veuves.

Je donne aux maris le *hautbois*,
Aux fades rimeurs la *musette*,
La *sourdine* aux fripons adroits,
A nos financiers la *pochette* :

A nos brillants compositeurs
Je donne *tambours* et *trompettes* ;
La *lyre* à peu de bons chanteurs,
La *harpe* à nos jeunes poëtes.

MOREAU.

C'EST UN DIABLE

Air : Nous sommes précepteurs d'amour.

On met l'Amour au rang des dieux ;
J'avais cru longtemps cette fable.

Eglé m'a fait sentir ses feux ;
Ce n'est pas un dieu, c'est un diable.

BORDE.

MONSIEUR TARDIF

Air : Au bruit d'une fade musique.

Il faut qu'ici je vous raconte
Les déboires d'un pauvre humain,
Chaque jour, d'un nouveau mécompte,
Triste victime en son chemin.
Jouet de son erreur profonde,
Il se croyait expéditif :
Il mérita de par le monde
D'être appelé Monsieur Tardif.

Dans les apprêts d'un long voyage,
Que d'accomplir il est pressé,
Déjà son énorme bagage
Sur l'impériale est placé.
Il flâne, et durant sa sortie,
Fait un repas confortatif.
La diligence était partie,
Lorsque revint Monsieur Tardif.

D'une beauté son âme éprise,
Se promet les biens les plus doux,
Et d'elle, en sa folle entreprise,
Espère un secret rendez-vous.
Dans son orgueil il se prélasse,
Il songe au bonheur effectif;
Il muse... Un autre avait la place,
Quand s'annonça Monsieur Tardif.

Si l'amour trompa son attente,
Ailleurs l'entraîne son penchant ;
Une sinécure le tente,
Il veut l'enlever sur le champ.
Il a foi dans sa destinée.
Et chez lui demeure inactif:
La sinécure était donnée,
Lorsque parla Monsieur Tardif.

Peu propre à faire une harangue,
Jean-Jacque aimait à publier,
Qu'après l'audience, sa langue
Se dénouait sur l'escalier.
Ainsi, naguère, au pied du trône,
Son gosier devenant rétif,
L'orateur muet que l'on prône,
C'était encor Monsieur Tardif.

Ce Tardif a d'une excellence
Accepté l'invitation ;
Et tiré de son indolence,
Il est en jubilation.
Pour mieux se rendre présentable,
A l'heure il est moins attentif ;
Les convives sortaient de table,
Lorsqu'arriva Monsieur Tardif.

Éprouvant la soif importune
De la richesse et des honneurs,
« Tentons, se dit-il, la fortune,
« Malgré ses appas suborneurs. »
Pendant qu'il réfléchit sans trêve,
De la mort le souffle hâtif
Eteint, au milieu de son rêve,
Notre pauvre Monsieur Tardif.

ALBERT-MONTÉMONT.

LISE
OU LE PETIT ROMAN

Air : Avec les jeux dans le village.

Sous une paupière innocente
Elle cachait un œil malin :
Elle était lascive et décente,
Son esprit était simple et fin.
Toujours maîtresse de sa tête,
Caressant ou piquant le goût,
Avec adresse elle était bête,
Elle était vierge et savait tout.

Le doux aveu, le Je vous aime,
Bien sagement fut reculé :
Le délire du baiser même
Par la raison fut calculé.

Quand elle m'eut tourné la tête,
Croyant encor mieux m'attacher,
Elle feignit d'être plus bête ;
Moi, je l'étais sans y tâcher.

Tout bienfait a sa récompense :
Le moment fatal arriva
Je vis de tout près l'Innocence,
Et notre roman s'acheva.
Hélas ! au premier tête-à-tête
Tout le prestige disparut :
Soudain je cessai d'être bête,
Mais c'est la belle qui le fut.

HOFFMAN,
Le critique.

LA GÉNÉRATION PRÉCOCE

Air : N'y a plus d'enfants.

Qu'une fille était étonnée,
Le premier jour de l'hyménée !
Pour l'instruire il fallait du temps ;
A présent de peine on est quitte,
On trouve femme tout instruite :
    N'y a plus d'enfants,
    N'y a plus d'enfants.

A trente ans, jadis une fille
Songeait à se mettre en famille ;
Ah ! combien on perdait du temps !
On en fait un meilleur usage,
Dès douze ans on entre en ménage :
    N'y a plus d'enfants,
    N'y a plus d'enfants.

Nos vieux aïeux, froides idoles,
A vingt ans allaient aux écoles ;
Ils voyaient tard leurs descendants ;
Qu'ils étaient fous ! Pour moi j'espère
Qu'à quinze je me verrai père.
    N'y a plus d'enfants,
    N'y a plus d'enfants.

Un gascon vante sa naissance,
Un parvenu son opulence ;
Chacun se met au rang des grands,
Le bretteur fait l'homme de guerre,
Plus d'une fille fait la mère.
    N'y a plus d'enfants,
    N'y a plus d'enfants.

C'est bien vainement que ma mère
De l'amour me fait un mystère ;
Je n'ai qu'onze ans, mais je me sens,
Et quand mon petit cœur soupire,
J'entends bien ce qu'il veut me dire.
    N'y a plus d'enfants,
    N'y a plus d'enfants.

Du temps que vivait mon grand-père,
Dans l'excès on ne donnait guère,
On était jeune à cinquante ans :
A présent, dès l'adolescence,
La froide vieillesse commence.
    N'y a plus d'enfants,
    N'y a plus d'enfants.

Avant de savoir l'art profane
Qu'au palais on nomme chicane,
Un procureur passait trente ans ;
A présent fort jeune on y brille,
Le moindre petit clerc vous pille.
    N'y a plus d'enfants,
    N'y a plus d'enfants.

Aimer sans perdre l'innocence,
Sécher dans la persévérance,
C'était l'usage au bon vieux temps ;
A présent on n'est plus si dupe,
A languir bien fou qui s'occupe.
    N'y a plus d'enfants,
    N'y a plus d'enfants.

Jadis l'ignorante jeunesse
N'osait décider d'une pièce,
C'était l'emploi des vieux savants ;
Aujourd'hui le goût prévient l'âge,
Chacun peut juger d'un ouvrage.
    N'y a plus d'enfants,
    N'y a plus d'enfants.

                          VADÉ.

LA FEMME CHOQUÉE

VAUDEVILLE A L'ENCONTRE D'UN TALON-ROUGE QUI AVAIT PERDU LE RESPECT A UNE FINANCIÈRE

Air : J'étais malade d'amour ; ou : Hélas ! tant la nuit que le jour.

Hier matin en m'éveillant,
    (J'en suis encor choquée),
Par un fat, qui fait le galant,
Je fus presque brusquée.
C'est un.... c'est un petit insolent
    Qui m'a... qui m'a manquée.

Après d'inutiles transports,
    (Vous m'en voyez piquée),
Après d'inutiles efforts,
Qui m'avaient fatiguée.
C'est un sot... c'est un sot petit corps
    Qui m'a... qui m'a manquée.

D'abord, d'un air peu circonspect
    Il m'avait attaquée ;
Après cela, d'un faux respect,
    Masquant cette équipée,
Quel chien ! Quel chien ! quel chien de respect.
    Il m'a... il m'a manquée.

                          COLLÉ.

Impr. de Pillet fils aîné, rue des Grands-Augustins, 5.

LE PETIT-MAITRE.

Ainsi doit être
Un petit Maître:
Léger, amusant,
Vif, complaisant,
Plaisant,
Railleur aimable,
Traitre adorable:
C'est l'homme du jour,
Fait pour l'Amour.

D'un fade langage,
D'un froid persiflage,
Il fait un vain étalage;
Il veut tout savoir,
Il veut tout voir;
Sur tout il chicane
Et ricane,
Jugeant de tout
Sans goût.

Ainsi doit être
Un petit-Maître:
Léger, amusant,
Et sur le ton plaisant;
Railleur aimable,
De tout capable.
C'est l'homme du jour,
Fait pour l'Amour.

De la femme qu'il aura
Bientôt il se lassera,
On s'attend bien à cela ;
Mais chacun a de son côté
Même liberté,
Et rien ne sera gâté.
A peine on se voit,
Sous le même toit ;
Chacun, comme étranger,
Pour vivre à sa guise,
Et s'arranger,
Sans qu'on s'en formalise.

Ainsi doit être
Un petit-Maitre :
Libre en ses desirs,
De plaisirs en plaisirs
Sans cesse il vole,
Toujours frivole ;
C'est l'homme du jour,
Fait pour l'Amour.

L'esprit dégagé
De tout préjugé,
Un goût de caprice
Le prendra pour quelque Actrice ;
Il la meublera,
Et l'étalera ;

Et dans la coulisse,
D'un souper lui parlera....
Viens, c'est à l'écart,
Sur le Rempart....
Sa Désobligeante
Y conduit l'Infante.
Là, parlant d'abord,
Soupant après,
On donne essor
Aux malins traits:
L'absent a tort,
Et les bons mots
Sont les plus sots propos.
On parle Vers,
Concerts,
Bijoux,
Ragouts,
Chevaux,
Romans nouveaux,
Pagodes,
Modes;
On médit,
On s'attendrit,
On rit;
Grand bruit
Au fruit;

Ensuite, au Bal, on achève la nuit.
Le matin, mis comme un Valet,
Pâle et défait,
Monsieur, dans un Cabriolet,
Part comme un trait,
Et pousse deux
Chevaux fougueux,
Qui secouant leurs crins poudreux,
Renversent ceux
Qui sont près d'eux;
Et s'échappant,
En galoppant,
Dans ce fracas,
Doublent le pas.
Notre moderne Phaëton,
Prenant un ton,
Va chez plusieurs femmes de nom,
Leur fait la cour, pour les trahir;
Les aime, comme on doit haïr;
Ensuite il envoye un Coureur
Chez le Maignan, chez l'Empereur,
Demander des assortimens,
Des rivières de diamans;
Pour sa Déesse d'Opera,
Qui bientôt s'en rira.
Ainsi doit être, &c.

PÉKIN EN MINIATURE

VAUDEVILLE TRADUIT DU CHINOIS DE KONG-TSÉ

— 1827 —

Air du vaudeville du Sorcier.

De l'huile et du gaz hydrogène,
Des ornières et des trottoirs,
Des passages à la douzaine,
Un filet d'eau, cent réservoirs ;
Plus d'un monument qui végète,
Des bicoques et des palais ;
  Des valets
  Dans tous les
  Cabarets ;
Des parfumeurs, une poudrette,
Des seaux d'eau, des tonnes de vin :
  Voilà Pékin !

Des citadins portant moustaches,
Des militaires en bourgeois ;
Des habits dorés et des taches,
De gros corps, des esprits étroits ;
Des enseignes démesurées
Mises par de petits marchands ;
  Des allants,
  Des venants,
  Des partants ;
Des mendiants et des livrées ;
La bure à côté du satin :
  Voilà Pékin !

De gais spectacles, une morgue ;
Des pantins et de grands acteurs,
Des *bouffes* et des joueurs d'orgue,
Des chevaliers de la clôture,
Des lettrés parfois ignorants.
  Puis de grands
  Charlatans
  De tous rangs,
Des Bonzes prêchant l'imposture *,
Un fourbe et puissant mandarin :
  Voilà Pékin !

Des consciences tarifées,
Des gendarmes et des mouchards ;
Des impudences étoffées,
Des gazetiers et des bavards ;
Des indigestions, des truffes ;
Cent fous pour un *confucius* !
  Des ventrus,
  Bien reçus,
  Bien repus ;
Des Fénelons et des Tartufes,
Un ministère ultramontain :
  Voilà Pékin !

Une royale loterie,
Des tontines, des indigents ;
Un local où l'on s'injurie
Avec des discours éloquents ;
Des couvents de toute nature,
Des gens de toutes les couleurs ;
  Des voleurs,
  Des flâneurs,
  Des crieurs ;
Force boue, et mainte voiture,
Peu de repos, beaucoup de train :
  Voilà Pékin !

Du trois pour cent, de la misère,
Des rentiers et des hôpitaux ;
Des jeux voisins de la rivière,
Petit commerce et grands impôts ;
Des classiques, des romantiques,
Des artistes, des bateleurs ;
  Des censeurs,
  Sots jaugeurs
  Des auteurs ;
Des lois absurdes et gothiques,
Un peuple joyeux et sans pain :
  Voilà Pékin !

      ANONYME.

* Des nouvelles récentes de Pékin disent que l'empereur Kia-King a remis dans la bonne voie les Bonzes qui s'en écartaient, et qu'il a éloigné de sa personne auguste le Mandarin qui abusait de sa confiance.
      (Note de 1827.)

LE VIEIL ANACRÉON

Air du temps

Le bon vieillard qui brûla pour Bathylle
Par amour seul était ragaillardi ;
Aussi n'est-il de chaleur plus subtile
Pour réchauffer un vieillard engourdi.
Pour moi qui suis dans l'ardeur du midi,
Merveille n'est que son flambeau me brûle ;
Mais quand du soir viendra le crépuscule,
Où d'être aimé j'aurai perdu le don,
Au moins, Amour, fais-moi bâiller cédule
D'être amoureux ainsi qu'Anacréon.

      L'abbé CHAULIEU.

PORTRAIT D'UN HOMME DU JOUR

Air du Zéphir.

Je suis,
Dans Paris
En crédit :
Mon esprit
Sait agir,
Endormir,
A propos,
Bien des sots !

Jargon,
Du bon ton,
Belle humeur,
Et bon cœur !
Oui, partout,
Je fais tout
Avec goût.

Amants,
Intrigants,
Usuriers,
Héritiers,
Ont en moi
Oui, ma foi,
Un support,
Un trésor !

Je suis
Dans Paris
En crédit :
Mon esprit
Sait agir,
Endormir,
A propos
Bien des sots !

Je fais,
Et défais,
Sans façons
Les liaisons ;
Mes talents,
En tous sens
Sont cités,
Et fêtés.

Je suis
Dans Paris
En crédit :
Mon esprit
Sait agir,
Endormir,
A propos,
Bien des sots !

A mon école,
Sur ma parole,
Le jour, la nuit,
On s'instruit :
Chacun rit,
M'applaudit.

Mes avis
Sont suivis :
Leur produit,
M'enrichit ;
Oui, tel est
Mon portrait.
Je suis, etc.

PILLON.

A M. DE MALÉZIEUX *

— COUPLETS —

Air du temps.

Tu débrouilles dans tes vers
Si bien la machine ronde,
Et la sagesse profonde
Qui régit cet univers,
Qu'il faut, si je ne m'abuse,
Que tous les jours Malézieux
Et sa philosophe muse
Assiste au conseil des dieux.

Pour répondre à tes chansons,
Il faudrait de la Nature,
De Lucrèce, ou d'Épicure,
Emprunter quelques raisons :

Mais sur l'essence divine
Je hais leur témérité ;
Et je n'aime leur doctrine
Que touchant la volupté.

Je suis cet attrait vainqueur,
Ce doux penchant de mon âme,
Que grava d'un trait de flamme
Nature au fond de mon cœur ;
Dans une sainte mollesse
J'écoute tous mes désirs ;
Et je crois que la sagesse
Est le chemin des plaisirs.

L'abbé CHAULIEU.

* Cette petite pièce est en réponse à des couplets, que Malézieux avait composés, sur la spiritualité de l'âme.

LA COLLERETTE

Air : Ah! qu'il est doux de vendanger.

Comme une dame du grand ton,
　La petite Suzon
Est d'avis qu'un joli feston
　Ajoute à la toilette,
　Et, brodant un chiffon,
　En fait sa collerette.

D'où vient qu'ainsi dans nos climats
　On cache ses appas?
C'est pour celles qui n'en ont pas
　Une mode coquette :
　L'amour vous tend ses lacs
　Sous une collerette.

Cet ornement, autour du cou,
　Empêche qu'un vieux fou
Braque ses yeux je ne sais où ;
　Demandez à Lisette :
　Son plus riche bijou
　Est dans sa collerette.

Rose, sous un col plein d'ampleur
　Abritant sa blancheur,
Cache le bouton et la fleur ;
　Un amoureux la guette ;
　Il arrive à son cœur
　Malgré sa collerette.

Une sultane offre à nos yeux
　Bras nus et sein moëlleux ;
Pour l'homme grave et sérieux
　Sa mise est incomplète ;
　Moi, je l'aime bien mieux
　Sans une collerette.

Rempli d'un amoureux désir,
　Il faut savoir offrir
Un col brodé pour réussir
　Auprès d'une grisette :
　Dieu ! qu'on a de plaisir
　Pour une collerette !

Quand Jeannette revient du bois
　Son père, vieux sournois,
Dit en lui donnant sur les doigts :
　Qu'avez-vous fait, Jeannette !
　Ah ! je m'en aperçois
　A votre collerette.

Pour moi, sans rime ni raison,
　Je brode à ma façon
Sur ce sujet une chanson
　Et chacun me répète :
　Oui, c'est un vrai chiffon
　Que votre collerette.

　　　　　　　　J. LAGARDE.

LE BONNET DE LISE

Air : Chantez, dansez, amusez-vous.

Lise montait élégamment
Un bonnet pour un jour de fête ;
Quand il fut fait, son jeune amant
Voulut le mettre sur sa tête.
Le mit-il ? ne le mit-il pas !
Voilà ce que je ne sais pas.

Vous allez me le chiffonner,
Lui dit-elle, qu'allez-vous faire ?
Il s'amollit à le toucher,
Vous me ferez mettre en colère.
La gaze ne se blanchit pas,
Ah ! Monsieur, ne le mettez pas ?

Poursuivant toujours son chemin,
L'amant faisait la sourde oreille,
Et, tenant le bonnet en main,
Jurait qu'il irait à merveille.
Le mit-il, ne le mit-il pas !
Voilà ce que je ne sais pas.

Vous ne pourrez l'y maintenir,
Vous avez la tête trop forte.
Ciel ! vous allez me l'agrandir !
Est-ce qu'on agit de la sorte ?
Vous me mettrez dans l'embarras ?
Ah ! Monsieur, ne le mettez pas ?

La belle dit, en rougissant :
Je veux vous plaire en quelque chose.
Examinez-le, j'y consens,
Touchez la barbe et le fond rose ;
Mais terminons là nos débats,
Et surtout ne le mettez pas.

　　　　　　　　ANONYME.

LA BONNE FAÇON

VAUDEVILLE

D'une certaine façon
Il faut agir en tendresse :
Un peu d'art, un peu d'adresse
Triomphe de la raison ;
Lancez certain regard tendre,
D'une certaine façon.
Affectez certain jargon,
Et la belle va se rendre.
Le tout consiste à s'y prendre
D'une certaine façon.

D'une certaine façon
Un certain désir s'exprime.
Filles dont le cœur s'imprime
Des attraits d'un beau garçon,
Baissez les yeux d'un air tendre,
D'une certaine façon.
Parlez-lui d'un certain ton :
Vous savez vous faire entendre
Quand vous voulez vous y prendre
D'une certaine façon.

D'une certaine façon,
Avec sa femme il faut vivre ;
Aux soupçons, fou qui se livre,
L'enfer est dans sa maison.
Si l'épouse est trop volage,
Le courroux est de saison ;
Mais ne faites point tapage,
Pour le peu qu'elle soit sage
D'une certaine façon.

D'une certaine façon,
Aux joueuses sans ressource,
Un traitant offre sa bourse
Sans billet ni caution ;
A l'accepter on hésite
D'une certaine façon.
On se fait une raison,
De cet argent on profite ;
Et le temps vient qu'on s'acquitte
D'une certaine façon.

D'une certaine façon
Dorine reçoit grand monde ;
Chez elle chacun abonde,
Cela fonde la maison ;
Elle arrive de Bretagne
D'une certaine façon.
Pourrait-on me dire : Non !
La foule qui l'accompagne
Sont des cousins de campagne
D'une certaine façon.

D'une certaine façon
On soumet fille novice,
Et dans son cœur sans malice
L'Amour glisse son poison,
Un plumet amoureux d'elle
D'une certaine façon ;
Sous un masque de raison
Fait si bien l'amant fidèle
Qu'il épouse enfin la belle
D'une certaine façon.

D'une certaine façon
On parvient à la fortune ;
Vous qui voulez en faire une,
Retenez cette leçon :
D'une femme on se renomme
D'une certaine façon,
Elle vous donne un patron.
Soyez actif, économe :
Il suffit d'être honnête homme
D'une certaine façon.

FAVART.

A UNE COQUETTE

Air : Mon cœur, mon amant et ma mère. (Des Sabines.)

Les dieux auraient dû te punir,
Jeune Eglé, d'être aussi légère ;
Mais, jusqu'à ton art, pour trahir,
Double encor'tes moyens de plaire :
Ta bouche semble, en sa fraîcheur,
Par le mensonge, être embellie,
Et tes yeux ont plus de douceur,
Même après une perfidie.

Tremblant du pouvoir de tes yeux,
Lorsque le vieillard t'envisage,
Il croit voir son fils amoureux,
Et qu'un de tes regards l'engage :
Redoutant un piége charmant,
Même la femme la plus belle,
Si tu parais, un seul moment,
Croit voir son époux infidèle.

Tout fier du trait qu'il va lancer,
L'Amour cruel l'instruit à plaire ;
A nos pleurs, il aime à penser,
Et rit du mal que tu vas faire :
Sans nul espoir de te charmer,
Ah ! combien d'encens on t'apporte !
Que d'amants, pour ne plus t'aimer,
Viennent le jurer à ta porte !

L.-A. SÉGUR.

LES VAPEURS.
Paroles de Beaumarchais

Lindor, du jeu toujours martyre,
Perd sur un as,
Plus de mille ducats.
Je vois son embarras,
Il veut que je l'en tire.
Il me jure avec feu,
Qu'il déteste le jeu....
Qu'il y renonce à jamais, qu'il ne veut plus
aimer que moi.... et je lui réponds.
« des vapeurs, quand un amant soupire.

A ma toilette, un abbé me fait rire :
Mon perroquet
Retient tout son caquet :
Mon singe est plus coquet,
Depuis qu'il vient l'instruire :
Mais il m'offre son cœur,
Percé d'un trait vainqueur...
« Ah ! vite un flacon ! éloignez-vous, l'abbé :
« vite, vite, retirez-vous.... un flacon ! car
J'ai des vapeurs, quand un abbé soupire.

Un Président s'en vient un jour me dire
Dieux que d'appas!
On n'y résiste pas.
Et puis, d'un ton plus bas;
Aimez, belle Thémire,
Un peu de volupté
Sied bien à la beauté....
« Vous allez me dire des fadeurs! ah!
»Président.... déjà le cœur me manque car....
J'ai des vapeurs, quand un Robin soupire.

Un beau marquis, que tout le monde admire,
Me divertit.
Il chante, il danse, il rit.
Il cante avec esprit.
Il folâtre, il se mire.
Quelque fois d'un air doux,
Il tombe à mes genoux...
« Mais Marquis, vous êtes fou! levez vous.
» levez vous donc, ou je vais sonner car....
J'ai des vapeurs, quand un marquis soupire.

Un financier, n'allez pas en médire
Me traite au mieux,
Ses soupers sont joyeux;
Son champagne mousseux,
En pétillant l'inspire;
Mais dès qu'il s'attendrit,
Tout son feu me transit...
« Fi donc! un fermier général qui fait ainsi
« l'enfant d'honneur je ne reviendrai plus
« dans votre petite maison.... car...
J'ai des vapeurs, quand un traitant soupire.

Il est charmant, partout on le desire,
Mon médecin,
C'est un être divin!
Ses doigts, d'un blanc satin,
S'exercent sur ma lyre,
Un jour, en consultant,
Sa main me serra tant....
« que je ne pus m'empêcher de crier
« ah! docteur, ma tête! mes nerfs!
« ménagez-moi.... car...
J'ai des vapeurs, quand un docteur so...

Certain rimeur, que j'ai pris pour me lire,
    Vient à son tour,
    Pour me faire la cour.
    Qu'il est gauche en amour,
    Dans son plaisant délire!
    Il se met en fureur,
    Ses transports me font peur.
« Monsieur le bel esprit, je vous permets tous les écarts
« poétiques, mais non ceux de cette nature... car.
J'ai des vapeurs, quand Apollon soupire.

J'ai des vapeurs, sitôt que l'on soupire.
    De déplaisir,
    L'amour me fait mourir.
    Ne pouvez vous languir,
    Messieurs, sans me le dire?
    Epargnez la fadeur,
    Trêve de vive ardeur!..
« Mourez, messieurs, mais ne m'ennuyez
« vingt amans de moins ne doivent pas
« donner la migraine à une jolie femme
J'ai des vapeurs, quand un galant soupire.

LE VOILE

Air : Vaudeville du mur mitoyen.

Le *voile* irrite le désir,
Et, protecteur de l'innocence,
Il sert les femmes qu'il dispense
D'être belles, ou de rougir :
Sous le *voile* de la décence,
La prude se cache avec soin,
Et du *voile* de l'indulgence
Un auteur a toujours besoin.

Les *voiles* sont multipliés ;
Jadis, ils couvraient le visage ;
Mais, grâces au moderne usage,
Ils tombent, de la tête aux pieds :
Vive cette mode nouvelle !
On se cache, pour se parer ;
Aujourd'hui, sans *voile*, une belle,
N'oserait jamais se montrer.

Peintre délicat et touchant,
Favart, si tu sais toujours plaire,
Si ta grâce, vive et légère,
Nous charme, en nous décourageant,

C'est que souvent ta muse aimable,
Joignant le goût à la candeur,
Leva le *voile* de la fable,
Jamais celui de la pudeur.

Le *voile* masque maint défaut.
Bien souvent, lorsque je compose,
Pour gazer à propos la chose,
J'emprunte le *voile* du mot :
Le *voile* de la modestie
A surtout droit de nous toucher,
Et, par sa vertu, multiplie
Les talents que l'on veut cacher.

Quand je ris, mon but est rempli ;
Le bon vin, la gaîté badine,
Sur le passé qui me chagrine,
Jettent le *voile* de l'oubli.
Des maux que le présent me cause,
L'espoir, habile à m'affranchir,
Sous son *voile* couleur de rose,
Me fait embrasser l'avenir.

ALISSAN DE CHAZET.

LE CORSET

Air : Amis, voici la riante semaine.

Si le corset fut toujours à la mode,
Il fut aussi jugé diversement ;
Vêtement souple, ou barrière incommode,
Tuteur jaloux, désespoir d'un amant.
Je ne vois pas, depuis des temps bibliques,
(Et j'ai pourtant bien creusé mon sujet),
Que jamais femme, écoutant ces critiques,
Ait cru devoir se passer de corset.

Petit corset, chez la vierge candide,
Aide à l'essor de ses appas naissants ;
Et chez la femme, à l'instar d'une égide,
Il cache aux yeux des charmes tout puissants.
Dans l'âge mûr, âge des décadences,
C'est encor lui dont l'appareil discret
Habilement sauve les apparences...
Rendons hommage au pouvoir du corset.

Comme il soutient les faibles sous ses ailes !
Comme en ses flancs, savamment resserrés,
Il sait aussi contenir les rebelles,
Et ramener enfin les égarés !
Je vous le dis, matrones et vestales,
Il faut bénir l'assortiment complet
De qualités, de vertus cardinales,
Que vous trouvez dans le sein du corset.

Ah ! trop souvent, grâce à son imposture,
Nos sens troublés, sur la foi du pendard,
Ont appelé l'effet de la nature
Ce qui n'était qu'un pur effet de l'art.
Vous épousez devant monsieur le maire
Taille de nymphe et sein blanc, rondelet :
Le soir, adieu ces grâces de rosière !
L'illusion tombe avec le corset.

Dans les combats Jeanne d'Arc, Jeanne Hachette
Surent cueillir un immortel laurier ;
Princes et preux les mirent à leur tête,
Et leur corset fut un corset d'acier.
De notre temps on voit des souveraines
Trônant à l'aise, et vraiment on dirait,
A l'air soumis des époux de ces reines,
Que ce sont eux qui portent un corset.

Certain mari, de janvier à décembre,
Tous les matins à l'objet de ses vœux
Avec amour sert de femme de chambre,
Met son corset dont il compte les nœuds.
Un soir il voit, en faisant son office,
Que le lacet manque à plus d'un œillet :
« Diable ! dit-il, c'est quelque maléfice...
« J'avais pourtant lacé tout le corset. »

ENVOI.

Dans le grand monde il est du bel usage
Qu'une élégante, au geste provoquant,
Au beau milieu de son joli corsage
Place un billet sous le lin transparent.
Ah ! vive Dieu ! la gentille cachette !
Chère Chloé, dans cet étroit gousset,
Donne, de grâce, à cette chansonnette
Un doux asile au fond de ton corset !

C. FOURNIER.

NOUS NE FAISONS QUE CHANGER DE FOLIE

Air : Suzon, sortant de son village.

Combien en tous lieux est bizarre
Notre fragile humanité !
De Paris aux murs de Pizarre *,
Elle agite sa vanité.
    Que la puissance,
    Par son essence,
Tire sa force ou du peuple ou des rois,
    La monarchie
    Ou l'anarchie
Vont tour à tour se jouer de nos droits.
Il n'importe ; vite on oublie
Du temps les plus graves leçons :
D'âge en âge nous ne faisons
    Que changer de folie.   (*ter*)

En Grèce, le sage des sages
Pour sa croyance dut mourir ;
Comme une folle aux noirs présages,
En France, Jeanne dut périr.
    Des dieux postiches,
    Ou des fétiches
Avaient longtemps occupé les esprits ;
    Les jansénistes,
    Les molinistes
Eurent aussi leur empire incompris.
La convulsion abolie,
Fourrier trouva des nourrissons :
Avouez-le, nous ne faisons
    Que changer de folie.

L'opium gouverne la Chine,
Où la gauche est le rang d'honneur ;
A Stamboul, plus souple est l'échine,
Plus vite on atteint le bonheur.
    La seule étrenne
    Qu'en Chine on prenne,
Est d'un ami le funèbre cercueil.
    On se parfume,
    Ou bien on fume ;
Dans son néant se pavane l'orgueil.
Paillasse règne en Italie,
Et le spleen a ses lunaisons :
Convenez-en, nous ne faisons
    Que changer de folie.

Quand les souliers à la poulaine
Chez nous régnaient sous Charles six,
En Asie, au lieu de la laine,
La soie ornait le circoncis.
    De la frisure
    A la tonsure
On a passé pour venir aux paniers ;
    Un autre usage
    A du corsage
Bientôt rendu les appas prisonniers ;
D'un prince à la vive saillie
La barbe eut vingt combinaisons :
Nous, lionceaux, nous ne faisons
    Que changer de folie.

Malgré la fervente culture
Des maîtres anciens et nouveaux,
Nous voyons, en littérature,
Se fourvoyer bien des cerveaux.
    La comédie,
    La tragédie,
De la réforme ont subi tous les coups ;
    Romans, poëmes,
    A vingt systèmes
Se sont pliés, pour mieux blaser les goûts.
De Ronsard l'école vieillie
Se rajeunit sous des oisons ;
En vérité, nous ne faisons
    Que changer de folie.

Jadis, rassasié du monde,
A la Trappe on avait recours ;
Aujourd'hui chacun à la ronde
Préfère des chemins plus courts,
    Voilà qu'un barde
    Sur lui hasarde
L'étrange essai de mortelles vapeurs ;
    Une lorette,
    En sa chambrette,
Va du charbon aspirer les torpeurs ;
Le suicide multiplie
Les sots qui narguaient les poisons :
Vous le voyez, nous ne faisons
    Que changer de folie.

Enfin, si nos aïeux, à table,
Montraient des appétits trop verts,
A tort d'un siècle regrettable
Le nôtre fronde les travers :
    Chacun raisonne,
    L'ennui foisonne,
La politique enfle ses mille voix ;
    L'heure s'écoule,
    Et le vin coule,
Sans les refrains du bon temps d'autrefois.
Que, du moins, la gaîté rallie
L'ami du verre et des chansons ;
Gardons-nous, quand nous devisons,
    De changer de folie.   (*ter*)

Albert-Montémont.

* Lima.

Impr. de Pillet fi's aîné, rue des Grands-Augustins, 5.

LE COMPILATEUR

Air : De la légère; ou : Moi, je flâne.

Moi je pille,
Je grapille,
J'ai pour plume une faucille;
Moi je pille,
Je grapille,
C'est le talent
D'à présent.

Sous le ciel, rien de nouveau!...
J'approuve cette maxime,
Au vieux, la forme et la rime
Servent toujours de manteau.
Aussi, de cette méthode,
Pour moi, je suis enchanté,
Et pour la mettre à la mode,
Je refais l'antiquité.
  Moi je pille, etc.

Depuis bientôt trois mille ans
Qu'on chante le vin, les belles,
Chansons soi-disant nouvelles
Viennent charmer nos instants.
Comme une femme ridée,
Qui de fard se recrépit,
On rajeunit une idée
Comme on retourne un habit.
  Moi je pille, etc.

Je connais certains auteurs
Dont je vous tairai l'histoire,
Qui, souvent, n'ont dû leur gloire
Qu'à maints collaborateurs.
Enfants gâtés du théâtre,
Ils ne risquent pas d'enjeu,
Et le public idolâtre
N'y voit jamais que du feu.
  Moi je pille, etc.

A récolter de l'esprit,
Quelquefois, quand je m'amuse,
Il arrive que ma muse
Est prise en flagrant délit.

Mais au censeur inflexible
Qui veut me le démontrer,
Je réponds : c'est très-possible,
On peut bien se rencontrer.
  Moi je pille, etc.

Lorsque je veux m'engager
Dans un chant patriotique,
Je trouve un refrain magique
En compilant Béranger.
Pour un repas, une fête,
Grâce au roi des chansonniers,
J'ai ma chanson toute faite
Dans l'immortel Désaugiers.
  Moi je pille, etc.

Voyez sur ce feuilleton
Courir ces ciseaux agiles,
Ils taillent vingt vaudevilles
Avec le même patron.
Je les imite.... Et quand même,
Pourquoi donc tant se gêner ?
Je me pillerais moi-même,
Si... je pouvais me piller.
  Moi je pille, etc.

Bien que membre du Caveau,
Pourquoi me creuser la tête,
Pour faire une chansonnette,
Ou chercher un trait nouveau ?
Nargue des censeurs austères,
Chez tous je prends à crédit :
En vous pillant, chers confrères,
J'aurai toujours de l'esprit.

  Moi je pille,
  Je grapille,
J'ai pour plume une faucille;
  Moi je pille,
  Je grapille,
  C'est le talent
  D'à présent.

F. Olivier.

LE THERMOMÈTRE

Air de la Petite bergère.

Naguère encor mon thermomètre,
Vive liqueur sous son cristal,
Dont Zéphir ou Borée est maître,
Suivait le temps d'un pas égal;

Que de fois au bord de la Seine,
La jeune fille qui passait,
Du feu pur de sa douce haleine
Le fit monter quand il baissait !

L'ingénieur Chevallier.

LE PAVÉ

Air : Trou la la.

Le pavé (*bis*)
Est d'un civisme éprouvé ;
Le pavé (*bis*)
Au pouvoir s'est élevé.

De nos carrières de grès
S'est élancé le progrès ;
Et nous avons pour régents
Des pavés intelligents.
   Le pavé, etc.

Maints systèmes dépravés
Sont enclos sous les pavés ;
Usons, pour le bien public,
De l'asphalte et du volvic.
   Le pavé, etc.

Le Français sur le pavois
Élevait, jadis, les rois :
Mais j'ai, depuis, observé
Qu'il les *met sur le pavé.*
   Le pavé, etc.

Le ciel, dit-on, a doté
L'homme de la liberté ;
Pourtant on nous a prouvé
Qu'on la tenait d'un pavé.
   Le pavé, etc.

L'émeute, avec âpreté,
Guigne la propriété,
Et nous pose éloquemment
Un pavé pour argument.
   Le pavé, etc.

En dépit de nos brouillons,
Grâce aux nombreux bataillons,
L'ordre, à la fin conservé,
Prendra *le haut du pavé.*
   Le pavé, etc.

Que l'on rouvre l'atelier ;
Bientôt l'honnête ouvrier
Par le travail ravivé,
Ne *battra plus le pavé.*
   Le pavé, etc.

Sous nos pas sont entassés
Des principes avancés,
Dont le dernier échelon
Est la doctrine Proudhon.
   Le pavé, etc.

Président ou potentat,
Il faut un maître à l'État ;
Chacun demande un sauveur ;
Nommons un maître... paveur.
   Le pavé, etc.

Bon pavé, tu conviendras
Que tu portes des ingrats ;
Toi qui t'es si bien montré,
On ne t'a pas décoré.
   Le pavé, etc.

Tout change et passe ici-bas :
Renverser a tant d'appas !
Les dieux et les rois s'en vont ;
Mais les pavés resteront.
   Le pavé, etc.

      Lesueur et Justin Cabassol.

LE DÉPART DES MESSAGERIES

TABLEAU DE GENRE

Air : Merveilleuse dans ses vertus ; ou : De la contredanse de la Hullin.

Observer a bien des attraits
Pour qui se plaît aux flâneries ;
Le départ des *messageries*
Offre à mes pinceaux quelques traits :
  Dans cette large voiture,
  Quand chacun est empilé,
  Aussitôt je me figure
  Revoir l'arche de Noé.

Dans le *coupé* si recherché
De qui n'a pas une berline,
L'aristocratie y domine ;
Elle y voyage à bon marché.
  L'intérieur se distingue :
  On y voit marchands, robins,
  Bourgeois avec sa seringue,
  Dévote avec ses serins.

Dans la *rotonde*, quels accents !
Des compagnons jurant, conversent ;
Des nourrices grondent ou bercent
Leurs nourrissons si glapissants !
  Là-haut sur *l'impériale*,
  Un soldat fume, et parfois,
  Prend à bonne joviale
  Autre chose que les doigts.

Le courrier, provoquant l'écho,
Donne du cor en intrépide ;
Si Paris n'était pas solide,
Il en ferait un Jéricho.
  Le fouet claque et se dessine
  Dans l'air qui le fait siffler ;
  On voit la lourde machine
  S'ébranler... et puis rouler...
Observer a bien des attraits, etc.

      Anonyme.

LE FLANEUR.

Moi, je flane, (bis)
Qu'on m'approuve ou me condamne!
Moi, je flane, (bis)
Je vois tout.
Je suis partout.
Dès sept heures du matin
Je demande à la laitière
Des nouvelles de Nanterre,
Ou bien du marché voisin;
Ensuite au café je flute
Un verre d'eau pectoral;
Puis, tout en mangeant ma flute,
Je dévore le journal.
  Moi, je flane, etc. (bis)

J'ai des soins très assidus
Pour les *Petites Affiches*;
J'y cherche les chiens caniches
Que l'on peut avoir perdus.
Des gazettes qu'on renomme
Je suis le premier lecteur;
Après je fais un bon somme
Sur l'éternel *Moniteur*.
  Moi, je flane, etc. (bis)

Pressant ma digestion,
Je cours à la promenade.
Sans moi jamais de parade
Jamais de procession.
Joignant aux mœurs les plus sages
La gaité, les sentimens.
Je m'invite aux mariages,
Je suis les enterremens.
　　Moi, je flane, etc. (bis)

J'inspecte le quai nouveau
Qu'on a bâti sur la Seine.
J'aime à voir d'une fontaine
Tranquillement couler l'eau;
Quelquefois, une heure entière,
Appuyé sur l'un des ponts,
Je crache dans la rivière
Pour faire de petits ronds.
　　Moi, je flane, etc. (bis)

Il faut me voir au Palais,
Debout à la cour d'assises;
Près des caillettes assises,
Je suis tous les grands procès.
De l'antre des procédures
Je vole chez *Martinet*,
Et dans les caricatures
Je vois souvent mon portrait.
　　Moi, je flane, etc. (bis)

Almanach royal vivant,
Je connais chaque livrée,
Chaque personne titrée,
Et tout l'Institut savant.
Chaque généalogie
Se logeant dans mon cerveau,
Je pourrais, par mon génie,
Siéger au conseil du sceau.
    Moi, je flane, etc. (bis)

Sur les quais, comme un savant,
Et prudent bibliomane,
Je fais devant une manne
Une lecture en plein vent ;
Si je trouve un bon ouvrage,
Je sais, en flaneur malin,
Faire une corne à la page
Pour lire le lendemain.
    Moi, je flane, etc. (bis)

Quand le soleil est ardent,
Pour ne point payer de chaise,
Et me reposer à l'aise
Je m'étale sur un banc ;
A Coblentz, aux Tuileries,
Observateur fortuné,
Combien de femmes jolies
Me passent.... devant le nez !
    Moi, je flane, etc. (bis)

Las de m'être promené,
Je vais, en gai parasite,
Rendre à mes amis visite
Quand vient l'heure du dîné.
Par une mode incivile,
S'il arrive, par malheur,
Qu'hélas! ils dînent en ville,
Alors, je dîne par cœur.
    Moi, je flane, etc. (bis)

Le soir, près des étourneaux
A mon café je babille
Sur les effets d'une bille,
Sur un coup de dominos.
Je fais la paix ou la guerre
Avec quelque vieux nigaud,
Qui sable un cruchon de bière,
En raisonnant comme un pot.
    Moi, je flane, etc. (bis)

Enfin soyez avertis
Que je ne vais au spectacle
Que quand, par un grand miracle,
Les Français donnent Gratis.
Sans maîtresse et sans envie,
Buvant de l'eau pour soutien,
Ainsi je mène la vie
D'un joyeux Épicurien.
    Moi, je flane. (bis)
Qu'on m'approuve ou me condamne!
    Moi, je flane. (bis)
    Je vois tout
    Je suis partout.

CE QU'ON VOIT BEAUCOUP
ET CE QU'ON NE VOIT GUÈRE
Air : Ce qu'on ne voit guère

Chez les savants l'insuffisance,
Chez les chantres l'intempérance,
L'avidité chez les traitants,
C'est ce que l'on voit en tous temps :
Le scrupule chez les notaires,
Le courage chez les auteurs,
La mémoire chez les seigneurs,
    C'est ce qu'on ne voit guères.

Qu'une ville que l'on veut prendre
Soit encor longtemps à se rendre,
Lorsqu'on est maître des faubourgs,
C'est ce que l'on voit tous les jours :
Mais que, dans l'île de Cythère,
Un fort soit longtemps défendu,
Quand le moindre poste est rendu,
    C'est ce qu'on ne voit guère.

Ce qu'un homme franc a dans l'âme,
Ce qu'un jeune amant sent de flamme,
Ce qu'un prodigue a de comptant,
C'est ce que l'on voit dans l'instant :
Ce qu'un politique veut faire,
Ce qu'un sournois a dans l'humeur,
Ce qu'une femme a dans le cœur,
    C'est ce qu'on ne voit guère.

Du savoir chez les ignorantes,
De l'esprit chez les innocentes,
Chez les agnès de petits tours,
C'est ce que l'on voit tous les jours :
Du secret chez les mousquetaires,
De la pudeur chez un abbé,
Chez les pages de la bonté,
    C'est ce qu'on ne voit guères.

Les regrets avec la vieillesse,
Les erreurs avec la jeunesse,
La folie avec les amours,
C'est ce que l'on voit tous les jours :
L'enjoûment avec les affaires,
Les grâces avec le savoir,
Le plaisir avec le devoir,
    C'est ce qu'on ne voit guères.

De bons nez chez les parasites,
Des yeux doux chez les hypocrites,
Des bras longs chez les gens de cour,
C'est ce que l'on voit chaque jour :
Des doigts courts chez les commissaires,
Des mains gourdes chez les sergents,
Chez les clercs de mauvaises dents,
    C'est ce qu'on ne voit guères.

Qu'un objet qui danse ou qui chante
Fasse une figure brillante,
Moyennant un certain secours,
C'est ce que l'on voit tous les jours :
Mais qu'en ce métier l'on prospère,
Sans vendre fort cher à quelqu'un
Quelque chose de très-commun,
    C'est ce qu'on ne voit guère.

Des forgeurs de pièce nouvelle,
Des gens qui s'usent la cervelle
Pour trouver quelques traits pointus,
C'est ce que l'on voit tant et plus :
Au Français de nouveaux Molières,
A l'Opéra du vrai Lulli ;
De l'Almanzine en ce lieu-ci,
    C'est ce qu'on ne voit guères.

PANARD.

PROMENADE EN PATINS
Air : J'ai vu partout dans mon voyage.

Certain jour, le froid trop austère,
En détruisant tous les chemins,
En faisait un sur la rivière,
Et m'y voilà sur des patins :
Ce moyen paraîtra commode,
Pour faire de certains trajets ;
Surtout chez un peuple, où la mode
Est de glisser sur les objets.

J'effleure, en glissant, la surface,
Et, regardant derrière moi,
Je vois combien faible est la trace,
Qu'en glissant, on laisse après soi :
Dans un plus important voyage,
J'en conclus que plus d'un passant,
Marquant à peine, à son passage,
A fait le chemin en glissant.

En un point, la fragile glace,
N'offrait qu'un chemin mal aisé ;
Je glisse et je franchis l'espace,
En m'arrêtant, j'eus tout brisé :
C'est ainsi, qu'en chanson légère,
Il est certains points délicats,
Sur lesquels, pour briller et plaire,
L'esprit glisse et n'arrête pas.

Je vais, je viens, changeant de place,
Ne pouvant trouver, en glissant,
Un seul objet, sur cette glace,
Qui pût me fixer en passant.
Tel est le chemin de la vie :
Si l'on ne s'y forge un lien,
C'est comme une surface unie,
Où le cœur ne s'attache à rien.

EMMANUEL DUPATY.

PATROUILLE

Air : Bataille, bataille! ou : Alerte! alerte!

Patrouille,
Patrouille,
Fait le tourment de bien des gens;
Patrouille,
Embrouille
Petits et grands! (*bis*)

Napoléon a fait *patrouille*
Du Volga jusque dans la Pouille;
Mais pour avoir trop bataillé,
Mais pour avoir trop *patrouillé*,
　Son trône fut pillé.
　　Patrouille, etc.

Philippe, ancien chef des *patrouilles*,
A nul pays ne chanta pouilles.
Or, faute d'avoir *patrouillé*,
Ce vieux prince, en déshabillé,
　Joue au roi dépouillé.
　　Patrouille, etc.

Des Montagnards bravant la meute,
Patrouille, en marchant à l'émeute,
Pour l'ordre ainsi que pour l'honneur,
Sur la barricade, en vainqueur,
　Tu montras ta valeur.
　　Patrouille, etc.

L'Autrichien se met en *patrouille*,
Dans la Péninsule il farfouille;
Mais chez nous s'il vient *patrouiller*,

Nos soldats sauront travailler
　A le bien houspiller.
　　Patrouille, etc.

Quand Paris ferme la paupière,
Sur lui veille une armée entière;
La *patrouille grise*, à pas lents,
Des filous suit les mouvements.
　Je ne les vois pas blancs.
　　Patrouille, etc.

Dans la milice citoyenne
Se glisse mainte vésuvienne :
Avec ces guerrières, sans bruit,
J'aimerais bien, sans nul habit,
　Patrouiller chaque nuit.
　　Patrouille, etc.

Dans l'eau se met-on en *patrouille*,
On ressemble fort à Gribouille ;
Montrons un esprit plus malin :
Mettons-nous en *patrouille*, enfin,
　Lestés du meilleur vin.
　　Patrouille, etc.

Je vois qu'à chanter la *patrouille*,
Ma voix plus claire se dérouille;
Mais je vois aussi par malheur,
Bâiller ici chaque auditeur
　Par goût peu *patrouilleur*.
　　Patrouille, etc.

　　　　CHARTREY.

IL EST MIDI

Air : Il est minuit.

Il est midi;
Aux champs, dans le pré qui s'émaille,
Mousse et feuillage ont reverdi :
Et dans son calice attiédi,
De volupté la fleur tressaille...
　Il est midi.

Il est midi :
L'oiseau gazouille avec délice
Sous l'arbre en coupole arrondi;
Et par le mystère enhardi,
Dans la forêt l'amant se glisse...
　Il est midi.

Il est midi :
C'est l'heure où la sieste réclame
L'époux par les ans refroidi,
Dans l'ombre il se plonge engourdi...
Mais dans le boudoir de sa femme,
　Il est midi.

Il est midi :
Rosette a quitté la faucille :
A l'écart, maint jeune étourdi
Caresse un trésor rebondi...
Dans les blés le plaisir frétille;
　Il est midi.

Il est midi :
Son doux serment n'est pas un leurre :
Au rendez-vous, le pied hardi,
C'est elle... mon cœur a bondi...
L'amour lui-même a sonné l'heure...
　Il est midi.

Il est midi :
Beautés que le printemps délaisse,
A vos traits encor j'applaudi :
L'été sur vous a resplendi...
Ah! que jamais l'astre ne baisse...
　Il est midi.

　　　　E. VIGNON.

Impr. de Pillet fils aîné, rue des Grands-Augustins, 5.

MON SECRET

Air de l'Artiste.

Tourmenté par l'envie,
Mécontent de son sort,
Des peines de la vie
L'homme se plaint à tort.
Moi, pour goûter sur terre
Presque un bonheur parfait,
Ma bouteille et mon verre,
Voilà tout mon secret.

Lorsque chez nous vient l'âge
Adieu plaisirs, beaux jours ;
Il faut, si l'on est sage,
Renoncer aux amours.
D'une perte si chère
Pour chasser le regret,
Ma bouteille et mon verre,
Voilà tout mon secret.

En parcourant la route
De chacun ici bas,
Comme un autre, sans doute,
J'oubliai des ingrats.
Pour oublier d'un frère
Le chagrin qu'il m'a fait,
Ma bouteille et mon verre,
Voilà tout mon secret.

Trahi par sa maîtresse,
Je plains l'amant jaloux
De montrer sa faiblesse,
D'en avoir du courroux.
Dieu malin de Cythère,
Pour affronter le trait,
Ma bouteille et mon verre,
Voilà tout mon secret.

Aimer dans la jeunesse,
C'est fêter le printemps ;
Boire dans la vieillesse,
C'est amuser le temps.
Pour prévoir sans colère
La fin de mon trajet,
Ma bouteille et mon verre,
Voilà tout mon secret.

Pour vous dire à mon aise,
Mon secret sans façon,
J'ai peu, ne vous déplaise,
Compté sur ma chanson.
Pour réussir et plaire
A ce joyeux banquet,
Ma bouteille et mon verre,
Voilà tout mon secret.

Olivier père.

FAUT-IL RESTER GARÇON ?

Air du Grenier de Béranger.

Deux jeunes cœurs, à l'autel d'hyménée,
Peuvent s'unir par de chastes liens ;
Et des vertus la chaîne fortunée
Leur garantit le plus tendre des biens.
Mais trop souvent le voile d'un nuage
De leurs destins rembrunit l'horizon.
Mes bons amis, j'aime le mariage,
Et cependant je suis toujours garçon.

Trésor de grâce, ange de modestie,
Elise, à peine au printemps de ses jours,
Sur tous les fronts a lu la sympathie
Pour elle éclose au souffle des amours.
Mais on prétend que la belle est volage ;
Et son futur a déjà le frisson.
Mes bons amis, j'aime le mariage,
Et cependant je suis toujours garçon.

Ces deux époux, dans leurs pudiques flammes,
Sur le duvet, confident de leurs vœux,
D'un rejeton, échange de leurs âmes,
Semblent prévoir les plus charmants aveux.
Mais au lit seul on a cet avantage
De s'allonger et rêver sans façon :
Mes bons amis, j'aime le mariage,
Et cependant je suis toujours garçon.

D'une moitié possédant la tendresse,
Tout glorieux de conserver sa foi,
Et lui rendant caresse pour caresse,
Comme un sultan l'on gouverne chez soi.
Mais ne pouvoir diviser son hommage,
Sans redouter une amère leçon....
Mes bons amis, j'aime le mariage,
Et cependant je suis toujours garçon.

De sa nombreuse et riante famille
Un heureux père accomplit les désirs ;
Et les doux soins d'une épouse gentille
Filent sa vie au fuseau des plaisirs
Mais est-on sûr d'admirer son ouvrage
Dans tout marmot qui naît à la maison ?
Mes bons amis, j'aime le mariage,
Et cependant je suis toujours garçon.

Notre dépouille, aux vermisseaux promise,
Est-elle enfin descendue au cercueil,
Une compagne, émule d'Artémise,
Va déployer sa douleur et son deuil.
Son désespoir devient presque une rage ;
Mais que l'Amour lui jette un hameçon !...
Mes bons amis, j'aime le mariage,
Et cependant je suis toujours garçon.

Albert-Montémont.

LE BON GARÇON

Air de la Ronde des Petites Danaïdes.

Je suis bon garçon,
Plus gai qu'un pinson,
Et mieux qu'un poisson,
Je mords à l'hameçon;
Du verre au doux son
Fervent nourrisson,
J'aime une leçon
  Sans façon,
  En chanson.

  Un camarade
  Fait-il parade
  D'une tirade
Née en mon cerveau :
L'honneur qu'il attrape
Vainement me frappe ;
J'en ris, et le drape
  Avec un bravo.
  Je suis, etc.

  Si de mon drame,
  Sur le programme,
  Un jaloux trame
La chute au début :
Que le sifflet parte,
Je m'esquive en Parthe ;
Puis, en Bonaparte,
  Je cours à mon but.
  Je suis, etc.

  D'une maîtresse
  Un peu traîtresse,
  Quand la tendresse
Prétend voltiger ;
Si la colombelle,
A mes vœux rebelle,
Change... une autre belle
  Saura me venger.
  Je suis, etc.

  Qu'à la traverse
  La chance adverse
  D'un coup renverse
Tout mon coffre-fort :
Tiré de mon rêve,
Sans rester en grève,
Ni vouloir de trêve,
  Je ris bien plus fort.
  Je suis, etc.

  Par une ondée
  Lise inondée,
  Vers moi guidée,
Prend-elle mon bras :
Sous mon parapluie
Elle fuit la pluie ;
Pour qu'elle s'essuie,
  J'offre aussi mes draps.
  Je suis, etc.

  Quand la camarde
  En hallebarde
  Me dira ; Barde,
Qu'on file à l'instant ;
Sans plus rien attendre,
Et d'une voix tendre,
Je veux faire entendre
  Mon refrain constant :

Je suis bon garçon,
Plus gai qu'un pinson,
Et mieux qu'un poisson
Je mords à l'hameçon ;
Du verre au doux son,
Fervent nourrisson,
J'aime une leçon
  Sans façon,
  En chanson.

          ALBERT-MONTÉMONT.

L'EMPLOI DU TEMPS

Air : De tous les dieux que la fable.

L'homme dont la vie entière
Est de quatre-vingt-seize ans,
Dort le tiers de sa carrière,
C'est juste trente-deux ans ;
Ajoutez pour maladie,
Procès, voyage, accidents,
Au moins le quart de la vie,
Cela fait deux fois douze ans.

Par jour deux heures d'étude,
De travaux, font bien huit ans ;
Noir chagrin, inquiétude,
Pour le double font seize ans ;

Cinq quarts d'heure de toilette,
Barbe, et cœtera, cinq ans ;
Temps perdu pour la fleurette,
Demi-heure, encor deux ans.

Par jour à manger et boire
Deux heures font bien huit ans,
Cela porte le mémoire
Juste à quatre-vingt-quinze ans ;
Un an reste encor pour faire
Ce qu'oiseaux font au printemps ;
Par jour l'homme a donc sur terre
Un quart d'heure de bon temps.

          FRANÇOIS,
    Peintre sous le Directoire.

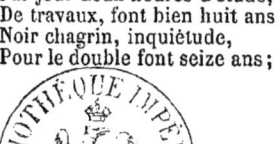

LE MÉNAGE DE GARÇON.

Je loge au quatrième étage,
C'est là que finit l'escalier;
Je suis ma femme de ménage,
Mon domestique et mon portier:
Des créanciers quand la cohorte
Au logis sonne à tour de bras,
C'est toujours en ouvrant ma porte
Moi qui dis que je n'y suis pas.

De tous mes meubles l'inventaire
Tiendrait un carré de papier;
Pourtant je reçois d'ordinaire
Des visites dans mon grenier;
Je mets les gens fort à leur aise,
A la porte un bavard maudit,
Tous mes amis sur une chaise,
Et ma maîtresse sur mon lit.

Vers ma demeure quand tu marches,
Jeune beauté, vas doucement;
Crois moi, quatre vingt dix-huit marches
Ne se montent pas lestement;
Lors que l'on arrive à mon gîte,
On se sent un certain émoi;
Jamais sans que son cœur palpite,
Une femme n'entre chez moi.

Gourmands, vous voulez, j'imagine,
De moi, pour faire certain cas,
Avoir l'état de ma cuisine;
Sachez que je fais trois repas :
Le déjeuner m'est très facile,
De tous côtés je le reçois ;
Je ne dîne jamais qu'en ville,
Et ne soupe jamais chez moi.

Je suis riche et j'ai pour campagne
Tous les environs de Paris ;
J'ai mille châteaux en Espagne ;
J'ai pour fermiers tous mes amis.
J'ai pour faire le petit maître,
Sur la place un cabriolet ;
J'ai mon jardin sur ma fenêtre,
Et mes rentes dans mon gilet.

Je vois plus d'un millionnaire
Sur moi s'égayer aujourd'hui :
Dans ma richesse imaginaire
Je suis aussi riche que lui ;
Je ne vis qu'au jour la journée,
Lui vante ses deniers comptans ;
Et puis, à la fin de l'année
Nous arrivons en même temps.

Un grand homme a dit dans son livre
Que tout est bien, il m'en souvient.
Tranquillement laissons-nous vivre,
Et prenons le temps comme il vient.
Si, pour recréer ce bas monde,
Dieu nous consultait aujourd'hui,
Convenons-en tous à la ronde,
Nous ne ferions pas mieux que lui.

LA PAILLE.

Sur tout on a fait des chansons :
On a chanté le vin, les belles,
L'eau, le feu, les fleurs, les moissons,
Les brebis et les tourterelles ;
Un auteur dont je suis bien loin,
Fit des vers sur l'huître à l'écaille,
Un autre en a fait sur le foin,
Je vais m'étendre sur la paille.

La paille couvre l'humble toit,
Du laboureur modeste asyle ;
Un lit de paille aussi reçoit
Son corps fatigué, mais tranquille ;
Le riche, au sein de ses palais,
Sur le duvet s'ennuie et baille :
Peines, tourments, sont sous le dais
Quand le bonheur est sur la paille.

La paille tressée en réseaux,
Du soleil garantit nos belles;
Grâce à ces immenses Chapeaux,
Elles n'ont plus besoin d'ombrelles:
Mais ils voilent trop leurs appas,
Et Zéphir leur livre bataille,
Il a raison : on ne doit pas
Cacher les roses sous la paille.

Jadis respectant ses serments,
L'amant, fidèle à sa maîtresse,
Pour elle encor, après trente ans,
Brûlait d'une égale tendresse :
Hélas ! on n'aime plus qu'un jour !
De la constance l'on se raille;
Et maintenant les feux d'amour
Ne sont plus que des feux de paille.

Mais je n'aurais jamais fini,
Si, dans l'ardeur qui me travaille,
J'entreprenais de dire ici
Tout ce qui se fait sur la paille.
Ami lecteur, je meurs d'effroi
Que ta rigueur ne me chamaille;
Sois indulgent, car avec toi
Je ne veux pas rompre la paille.

LA VAISSELLE DE POCHE

Air du Curé de Pompoune.

Je n'amasserai jamais rien,
  J'aime trop fair' la noce ;
D'ailleurs en franc épicurien,
  Je veux rouler ma bosse.
Je n'sais pas c'que je deviendrai,
  Mais sans craint' d'anicroche,
Je m'divertirai
  Tant qu' j'aurai
De la vaissell' de poche.

Dédaignant des gens du grand ton
  L'insipide étiquette,
J'préfère aux ennuis du salon
  La gaîté d'la goguette :
Là, j'puis rigoler à mon gré
  Sans mériter un r'proche ;
Et j'y chanterai
  Tant qu' j'aurai
De la vaissell' de poche.

Dans tous les bals du carnaval,
  Avec nymphes jolies,
Quand j'm'suis arrosé l'bocal,
  J'fais mille et un' folies :
Chicart, qu'on a tant célébré,
  Auprès d'moi n'est qu'un mioche ;
Et je chaloup'rai
  Tant qu' j'aurai
De la vaissell' de poche.

Le soir, flânant en amateur,
  Si j'rencontre un' grisette,
Sans effaroucher sa pudeur
  J'sais lui conter fleurette :
Par mon bagou j'l'attendrirai
  Eût-elle un cœur de roche !
Et j'en enjol'rai
  Tant qu' j'aurai
De la vaissell' de poche.

Je mêle en mon joyeux élan
  L'picton et la fillette :
J'aime à passer du rouge au blanc,
  D'la blonde à la brunette ;
En vidant, en noceur juré,
  Ma dernière sacoche,
D'femme et d'vin j'chang'rai
  Tant qu' j'aurai
De la vaissell' de poche.

Qu' la fortun', dont je n'attends rien,
  M'comble un jour de caresses,
J'régal' d'un repas assyrien
  Camarad's et maîtresses :
Du banquet d'la vi' je n'ferai
  Qu'une immense bamboche,
Et j'gobichonn'rai
  Tant qu'j'aurai
De la vaissell' de poche.

J'ris comme un fou,
J'bois comme un trou,
Et jouis d'mon bel âge,
C'est probabl' que j'aurai pas l'sou
  Pour faire l'grand voyage.
D'mon enterr'ment monsieur l'curé
  N'f'ra pas tourner la broche ;
Car quand j'partirai
  Je n'aurai
Plus de vaissell' de poche.

POINCLOUD.

CONSIGNE A MON PORTIER

Air : Réveillez-vous, belle endormie.

De ma maison gardien fidèle,
Toi dont les plus riches cadeaux
N'ont jamais corrompu le zèle,
Voici ta consigne en deux mots.

Chez moi si l'aveugle fortune
Par hasard, un jour, veut entrer ;
Si l'ambition importune
Jusques à moi veut pénétrer ;

N'ouvre point : toujours à leur suite
Vole l'essaim des noirs soucis ;
Elles mettraient bientôt en fuite
Le bonheur, la paix et les ris.

A la porte s'il se présente
Un bel enfant au doux souris,
Dont la voix est intéressante,
Le jeune Amour, fils de Cypris ;

Ami, reçois bien sa visite :
C'est pour notre bonheur commun.
A toute heure ouvre-lui bien vite ;
L'Amour n'est jamais importun.

Si la sagesse avait envie
De me parler, sans la chasser,
Dis-lui que ton maître la prie
D'attendre ou bien de repasser.

SYLVAIN MARÉCHAL.

LE GARÇON ÉPICIER

Air : Faut d'la vertu.

Ma foi, c'est un joli métier
Que d'être garçon épicier.

Entre le sucre et la cannelle
Galichon coule d'heureux jours ;
Il vend lampions et chandelle,
D'y voir clair se piquant toujours.
    Ma foi, etc.

On le dit plus bête que brave,
Mais c'est à tort que l'on en rit ;
Il n'a qu'à descendre à la cave
Pour en rapporter de l'esprit.
    Ma foi, etc.

Sa gaîté, sans aucune crainte,
Se permet plus d'un malin tour ;
Aux maris il vend de l'absinthe,
Aux femmes du parfait amour.
    Ma foi, etc.

Si quelque vieux rentier désire
Du vinaigre dans un cruchon,
Il ne manque jamais de dire :
C'est du vinaigre à cornichon.
    Ma foi, etc.

Il vend et savon et potasse
A la blanchisseuse du coin,
Papier, amidon ou mélasse
A chacun, suivant son besoin.
    Ma foi, etc.

Achetez-vous de la moutarde ?
Au moment où vous la prenez,
Il dit de sa voix nasillarde :
Elle va vous monter au nez.
    Ma foi, etc.

Un poëte du voisinage
Vient-il pour sa provision ?
Dans un feuillet de son ouvrage
Il lui met du sel à foison.
    Ma foi, etc.

Les pois cassés et les lentilles,
Il les débite aux pauvres gens ;
Son sucre d'orge aux jeunes filles,
Aux plus riches ses mendiants.
    Ma foi, etc.

Il fait manger bien du fromage
Au pédant, à l'ambitieux,
Et leur vend d'excellent cirage
Pour qu'ils brillent à tous les yeux.
    Ma foi, etc.

A ces caractères moroses
Qui se crispent à tout propos,
Pour rétablir l'état des choses,
Il débite force pruneaux.
    Ma foi, etc.

A certain marchand de paroles
Il vend du miel en quantité ;
Il vend toute espèce de colles
Au journaliste, au député.
    Ma foi, etc.

Enfin il garde l'espérance,
Tout en agissant comme un juif,
D'être un jour sénateur en France
S'il fait fortune dans le suif.

Ma foi, c'est un joli métier
Que d'être garçon épicier.

              J. LAGARDE.

LA DORMEUSE

Air : Réveillez-vous, belle endormie.

Réveillez-vous, belle dormeuse,
Si ce baiser vous fait plaisir ;
Mais si vous êtes scrupuleuse
Dormez ou feignez de dormir.

Craignez que je ne vous éveille ;
Favorisez ma trahison.
Vous soupirez !... Votre cœur veille,
Laissez dormir votre raison.

Souvent quand la raison sommeille
On aime sans y consentir ;
Pourvu qu'Amour ne nous réveille
Qu'autant qu'il faut pour le sentir.

Si je vous apparais en songe,
Jouissez d'une douce erreur ;
Goûtez les plaisirs du mensonge,
Si la vérité vous fait peur.

              DUFRESNY.

L'OPTIMISTE

Air : Soldat français, né d'obscurs laboureurs.

Combien de gens voyons-nous ici-bas,
Quoique le sort à leurs vœux soit propice,
Jaloux des biens qu'ils ne possèdent pas,
Taxer le ciel de coupable injustice !
A les combler Dieu perdrait son latin ;
Moi, dont l'espoir sur sa bonté se fonde,
   Heureux ou non, chaque matin,
   Je dis : content de mon destin,
Tout est pour le mieux dans le monde !   (bis)

Dieu fit les sots pour nos menus plaisirs,
Comme il a fait la nuit et la lumière.
Pourtant, des uns s'ils charment les loisirs,
D'autres voudraient les bannir de la terre.
Vivent les sots, dont parfois on médit !
Fasse le ciel que leur espèce abonde !
   C'est l'ombre qui donne à l'esprit
   Et sa valeur et son crédit....
Tout est pour le mieux dans le monde !

Je ne suis pas du nombre des gourmets
Pour qui la table est le bonheur suprême.
Quand l'appétit assaisonne les mets,
Avec plaisir nous retournons au même.
Si, trop souvent, à la table d'un grand,
L'ennui m'accable et circule à la ronde,
   Je m'en dédommage, en mangeant,
   Et je dis, sans être gourmand :
Tout est pour le mieux dans le monde !

Bien fou celui qui croit à la vertu
D'un sexe né pour nous trahir sans cesse !
L'homme pourtant, quoique toujours *battu*,
Prend une femme, ou bien une maîtresse.
En fait d'amour et de fidélité,
Pour mon héros, moi je choisis Joconde.
   Suis-je dupe d'une beauté ?
   Je la trompais de mon côté...
Tout est pour le mieux dans le monde ?

En réclamant un droit plus étendu,
D'un député voyez la politique.
Pour ressaisir un rang qu'il a perdu,
Au lieu du trône, il veut la république.
Défions-nous de tous ces faux Catons,
En vains discours épuisant leur faconde.
   Amis, buvons, rions, chantons,
   Et jusqu'à la fin répétons :
Tout est pour le mieux dans le monde !

De Calonne.

LAISSONS COURIR LES PLUS PRESSÉS

Air : Ma belle est la belle des belles.

Il est un proverbe fort sage,
Bien souvent d'un utile emploi ;
La raison le mit en usage,
Et le suivre est aussi ma loi.
Aux gens à cheval, en voiture,
D'atteindre leur but empressés,
Je dis, à défaut de monture :
Laissons courir les plus pressés.

Là-bas, une affiche révèle
Aux passants, du théâtre épris,
Que ce soir une œuvre nouvelle
Doit émerveiller tout Paris.
Mais je dis, connaissant la trame
De nos jongleurs intéressés :
Pour aller voir un mélodrame
Laissons courir les plus pressés.

Combien partout l'agiotage
Préoccupe allants et venants !
Leur fol espoir couve en partage
Les profits les plus étonnants.
Par une déroute commune,
Que de projets sont renversés !
Sur le chemin de la fortune
Laissons courir les plus pressés.

J'apprécie au toit domestique
Un ménage béni du ciel ;
Mais souvent un joug despotique
En absinthe y change le miel.
Alors, heureux célibataire,
Devant tous ces hymens forcés,
Je répète : Chez le notaire
Laissons courir les plus pressés.

Partisans du jus de la treille,
Entonnez vos joyeux refrains ;
Par eux au fond de la bouteille
Vous savez plonger vos chagrins.
J'aime à voir un fils de Silène,
Dont les pas sont embarrassés,
Chanter, en sillonnant la plaine :
Laissons courir les plus pressés.

Toi qu'au duel un rien décide,
Loin de ces lieux, loin pour toujours !
Loin, toi qui, par un suicide,
Prétends mettre fin à tes jours !
Venez, vous qu'inspire à la ronde
Le dieu des buveurs exercés ;
Quand il s'agit de l'autre monde,
Laissons courir les plus pressés.

Albert-Montémont.

LES BAGATELLES DE LA PORTE

Air du Verre.

Quand le dernier des Arlequins
Mourut jadis au Vaudeville,
Tous, jusqu'au dernier des *Romains*,
Regrettèrent l'artiste agile.
Hélas! le dernier des Pierrots,
Debureau, rival de Laporte,
N'amusera plus les badauds
Aux bagatelles de la porte!

L'autre jour, comme un vrai flâneur,
Epanouissant mon visage,
Je contemplais avec bonheur
Paillasse et la *femme sauvage*;
Lorsqu'un industriel subtil
Soulève ma montre... et l'emporte...
Morbleu! que ne s'amusait-il
Aux bagatelles de la porte!

Le célibat est, je le crois,
La *préface* du mariage;
Mais pendant trop longtemps parfois
On tarde à se mettre à l'*ouvrage*,
Et bien souvent l'homme est usé
Aux trois quarts, le diable m'emporte!
Parce qu'il s'est trop amusé
Aux bagatelles de la porte!

Aux froids époux de l'Occident
C'est assez d'une femme unique;
Des braves peuples du Levant
Combien j'aime mieux la pratique!
Cent beautés règnent au sérail;
Le Turc n'y va pas de main morte!
Heureux qui jouit en détail
Des bagatelles de la porte!

Le dernier *verso* des journaux
Nous annonce, sans nuls scrupules,
Des remèdes pour tous les maux
Et de préventives capsules.
Sur le Conclave et l'Opéra,
Quand ils glosent de belle sorte,
N'est-il pas vrai que ce sont là
Les bagatelles de la porte?

Un *fashionable* libertin
S'arrête au magasin de Rose;
Elle, de l'air le plus mutin,
Lui dit : « Monsieur veut quelque chose?
« A vos yeux je vais exposer
« Ce que mon commerce comporte;
« Entrez donc, sans vous amuser
« Aux bagatelles de la porte. »

En m'entendant préconiser
Des passe-temps aussi futiles,
On va sans doute m'accuser
D'habitudes bien puériles.
Mais, par exemple, il fera chaud
Quand on verra que je m'emporte
Jusqu'à préférer au Caveau
Les bagatelles de la porte!...

C. FOURNIER.

UN COUSIN DE ROGER BONTEMPS

Air : La boulangère a des écus.

J'ai plus de cinquante printemps,
  Mon teint se décolore;
Mais les désirs, toujours flottants,
  Rappellent mon aurore.
Digne fils des Roger Bontemps,
  Je serai jeune encore
    A cent ans,
  Je serai jeune encore.

Nos millionnaires impotents,
  Triste race herbivore,
Boivent de l'eau, jeûnent longtemps;
  La fièvre les dévore.
Moi, je bois des vins excitants,
  Et j'en veux boire encore
    A cent ans,
  Et j'en veux boire encore.

J'ouvre la porte à deux battants
  A Momus, que j'implore;
Les chagrins sont débilitants,
  La gaîté nous restaure.
Comme nos aïeux bien portants,
  Je veux chanter encore
    A cent ans,
  Je veux chanter encore.

Bayadère, aux seins palpitants,
  Nouvelle Terpsichore;
Exauce mes vœux persistants,
  Viens, mon cœur qui t'adore,
Aura pour toi des feux constants;
  Je veux t'aimer encore
    A cent ans,
  Je veux t'aimer encore.

De mon esprit en peu d'instants,
  La peine s'évapore;
J'ai, contre les jours attristants,
  Quelques grains d'ellébore;
Je ris de toi, sort que j'attends,
  Et j'en veux rire encore
    A cent ans,
  Et j'en veux rire encore.

GISQUET.

LES GRANDES VÉRITÉS

Oh! le bon siècle, mes frères,
Que le siècle où nous vivons!
On ne craint plus les carrières
Pour quelques opinions;
Plus libre que Philoxène,
Je déchire le rideau:
Coulez, mes vers, de ma veine;
Peuples, voici du nouveau.

La chandelle nous éclaire,
Le grand froid nous engourdit,
L'eau fraîche nous désaltère,
On dort bien dans un bon lit.
On fait vendange en Septembre,
En Juin viennent les chaleurs.
Et quand je suis dans ma chambre
Je ne suis jamais ailleurs.

Rien n'est plus froid que la glace;
Pour saler il faut du sel.
Tout fuit, tout s'use et tout passe;
Dieu lui seul est éternel.
Le Danube n'est pas l'Oise,
Le soir n'est pas le matin,
Et le chemin de Pontoise
N'est pas celui de Pantin.

Le plus sot n'est qu'une bête;
Le plus sage est le moins fou.
Les pieds sont loin de la tête.
La tête est bien près du cou.
Quand on boit trop on s'enivre;
La sauce fait le poisson;
Un pain d'une demi livre
Pèse plus d'un quarteron.

Romulus a fondé Rome
On se mouille quand il pleut.
Caton fut un honnête homme.
Ne s'enrichit pas qui veut.
Je n'aime point la moutarde
Que l'on sert après dîné.
Parlez moi d'une camarde
Pour avoir un petit nez.

Quand un malade a la fièvre
Il ne se porte pas bien.
Qui veut courir plus d'un lièvre
A coup sûr n'attrape rien.
Soufflez sur votre potage
Bientôt il refroidira;
Enfermez votre fromage
Ou le chat le mangera.

Les chemises ont des manches,
Tout coquin n'est pas pendu,
Tout le monde court aux branches
Lorsque l'arbre est abattu,
Qui croit tout est trop crédule,
En mesure il faut danser,
Une écrevisse recule
Toujours au lieu d'avancer.

Point de mets que l'on ne mange,
Mais il faut du pain avec,
Et des perdrix sans orange
Valent mieux qu'un hareng sec.
Une tonne de vinaigre
Ne prend pas un moucheron,
A vouloir blanchir un nègre
Le barbier perd son savon.

On ne se fait pas la barbe
Avec un manche à balais,
Plantez moi de la rhubarbe,
Vous n'aurez pas des navets.
C'était le cheval de Troie
Qui ne buvait pas de vin;
Et les ânes qu'on emploie
Ne sont pas tous au moulin.

RIGOLETTE OU UNE VERTU

Air : Vive les fillettes.

On m'appelle Rigolette,
Et j'rends grâce à Dieu,
D'être une grisette
Comme en voit peu.

Quoiqu' laborieuse,
Mon gain est petit ;
Mais, pour être heureuse,
C'que j'ai me suffit.
On m'appell' Rigolette, etc.

J'suis jeune, étourdie,
On vant' mes appas,
Et j'jouis de la vie
Sans faire un faux pas.
On m'appell' Rigolette, etc.

J'n'suis pas bégueule,
Chez moi, sans façons,
M'ennuyant tout' seule,
J'r'çois des garçons.
On m'appell' Rigolette, etc.

J'compte par douzaines
Les adorateurs,
Qui perdent leurs peines
A m'dir' des douceurs.
On m'appell' Rigolette, etc.

On m'paie un bouquet d'roses,
L'spectacl', des babas,
Du punch et mill' choses
Qui n'se r'fusent pas.
On m'appell' Rigolette, etc.

A la médisance
J'm'expose et l'sais bien ;
Mais, ma conscience
Ne me r'proche rien.
On m'appell' Rigolette, etc.

Du travail d'la s'maine,
Pour me délasser,
L'dimanche on m'promène
Et l'on m'fait danser.
On m'appell' Rigolette, etc.

Chez les traiteurs j'dîne
Dans d'p'tits cabinets :
C'qu'on désir', j'l'devine...
Et n'l'accord' jamais.
On m'appell' Rigolette, etc.

Bonn' fille, j'tolère
C'qu' permet l'amitié ;
D'vient-on téméraire,
On m'trouv' sans pitié,
On m'appell' Rigolette, etc.

Qu'à ma porte on m'ramène
La nuit ou le soir,
On m'embrass' pour la peine,
Et je dis... au revoir.
On m'appell' Rigolette, etc.

J'puis être épouse et mère ;
J'n'veux pas qu'une erreur
D'ma couronne d'Rosière
Fann' même une fleur.
On m'appell' Rigolette,
Et j'rends grâce à Dieu
D'être une grisette
Comme en voit peu.

P.-J. Charrin.

L'ÉPICURIEN

Air du temps.

L'austère philosophie,
En contraignant mes désirs,
Prétend que dans cette vie
Il n'est pas de vrais plaisirs.
Je renonce à ce système :
Dieux, n'en soyez pas jaloux ;
Dans les bras de ce que j'aime
Suis-je moins heureux que vous ?

Hé quoi ! m'avez-vous fait naître
Avec des sens superflus !
Pour avoir le plaisir d'être,
Faut-il que je ne sois plus ?
Je renonce à ce système :
Dieux, n'en soyez point jaloux ;
Dans les bras de ce que j'aime
Suis-je moins heureux que vous ?

D'un bonheur imaginaire
Je ne repais point mon cœur,
Lorsque le présent peut faire
Mon unique et vrai bonheur :
Voilà quel est mon système.
Dieux, devenez-en jaloux ;
Dans les bras de ce que j'aime
Je suis plus heureux que vous.

Le duc d'Orléans, 1720.

MON BOUDOIR ET MON PARNASSE

Air du vaudeville de la petite sœur.

Je n'ai qu'un petit logement ;
De deux pièces il se compose ;
Mais chacune a son agrément ;
Voilà comme je les dispose :
Afin, jour et nuit, de pouvoir
A mes ennuis donner la chasse,
De l'une j'ai fait mon boudoir,
De l'autre j'ai fait mon Parnasse.

L'une a, pour tout ameublement,
Simple lit, bergère-ottomane,
Et pour compléter l'ornement,
Quelques peintures de l'Albane ;
Dans l'autre, asile du savoir,
Brillent Virgile, Homère, Horace :
Tout est amour en mon boudoir,
Tout est génie en mon Parnasse.

Quand le désir guidant ses pas,
Dans mes bras conduit mon amie,
Lors, mon boudoir a tant d'appas,
Que j'y voudrais passer ma vie ;
Mais quand, trompant mon doux espoir,
De Jenny l'accueil froid me glace,
Je vais, des chagrins du boudoir,
Me consoler dans mon Parnasse.

Vous qui vous opposez toujours
Aux progrès nouveaux des lumières,
Vous qui du culte des amours
Méprisez les sacrés mystères ;

Mon logis, je dois le prévoir,
M'attirera votre disgrâce :
Il fait trop nuit dans mon boudoir,
Et trop grand jour dans mon Parnasse.

O toi qui chantas les attraits
De la séduisante Lisette,
Avec elle si tu venais,
Un jour, visiter ma retraite :
Fier alors de vous recevoir,
Vous auriez la première place ;
Toi, Lisette, dans mon boudoir,
Toi, Béranger, dans mon Parnasse.

Inspirés par le dieu des vers,
Chantant et caressant leurs belles,
Bertin, Chaulieu, Parny, Boufflers,
Cueillaient des palmes immortelles.
Heureux amants ! on put les voir,
D'Anacréon suivant la trace,
Faire du Parnasse un boudoir,
Et d'un boudoir faire un Parnasse.

Quand la mort viendra m'avertir
De quitter ma chère demeure,
Je voudrais, avant de partir,
Lui demander encore une heure.
Je pourrai, comblant mon espoir,
Mourir content, si je la passe,
Près de Jenny dans mon boudoir,
Près de Justin dans mon Parnasse.

MICHEL MASSON.

ON NE DISPUTE PAS DES GOUTS

Air connu.

Chacun a son goût qui le mène ;
L'un hait ce que l'autre chérit :
Un sot est aimé de Climène :
Lucinde aime un homme d'esprit.
L'un aime ce que l'autre rebute ;
Et, dans cela comme dans tout,
   Chacun a son goût ;
     Point de dispute,
   Chacun a son goût.

En fait d'amour et de musique
L'on ne s'accorde plus en rien :
L'un préfère le goût antique,
L'autre le goût italien.
L'un aime ce que l'autre rebute.
Mais dans cela, etc.

Chaque femme, à ce qu'il nous semble,
N'a qu'un seul amant à la fois :
Mais la tendre Iris prend ensemble
Deux amants et fort souvent trois :

C'est pour en avoir à la minute.
Mais dans cela, etc.

Tandis que Daphné, sans tendresse,
Refuse un amant jeune et beau,
Qu'elle fuit le dieu du Permesse,
Pasiphaé prend un taureau,
Et c'est Apollon que l'on rebute.
Mais dans cela, etc.

Socrate et Sapho la Lesbienne
Ont eu des goûts assez suspects :
Tous les jours en France on ramène
Leurs jeux renouvelés des Grecs :
Il n'est plus de plaisir qu'on rebute.
Mais dans cela comme dans tout,
   Chacun a son goût ;
     Point de dispute,
   Chacun a son goût.

COLLÉ.

RIEN DE TROP

Air de Doche.

Mes amis, rien de trop :
Quoi de plus sage,
A notre usage !
Pour devise et pour lot
Adoptons ce mot :
Rien de trop ;
Non jamais rien de trop. *(bis)*

Les disciples d'Épicure,
Dignes chercheurs du vrai bien,
Nous ont prouvé combien
Un goût modéré le procure ;
Aussi, dans nos gais repas,
Disons-nous, libres d'envie :
Des plaisirs de la vie
N'abusons pas.
Mes amis, etc.

Ne respirons pas de Flore
Trop de parfums à la fois :
Qui les goûte sans choix
Aurait grand besoin d'ellébore.
Chacun sait le vieux dicton,
Mal étreint qui trop embrasse :
Gare à qui suit la trace
De Phaéton !
Mes amis, etc.

D'une superbe fortune
Hier possesseur encor,
Paul de la soif de l'or
Sent toujours l'ardeur importune.
A la Bourse il s'est rendu ;
Une chance le seconde :
Puis, en une seconde,
Tout est perdu.
Mes amis, etc.

D'un tyran la frénésie,
En châtiant l'Hellespont,
Sur la mer jette un pont
Qui joindra l'Europe à l'Asie.
La mer l'a vite englouti ;

Plus de vaisseaux ! Le monarque
Sur une frêle barque
Est reparti.
Mes amis, etc.

De la jeune et vive Hortense
Devenu l'époux heureux,
Un barbon amoureux
Lui promet vigueur et constance.
Quand, mieux qu'un vrai pastoureau,
A l'œuvre il prétend se mettre,
Il voit son thermomètre
Choir à zéro.
Mes amis, etc.

Un point, non sans importance,
Au trop semble ramener :
Nul ne croit se donner
Trop d'amis, dans son existence.
Que d'empressement, de soin,
Tant que le sort le caresse !
Survienne la détresse,
Ils sont bien loin !
Mes amis, etc.

A l'exemple de Silène,
Regardez ces francs lurons,
En joyeux biberons,
Rafraîchir leur brûlante haleine !
Sablant le vin à plein broc,
Ils se flattent d'être ingambes :
Qui leur ôte leurs jambes ?
Un coup de trop.
Mes amis, etc.

Trop d'honneur est esclavage ;
Trop de remède, poison ;
Trop d'esprit, déraison ;
Et trop de raison, goût sauvage ;
Trop d'art éteint l'enjoûment,
Trop de hauteur humilie,
Trop d'amour est folie,
Trop d'or, tourment.
Mes amis, etc.

ALBERT-MONTÉMONT.

LES DEUX BOSSUS

Air du vaudeville des Poëtes sans souci.

T'es bossue, aimable Suzon,
Et moi je suis bossu de d'même ;
Marions-nous, et zon, zon, zon ;
D'la gaîté la bosse est l'emblème.
Mettons tout sens dessous dessus,
Et rions comme des bossus.

T'as la boss' de la volupté,
Moi celle d'un joyeux apôtre ;
Et quant à c'qu'est de la beauté,
Nous sommes ben l'un portant l'autre.
Mettons etc.

Par derrièr' je suis bossu, moi,
Et par devant tu l'es, ma belle ;
Si tu m'aim's de ben bonne foi,
Nous ferons un polichinelle.
Mettons tout sens dessous dessus,
Et rions comme des bossus.

CAPELLE.

LA GASCONNE

Air connu.

Un jour de cette automne,
De Bordeaux révenant,
Jé vis nymphe mignonne
Qui s'en allait chantant :
On rit, on jase, on raisonne,
On n'aime qu'un moment.

Jé vis nymphe mignonne,
Qui s'en allait chantant ;
C'était la jeune Œnone,
Fraîche comme un printemps.
On rit, on jase, etc.

C'était la jeune Œnone,
Fraîche comme un printemps,
Fermé comme uné nonne,
Un morceau dé friand.
On rit, on jase, etc.

Fermé comme uné nonne,
Un morceau dé friand.
Dans mon humeur gasconne,
J'étais entréprénant.
On rit, on jase, etc.

Dans mon humeur gasconne,
J'étais entréprénant ;
Jé déchire et chiffonne
Lacet, gaze et ruban.
On rit, on jase, etc.

Jé déchire et chiffonne
Lacet, gaze et ruban.
Tiens, lé fils dé Latone,
Lui dis-je, est moins ardent.
On rit, on jase, etc.

Tiens, lé fils dé Latone,
Lui dis-je, est moins ardent,
Et son flambeau, mignonne,
S'éteint dans l'Océan.
On rit, on jase, etc.

Et son flambeau, mignonne,
S'éteint dans l'Océan :
Célui qué jé té donne
S'en va toujours brûlant.
On rit, on jase, etc.

Célui qué jé té donne
S'en va toujours brûlant.
Ah ! mé dit la friponne,
J'en doute à ton accent !
On rit, on jase, etc.

Ah ! mé dit la friponne,
J'en doute à ton accent ;
J'invoquai ma patronne,
Mon début fut brillant.
On rit, on jase, etc.

J'invoquai ma patronne,
Mon début fut brillant.
Qu'amour mé lé pardonne !
Ah ! le traître accident.
On rit, on jase, etc.

Qu'amour mé lé pardonne !
Ah ! le traître accident !
Jé né trouvai personne
Au sécond compliment.
On rit, on jase, etc.

Jé né trouvai personne
Au sécond compliment.
La franche et simple Œnone
Mé dit en soupirant :
On rit, on jase, etc.

La franche et simple Œnone
Mé dit en soupirant :
Quoi ! l'eau de la Garonne
Rend souple comme un gant.
On rit, on jase, on raisonne,
On n'aime qu'un moment.

De Baussay.

QUITTEZ LES VIEUX

Air : Réveillez-vous, belle endormie.

Quand vous aurez brisé vos chaînes,
Plus ne pousserez de soupirs ;

L'amour n'aima jamais la gêne ;
Les caprices sont ses plaisirs.

Anonyme.

GARDEZ LES VIEUX

Même air.

Les petits-maîtres sont volages,
On ne saurait compter sur eux.

Les barbons sont prudents et sages,
Et méritent mieux d'être heureux.

L'abbé de L'Attaignant.

LE GASCON

Plus d'un gascon erre,
Exagère,
Ment
Constamment ;
Mais, cadédis !
On peut croiré cé qué jé dis.

Jé suis d'une illustré noblesse ;
Tout en moi jé fait pressentir :
Neveu d'un duc, d'uné duchesse,
Leurs biens doivent m'appartenir :
Un intrus vient mé les ravir.
Ma plainte en justice est formée,
Jé veux plaider titres en mains ;
Mais uné souris affamée
A dévoré mes parchémins.
            Plus d'un gascon, etc.

Cé révers né m'affligé guères,
Car jé possédé beaucoup d'or;
À chacun dé vous, chers confrères,
J'offrirais un pétit trésor.
Qué jé sérais trop riche encor.
Lé croirez-vous? j'ai la manie
Dé toujours sortir sans argent;
Bien certain qu'uné bourse amie
Sourrira dans un cas urgent.
    Plus d'un gascon etc.

Ma gardé-robe bien garnie
Est cellé d'un homme dé cour;
Bijoux, dentelles, brodérie,
Chez moi sé trouvent tour à tour;
J'en puis changer vingt fois par jour.
Courant les bouchons, la grisette,
Incognito, j'aime à jouir;
Et si jé fais peu dé toilette,
C'est qué l'éclat nuit au plaisir.
    Plus d'un gascon etc.

En fait d'armes, mieux qu'un St George
Jé manie épée, espadon:
Voulez-vous vous couper la gorge?
Pour un *oui*, commé pour un *non*,
Moi jé mé bats commé un démon.
Si j'avais eu l'amé moins belle,
Dieux! qué d'imprudents séraient morts!
Mais avec eux, quand j'eus quérelle,
Noblément.....j'oubliai leurs torts.
    Plus d'un gascon etc.

On a vu de l'académie
Les membres les plus érudits
Céder la palme à mon génie,
En lisant les doctes écrits,
Qu'un plat écrivassier m'a pris.
Leurs titres !... j'en fais un mystère,
Le sot qui leur doit un renom,
Parvint au fauteuil littéraire
En les publiant sous son nom.
     Plus d'un gascon etc.

J'éclipse en grâce, en assurance,
Terpsichore et ses favoris.
Et jé fais pâlir, quand jé danse,
Les plus grands talens dé Paris,
Paul, Duport, Gardel et Vestris.
Vous lé prover dans la minute,
Né m'aurait point embarrassé,
Si je n'avais dans uné chute,
Ym lé génou droit fracassé.
     Plus d'un gascon etc.

Dans mes amours, du fils d'Alcmène,
Jé surpassé l'heureuse ardeur;
Plus jé m'agité dans l'arène,
Plus jé sens croitré ma vigueur.
Dé cent tendrons jé fus vainqueur,
J'invoquérais leur témoignage;
Mais, hélas! comment l'obtenir?
Chacun d'eux à la fleur de l'âge,
Est mort d'un excès dé plaisir.
    Plus d'un gascon etc.

En bon français, dé ma patrie
Jé fus lé zélé défenseur;
Millé fois j'exposai ma vie,
Et j'eus pour prix dé ma valeur,
Croix de Saint Louis, Croix d'Honneur,
Qu'importe! on voit mes boutonnières
Veuves de ces *riens* élégants;
Pour moi, pour les factionnaires,
Les saluts seraient fatigants.
    Plus d'un gascon etc.

J'eus toujours pour la chansonnette
Un talent vraiment précieux,
Et, sans cessé, j'ai dans la tête
Des couplets malins, gracieux,
Et les réfrains les plus heureux.
Jugez, jugez dé mon mérite;
Bérard, qu'on n'a pas surpassé,
Et *Panard,* qué partout on cite,
Ont écrit.... cé qué j'ai pensé
    Plus d'un gascon erre
      Exagère.
        Ment
      Constamment;
    Mais, cadédis!
On peut croiré cé qué jé dis.

LE MARCHAND DE BRIC-A-BRAC

Air des cancans.

Gros marchand de bric-à-brac,
De la côte de Listrac,
Je vis, dans mon cul-de-sac,
Plus heureux qu'un Polignac.
   Le barsac, le cognac,
   Les terrines de Nérac,
   Le barsac, le cognac,
Chatouillent mon estomac.

Comme le duc de Fronsac,
Quand je vois filer mon yacht,
Balancé dans un hamac,
Je fume sur le tillac.
   Le barsac, le cognac, etc.

Je chasse avec quelque tact,
Et, par un coup de Jarnac,
Perdrix et fillettes... crac!
Sont bientôt dans mon bissac.
   Le barsac, le cognac, etc.

Après le jeu de tric-trac,
Pour mieux pincer un flic-flac,
Je m'arrose de scubac,
De kirsch, de rhum et de rack.
   Le barsac, le cognac, etc.

Parfois, revêtu du frac
D'un bon bourgeois armagnac,
Je vais entendre à Figeac
Les beaux airs de Dalayrac.
   Le barsac, le cognac, etc.

De tous les vins de Souillac,
Et de tous ceux de Pouillac,
Je voudrais faire un grand lac,
Pour boire *ab hoc et ab hac*,
   Le barsac, le cognac, etc.

Je m'endors sur Condillac,
Lévizac, Balzac, Pibrac;
Mais un verre de gaillac
Me procure un doux tic-tac.
   Le barsac, le cognac, etc.

C'est dans un joyeux bivouac,
Loin du bruit et du mic-mac,
Que j'aime à vider mon sac,
Ma bouteille et mon tabac.
   Le barsac, le cognac, etc.

Quand, à son devoir exact,
Caron sera mon cornac,
Malgré ce coup de ressac,
Je chanterai dans son bac :
   Le barsac, le cognac,
   Les terrines de Nérac,
   Le barsac, le cognac,
Chatouillent mon estomac.

                       CABARET-DUPATY.

SOUS LÉ PARAPLUIE

Air : Nous sommes Précepteurs d'Amour.

Dans lé bois, quand il féra beau,
Jé rèmènèrai ma Sylvie :
En février dé peur dé l'eau,
Jé reste sous lé parapluie.

La pluie abîmé l'escarpin ;
Mais si, parfois, ellé m'ennuie,
J'aime à la voir mûrir lé vin,
Quand jé suis sous lé parapluie.

La pluie est la manne du cieux ;
Et dé tous la manne est la vie :
Quand ellé tombait, les Hébreux
Né prénaient point dé parapluie.

Si Flore, au léver du matin,
Par la rosée est embellie,
C'est qué jamais, dans son jardin,
Ellé né prend dé parapluie.

Si par doucé pluie et vent frais,
Eve fut longtemps rajeunie,
C'est qué lé ciel, pour ses attraits,
N'avait point fait dé parapluie.

De tant d'animaux différents,
Si la terre encore est remplie,
C'est qué Noé sut, dé son temps,
Les mettre sous lé parapluie.

Jé né sais dé quelle eau, jadis,
Jupin mouilla sa chaste amie,
Mais l'innocente, cadédis,
Né chércha point dé parapluie.

Jé fais peu dé cas des pamphlets,
Et parfois, jé boude Thalie ;
Quand chez elle, il pleut des sifflets,
On y manqué dé parapluie.

Mars est jaloux dé mes exploits ;
Mais mon étoile est inouïe ;
Le sort, quand il pleut des emplois,
Mé rétient sous lé parapluie.

Aussi, quand je verrai pleuvoir
L'alouette touté rôtie,
Cé jour-là qui mé tarde à voir,
Je n'aurai point dé parapluie.

                       DESFONTAINES.

LE VIVEUR

Air : Voilà la manière de vivre cent ans.

Vous, esprits malades,
Que le *spleen* poursuit,
Songes creux maussades,
Que le repos fuit ;
Sinistres penseurs,
Je connais votre maladie.
Quittez vos docteurs,
Et vivez un peu de ma vie.
  Moi, je chante, j'aime,
  Buveur, gai conteur,
  Gastronome même,
  Je suis un viveur !

  A fille jolie
  Faisant les doux yeux,
  Maintes fois j'oublie
  Que j'ai d'autres nœuds.
D'un feu passager,
Je jure, quand s'éteint l'ivresse.
De ne plus changer,
D'adorer comme une maîtresse
  Ma femme qui m'aime,
  Me garde son cœur,
  Et bientôt !... *quand même !*...
  Je suis un viveur !

  Fou qui s'étudie
  A compter les ans !
  Je sais de ma vie
  Faire un long printemps.
Mais, viens-je à penser
Que je marche vers la vieillesse,
C'est pour mieux passer
Les jours dorés que Dieu me laisse ;
  Insouciant, j'aime
  Devoir le bonheur
  Au caprice même ;
  Je suis un viveur !

  En gourmet habile
  Traiter ses amis ;
  Et souvent en ville,
  Voir son couvert mis ;
Discourir gaîment,
Chanter en sablant le champagne ;

Parfois, trébuchant,
Rejoindre au logis sa compagne :
  Ravi de soi-même,
  Et brûlant d'ardeur,
  Lui prouver qu'on l'aime,
  Voilà le viveur !

  Porteur d'une rente
  Inscrite au trésor,
  Quand je m'y présente,
  Je la touche en or.
L'or !... dès que j'en ai
Circule ; c'est sa destinée.
Sans calcul donné,
Je m'endette... et vois chaque année,
  Qu'à tort je le sème
  En dissipateur.
  Mais, *foin de Barême*,
  Je suis un viveur !

  Point ou peu de vices,
  Mais tous les défauts :
  Aimer les actrices,
  Le jeu, les chevaux ;
Ne pas s'abstenir
D'une confortable existence ;
Savoir en jouir
Et ne jamais faire abstinence ;
  Le gousset creux même,
  Faire, adroit flâneur,
  Gras dans le carême,
  Voilà le viveur !

  S'arranger de sorte
  Qu'à ses créanciers
  On ferme sa porte,
  Ainsi qu'aux huissiers.
N'avoir de valet,
Que son portier, qui doit connaître
Si le besoin est
De conduire ou porter son maître,
  Dans un cas extrême,
  Crainte de malheur,
  Jusqu'en son lit même,
  Voilà le viveur !

P.-J. Charrin.

A UNE COQUETTE

Air de Joconde.

Iris, vous comprendrez un jour
Le tort que vous vous faites ;
Le mépris suit de près l'amour
Qu'inspirent *les coquettes*.

Cherchez à vous faire estimer
Plus qu'à vous rendre aimable ;
Le faux honneur de tout charmer
Détruit le véritable.

Fénelon.

LA VEILLÉE DU VILLAGE

Air : Il y a cinquante ans et plus.

Déjà l'on grelotte un peu ;
L'on regagne la chaumière ;
Et l'automne au coin du feu,
Joint les filles (bis) aux commères ;
Les rouets des vieilles mères,
Les regards des jeunes gens,
Et les soupirs des bergères,
Tout ça marche en même temps. (bis)

Martine va raconter ;
Chacun vante sa mémoire :
Silence ! on veut écouter,
Ici l'amant, (bis) là l'histoire ;
Le difficile est de croire :
Mais les conteurs, les amants.
Tous deux mettent là leur gloire :
Tout ça marche en même temps. (bis)

L'histoire tire à sa fin,
Aisément on le présume...
Les rouets restent sans lin,
Tout finit, (bis) c'est la coutume :
Si la lampe se consume,
Et ne luit que par moments,
Le cœur d'Anette s'allume ;
Tout ça marche en même temps. (bis)

La lumière va finir,
Et Lubin qui lorgne Anette
Dit : « Il faut se divertir ;
« Qu'à la main (bis) chaude on s'apprête. »
Le gaillard qui n'est pas bête,
Sait profiter des instants :
Le cœur, les mains et la tête,
Tout ça marche en même temps. (bis)

Las de rire et de parler,
Les jeunes prêtent l'oreille ;
Lasses de toujours filer,
Déjà ronfle (bis) chaque vieille :
Si la prudence sommeille :
Pour le bonheur des amants,
Secrètement l'Amour veille ;
Tout ça marche en même temps. (bis)

J.-A. Ségur.

LES CONTES DE MA GRAND'MÈRE

Air du Passage de la richesse ; ou : Tenez, moi, je suis un bonhomme.

Doux penchants, tendre souvenance,
Me rappellent à chaque instant
Les temps heureux de mon enfance
Où j'écoutais ma mère-grand.
Sa pauvre tête était remplie
De mille contes surprenants ;
Ah ! je n'oublirai de ma vie
Ses histoires de revenants !

Chez elle pendant la veillée
Tout le village s'assemblait,
L'œil fixe et l'âme émerveillée,
En l'écoutant chacun tremblait.
Ma mère elle-même transie,
Frissonnait et claquait des dents !...
Ah ! je n'oublirai de ma vie
Ses histoires de revenants !

Lorsque la lune pâlissante
Sur les vitres réfléchissait,
A chaque histoire intéressante,
Le cercle se rétrécissait ;
L'amant plus près de son amie,
Se disait en ces doux instants ;
Ah ! j'aimerai toute ma vie
Les histoires de revenants !

Hélas ! le temps et la sagesse
Ont détruit ces illusions ;
Je regrette de ma jeunesse,
Jusqu'aux pénibles visions :
Une raison mal affermie
Trouble la paix de mes vieux ans :
Ah ! c'est au déclin de la vie
Qu'on voudrait croire aux revenants !

Marcillac.

LARCINS D'AMOUR

Air : Lucas un jour en son chemin.

D'un larcin qui m'a réussi,
Ma Babet, pourquoi donc te plaindre ?
Veux-tu que je t'enseigne ici
Le moyen de ne plus rien craindre ?
D'un amant on flatte les yeux
Par un retour bien tendre,
Ce qu'on lui donne alors vaut mieux
Que ce qu'il pourrait prendre.

Le Loup-Garou.

UNE SEULE HIRONDELLE NE FAIT PAS LE PRINTEMPS

ou

UN SEUL EXEMPLE NE DIT RIEN

Air du Mineur du vaudeville de madame Scarron.

Dès que la triste froidure
Commence à fuir nos climats,
Une précoce verdure
Vient remplacer les frimas.
Mais l'anémone humble et frêle
Craint les zéphyrs inconstants :
 Une seule hirondelle
 Ne fait pas le printemps.

Chez nous, humains, si l'orage
Sur nos guérets a fondu,
Maint colon se décourage
Et croit que tout est perdu.
Moi, je dis, toujours fidèle
Au proverbe du vieux temps :
 Une seule hirondelle
 Ne fait pas le printemps.

Au milieu d'une revue,
J'aime à voir ces étalons
Secouer à notre vue
Leurs crins ondoyants et longs.
Qu'importe une haridelle
Près de ces chevaux trottants !
 Une seule hirondelle
 Ne fait pas le printemps.

Pourquoi sans cesse, Arthémise,
Pleurer la mort d'un époux?
A l'amour reste soumise,
Lorsque ton règne est si doux ;
Il t'offrira d'un coup d'aile
Un autre époux de vingt ans :
 Une seule hirondelle
 Ne fait pas le printemps.

Misanthrope, dans ta haine
Le monde est enveloppé,
Depuis qu'un fourbe, en sa chaîne,
T'a l'autre jour attrapé ;
Mais l'amitié, sans tutelle,
Rendra tes jours plus contents :
 Une seule hirondelle
 Ne fait pas le printemps.

Dans le fort d'une bataille,
Entendez-vous ce guerrier
Dire aux siens, quand la mitraille
L'atteint d'un coup meurtrier :
« Une arme de moins doit-elle
« Arrêter des combattants ?
 « Une seule hirondelle
 « Ne fait pas le printemps ! »

Un barbon trouvant sa femme
Au bras d'un jeune blondin,
De ce trait qui le diffame
Songe à se venger soudain...
Mais, dit-il, que l'infidèle
Sèche ses pleurs pénitents :
 Une seule hirondelle
 Ne fait pas le printemps.

Vous dont la sobre Minerve
N'ose vider un flacon,
Arrosez mieux votre verve,
Pour monter à l'Hélicon.
Désaugiers, notre modèle,
Eut des feux plus éclatants :
 Une seule hirondelle
 Ne fait pas le printemps.

Et si de Bourgogne un verre
Semble un tribut incomplet,
Sachez qu'un joyeux trouvère
Doit aussi plus d'un couplet.
De Panard et de Chapelle
Les exemples sont tentants :
 Une seule hirondelle
 Ne fait pas le printemps.

Albert-Montémont.

LE MOIS DE MAI

Air des Triolets.

Le premier jour du mois de mai
Fut le plus heureux de ma vie :
Je vous vis et je vous aimai,
Le premier jour du mois de mai.
Le beau dessein que je formai !
Si ce dessein vous plut, Sylvie,
Le premier jour du mois de mai
Fut le plus beau jour de ma vie.

Ranchin.

LA VEILLÉE

Paroles de Villemontex

Heureux qui dans sa maisonnette,
Dont la neige a blanchi le toit,
Nargue le chagrin et le froid
Au refrain d'une Chansonnette.
Que les soirs d'hyver sont charmants
Lorsqu'une famille assemblée,
Sait, par divers amusements,
Egayer, égaiyer la veillée.

Assis près de sa bien aimée
Voyez le paisible Lapon,
Lorsque la neige à gros flocon
Tombe sur sa hutte enfumée.
Autour du feu dans son réduit
La famille entière assemblée,
Semble trouver six mois de nuit
Trop courts, trop courts pour la veillée.

J'aime surtout une soirée
Où l'on parle de revenants,
Alors qu'on entend tous les vents
Souffler autour de la contrée.
A ces récits intéressants
Toute la troupe émerveillée,
Tremble, écoute et voudrait longtemps
Prolonger, prolonger la veillée.

C'est au hameau, dans une étable,
Qu'on se rassemble chaque soir,
Les vieilles ont le dévidoir,
Les vieux ont le broc sur la table.
Les jeunes garçons amoureux
Des fillettes de l'assemblée,
Abrègent par des chants, des jeux,
De l'hyver, de l'hyver la veillée.

QUELQUE CHOSE COMME ÇA

Air : Eh ! ma mère, est-c' que j'sais ça.

Contre moi le vin conspire
J'm'en aperçois bien ici,
C'est tout au plus si j'peux lire
Le grimoire que voici :
Je n'sais si j'dors ou si j'veille
Et c'qui produit c't'effet là,
Si c'n'est pas le jus d'la treille
Ce doit êtr' quéqu' chos' comm' ça.

Comme moi, quand on vient d'boire,
On doit craindre avec raison,
De perdre avec la mémoire,
Le chemin de sa maison.
Si le cerveau n'est plus libre,
Ce que d'abord on perdra,
Si ce n'est pas l'équilibre,
Ce doit êtr' quéqu' chos' comm' ça.

Que l'raisin ou non abonde,
Le Champenois entendu
Expédie au bout du monde
Plus d'vin qu' n'en donne son cru ;
La vogue qui l'accompagne,
Est une preuve déjà,
Que, si c'n'est pas du champagne,
Ce doit êtr' quéqu' chos' comm' ça.

Il faut se montrer sceptique,
Sceptique très-entêté,
Lorsqu'un fait trop excentrique
Dans un journal est cité ;
A moins qu' soi-même on n'divague,
(Passez-moi l'mot), on dira
Que, si ce n'est pas un' blague,
Ce doit êtr' quéqu' chos' comme ça.

Cette affreuse créature
Que le cognac seul soutient ;
Qui peut dire à sa tournure
A quel sexe elle appartient ?
Aucun d'eux ne la réclame,
Et pourtant on conviendra
Que, si c'n'est pas une femme,
Ce doit êtr' quéqu' chos' comm' ça.

Paul se dit célibataire,
Lorsque j'apprends aujourd'hui
Que tous les enfants de Claire
Sont également de lui ;
Avec elle il en eut douze :
Or, je conclus de cela
Que, si c'n'est pas son épouse.
Ce doit êtr' quéqu' chos' comm' ça.

Bien qu'hélas ! la chansonnette
Ne charme plus nos moments,
Donnez au pauvre poëte
Quelques encouragements ;
J'ai besoin d'plaider ma cause,
Car, si la chanson que v'là,
N'est pas ce que je suppose,
Ce doit êtr' quéqu' chos' comm' ça.

HIPPOLYTE MARIE.

LA ROUTE DU PLAISIR

VAUDEVILLE DE L'IMPRIMEUR SANS CARACTÈRE

Air : Les imprimeurs.

Soir et matin,
Du plaisir je prends la route ;
Coûte que coûte,
J'en veux suivre le chemin.

L'ennui, dit-on,
Suit en carrosse le riche :
Moi je m'en fiche !
Je ne suis qu'un piéton.
Soir et matin, etc.

Mais en trottant,
Le trajet parfois m'altère,
Je vide un verre
Et je repars en chantant :
Soir et matin, etc.

Minois jolis
S'offrent-ils sur mon passage,
Dans mon voyage,
Je leur fais voir du pays !
Soir et matin, etc.

De bons festins
Rendent ma course agréable :
Je vais à table
Sans prendre quatre chemins.
Soir et matin, etc.

Epouvanté,
Chacun fuit devant l'orage !
A son tapage,
Moi, j'oppose ma gaîté.
Soir et matin, etc.

Pour bien jouir
Je suis un *marcheur-modèle* :
Chacun m'appelle
Le Juif-Errant du plaisir !
Soir et matin, etc.

ANONYME.

LE PUITS QUI PARLE

Air du Vaudeville des Scythes et des Amazones.

Mes bons amis, il est certaine rue
Dont l'origine échappe aux érudits,
Dans le quartier Saint-Jacques bien connue,
Et déjà vieille au temps du vieux Paris. (bis)
Son nom lui vint, sous le règne de Charle,
D'un puits fameux que je dois signaler ;
On l'appelait alors le puits qui parle ;
C'est de ce puits que je vais vous parler,
    De ce puits, etc. (bis)

Ce puits n'est pas, j'en ai la preuve claire,
Le puits discret où deux amants un jour
S'étaient lancés la tête la première,
Et qu'en pleurant, on nomma puits d'amour.
On m'a conté qu'avec sa laide femme
Un vieux mari, las de se quereller,
Au fond d'un puits avait jeté la dame :
Ce puits, dès-lors, n'a cessé de parler,
    N'a cessé, etc.

Convenons-en, d'une pareille histoire
Avec raison les savants ont douté ;
C'est dans ce puits, s'il fallait les en croire,
Que se cachait, jadis, la vérité.
Aussi, dit-on qu'il rendait des oracles :
Dieux ! que de saints il fit dégringoler !
Pour démentir leurs prétendus miracles,
Le puits qui parle eut longtemps à parler,
    Oui, le puits, etc.

Non, ce n'est point une fable frivole,
Ce puits parlait au temps de nos aïeux ;
Et pour reprendre aujourd'hui la parole
Il a trouvé mille sujets heureux.
S'il veut nommer tous ceux que l'industrie,
Par des progrès a vus se signaler,
Ah ! désormais, dans ma belle patrie,
Le puits qui parle aura trop à parler,
    Oui, le puits, etc.

S'il révélait tous les tendres mystères,
S'il divulguait les nœuds mal assortis,
S'il redisait les serments peu sincères,
Qu'à leurs moitiés font messieurs les maris,
Contre les droits de la foi conjugale,
S'il comptait ceux qu'on fit capituler ;
Ah ! de nos jours, dans cette capitale,
Le puits qui parle aurait trop à parler,
    Oui, le puits, etc.

S'il veut nommer ces vieux soldats fidèles,
Que cent combats ont couverts de lauriers,
Et que la gloire indiqua pour modèles,
Au noble essaim de nos jeunes guerriers ;
S'il cite aussi cette intrépide armée
Que Constantine avait vu rassembler,
Eût-il cent voix comme la renommée,
Le puits qui parle aurait trop à parler,
    Oui, le puits, etc.

Longtemps, dit-on, de notre Académie *,
Le puits blâma le coupable sommeil ;
Mais aujourd'hui sa critique endormie
Ne peut plus faire un reproche pareil.
S'il proclamait à l'Institut de France
Tous les talents qu'on y voit exceller,
Dans les beaux-arts, les lettres, la science,
Le puits qui parle aurait trop à parler,
    Oui, le puits, etc.

S'il nous fait voir aux couloirs de la Bourse,
D'agioteurs ce noir état-major,
Dont la fortune acquise au pas de course,
S'échappe et fuit cent fois plus vite encor ;
S'il peint ces fous dont la tête s'exalte
Et qui, demain, vont se fondre et couler
Dans le bitume et la houille et l'asphalte,
Le puits qui parle aura trop à parler,
    Oui, le puits, etc.

Le puits qui parle autrefois dût connaître
Collé, Panard, habiles chansonniers,
Et mille fois il a redit, peut-être,
Les gais refrains de ce bon Désaugiers,
De notre ami, l'excellent Désaugiers.
Ah ! quel bonheur, s'il pouvait nous le rendre
Pour nous ravir, pour nous ensorceler...
De notre ivresse à le voir, à l'entendre,
Le puits qui parle aurait trop à parler,
Oui, ce puits aurait trop à parler.

                            De Tournay.

---

* Plusieurs membres de l'Académie française et de celle des Sciences assistaient au dîner du Caveau, le jour où ces couplets furent chantés, sous la présidence de M. Albert-Montémont.

LISTE
DES ROMANCES, RONDES, COMPLAINTES ET CHANSONNETTES
CONTENUES DANS CE VOLUME.

1re livraison.

Diogène,	PINET.
Voilà pourquoi j'aime encore à chanter,	H. MARIE.
Tristan de Léonnais,	ANONYME.
Le Départ pour la Syrie,	DE LABORDE.
Mort et Convoi de Malborough.	—
Le Salut de la France,	AD. S. BOY.
Voyage de la Folie,	SEWRIN.
Monsieur Dumollet,	DÉSAUGIERS.
Le retour du soldat,	J. LECLÈRE.

2e livraison.

Le Grimacier,	B. ROUGEMONT.
Les Bosses,	LESUEUR.
Rabelais,	J. CABASSOL.
La vraie Philosophie,	DELRIEU.
Les Bossus.	—
Au clair de la Lune.	—
La mère Michel.	—
L'éclipse de Lune,	PIIS.
A la Lune,	SÉGUR AINÉ.
Les Calicots,	SCRIBE.
Le Chat qui dort,	LÉGER.
Le Clerc de notaire au Clair de la Lune,	C. MÉNESTRIER.

3e livraison.

Cadet quel est ce p'tit homme,	ANONYME.
La Bascule,	LA CHABEAUSSIÈRE.
Le Diable,	A. V. ARNAULT.
L'amour et le Diable,	CREUZÉ DE LESSER.
Cadet Rousselle.	
Jean de Nivelle,	ANONYME.
Jean de Vert,	ANONYME.
Boutades bachiques,	ANONYME.
Le Refrain de Jean de Vert,	Mlle DESHOULIÈRES.
L'Amour et le Vin,	FORGEOT.

4e livraison.

Dagobert,	A. JACQUEMART.
Couplets sur Dagobert,	J. C.
Orphée,	SÉNECÉ.
Dagobert (Le bon roi).	—
Le vieux Poëte de la cour d'amour,	AUJON.
Petit bonhomme vit encore,	ANTIGNAC.
Les Présents à choisir,	SARRAZIN.
Raton et Rosette,	FAVART.
Plaintes à Bacchus,	COULANGES.

5e livraison.

Ma femme et mon parapluie,	J. CABASSOL.
Le Caveau et la Chanson,	E. DE PRADEL.
Le Progrès,	E. MONTEMONT.
Monsieur de la Palisse.	
Monsieur de la Rappinière,	GIRARD-RAIGNÉ.
La Huitaine,	Mme DE BOURDIC.
L'esprit de mon cousin Roland,	E. SCRIBE.
Le Progrès,	LESUEUR.

6e livraison.

A mon Cigare,	PINET.
Ma Philosophie,	C. A. MOREAU.
L'École des bons Enfants,	A. DE BERRUYER.
La Barque à Caron,	ANONYME.
La Pipe de tabac.	
J'ai du bon Tabac,	SEDAINE.
Je n'aimai pas le Tabac.	
Le Vin, les Femmes et le Tabac,	ANONYME.
Couplet des Assignats,	LA BESTE.
Le Fumeur philosophe,	ANONYME.
La Philosophie du marin,	ANONYME.
Le Marin,	ANONYME.
Le Soleil couchant,	SANADON.

7e livraison.

Les Jeux de l'enfance,	LE CHEVALIER PIS.
Le Cousinage,	ANONYME.
La Tante Marguerite,	SYLVAIN BLOT.
La petite Marguerite,	CONSTANT DUBOS.
Deux à deux,	SEDAINE.
La Marguerite.	
La Vieille.	
Le Chevalier du guet.	
Mon ami Rémi,	MARCILLAC.
Un Mari s'il vous plaît,	J. CABASSOL.
La petite Jeanneton,	ANONYME.
La Loueuse de chaises,	ANONYME.

8e livraison.

Les Enfants,	PINET.
Jeunesse et vieillesse,	A. MONTEMONT.
La Récréation,	LEBOULLENGER.
Giroflé, girofla.	
Il était un' Bergère.	
Ma sœur Anne, ne vois-tu rien venir,	E. DÉSAUGIERS.
Avis aux jeunes filles,	ALEX. DUVAL.
Le Lilas est en fleur,	J. CABASSOL.
Les p'tits pois sont en fleur,	J. CABASSOL.

9e livraison.

Le Bal des mères,	MOREAU.
Conseils à une jeune fille,	PINET.
Galop épicurien,	A. MONTEMONT.
L'Épine et l'Épingle,	ANONYME.
La Mère Bontemps.	
La Tour, prends garde.	
La Toussaint,	J. LAGARDE.
La Mode.	PIRON.

10e livraison.

Margotton et son Ane.	ANONYME.
Ma mère le défend,	SOPHIE GAIL.
Les Amours de M. Pierre et de Mlle Du Rosier,	LAUJON.
Guilleri,	
Nous étions trois filles,	
Maîtresse au Logis,	C. FOURRIER.
L'heureux Berger,	ANONYME.
Mathurin,	ARM. GOUFFÉ.
Les Cotillons,	ANONYME.
La Valse,	PHILIDOR.

11e livraison.

Le Rêve,	A. MONTEMONT.
Lina la Paresseuse,	ANONYME.
La Sommeilleuse,	MONVEL.
Le Souvenir,	A BUGNOT.
Dormez, dormez, chères Amours,	DE BEAUPLAN.
Vivre loin de ses amours,	BOYELDIEU.
Elle se marie,	J. CABASSOL.
Elle est veuve,	ANONYME.
Adieu, mes amours,	ANONYME.
Le rendez-vous,	ANONYME.

12e livraison.

A Éléonore Guichard,	DE BERNIS.
A l'abbé de Bernis,	E. GUICHARD.
Il faut aimer,	PARNY.
L'homme des champs à Paris,	ARM. GOUFFÉ.
Silvie,	BOILEAU DESPRÉAUX.
L'Orage,	FABRE D'ÉGLANTINE.
Le Rosier,	DE LEYRE.
L'Orage,	COLARDEAU.
Le Troupeau sans guide,	ANONYME.
L'Amante abandonnée,	FLORIAN.
Mignonne,	RONSARD.
La Rose,	GENTIL-BERNARD.
On n'en meurt pas,	GAUTHIER-GARGUILLE.

13e livraison.

L'Abeille,	A. MONTEMONT.
Le Papillon,	AUG. GIRAUD.
Le Point du jour,	COMTESSE DE BREGY.
Le Point du jour,	DE LA CHABEAUSSIÈRE et ÉTIENNE.
La Fin du jour,	ARM. GOUFFÉ.
Le Mois d'avril,	REMI BELLEAU.
Le Gazon,	ANONYME.
Le Matin,	ANONYME.
La Châtelaine,	Mme AMABLE TASTU.

14e livraison.

Les Caresses,	EMM. DUPATY.
Je t'aime tant,	FABRE D'ÉGLANTINE.
L'Amour et le Plaisir,	DE COULANGES.
Les Amours au village,	NAUDET.
Leçon inutile,	HOFFMANN.
Sur les beaux yeux de Mlle de ***,	L'ABBÉ CHAULIEU.
L'Avaricieuse,	DUFRESNY.
La Confidence (Ah! vous dirai-je maman).	
La Curieuse.	
La Veille, le Jour et le Lendemain,	MILLEVOYE.
On vous en souhaite,	PANARD.
Le Sceptre,	E. T. SIMON.
Ma Chaumière,	DE SÉGUR AÎNÉ.
L'Amour captif,	FAVART.

15e livraison.

Les Souhaits,	L'ABBÉ DE LATTAIGNANT.
Romance de Joseph,	ALEX. DUVAL.
Gentil-Bernard,	PHILIPPON DE LA MADELAINE.
Ballade limbourgeoise,	A VAN HASSELT.
Le Souvenir,	LÉONARD.
Adieux à la France,	MARIE STUART.
Le Rossignol,	FLORIAN.
Les Souvenirs,	CHATEAUBRIANT.
Romance de Nina,	
Les Bizarreries de l'amour,	COLLÉ.
Les Bizarreries de l'amour,	J. J. ROUSSEAU.
Chanson rustique,	DARINEL.
Sans qu'on y pense,	ARM. GOUFFÉ et VILLIERS.

16e livraison.

Cendrillon,	ÉTIENNE.
Il faut des époux assortis,	ALEX. DUVAL.
Les Amourettes,	BERQUIN.
L'Amour de Colin,	HOFFMANN.
L'Honneur en danger,	Mme DE MONTANCLOS.
Pauvre Jacques,	MARQUISE DE TRAVANET.
L'Amour filial,	DESMOUTIERS.
La pitié n'est pas de l'amour.	ALEX. DUVAL.
Le jeune malade,	A. MONTEMONT.
Sophie,	JACQUES DELILLE.
Réponse d'une vieille comtesse.	PIERRE CORNEILLE.
Les douceurs de l'Hymen,	CHRISTINE DE PISAN.
Bonne Philosophie,	DANCOURT.

17e livraison.

Jouissons,	LÉONARD.
Floride,	FAVART FILS.
Le Chaperon de roses,	COUPIGNY.
La goutte d'eau,	AUG. GIRAUD.
Portrait des maris,	M{is} DE LA FÉRANDIÈRE.
Plaisir d'amour,	FLORIAN.
Le Bouton de Rose,	P{sse} CONSTANCE SALM.
La Liberté,	BRET.
Nid d'Amour,	TESSIER.
Avis aux femmes,	GERSIN ET ANNÉE.
L'Amour et les Arts,	SÉGUR AÎNÉ.

18e livraison.

Le Doigt,	A. MONTEMONT.
L'Epingle,	DELEGORGUE CORDIER.
La Chanson que chantait Lisette,	BOURGUEIL.
Maman dort,	J. CABASSOL.
La Bagatelle,	QUINAULT.
Leçon d'une mère à sa fille,	FAVART.
La chanson de Lisette,	MONVEL.
Chant du Barde (Femme sensible).	HOFFMANN
Conseils aux jeunes filles,	A. MONTEMONT.
La Paix et la Guerre,	JACQUES D'AUTREAU.
La feinte Défense,	ANDRIEUX.
A Lisette Dubarry,	LE DUC DE NIVERNAIS.
La Mélancolie,	LA C{sse} DE GENLIS.

19e livraison.

L'Amour pris à la Pipée,	L. P. SÉGUR.
Tu ne viens pas,	ANONYME.
L'Homme hirondelle,	ANONYME.
Hymne à l'Amour,	L'ABBÉ CHAULIEU.
J. J. Rousseau à l'ermitage,	ANONYME.
Fontenay,	PHILIPPON DE LA MADELAINE.
O ma tendre Musette,	LAHARPE.
Que ne suis-je la Fougère,	RIBOUTTÉ.
Les Hirondelles,	FLORIAN.
La Gaieté c'est la Sagesse,	A. MONTEMONT.
Le Départ,	HOFFMANN.
A Zulmé,	SAINT ÉVREMONT.
A Mlle de R.	LULLI.
Réponse en impromptu,	L'ABBÉ DE CHAULIEU.
Une larme,	ANONYME.
Je ne ferai plus,	ANONYME.

20e livraison.

A Mme Desbordes-Valmore,	DÉSAUGIERS.
Le Soir,	Mme DESBORDES-VALMORE.

Adèle,	M. J. CHÉNIER.
Un premier Amour,	HOFFMANN.
La Foudre et les deux Bergers,	ANDRIEUX.
Conseil à une jolie Femme,	DÉSAUGIERS.
C'est mon Ami, rendez-le moi,	FLORIAN.
L'Amant discret,	GENTIL-BERNARD.
Regrets d'un Amant,	HOFFMANN.
L'Amante abandonnée,	LÉONARD.
Je t'aimerai,	ANONYME.
La Chanson,	ANONYME.
L'Inconstant,	LA P^{sse} DE SALM-DYCK.
Le Besoin d'aimer,	BOUILLY.

21e livraison.

Vaudeville adressé à Collé,	SAURIN.
Réponse au vaudeville de Saurin,	COLLÉ.
Le Kabyle,	PINET.
L'Aveugle sans chagrin,	DUVERNY L'AVEUGLE.
Une Fièvre brûlante,	SEDAINE.
Que le sultan Saladin,	SEDAINE.
La danse n'est pas ce que j'aime,	SEDAINE.
Dessous la Treille,	BOILEAU-DESPRÉAUX.
Cueillons la Rose,	A. MONTEMONT.
La Liberté.	

22e livraison.

Le Pont de la Veuve,	FLORIAN.
Bonheur de la Paternité,	ANONYME.
Le Tombeau d'Emma.	PARNY.
Velléda,	LE CH^{er} DE BOUFLERS.
La comtesse de Saulx.	MONCRIF.
Le dernier beau jour d'automne,	ESMENARD.
Coralie,	BRAZIER.
Qu'en dira-t-on,	ANONYME.
Philène et Laure,	DE SAINT-PÉRAVI.
Le Retour du Captif,	ANONYME.

23e livraison.

Le Glas,	ANONYME.
Le Moine gris,	PONT DE VEYLE.
Longchamp,	THÉOPHILE.
L'Ombre de Marguerite,	E. JOUY.
La Romance du pauvre homme,	ANONYME.
Le vieux château des Ardennes.	
Le Chien de la Seine,	J. M. DESCHAMPS.
Une Infidélité,	L'ABBÉ CHAULIEU.
Le Mariage rompu,	DÉMEUTORT.
Les Défauts,	ANONYME.

24e livraison.

Héloïse et Abeilard,	MARTIN DE CHOISY.
Les Aînés et les Cadets,	EMM. DUPATY.
La Saint-Sylvestre,	A. SALIN.
Couplets à Notre-Seigneur.	LA REINE DE NAVARRE.
L'Enfant Prodigue.	
Retour de l'Ile des Chimères,	LÉGER.
Les Méchants,	P^{sse} DE SALM-DYCK.
Le Carême,	J. LAGARDE.
Le Prodigue,	A. MONTEMONT.

25e livraison.

Le Juif-Errant,	ANONYME.
Vérité égayée,	Mis DE LA FARE.
Premiers vers de Désaugiers,	DÉSAUGIERS.
Plaintes du Juif-Errant,	J. CABASSOL.
Complainte du Juif-Errant.	
Je ne veux pas me presser,	LE DUC DE NIVERNOIS.
Les Glissades de la vie,	A. MONTEMONT.
Passez votre chemin,	ANTIGNAC.
Les Voyages,	ALISSAN DE CHAZET.

26e livraison.

Geneviève de Cauteleu,	J. B. ROQUEFORT.
La Romance du Saule,	DUCIS.
Adèle et Jennys,	ANONYME.
Plaintes d'un Mameluck,	SÉGUR AINÉ.
Geneviève de Brabant.	
Edwin et Angélina,	A. MONTEMONT.

27e livraison.

La jeune Fille et le petit Ange,	A. MONTEMONT.
L'Oubli d'Anacréon,	J. CABASSOL.
Pétrarque,	MOLINE.
Anacréon,	CABARET DUPATY.
Marie Stuart,	FLORIAN.
Clémence Isaure.	—
Bayard et la jeune Fille,	J. SERVIÈRES.
Il faut peu de place au bonheur,	VEISSIER-DESCOMBES.
Pétrarque partant de Vaucluse.	MARMONTEL.
Le Tombeau de Florian,	Mme DUFRESNOY.

28e livraison.

La fureur des Ballons,	DELEGORGUE.
Le Vent,	ANONYME.
Adieux de l'Eléphant,	PAR UN CORNAC.
Le Nid,	DUPLANTY.
Nos Orchestres,	VILLIERS.
La Machine infernale,	D***.
Le treizième Arrondissement,	ANONYME.
Mon Orgueil,	ANONYME.
L'Incroyable de l'an VIII,	VILLIERS.
Ad Libitum,	DE COURCHANT.
La Femme du Marin,	ANONYME.

29e livraison.

La femme de Jean-Jacques,	ANONYME.
L'Emprunt du Voisin,	ANONYME.
Les douze travaux d'Hercule,	SÉGUR, AINÉ.
Véritable Complainte sur la mort de Fualdès.	—
Le général Tom-Pouce,	A. SALIN.
La Promenade au salon,	ARM. GOUFFÉ.
Les nouveaux Sorciers,	E. JOUY.
L'Étranger en France,	ANONYME.

30e livraison.

Le Carnaval,	AUG. GIRAUD.
Le Carnaval.	
V'là c'que c'est que l'Carnaval,	DÉSAUGIERS.
Un Pierrot et sa Pierrette,	ANONYME.
Le Carnaval,	MOREAU.
Chanson de Carnaval,	ANONYME.

31e livraison.

Le Philosophe et la Fumée,	A. MONTEMONT.
Rond,	LESUEUR.
Les Boutons,	J. CABASSOL.
Le Refrain du Chasseur. (Tontaine, tonton).	MARION DU MERSON.
Le nouveau Mirliton,	ANONYME.
La bonne Aventure,	DANCOURT.
Monsieur Ratant,	RAVRIO.
La Fille oiseau,	SEDAINE.

32e livraison.

Mars et l'Amour,	FAVART.
Le Mariage de l'Amour,	GUICHARD.
La Solitude et les Arts,	C^{sse} DE GENLIS.

www.ingramcontent.com/pod-product-compliance
Lightning Source LLC
Chambersburg PA
CBHW060501170426
43199CB00011B/1283